La propriété « arboraire »
en Corse et ailleurs

Droit et Espace Rural

Collection dirigée par Joseph Hudault

A l'aube du XXIe siècle, le droit rural n'est plus seulement le droit de l'agriculture et des filières agro-alimentaires, mais le droit de l'espace rural et de ses utilisateurs.

C'est parce que l'agriculteur se voit attribuer par les législateurs européen et nationaux une nouvelle *fonction écologique* d'entretien et de protection de cet espace que les Editions L'Harmattan ont ouvert cette collection.

Dans celle-ci, elles se proposent d'accueillir tous les travaux de réflexion intégrant ces nouvelles données et la problématique de la jonction du droit de l'environnement et du droit rural.

Déjà parus

Paul RICHLI, *L'agriculture et les exigences du développement rural*, 2013.
Daniele BIANCHI, *De comitatibus. L'origine et le rôle de la comitologie dans la politique agricole commune*, 2012.
Paul RICHLI (dir.), *Le défi de la diversification des entreprises agricoles*, 2011.
Lampros KAZIS, *Pour un droit rural grec. Droit comparé européen*, 2009.
Comité Européen de Droit Rural, *Les 50 ans de la Politique agricole commune et du Comité européen de droit rural. Un droit rural évolué en Europe*, 2008.
Comité Européen de Droit Rural, *Le droit à une alimentation adéquate*, 2006.
Carole HERMON (sous la dir.), *La diversification de l'activité agricole*, 2006.
Philippe VELILLA, *Les relations entre l'Union européenne et Israël*, 2003.
Luc BODIGUEL, *L'entreprise rurale : entre activités économiques et territoire rural,* 2002.
European Council for Agricultural Law, *Instruments juridiques du marché des produits agricoles,* (tome 1), 2002.
European Council for Agricultural Law, *Viabilité et modalités de l'activité agricole,* (tome 2), 2002.

Florence JEAN

La propriété « arboraire » en Corse et ailleurs

L'Harmattan

Cet ouvrage a été publié avec le soutien
de l'Universita di Corsica Pasquale Paoli,
UMR CNRS 6240 LISA

5-7, rue de l'École-Polytechnique ; 75005 Paris

http://www.editions-harmattan.fr/

ISBN : 978-2-343-16247-8
EAN : 9782343162478

Sommaire

Introduction

La propriété « arboraire » fait partie de ces institutions coutumières enracinées dans une tradition séculaire, voire millénaire, dont le principal fondement est justement l'origine immémoriale - « immémoriable » dit une délibération municipale du XIXème siècle[1]. Ce genre d'institutions, plus que tout autre, est façonné au fil des siècles, à l'occasion des adaptations successives, et il est impossible d'en distinguer l'histoire et le contenu.

L'institution qui fait l'objet de cette thèse, n'est pas, tant s'en faut, propre à la Corse. Comme nous le constaterons au cours des développements, elle existe dans le passé, parfois lointain, comme dans le présent de nombreux pays. Cependant, c'est en Corse que nous avons rencontré cette institution[2] particulièrement discrète, presque clandestine, et pourtant partout présente dans l'île, comme une évidence très ancienne et toujours actuelle. Et c'est naturellement à partir de la réalité corse que nous avons établi notre définition de départ et conduit notre problématique.

Le premier contact avec la propriété « arboraire » peut intervenir de façon poétique en se promenant par exemple dans une olivaie où les arbres portent des initiales peintes de couleur différente[3] ou plus prosaïquement, à l'occasion de l'inventaire d'une succession en vue d'un laborieux partage. « Le fait, nous dit Pierre Lamotte[4], est bien connu des propriétaires fonciers de Corse : on possède souvent des arbres sur une terre qui ne vous appartient pas, ou inversement on est propriétaire d'une terre qui porte des arbres appartenant à un autre propriétaire. Spécifions qu'il s'agit seulement d'arbres donnant des fruits comestibles - oliviers, pommiers, pêchers, figuiers, noyers, châtaigniers, etc. ... - et que le maquis, par exemple, n'est jamais l'objet d'un droit de propriété distinct de celui du sol. Par contre, le terrain dans lequel sont plantés ces arbres est le plus souvent impropre à la

---

1 Délibération du conseil municipal de Pastricciola du 13 juillet 1853, Archives Départementales de Corse-du-Sud, 2O204/1, citée par P. LAMOTTE, « Note sur la propriété arboraire en Corse », *Etudes Corses*, n°12, 4è trim. 1956.

2 F. JEAN, *La propriété arboraire en Corse, histoire et actualité*, mémoire de DEA, Corte, 1993.

3 C'était le cas dans l'olivaie qui occupe des terrains communaux en contrebas du village de Zilia avant le grand incendie de 2005.

4 « Note sur la propriété arboraire… », *op.cit.*, p.64.

culture et ne peut servir qu'au pacage du bétail. Nous pouvons donc noter dès maintenant que les deux droits de propriété ainsi superposés ont chacun une utilité, une raison d'être différentes, l'un étant utile pour l'agriculture, plus spécialement pour l'arboriculture, et l'autre pour l'élevage. Ce droit de propriété portant sur des arbres est absolu (...). La propriété arboraire n'est pas non plus limitée dans le temps (...) ».

Dans cette longue citation, nous trouvons l'essentiel des éléments de la propriété « arboraire ». Cette appellation même mérite quelques mots d'explication. L'expression « propriété arboraire » ne va pas de soi. L'adjectif « arboraire » ne se trouve pas encore dans les dictionnaires[5]. Ce n'est pas un type de propriété répertorié dans les dictionnaires et lexiques juridiques ou même dans la quasi-totalité des traités et manuels de droit privé et d'histoire du droit. Je dis quasi-totalité parce que justement l'expression « propriété arboraire » a été utilisée par Roger Aubenas dans son cours d'histoire du droit privé[6]. Il reprenait là une expression qui avait été employée un an plus tôt par Jacques Lambert dans son important article sur « Les Tablettes Albertini » et dans lequel il avait jugé nécessaire de mettre en italiques, le terme « arboraire » pour signifier qu'il s'agissait d'un néologisme[7]. Un an après la parution du cours de doctorat de Roger Aubenas, la thèse de Caroline Spinosi était publiée et l'on y trouvait mention de la propriété « arboraire »[8] avec l'adjectif entre guillemets[9]. La même année, Pierre Lamotte intitulait son article déjà évoqué, « Note sur la propriété arboraire en Corse » et n'utilisait plus d'italiques ou de guillemets. En 1958, Roger Aubenas lançait un appel « pour l'étude de l'ancien droit corse »[10] et conservait les guillemets.

Cette utilisation de l'expression « propriété arboraire » par plusieurs professeurs d'histoire du droit et un archiviste paléographe, nous semble être une référence suffisante pour utiliser à notre tour l'expression. Cette attitude a l'avantage de prendre d'emblée position sur l'existence de cette propriété comme un droit réel particulier et autonome, d'assurer en quelque sorte sa promotion... Avec ou sans guillemets, cette expression a l'avantage de la

---

[5] Cf. Dictionnaire de l'Académie, Grand Larousse, Littré, Robert, etc...

[6] *Cours d'histoire du droit privé des anciens pays de droit écrit, XIIIè-XVIIIè siècles*, t.IV, p.21. La propriété « arboraire » sera mentionnée plus tard par J.-P. LEVY dans son *cours d'histoire des institutions privées. La propriété-les biens*, Paris, les Cours de Droit, s.d., 1969, p.55.

[7] *Revue Africaine*, n°434 et 435, Alger, 1953, pp.196-225. Le mot « arboraire » est utilisé pages 205 et 213.

[8] *Le droit des gens mariés en Corse du XVIè eu XVIIIè siècle*, Aix-en-Provence, La Pensée Universitaire, 1956, pp.95-96.

[9] *Op.cit.*. Plus récemment, J.-Y. COPPOLANI, (« Un élément exemplaire du maintien de la spécificité du droit corse : l'article 553 du Code Civil et la propriété arboraire en Corse », *Papiers de travail*, Università d'estate, Corti, 1984, pp.166-170 et « La propriété arboraire en Corse », communication, séminaire de droit rural sur les cultures pérennes dans les pays méditerranéens, Corte, 1990) n'éprouve pas lui non plus le besoin d'utiliser guillemets ou italiques.

[10] *Annales de la faculté de droit d'Aix-en-Provence*, n°50, p.9.

commodité puisqu'elle nous permet de désigner l'institution sans recourir à des périphrases[11] telles que propriété des arbres distincte de celle du sol sur lequel ils sont plantés ou propriété superficiaire relative aux arbres... Ceci dit, nous pensons plus correct d'utiliser les guillemets comme l'a fait Roger Aubenas.

Ce dernier appelait de ses vœux « un bon ouvrage (...) sur cette propriété « arboraire » si curieuse » et il ajoutait en note que « les documents corses (devaient) être comparés à ceux que nous fournit, sur le même sujet, la Catalogne par exemple ». Il serait présomptueux d'assurer que cette thèse est ce bon ouvrage espéré depuis plus de quarante ans. En tous cas, elle a pour objectif de préciser ce qu'est cette propriété « arboraire », et conformément à la prescription de Roger Aubenas, de l'étudier dans d'autres pays d'Europe et de la rive sud de la Méditerranée, d'en rechercher les origines, d'en cerner les contours juridiques, d'en suivre l'évolution et même d'en scruter l'avenir.

Compte tenu de la nature même de l'institution, et ce n'est pas là le moindre intérêt de ce sujet, nous serons amené à pousser l'étude juridique bien au-delà du droit officiel des textes et de la jurisprudence, pour aller jusqu'aux pratiques, aux attitudes des usagers, des professionnels du droit et des autorités publiques à l'égard de cette forme de propriété. Nous dépasserons donc l'étude des actes de la pratique et des usages locaux pour appréhender plus largement pluralisme juridique et acculturation dont cette institution est une illustration exemplaire. Pour prendre en compte ce pluralisme et pour limiter ou pourquoi pas, officialiser l'acculturation, nous irons jusqu'à nous livrer à une prospective juridique à laquelle nous étions invité pour la Corse[12].

Malgré ce point de départ corse ou peut-être à cause de lui, nous devons éviter soigneusement le piège de l'ethnocentrisme. Non seulement nous devons avoir en tête que ce type d'appropriation n'est pas une spécificité corse, mais encore, que c'est probablement une institution mondiale parce qu'elle a son utilité, comme l'écrivait Pierre Lamotte et qu'elle se situe dans le cadre de la guerre que se livrent agriculteurs et bergers autour de la possession des communaux[13].

Plus largement, il a pu être avancé l'hypothèse que les propriétés superficiaires et donc la propriété « arboraire », seraient fondées sur le travail. Cette idée de justification de propriété par le travail a été en effet à la mode dans la première moitié du XXème siècle[14]. Elle n'a pas manqué d'être

---

[11] Cette institution n'a pas d'appellation particulière dans les pays que nous avons étudiés. En Corse, nous n'avons obtenu des informateurs que la traduction littérale *pruprietà di l'àrburi* ou des périphrases telles que *avè un castagnu annantu u cumunu* ou *ind'u tale* (avoir un châtaignier sur les communaux ou chez un tel).

[12] J.-Y. COPPOLANI, « Un élément exemplaire... », *op.cit.*, p.169.

[13] J.-Y. COPPOLANI, *ibid.*

[14] La justification de la propriété par le travail a même été un thème illustré par la littérature théâtrale, cf. *Le Cercle de craie caucasien* (1948) de B. BRECHT.

proposée par un éminent juriste italien[15] que ne satisfaisaient pas les explications habituelles de l'apparition de cette propriété quelque peu anormale : la pauvreté, les nécessités de la mise en valeur de terres incultes, un courant germanique venu contredire les principes romains ou d'autres migrations de l'institution.

Les auteurs qui ont abordé directement ou incidemment la propriété « arboraire » en Corse nous offrent un certain nombre de pistes qui souvent se rejoignent. M. Lamotte, égratignant au passage les juristes, nous dit que « ce curieux droit de propriété n'est (...) pas spécial à la Corse et si les juristes semblent le découvrir à peine, les ethnographes et les historiens de l'histoire sociale et économique, au contraire, le connaissent bien pour l'avoir rencontré dans maints pays méditerranéens économiquement et socialement attardés, et en particulier en Kabylie »[16]. Outre le fait que les ethnographes et historiens de l'histoire sociale et économique qu'il évoque paraissent être en réalité des historiens du droit comme Jacques-Numa Lambert[17], pour ne nommer que lui, ces remarques de Pierre Lamotte, qui n'en reste pas moins un auteur de référence en la matière, sont critiquables parce qu'elles risquent de lier cette institution aux seuls pays méditerranéens et aux économies archaïques.

Or, des pays modernes et même parmi les plus développés, connaissent et légalisent la propriété « arboraire ». Le récent Code civil du Québec conserve dans son article 955 une disposition qui reprend en partie l'article 553 du Code civil français, qui nous le verrons, sert de fondement à la propriété « arboraire » et de façon plus explicite, définit dans son article 1011, la propriété superficiaire comme étant celle « des constructions, ouvrages ou plantations situés sur l'immeuble appartenant à une autre personne, le tréfoncier »[18].

Le Québec n'offre pas l'unique exemple de ce type de propriété qui soit très éloigné du bassin méditerranéen. Des cas de propriété « arboraire » se rencontrent un peu partout dans le monde. Cette institution constitue parfois une étape dans l'affirmation de la propriété privée de l'individu sur les droits fonciers du clan.

La plus ancienne propriété individuelle semble être celle qui porte sur les arbres et les plantes en général. Le droit de propriété était acquis par celui qui plantait ou greffait la plante pour la rendre fructifère. C'est peut-être cela

---

[15] V. SIMONCELLI, « Accessione superficie e diritti dei terzi », 1900, réédité in *Scritti giuridici*, II, Rome, 1938.

[16] P. LAMOTTE, *ibid*, p.61.

[17] Cf. ci-dessous titre III, chap.II, section I, §1.

[18] Comme le rappelait J.-P. MARTY (*La dissociation juridique de l'immeuble, contribution à l'étude de droit de superficie*, Paris, LGDJ, 1979, p.140), l'ancien Code civil de la province du Québec (Code civil du bas Canada de 1865) permettait dans son article 415 (identique à l'article 553 du Code civil français) de scinder matériellement la propriété. Dans un arrêt Cadrain v. Theberge, la Cour de révision de Québec avait décidé le 28 février 1890 que la propriété des arbres pouvait exister séparément de celle du fonds de terre et constituait un droit de superficie.

qui a induit la théorie d'une propriété par le travail. Il est possible néanmoins de fournir d'autres explications. Aux époques reculées de faible peuplement, et surtout pour une population nomade, la terre qui était abondante avait moins d'intérêt que le végétal. Cela a peut-être quelque rapport avec la confusion du droit de la magie et de la religion couramment vérifiée chez les peuples dits primitifs et dont il peut rester des traces à des stades plus avancés de l'évolution des sociétés. Cela a peut-être quelque chose à voir avec le culte de l'arbre dont James George Frazer a montré toute l'importance dans *Le Rameau d'Or*[19].

L'arbre planté, greffé, longuement entretenu est un prolongement de la personnalité de celui qui s'en est occupé au même titre que les objets personnels mobiliers fabriqués ou utilisés par l'homme. Mais l'arbre étant enraciné dans le sol, il a pu servir de trait d'union entre les appropriations mobilières. Le droit de l'homme sur l'arbre n'est pas d'emblée un droit de propriété c'est-à-dire réunissant classiquement l'usus, le fructus et l'abusus. Il se décline en droit de planter, d'user, de posséder, de transmettre entre vifs ou à cause de mort.

Dans les régimes fonciers africains, il est donc essentiellement question de droit d'usage, de culture ou d'exploitation, fondé sur le travail de l'agriculteur. Ce droit naturellement précaire pour des cultures saisonnières ou annuelles est plus durable lorsqu'il s'agit de la plantation d'un arbre. La première récolte des fruits demande souvent de nombreuses années de patience et l'entretien de l'arbre peut occuper plusieurs générations. « Si en droit traditionnel, la terre porte seulement des droits d'exploitation, le concept de propriété s'applique également à l'arbre. Mais surtout, l'exploitation de l'arbre signifie l'exploitation du sol : elle en est le signe, et si nécessaire, la preuve juridique. De même, c'est l'appropriation de l'arbre qui précède celle de la terre… »[20].

Aujourd'hui encore, « le rôle et le statut de l'arbre [sont] un élément fondateur des régimes fonciers africains »[21]. Dans la coutume négro-africaine, la terre n'est pas objet d'appropriation parce que le droit de propriété découle du travail qui a produit l'objet ou l'a fait acquérir ; or la terre n'est pas un produit du travail humain. Comme le ciel, elle appartient à des divinités ou des génies, avec lesquels il faut conclure une sorte de pacte qui sera à l'origine des droits coutumiers sur la terre, inaliénable et collective. « Dans le droit négro-africain traditionnel, la Terre ne peut être l'objet de propriété, mais seulement l'objet d'un usage. La Terre-Mère est conçue comme une personne morale, un génie avec lequel le conducteur du

---

[19] Réédition de la version française du cycle du *Rameau d'Or* de 1927, Paris, R. Laffont, 1981, vol.I *Le roi magicien dans la société primitive tabou et les périls de l'âme*, p.267 s. Cela peut aussi évoquer la notion d'âme extérieure de l'homme qui peut aller se cacher dans des végétaux dont il est question dans le quatrième volume, *Balder le magnifique*, p.250 s.

[20] P. PELISSIER, « L'arbre en Afrique tropicale. La fonction et le signe », *Cahiers ORSTOM*, série sciences humaines, vol. XVII, n°3-4, 1980, pp.127-130.

[21] M.-B. DOUCOURE, « Le droit de l'arbre en Afrique Noire », *op.cit.*, p.42.

peuple a conclu une alliance pour l'usage c'est-à-dire pour l'exploitation du sol. Le droit éminent de l'usage de la Terre appartient au Roi ; dans le village c'est le Maître du Sol qui affecte à chaque famille un lot correspondant à ses besoins, ces affectations peuvent être révisées selon les nécessités culturales de l'évolution de la famille. Toutefois, il y a une certaine tendance à la stabilité des affectations lorsqu'il y a une mise en valeur durable »[22].

Celui qui plante un arbre devient donc en fait propriétaire du sol sur lequel il est planté. Cela explique les fréquentes interdictions de planter des arbres. Il s'agit d'éviter des appropriations intempestives. C'est en particulier le sens de l'interdiction de planter des arbres sur une terre que l'on ne détient qu'en qualité de gagiste[23]. Probablement pour la même raison, le « droit de l'arbre » est un privilège réservé aux autochtones. Planter un arbre est souvent interdit aux étrangers et aux immigrés[24] mais à ce propos, on ne peut s'empêcher de penser aussi à cette notion de parenté entre le groupe humain et l'arbre, symbolisée par les totems végétaux et qui a été mise en évidence par Lucien Lévy-Bruhl[25].

C'est cependant un principe établi que « l'arbre a fixé l'homme à la terre ». « Disposer de droits sur les arbres équivaut souvent à contrôler la terre où ils poussent »[26]. C'est ainsi qu'en Afrique occidentale, on serait passé avec la culture des kolatiers et plus récemment des plantations de cacaoyers, « du droit à une récolte annuelle, de l'idée ancienne de propriété

---

[22] Allocution du président de la République du Sénégal, L. Sedar Senghor du 1er mai 1964. Cité par V. GASSE, *Les régimes fonciers africains et malgaches, évolution depuis l'Indépendance*, Paris, LGDJ, 1971, p.32. La même idée est développée par R. GENDARME, « Le droit de la terre et le développement économique dans l'Afrique au sud du Sahara », in *Le droit de la terre en Afrique (au sud du Sahara)*, Etudes préparées à la requête de l'Unesco, Paris, Maisonneuve et Larose, 1971, p.21 et s.

[23] « Sans doute, la preuve la plus vivante du rôle actuel de l'arbre comme signe foncier est-elle celle-ci : la mise en gage de la terre, qui constitue la forme d'accès au crédit la plus universellement pratiquée par les paysans africains, s'accompagne toujours de l'interdiction absolue au gagiste de planter des arbres », P. Pelissier, « L'arbre en Afrique tropicale... », *op.cit.*

[24] Cette interdiction était en vigueur dans les coutumes des Ashantis au Ghana, des Ewé au Togo, Bénin et Côte d'Ivoire... « Dans le centre-ouest ivoirien, les Gagou et les Gouro de la région d'Oumé respectaient ce principe et refusaient même de laisser les migrants entretenir sur les parcelles qui leur avaient été concédées certaines essences sauvages telles que les palmiers sauvages ou les kolatiers. Dans la savane, certaines essences comme le karité, le néré, étaient formellement interdites aux migrants », M.-B. DOUCOURE, « Le droit de l'arbre en Afrique Noire », *Etudes Foncières*, (Revue publiée par l'association des études foncières) n°83, été 1999, p.43.

[25] *Le surnaturel et la nature dans la mentalité primitive*, Paris, 1931, p.113.

[26] P. DE LEENER, « Le foncier de l'arbre » in E. LE BRIS, E. LE ROY, P. MATHIEU (s/la dir.) *L'appropriation de la terre en Afrique noire, Manuel d'analyse, de décision et de gestion foncières*, Paris, Karthala, 1991, p.99.

des fruits, (...), à un droit sur l'arbre, et en conséquence, sur le sol[27]. Généralement, qui plante l'arbre, s'approprie le sol »[28].

On en arrive donc à une inversion du principe romain « *superficies solo cedit* ». Le droit de propriété du sol résulte de celui de l'arbre. De ce fait, avec la généralisation des cultures pérennes, s'est insinuée officieusement une appropriation du sol, généralement officialisée par l'immatriculation des terres à l'époque de la colonisation ou par la suite.

Mais la liaison entre la propriété de l'arbre et celle du sol n'est pas inéluctable. De façon temporaire ou durable, l'appropriation de l'arbre reste distincte de celle du sol. C'est là que se situe l'espace de l'institution qui nous occupe. De nombreux cas sont connus dans divers pays d'Afrique. Dans l'actuelle Union sud-africaine, un ethnographe de la fin du XIXème siècle notait que chez les Amaxosa, tribu appartenant au groupe bantou, le fait de mettre un terrain en culture faisait accéder à la propriété des arbres et des fruits mais non à celle du sol[29].

En Afrique occidentale, « au Niger, par exemple, dans certaines palmeraies, la propriété des dattiers est individuelle et indépendante de celle du sol : dans une même parcelle agricole, on peut être amené à distinguer un propriétaire terrien pratiquant du maraîchage à l'ombre des dattiers et plusieurs propriétaires de palmiers qui exploitent leurs arbres sans se concerter »[30]. D'autres pays de l'Afrique occidentale connaissent même une propriété « arboraire » originale puisque l'arbre fait l'objet d'une appropriation collective tandis que le sol est privatif : c'est le cas de la région mossi au Burkina-Faso où les Karités et les Nérés appartiennent à l'ensemble de la communauté villageoise dont chaque membre peut recueillir les graines alors que le sol sur lequel ils poussent, appartient à des lignages. C'est un schéma inverse de celui qui est le plus commun en Corse et dans d'autres pays que nous étudierons. Le cas le plus courant est celui où le sol est communal et l'arbre, privé ou alors les deux sont privés. Mais il n'y a pas d'exemple en Corse d'arbres collectifs sur des terres privées...

De l'autre côté de l'Afrique, en Somalie méridionale, il existe une variante de la propriété « arboraire » elle aussi inconnue en Corse, puisqu'elle concerne des arbres de haute futaie appartenant à des particuliers dans des forêts communes. Mais un détail rappelle les pratiques insulaires

---

27 P. OURLIAC et J. DE MALAFOSSE, *Histoire du droit privé, les biens*, Paris, PUF, 1961, p.120. Les pays évoqués par les auteurs étaient la Côte d'Ivoire, le Ghana, la Nigeria et le Cameroun. Plus récemment, en Casamance, une forme de propriété « arboraire » aurait été revigorée pour responsabiliser les autochtones à l'égard des arbres plantés dans le cadre de la lutte contre la désertification, menée par le gouvernement sénégalais avec l'aide du Ministère français de la Coopération.

28 P. DE LEENER, « Le foncier de l'arbre » in *L'appropriation de la terre…, op.cit.*, p.102. Voir aussi dans le même ouvrage E. Y. GU KONU, « L'arboriculture », pp.83-87.

29 POST, *Die Kodifikation des Rechts der Amaxosa von 1891*, signalé par F. MAROI, « La proprietà degli alberi separata da quella del fondo », in *Studia et Documenta Historiae et Iuris*, fasc. II, 1935, p.351.

30 P. DE LEENER, « Le foncier de l'arbre » in *L'appropriation de la terre…, op.cit.*, p.103.

comme dans les olivaies de Balagne, les arbres portent un signe distinctif sur l'écorce[31].

Malgré quelques ressemblances, ce n'est évidemment pas du côté de l'Afrique Noire mais plutôt de celui des pays environnants de l'Europe et du pourtour de la Méditerranée que nous pourrons faire les comparaisons les plus judicieuses avec la propriété « arboraire » corse. C'est là que nous avons le plus de chance de découvrir les origines les plus directes de l'usage insulaire, et que nous pourrons suivre une éventuelle migration de l'institution.

La propriété « arboraire » est connue dès l'Antiquité en Afrique du Nord, et certainement en Espagne. Elle l'a aussi été en Italie péninsulaire et insulaire et notamment en Sardaigne. En France continentale, cette institution se manifeste sous différentes formes, dans des régions souvent très éloignées de la Méditerranée. Il n'est d'ailleurs pas du tout sûr que ce type d'appropriation soit plus spécialement méditerranéen. Sans déflorer l'un des éléments importants de cette thèse, au sens propre de l'expression, disons dès à présent que si une origine de l'institution peut être repérée du côté du bassin oriental de la Méditerranée, elle n'est pas pour autant la seule ni plus immédiate.

Mais ce n'est pas tant la diversité des origines historiques et des sources juridiques de la propriété « arboraire » qui complique l'étude de cette institution dans les pays de l'Europe et ceux qui bordent la Méditerranée. Elle est rejetée à la fois par les deux systèmes juridiques qui se partagent le monde méditerranéen depuis plus d'un millénaire, le droit romain et le droit musulman. De plus, l'origine germanique avancée par certains est contredite par son interdiction par le droit allemand et la plupart de ceux qui se rattachent à la même tradition.

Contrevenant à la lettre et l'esprit du droit romain, et donc le droit savant du Moyen Age et des temps modernes, la propriété « arboraire » reste une institution méprisée presque honteuse. En France, le droit de l'Ancien Régime ne lui accorde qu'une place très mesurée. Elle n'émerge pas de façon autonome, sauf peut-être en droit public où sa nature juridique reste ambiguë. Elle n'existe que sous la forme d'une clause ou d'une variante d'un contrat de bail ou d'une concession féodale. Compromise avec la féodalité et paraissant contraire à la raison, elle n'a pas les faveurs du droit intermédiaire ni du Code Napoléon.

Cette position du Code civil français qui n'est pas faite pour lever toute ambiguïté en la matière, est pourtant reprise, et souvent mot pour mot, par d'autres pays de droit romanistes voisins ou éloignés. Malgré un répit, voire un courant favorable au XIXème siècle, l'évolution du droit à l'époque contemporaine, qu'il s'agisse de la pratique, de la jurisprudence ou de la législation, ne cesse d'être plus hostile à l'institution qui nous intéresse.

[31] COLUCCI, *Principi di diritto consuetudinario della Somalia italiana meridionale*, Florence, 1924, p.241 signalé par F. MAROI, *op.cit.*, p.352.

Cependant, cette hostilité n'est jamais allée en France jusqu'à l'abolition complète. La propriété « arboraire » reste même assez vigoureuse en Corse où elle semble avoir été suffisamment confortée au XIXème siècle pour parvenir jusqu'à nos jours.

La propriété « arboraire » est toujours présente en Italie malgré l'article 956 du Code de 1942 et la loi du 11 février 1971[32]. Elle y survit dans les failles des interdictions. Elle paraît également se maintenir de façon marginale dans certaines régions de l'Espagne, et plus nettement dans les pays du Maghreb en dépit de son incompatibilité avec le droit musulman de la propriété. Dans le Machreq, et plus généralement autour de la Méditerranée orientale, la propriété « arboraire » est attestée avant les invasions musulmanes et son existence en Grèce dès l'Antiquité est bien connue des Hellénistes.

Dans notre enquête sur les origines et les contours de l'institution, son existence dans le droit positif est au moins aussi importante que ses traces historiques aux époques plus ou moins lointaines, dans la mesure où elle atteste son adaptation au milieu et son enracinement. Manifestation de la coexistence des pratiques juridiques traditionnelles avec le droit le plus moderne, elle illustre le pluralisme juridique cher aux anthropologues du droit. Il faudra donc joindre à l'étude historique autant que faire se peut, un relevé sur l'état présent de l'institution d'un point de vue objectif et subjectif.

La présentation la plus classique aurait été de suivre l'ordre chronologique depuis les manifestations de la propriété « arboraire » en Europe et dans le monde méditerranéen depuis l'Antiquité jusqu'à nos jours en terminant par l'état actuel de ce droit et les perspectives. Cette option était probablement la plus conforme à l'orthodoxie universitaire, mais elle imposait de présenter la propriété « arboraire » dans chacun des pays envisagés pour chaque période et chaque thème, de manière fractionnée et par conséquent peu lisible. Nous lui avons préféré des développements articulés en trois titres.

Le premier consacré uniquement à la Corse, le deuxième, aux pays et aux droits qui ont constitué l'environnement juridique et immédiat de la Corse depuis que la propriété « arboraire » est attestée dans l'île : l'Empire romain dont la Corse a été une province mais surtout dont le droit était applicable dans l'île jusqu'au début du XIXème siècle ; l'Italie et la France pour des raisons évidentes. Le troisième titre enfin, regroupe les pays formant un second cercle de l'environnement de la Corse : l'Espagne avec laquelle les relations de toutes sortes ont été importantes[33], le Maghreb, moins en raison

---

32 Legge 11 febbraio 1971, n°11. - *Nuova disciplina dell'affitto di fondi rustici.*

33 Des relations politiques dont le blason de la Corse garde le souvenir et qui se retrouvent dans la titulature en grand du Roi Juan Carlos, toujours *rey de Corcega*, des relations religieuses et universitaires puisque de nombreux franciscains corses y compris des professeurs de l'Université de Corte de l'époque paoline avaient étudié ou enseigné dans des universités espagnoles.

de contacts séculaires souvent belliqueux que parce qu'il a été considéré comme une origine possible de l'institution comme la Grèce et les pays germaniques par lesquels nous terminerons ce périple.

Ce choix a non seulement l'avantage de ne pas accentuer un fractionnement qui s'ajouterait à celui qu'impose une documentation presque exclusivement constituée de renseignements épars mais surtout, il correspond exactement à ce qui est notre démarche. Cette dernière a consisté d'abord à faire le point de façon aussi complète que possible sur la propriété « arboraire » en Corse. Puis à étudier l'existence de cette institution dans les pays environnants en nous penchant d'abord sur le droit des Etats au sein desquels la Corse s'est intégrée au fil de son histoire, et ensuite, sur celui des pays qui peuvent avoir une importance pour notre enquête sur les origines, et les migrations de l'institution.

TITRE Ier

La propriété « arboraire en Corse

L'institution que nous étudions est rurale et populaire, son évolution est par conséquent liée à celle de la population des villages corses. Il est certain qu'elle est l'une des réponses aux tensions sociales qui opposent les *prepotenti* aux *popolani*, ainsi qu'une solution aux problèmes que pose « la coexistence - pas toujours pacifique - des intérêts des agriculteurs et des bergers »[34]. Elle peut même sans que ce soit contradictoire, permettre à un même homme ou à une même famille, de concilier les activités d'arboriculteurs et de bergers. Elle est aussi évidemment une modalité de répartition des biens dans le cadre d'une société extrêmement pauvre, où la quantité de richesses reste très limitée. Elle est encore une modalité de mise en valeur d'espaces marginaux tels que maquis et pentes rocailleuses, particulièrement nécessaires lorsque la population augmente.

L'importance de la propriété « arboraire » va donc croître en fonction de la démographie des campagnes corses. Présente presque partout dans l'île durant l'époque moderne, elle est revigorée par la croissance démographique que connaît la Corse rurale au XIXème siècle, alors même qu'elle devrait être gênée par l'esprit du Code civil. Mais les premières décennies du XXème siècle qui coïncident pourtant avec l'apogée démographique de la Corse, vont être celles du déclin et même du début de désuétude de l'institution. L'exode rural, l'acculturation qu'il a favorisée et l'effondrement de l'agriculture insulaire traditionnelle en sont sans doute les causes principales.

L'étude de la propriété « arboraire » corse nécessite évidemment une approche historique. Cependant, comme pour tous les usages locaux, il est indispensable d'en déterminer la consistance actuelle en examinant les contours juridiques et géographiques. Après nous être intéressé au passé et au présent de l'institution, il ne paraît pas inutile d'envisager son avenir mais cette prospective est en partie tributaire de l'attitude des Corses à son égard.

---

[34] P. LAMOTTE, « Note sur la propriété arboraire... », *op.cit.*, p.68.

Chapitre I

La propriété « arboraire dans l'histoire de la Corse

Il s'agit dans ce chapitre, non pas de faire un historique de la propriété « arboraire », ce qui est impossible en l'état de la documentation et en raison du fait qu'il s'agit d'une institution coutumière appartenant à l'oralité, mais plus modestement de traquer sa présence généralement discrète dans les sources de l'histoire du droit corse.

Adoptant les repères chronologiques de cette dernière, nous étudierons successivement la période qui va du Haut Moyen Age jusqu'à la publication des *Statuti civili e criminali* de 1571 puis la période moderne et contemporaine.

Section I. La propriété « arboraire » corse du Haut Moyen Age à 1571

Cette période n'a pas laissé en Corse une documentation très abondante. Elle comprend les documents de la pratique de l'époque féodale qui sont parvenus jusqu'à nous dans les archives ecclésiastiques et notariales, ainsi que les statuts locaux et généraux.

§ 1. La propriété « arboraire » dans les actes de la pratique médiévale

Nous verrons plus loin que les actes de cette époque mentionnant des cas de propriété « arboraire » sont relativement nombreux dans les différentes régions continentales et insulaires de l'Italie[35]. En Corse, l'existence de cette institution paraît beaucoup plus discrète particulièrement durant le Haut Moyen Age.

[35] Cf.ci-dessous titre II, chap.II, section I, §1.

Les actes du Haut Moyen Age et de l'époque féodale (IXème- XIIème siècles)

La documentation pour cette période est manifestement beaucoup moins importante pour la Corse que pour le continent italien ou même la Sardaigne et la Sicile. Elle est constituée pour l'essentiel par les archives de la Chartreuse de Calci[36], parmi lesquelles se trouvent les chartes de l'abbaye de Gorgone, et quelques documents épars tels que des donations faites en Corse à l'abbaye de Saint-Mamiliano de Montecristo[37] ou les chartes du monastère de San Venerio del Tino relatives à la Corse[38]. Plusieurs actes contiennent des énumérations de biens immobiliers avec mention d'arbres. Des formulations à peu près identiques reviennent dans les différents textes.

Dans un acte daté de 833, Simon, comte de Corse, donnait à l'abbaye de Saint Mamiliano de Montecristo, divers biens : « (...) *et istas possessiones cum casis et casamentes, hortis, olivis, vineris, castagnetis, et nocetis, melis et peris, arboribus fructiferis et non fructiferis, terris cultis et non cultis, domesticis et agrestis, servis et ancillis* (...)[39]. Dans un autre de 836, on retrouvait l'expression *arbori fruttiferi et non fruttiferi* »[40]. Près de cent cinquante ans plus tard, une énumération du même type était faite dans un acte de donation en 981 à Mauro, abbé de Montecristo, par Roger, comte de Corse : (...) *terris cultis et non cultis, vineis, peris et melis cum omnibus arboribus fructiferis et non fructiferis, et silvis agrestis et domesticis* (...)[41]. Quelque trente ans plus tard en 1021, Hugo, marquis et seigneur de Corse (*Ugonus, marchio* et *domino de Corsica*) donnait à l'église Sainte Marie de Canavaggia et à Simone, abbé de Montecristo, tout ce qu'il possédait au lieudit Capanna, *domos casamentis, casalinis, hortis, vineis, castagnetis, arboribus fructiferis et non fructiferis, agresticis et domesticis, cum omnibus suis pertinentiis* [42].

Plus d'un siècle après, au XIIème, des chartes de l'abbaye de la Gorgone comportaient les mêmes expressions. Dans une donation faite à ce monastère, il était question du « *casamentum cerclo cum omnibus suis*

---

[36] « Inventaire des archives du couvent de Calci et des propriétés qu'il possédait en Corse », publié par l'abbé Letteron, *Bulletin de la Société des Sciences Historiques et Naturelles de la Corse*, doc.vol. IV, fasc.103 à 106, 1889, pp.229-337. On verra aussi A. AMADEI, *Terre et hommes du nord de la Corse au cœur du Moyen Age*, Bastia, éd.Scola Corsa, 1991. Et les différents articles du professeur S.P.P. SCALFATI réunis sous le titre *La Corse médiévale*, Ajaccio, éd.A. Piazzola, 1994, particulièrement les documents du Libro Maestro G. di Gorgona concernant la Corse (XI-XIIè siècles), pp.61-112 et les propriétés du monastère de la Gorgone (XIème-XIIème siècles), pp.113-166.

[37] *Bulletin de la Société des Sciences Historiques et Naturelles de la Corse*, fasc.83-84, 1887, pp.169-228.

[38] G. PISTARINO, *Le carte del monastero di San Venerio del Tino relative alla Corsica (1080-1500)*, Deputazione subalpina di storia patria, Turin, 1944.

[39] *Donations faites en Corse à l'abbaye de Saint Mamiliano de Montecristo, op.cit.* p.199.

[40] *ibid*, p.184.

[41] *ibid*, p.205.

[42] *Donations faites en Corse à l'abbaye de Saint-Mamiliano de Montecristo, op.cit.*, p.208.

pertinentiis, terris et vineis, cultis et in cultis et cum omnibus arboribus fructiferis et infructiferis (...) »[43]. De même, à l'occasion de son entrée dans les ordres, aux calandes de janvier 1114, un certain Ubertus di Teleno faisait donation à Dieu et Saint Gorgonio représentés par l'abbé du monastère de la Gorgone, d'une parcelle de vigne au lieudit Binia « *cum omnibus arboribus suis fructiferis infra se habentibus* (...), et d'autres biens *cum arboribus fructiferis et infructiferis* »[44]. D'autres actes datant de 1121[45], 1124[46] et 1131[47], contenaient des listes de biens à peu près identiques avec mention des arbres fructifères et non fructifères...

D'autres actes de la même époque faisaient part d'arbres de façon plus précise. Au lieu de l'expression générique « arbres fructifères et non fructifères », les essences étaient indiquées. Le 12 mars de l'an 900, le roi Berlinghiero, seigneur de Sardaigne et Corse, donnait à l'abbaye de San Benedetto et de San Zenobio avec l'autorisation du pape, un domaine dénommé « cavo di Aleria » hérité de ses parents « *con tutte le terre selvatiche e domestiche, boschi, selve, castagneti e noceti* ... »[48].

En outre, il faut remarquer que dans certains actes que nous avons cités plus haut, en plus de la mention imprécise d'arbres fructifères et non fructifères, étaient nommées plusieurs espèces. Par exemple, dans la donation de Simon, comte de Corse, faite en 833 à l'abbaye de Montecristo, l'expression « arbres fructifères et non fructifères » ne faisait en quelque sorte que terminer une énumération dans laquelle étaient cités des oliviers,

---

[43] A. AMADEI, *Terre et hommes du Nord de la Corse au cœur du Moyen Age*, *op.cit.*, p.36 qui cite les archives de la Chartreuse de Calci *appunti* (document du XVIIIème) R IV, p.4 et S.P.P. SCALFATI, *La Corse médiévale*, *op.cit.*, p.81.

[44] S.P.P. SCALFATI, *ibid*, p.85.

[45] Donation de Boscius, frère d'Ubertus di Teleno, à Saint Gorgonio, du 31 déc.1121 dans laquelle il est stipulé que les biens sont donnés *cum omnibus arboribus fructiferis et infructiferis*... (A. Amadei, *ibid* p.37. et Archives de la Chartreuse de Calci, R V, p.3).

[46] Dans une liste de donations faites à Saint Gorgonio en Balagne, un certain Pagano de Raya « *lo casamento di Lumio cum omni sua clausura cum hortis et vineis et arboribus suis frutiferis vel in fructiferis* » (*Inventaire des titres et registres, papiers et documents extraits des archives de la Chartreuse de Calci*, *op.cit.*, p.261) ; Adalbertus de Pino offre au monastère de Saint Gorgonio, tous ses biens dépendant de la maison d'Ogilione, *cum terris et vineis, cum arboribus fructiferis et in fructiferis, cum aquis aquarumque discurcibus vel decurcibus et cum omnia que ad ipsam casam perantiquitus pertinet*... (A. AMADEI, *ibid* p.37 et S.P.P. SCALFATI, *ibid*, p.97).

[47] Dans un acte du 13 oct.1131 présenté comme une vente (*cartula venditionis*), Boniza et sa belle-fille Alamandrina échangaient contre un taureau de la valeur de quatre sous avec Baldinus moine de la Gorgone, divers biens fonciers en précisant *omnia in omnibus vendimus et tradimus tibi, cultis et incultis, arboribus fructiferis et infructiferis via eundi et redeundi et aqua viva que mea est* (S.P.P. SCALFATI, *ibid*, p.103). La même année sans que l'on puisse préciser le jour, un certain Ansaldus « filius saraceni de Varianis » donnait à Dieu et à Saint Gorgonio pour la rémission de tous ses péchés, tout ce qu'il possèdait et pouvait posséder à partir du fleuve Reicino (Reginu ?) *terras, vineas, arbores, fructiferas et infructiferas cum omnibus infra se habentibus* (*Inventaire des titres et registres, papiers et documents extraits des archives de la Chartreuse de Calci*, *op.cit.*, pp.270-271).

[48] *Donations faites en Corse à l'abbaye de Saint-Mamiliano de Montecristo*, *op.cit.*, p.p.183-202.

vignes, châtaigniers, noyers et poiriers. En 981, dans celle du comte Roger, étaient désignés spécialement des poiriers et pommiers avant l'expression « arbres fructifères et non fructifères ». De même, en 1021 dans celle de Hugo, marquis et seigneur de Corse, des châtaigniers et des oliviers étaient expressément cités malgré la mention générique d'arbres fruitiers. Au XIIème siècle encore, dans la donation d'Ubertus di Teleno de 1114, après avoir utilisé deux fois, comme nous l'avons vu, l'expression *arboribus fructiferis*, le texte inscrivait pour d'autres biens donnés en usufruit, la moitié de l'huile provenant des oléastres qui s'y trouvaient. De même, la donation de son frère Boscius en 1121, spécifiait particulièrement les oléastres et figuiers pourtant compris parmi tous les arbres fructifères et infructifères.

Quelles conclusions peut-on tirer de ces formulations quant à l'existence de la propriété « arboraire » en Corse pendant le Haut Moyen Age et l'époque féodale ? Sans aucun doute, les passages des textes dont nous disposons, faisant état d'arbres sont moins nettement explicites que de nombreux documents italiens contemporains[49].

Bien entendu, on peut se laisser aller à conjecturer l'existence de l'institution qui nous intéresse, en observant que dans certains textes, on éprouvait le besoin de reporter les arbres de façon générique ou spécifique, alors que dans d'autres, on ne le faisait pas. Dans de nombreux actes de donation, vente, etc. en effet, il n'était question que de parcelles de terres, vignes ou forêts sans allusion spéciale aux arbres. D'emblée, cela peut donner lieu à diverses interprétations. Il est possible notamment de penser que les rédacteurs ont cru utile de parler des arbres parce que justement leur propriété n'était pas forcément liée à celle du sol sur lequel ils poussaient. Cette interprétation peut même trouver un argument supplémentaire dans le fait que l'on évoque la distinction des arbres fructifères et non fructifères sachant, comme nous le dévoile l'étude comparée d'institutions, que la propriété « arboraire » concerne plus particulièrement les arbres à fruits.

Cette hypothèse peut encore être appuyée par le fait que les arbres qui sont le plus souvent mentionnés spécialement, sont justement ceux que l'on sait être le plus couramment l'objet, dans la Corse contemporaine comme dans tout le pourtour de la Méditerranée[50], de propriété « arboraire » : les oliviers et oléastres, les châtaigniers, les noyers, les figuiers et dans une moindre mesure, d'autres arbres fruitiers.

Cependant, ces arguments sont trop ténus pour lever toute équivoque sur l'existence de la propriété « arboraire » à cette époque. La place faite aux arbres parmi les biens fonciers peut avoir d'autres raisons qu'une référence à cette forme de propriété. Elle peut relever simplement des redondances caractéristiques des tabellions et notaires... Les listes de biens dans lesquelles les immeubles bâtis et non bâtis, terres cultivées et incultes, vignes, forêts, maisons, moulins et sources ainsi que les arbres étaient

[49] Cf.ci-après titre II, chap.II, section I, §1.
[50] Cf.ci-dessous même chapitre, section II, §2 ainsi que titre II, chap.II et titre III.

alignés pêle-mêle, ne sont peut-être que des énumérations maladroites sans autre raison d'être qu'un souci d'exhaustivité dans le style des *convenientiae* du Haut Moyen Age, que les copistes auraient reproduit au fil des siècles.

A cette incertitude découlant de la formulation, il faut ajouter celle qui relève de la datation des textes de cette époque. Elle est en effet notoirement incertaine[51]. En Corse comme ailleurs, existent pour cette période évidemment de nombreux actes antidatés, et l'ensemble de la documentation relative au Haut Moyen Age est majoritairement indirect puisqu'elle repose sur des copies postérieures à la fin du Xème siècle, voire plus tardives.

Les actes de la fin du Moyen Age (XIIIème-XVème)

Des énumérations ressemblant à celles que nous avons rencontrées précédemment se retrouvent encore dans des actes de la deuxième moitié du XIIIème siècle. C'est ainsi par exemple que le 4 mai 1258, un certain Johannes *de Corsica de Nebio de loco dicto Cardeto quondam Sardi* offrait à l'abbaye de Gorgone, sa personne et ses biens c'est-à-dire deux parts en pleine propriété sur divers biens fonciers, maisons, terres, vignes, avec fruits et arbres des bois, forêts et maquis (*ex nemoribus et silvis et agrestibus* [52]) et tous les droits en dépendant. En 1260, le marquis Rinaldo confirmait aux Bénédictins de l'abbaye de Gorgone, la donation faite par ses prédécesseurs d'une maison de campagne à Venzolasca ainsi que d'une autre à Prignano et tout le « Spuntatico » : « maison, vignes, bois, terres cultivées ou incultes, prés, châtaigniers, oliviers, noyers avec tout son « *circolo* »[53]. Pas plus que dans la période précédente, ce type de formulation ne pouvait être considéré comme une preuve de l'existence de la propriété « arboraire ».

En revanche, les termes de certains actes de la fin du XIVème siècle attestent clairement une propriété des arbres distincte de celle du sol et même le partage d'un même pied entre plusieurs propriétaires. Par exemple, une charte du monastère de San Venerio del Tino relative à des biens situés en Balagne, notamment à Belgodère, signalait des pieds d'oliviers et de noyers ainsi que des parts de ces arbres de telle façon qu'il ne fait aucun doute que leur appropriation était distincte de celle du sol : « *Item habet quartam partem unius olive de Pizo. Item habet quartam partem fructuum unius pedis olive que est in Oietano. Item habet quartam partem olive que est ad capud domus Vivoli Blanci, et eam tenet Belgoderacius. Item habet quartam parte olive as Rotam. Item habet ad Capanichas terciam partem duorum pedum olivarum. Item habet quartam unius pedis olive. Item habet quartam partem uinius nucis ad Tendam. Item habet quartam partem duarum nucum que sunt ad Petrecaiam. Item habet duas dimidias nuces ad vadum de Tenda. Item habet quartam partem nucis que est ad Castagnam.*

---

51 S.P.P. SCALFATI, *La Corse médiévale*, *op.cit.*, pp.121-130.

52 Ces trois mots semblent correspondre aux différentes zones forestières : les bois dans lesquels se trouvent des pâturages, la forêt entretenue et la forêt sauvage.

53 A. AMADEI, *ibid* pp.47-61.

Item habet quartam partem nucis de Puteo. Item habet dimidiam nucem que est ad Vachellas (...). Item olivas Sancti M[ar]celli que sunt supra ecclesiam ad fontem versus flumen »[54].

En conséquence, on peut avancer avec certitude que la propriété « arboraire » existait en Corse à la fin du XVème siècle même si elle est encore peu fréquente dans les documents. Il est de plus possible que la place apparente de l'institution dans les archives soit très inférieure à la pratique[55]. Mais quoi qu'il en soit, il est permis de penser que la propriété « arboraire » corse s'est implantée ou du moins a été utilisée consciemment et non spontanément, plus tard qu'en Italie. Ce retard peut aussi se présumer par l'étude des statuts de la Corse.

§ 2. La propriété « arboraire » dans les statuts corses

Nous verrons qu'en Italie, les statuts régionaux ou locaux, que les juristes appellent la *legislazione statutaria* et qui couvre le Moyen Age et l'époque moderne, offrent plusieurs exemples de dispositions relatives à la propriété « arboraire »[56]. Il n'en est pas tout à fait de même en Corse. Certes, on ne peut comparer le nombre de statuts italiens à celui de la Corse mais il est significatif de constater qu'aucun des grands textes de l'ancien droit corse n'évoque la propriété « arboraire » avant le XVIème siècle.

Effectivement, elle n'avait pas sa place dans l'inféodation de la Corse au roi d'Aragon en 1296 et l'on ne peut savoir si elle existait dans les textes perdus de 1347 et 1358[57]. Il n'en était pas question non plus dans les autres monuments du droit corse médiéval presque exclusivement consacrés aux institutions publiques et au droit pénal : ni dans l'inféodation de l'île à la *Maone* en 1378[58], ni dans les *Capitula Corsorum* de 1453 et 1454[59] ni dans

---

[54] G. PISTARINO, *Le carte del monastero di San Venerio del Tino relative alla Corsica (1080-1500)*, *op.cit.*, pp.60-67 cité par J.-A. CANCELLIERI, « Toponymie et structures médiévales de l'occupation de l'espace insulaire » in *La Balagne* (s/la dir.de WEISS M.-C.), Université de Corse, 1988, p.207.

[55] C'est ce que pense le professeur J.-A. CANCELLIERI, éminent connaisseur de la Corse médiévale qui remarquait dans une lettre du 17 mai 2001, « le caractère apparemment peu fréquent de cette pratique du moins au profit du monastère (de San Venerio del Tino) lui-même. Les paysans corses l'employaient sans doute beaucoup mais de manière non codifiée ni écrite, d'où l'absence de traces écrites ».

[56] Cf.ci-après titre II, chap.II, section I, §2.

[57] Sur ce texte présenté parfois comme les premiers statuts de la Corse, cf. R. EMMANUELLI, « Le pacte de 1358 et la commune de Gênes », *Etudes Corses* n°4, 1974, pp.5-50.

[58] « Traité par lequel Gênes cède la Corse à la société La Maone », *Bulletin de la Société des Sciences Historiques et Naturelles de la Corse*, fasc.2, 1881.

[59] *Bulletin de la Société des Sciences Historiques et Naturelles de la Corse*, fasc.10, 1881, pp.263-285.

les statuts du Duc de Milan de 1468[60]. Aucune allusion non plus dans les Statuts civils et criminels de 1571[61], ni dans les statuts locaux des seigneuries[62] et des villes[63], excepté ceux de Porto-Vecchio de 1546[64] qui sont d'ailleurs les plus tardifs. Mais dans ceux-ci, la propriété « arboraire » n'y apparaissait pas comme une institution ancienne confirmée par les statuts à l'instar de nombreux exemples donnés par la législation statutaire[65] italienne, mais plutôt comme une disposition incitative insérée par les Génois dans un texte dont l'objectif principal était de favoriser le peuplement de la région.

Contemporains des « actes d'habitation » provençaux[66], ces statuts qui selon Fernand Ettori se situaient dans la perspective de « tentative de colonisation agricole dirigée », comportaient plusieurs mesures propres à attirer de nouveaux habitants : régime de propriété et de culture favorable, privilèges fiscaux et judiciaires... Les chapitres 25 et 26 encourageaient spécialement l'arboriculture. L'Office de Saint-Georges avait pour but de faire planter par les habitants de Porto-Vecchio le plus grand nombre de pieds de vignes et imposait à chaque chef de famille de planter dix arbres fruitiers par an. Une attention toute particulière était portée aux oliviers. Les statuts sanctionnaient par une très lourde amende de dix livres, ceux qui détruisaient des oléastres et ceux qui avaient omis de les greffer. Mais alliant punition et récompense, ils octroyaient la propriété des arbres à celui qui

---

60 « Statuts accordés aux Corses par le duc de Milan en 1468 » par le chanoine Letteron, *Bulletin de la Société des Sciences Historiques et Naturelles de la Corse*, fasc.42, 1884, pp.634-660.

61 *Statuti Civili dell'isola di Corsica* colla traduzione francese (traduction par Serval), Bastia, 1769 ; *Statuti civili e criminale di Corsica* par GREGORJ ; J. FONTANA, *Essai sur le droit privé corse*, Paris, impr. Jouve, 1905 ; P. Guitera, *Essai sur les statuts civils et criminels de l'île de Corse (1571)*, thèse droit, Paris, 1963 et *les Statuts civils et criminels de la Corse* présentés par J.-Y. COPPOLANI et A. L. SERPENTINI, Ajaccio, Albiana, 1998.

62 « Statuts de la seigneurie de San Colombano (1348-1534) » publiés par ETTORI F., *Etudes Corses*, n°15, 1980, pp.125-171 et commentés par A. LECA, *L'esprit du droit corse d'après le plus ancien code insulaire : les statuts de San Colombano de 1348*, Ajaccio, La Marge, 1990 ; « Fragments des statuts de la seigneurie des Da Mare (1348) », publiés par P. LAMOTTE, *Etudes Corses*, nlle série n°2, 1954, pp.44-48 et « Statuts civils et criminels de Nonza, Brando et Canari » (1399?), publiés par l'abbé Letteron, *Bulletin de la Société des Sciences Historiques et Naturelles de la Corse*, fasc.48, 1884.

63 « Statuts de Bonifacio (1195-1394) », analysés par l'abbé Letteron, *Bulletin de la Société des Sciences Historiques et Naturelles de la Corse*, fasc.29, 1883, p.70-121 et fasc.37-38, 1884, pp.296-438; « Statuts de Bonifacio et de Calvi du XIIIème au XIVème siècle », *Bulletin de la Société des Sciences Historiques et Naturelles de la Corse*, fasc.43-44, 1884 et *Le Livre des Statuts de Bonifacio*, édités par M.-C. DELMAS-BARTOLI, Bastia, 1980 ; « Statuts et privilèges accordés à Bastia de 1484 à 1648 », fasc.59 à 61, 1885, pp.273-275.

64 « Statuts de Porto-Vecchio », publiés par F. ETTORI, *Etudes Corses*, nlle série 1954, p.p19-28 et S. GRIMALDI, *Porto-Vecchio d'hier à aujourd'hui*, Porto-Vecchio, éd.A Stamperia, sd, pp.81-82.

65 Cf. ci-dessous titre II, chap.II, section I, § 2.

66 R. AUBENAS, *Chartes de franchise et actes d'habitation de la région de Cannes*, Cannes, 1943 ; et *Cours d'histoire du droit privé*, t.IV, *Autour de la propriété foncière*, Aix-en-Provence, La pensée universitaire, 1955, pp.95-102.

avait greffé un olivier sauvage. Une telle mesure n'était d'ailleurs pas inédite et nous verrons plus loin qu'elle avait bien des précédents sur le continent italien. Ces statuts s'inscrivaient donc dans une politique de mise en valeur de la Corse[67], préoccupation séculaire de l'administration génoise qui devait culminer au XVIIème siècle lors de la *coltivatione* [68].

SECTION II. LA PROPRIÉTÉ « ARBORAIRE » CORSE DE LA FIN DU XVIe SIÈCLE À NOS JOURS

Depuis le monument de l'ancien droit corse que sont les *Statuti Civili e criminali* de 1571 dans lesquels la propriété « arboraire » était absente, et notre époque, où elle n'est qu'un usage local régi par les coutumes orales, la césure dans l'histoire de cette institution est évidemment le Code Napoléon qui la méconnaît mais la tolère.

§ 1. La propriété « arboraire » de 1571 à 1804

Durant cette période d'un peu plus de deux siècles, la propriété « arboraire » est quasiment inconnue des textes législatifs ou autres émanant des autorités gouvernementales alors qu'elle ne manquait pas d'intérêt pour le développement de l'arboriculture, objectif prioritaire du gouvernement génois ainsi que de ceux qui lui ont succédé.

Ce développement de l'arboriculture a lui-même contribué à l'extension de la propriété privée, phénomène relativement tardif en Corse puisqu'il se situe à la fin de l'époque moderne et se poursuit au XIXème siècle[69]. Dans ce processus, l'institution qui nous occupe, n'a pu que jouer un rôle important que reflètent encore d'innombrables mentions dans les actes de la pratique et notamment les documents notariés.

La propriété « arboraire » absente des lois et statuts des XVIIème et XVIIIème siècles

Ignorée par les statuts de 1571, la propriété « arboraire » n'a fait l'objet d'aucune des *legge nove* qui les complétaient et les modifiaient jusqu'à la fin

---

[67] E. GABRIELLI, « Un programme de mise en valeur » in *Le Mémorial des Corses*, (s/la dir. de F. POMPONI), t.1, Ajaccio, 1982, pp.438-457.

[68] A. L. SERPENTINI, *La coltivatione, Gênes et la mise en valeur agricole de la Corse au XVIIè siècle*, Ajaccio, Albiana, 2000.

[69] F. PERNET et G. LENCLUD, *Berger en Corse, essai sur la question pastorale*, Presses Universitaires de Grenoble, 1977, p.96 : « La formation de la propriété privée fut relativement tardive (...). Elle se limita donc dans un premier temps aux parcelles potagères et aux meilleures terres arables puis s'étendit progressivement, au travers, notamment des progrès de l'arboriculture ».

de l'époque génoise[70]. Il en est de même dans les textes émanant des gouvernements nationaux corses durant la « guerre de quarante ans » (1729-1769) alors que rien n'empêchait les consultes d'évoquer un tel sujet[71].

A l'époque française, le projet de Code civil de Bastia[72], dont l'une des raisons d'être officielles était pourtant la prise en compte des spécificités juridiques corses, ne l'abordait pas, tout au moins dans la partie qui a été rédigée et qui est conservée aux Archives Nationales[73]. On n'en trouvait pas non plus la moindre mention dans les 4643 pages des neuf volumes du Code corse, dont on sait qu'il regroupe tous les textes applicables à la Corse de 1768 à l'été 1790[74], ni dans les sept volumes de la *Collection des loix et décrets pour faire suite au Code corse* jusqu'en 1792. Ce qui n'empêchait pas certains textes de cette codification d'être implicitement hostiles à la propriété « arboraire », traduisant en cela l'attitude des autorités françaises : par exemple, au chapitre XIII de l'édit de juillet 1771 concernant les mésus champêtres[75], n'étaient sanctionnées que les atteintes aux arbres « fruitiers et autres plantés sur le terrein d'autrui », mais ceux qui appartiennent à autrui étaient omis. L'arrêt du Conseil d'Etat du Roi du 2 août 1771[76] portait « défense de planter des châtaigniers dans les terres labourables » ; celui du 30 septembre 1774[77] qui révoquait le précédent, proclamait qu'il serait « libre à tout propriétaire, de planter des châtaigniers dans leurs terreins ». Pour en terminer avec les grands textes de l'Ancien Régime et du droit intermédiaire en Corse, ajoutons qu'il n'en était pas non plus question dans les travaux du parlement anglo-corse[78].

---

[70] « Libro Rosso » publié par l'abbé Letteron, *Bulletin de la Société des Sciences Historiques et Naturelles de la Corse*, fasc.119-120, 1890, fasc.139-140, 1892, fasc.167-168, 1894 et fasc.206-208, 1898.

[71] Par exemple, la Consulte de Corte du 22 au 31 mai 1764 décidait dans son article 13 que le gouvernement devait « élire deux et davantage de sujets de chacune des provinces afin d'étudier la manière la plus rentable de cultiver la terre, la plantation de la vigne et d'autres essences d'arbres, spécialement les mûriers pour la soie... » (trad. donnée par M.-T. AVON-SOLETTI, *La Corse et Pascal Paoli, essai sur la constitution de la Corse*, Ajaccio, La Marge, 1999, p.1092).

[72] J.-Y. COPPOLANI, « Projet de Code civil corse établi à Bastia en 1787 », *Bulletin de la Société des Sciences Historiques et Naturelles de la Corse*, fasc.645, 1983, pp.125-152.

[73] Projet de Code civil corse, Archives Nationales K//1228 n°24 et 25.

[74] J.-Y. COPPOLANI, « Le Code corse », *Recueil de mémoires et travaux de la société d'histoire du droit et des institutions des anciens pays de droit écrit*, fasc.XII, Montpellier, 1983, pp.35-37.

[75] Code corse, t.2, p.386.

[76] Code corse, t.2, pp.394-398.

[77] Code corse, t.3, pp.398-400.

[78] « Procès-verbaux des séances du parlement anglo-corse », publiés par l'abbé Letteron, *Bulletin de la Société des Sciences Historiques et Naturelles de la Corse*, fasc.126-131, 1891 et fasc.141-142, 1892 et J.-Y. COPPOLANI, « L'œuvre législative du parlement anglo-corse », *Bulletin de la Société des Sciences Historiques et Naturelles de la Corse*, fasc.670-671, 1995, pp.11-19.

En fait, il faut attendre les premières années du XIXème siècle pour qu'un arrêté de l'administrateur général André Miot du 22 thermidor an X[79] n'évoque la propriété « arboraire » dans un souci de réalisme fiscal, dans le seul intérêt du Trésor Public, répartir l'impôt foncier entre le propriétaire du sol et celui de l'arbre. Ce texte paraît d'ailleurs n'avoir été appliqué que peu de temps. Il s'agissait pourtant d'un « arrêté Miot » simplement interprétatif qui se bornait à adapter l'application des lois sur la contribution foncière à l'existence de cet usage local particulier. Il avait donc plus de raison que le célèbre « arrêté Miot » du 21 prairial an IX de subsister après le rétablissement du droit commun dans l'île en 1803, mais il fut vite oublié par les autorités administratives et fiscales, ainsi que par les propriétaires. L'administration ne voulut probablement pas compliquer son travail tandis que les propriétaires « arboraires » et fonciers ne réclamèrent pas, les premiers parce qu'ils échappaient à l'impôt et les seconds, parce que le fait d'être seuls contribuables renforçait leur droit par rapport aux premiers.

De façon plus générale, on peut avancer plusieurs hypothèses quant à l'absence de mention de l'institution dans les textes juridiques : dédain de juristes fortement imprégnés par le droit romain classique exclusivement enseigné dans les universités pour une institution vulgaire et à contre courant des pandectes ; ou tout simplement, inutilité d'une réglementation pour une institution faisant l'objet d'un consensus suffisant pour éviter toute difficulté… Quoi qu'il en soit, la propriété « arboraire » a existé sans aucun doute durant ces trois siècles et a probablement même connu une expansion parallèlement à l'essor de la culture de l'olivier[80] et du châtaignier à partir du XVème siècle.

La propriété « arboraire » liée au développement de l'arboriculture à l'époque moderne

La propriété « arboraire » a constitué véritablement un bon accessoire de la politique génoise de *coltivatione del Regno*[81] laquelle a été essentiellement une tentative de mise en valeur agricole de la Corse aux XVIème et XVIIème siècles, faisant alors une large place à la promotion de l'arboriculture, reprise d'ailleurs à l'époque française.

L'institution qui nous intéresse n'apparaissait cependant pas de façon explicite dans les instructions officielles relatives à la *coltivatione*. Cela ne veut pas dire que l'on n'y ait pas eu recours. Le dispositif de la *coltivatione*

---

[79] 10 août 1802. *Arrêté qui règle un des articles relatifs à l'assiette de la contribution foncière pour la formation des nouvelles matrices de rôles* (Archives Départementales de Corse du Sud 4 K1). Cet arrêté est relatif à la prise en compte de la propriété « arboraire » dans la refonte des matrices des rôles des contributions directes. Cf. L. ORSINI, *Les arrêtés Miot*, Ajaccio, La Marge, 1990, p.210.

[80] D. JOUFFROY, *L'histoire de l'olivier et de l'huile d'olive en Corse dela fin du XVIè siècle au début du XXè siècle. Economie - société – aspects culturels*, thèse Culture et langues régionales, Corte, 2013, notamment les pages 791 à 798.

[81] A. L. SERPENTINI, *La coltivatione…*, *op.cit.*, p.IV.

était tout à fait compatible avec elle puisque ce qui était encouragé et même imposé, était la plantation d'arbres des « cinq espèces » : châtaigniers, oliviers, mûriers, amandiers, figuiers. Il faut y ajouter néanmoins les noyers et la vigne... L'obligation pesait sur chaque feu, c'est-à-dire chaque foyer fiscal. Il était tenu compte de la nature du terrain mais non de sa superficie. Il est à remarquer que ce n'est que tardivement, en fait à l'époque française après 1768, que l'on s'est préoccupé pour l'arboriculture de la surface des terres complantées[82]. Dans le cadre de la *coltivatione* génoise, les obligations comme les avantages octroyés à titre d'encouragement (parmi lesquels des prêts en argent et en nature, des privilèges douaniers et même des patentes de ports d'armes), n'étaient définis que par référence au nombre de pieds plantés.

La propriété « arboraire » permettait de concilier les objectifs de la *coltivatione* avec l'inaliénabilité des biens d'Eglise qui représentait un obstacle à l'arboriculture comme à toute mise en valeur agricole de la Corse[83]. De plus, elle permettait de planter aussi bien sur des parcelles privées que sur les communaux[84]. Pour la mise en valeur de ces derniers, les autorités génoises avaient non seulement autorisé mais encore incité à planter ou greffer des arbres[85], sur des terrains appartenant aux *pieve* et communautés et même au domaine de la Sérénissime République. Cette utilisation de la propriété « arboraire » semble avoir décliné après 1768 en raison d'une protection plus systématique du domaine de la Couronne par l'administration française, « manifestée notamment par la mise en chantier du Plan Terrier »[86], et paradoxalement, par les usurpations tolérées de certaines grandes familles[87].

Il existe d'autres indices de la relation entre la propriété « arboraire » et la politique de *coltivatione*. Les arbres dont la plantation était imposée étaient justement ceux qui faisaient le plus souvent l'objet de cette forme d'appropriation. En particulier, les châtaigniers et oliviers : selon un mémoire du commissaire Giustiniani du 4 octobre 1642, sur 135 000 arbres qui sont plantés chaque année par les 9000 foyers du Deçà des Monts au

---

82 J.-Y. COPPOLANI, « Projet de Code civil corse...», *op.cit.*, pp.144-146. Le parrain de Napoléon, Laurent Giubega, qui fut le plus actifs parmi les juristes chargés de rédiger ce projet, proposa d'insérer dans ce code, une disposition donnant le titre de comte aux gentilshommes possédant au moins cinquante arpents plantés de trois mille pieds de mûriers, d'oliviers ou de citronniers...

83 Lettre du commissaire Giustiniani du 24 fév.1642 citée par A. L. SERPENTINI, *op.cit.*, pp.78-79.

84 A. L. SERPENTINI, *La coltivatione*..., *op.cit.*, p.59.

85 Cf. l'exemple de Porto-Vecchio donné par F. POMPONI, « Porto-Vecchio au temps de la Révolution française : espace et société » in « Corse et Sardaigne entre réformisme et révolution », *Etudes Corses*, n°30-31, 1988, pp.196-197 : « chacun (...) avait le droit d'y greffer des arbres et d'y faire des plantations sans être inquiété ».

86 A. ALBITRECCIA, *Le plan terrier de la Corse*, thèse lettres, Paris, 1942 et *Mesures de l'île, Le plan terrier de la Corse 1770-1795*, Musée de la Corse, Catalogue de l'exposition, Ajaccio, 1997.

87 F. POMPONI, *ibid.*

moins 100 000 appartiennent à ces deux dernières espèces[88]. Enfin, dans la mémoire collective, le développement de la propriété « arboraire » est lié à la politique de *coltivatione* : il n'est pas exceptionnel que des personnes sans compétences historiques particulières, interrogées sur la propriété « arboraire » la relient à l'obligation faite aux Corses par Gênes, de planter des arbres, sans la dater précisément[89]. Ils n'ont certainement pas complètement tort puisqu'à la même époque, de façon concomitante, la propriété « arboraire » s'est développée dans certaines micro-régions corses. Elle s'est effectivement insérée dans le processus de transition entre la propriété collective, communale ou intercommunale et l'appropriation foncière privative individuelle ou familiale.

Cela n'a pas été sans appréhension ni résistance des populations. Il semble que les autorités aient momentanément envisagé un partage des communaux ou de terres domaniales complantées comme cela se produit dans le cadre des baux à complant[90]. Mais outre que la distribution des terres publiques ne se révéla guère attractive[91], un éventuel partage des arbres entre les paysans et la *Camera* inquiéta les insulaires, comme le décrivaient les lettres du gouverneur Lazagna de 1638[92]. Les paysans craignaient que cette obligation de planter des arbres n'aboutît à une vaste spoliation de leurs terres communes ou privatives. Dans un souci d'apaisement, il semble que les autorités génoises aient fait marche arrière. Aussi, peut-on avancer l'hypothèse que le partage des terres ayant avorté, le processus de la *coltivatione* a pu aboutir parfois à une propriété des arbres distincte de celle du sol, notamment sur les terres communes, comme une solution de compromis. Quoi qu'il en soit, il n'y a pas de doute que la propriété « arboraire » a pu faciliter la politique de plantation en adoucissant l'antagonisme séculaire entre bergers et agriculteurs qui ne s'est estompé que longtemps après, à la fin du XIXème siècle.

Plusieurs décennies après l'époque de la *coltivatione* à la fin du XVIIIème siècle, la question de la terre qui selon Antoine Casanova[93], « constitue la base agronomique, économique et sociale » du développement

---

[88] A. L. SERPENTINI, *ibid*, p.91. Quelques mois plus tôt dans un compte-rendu du 21 juillet 1642, les chiffres étaient plus optimistes et précis : 161 135 arbres des cinq espèces plantés ou greffés, parmi lesquels 63 208 châtaigniers, 57 516 oliviers, 28 958 figuiers, 7815 amandiers et 3638 mûriers. *Ibid*, p.211.

[89] Des condamnés auraient été obligés par le juge de planter des châtaigniers et des informateurs évoquent encore de nos jours, *i castagni di u cundannatu*. L.-B MOSCA, « Des usages juridiques dans la région d'Ajaccio », mémoire DEA, Corte 2000, p.32.

[90] Cf. ci-dessous titre II, chap.III, section I, §2 et section 2, §1 et titre III, chap.I, section II, §2 et chap.II, section II, §2. Les contrats passés dans le cadre de la politique de *coltivatione* rappellent les baux à complant français ou la *mûgharasa* tunisienne par leurs stipulations relatives à la durée des obligations du planteur et du suivi des plantations (période de trois à dix ans en général). Cf. A. L. SERPENTINI, *ibid*, p.p.137-164.

[91] A. L. SERPENTINI, *ibid*, p.55.

[92] Lettres du 18 mars et du 20 avril 1638, A. L. SERPENTINI, *ibid*, pp.20-22 et 24-26.

[93] A. CASANOVA, « Châtaigniers et société en Corse au temps de Bonaparte », *Etudes Corses*, n°34, 1990, pp.35-36.

des vergers, pouvait être traitée de maintes façons. Ce pouvait être la propriété privée familiale, mais « il pouvait s'agir souvent aussi d'un mode simple et original d'évolution vers l'appropriation privée de la propriété communale ou intercommunale (...) ». Dans de nombreuses *pieve* au Nord comme au Sud, des communaux qui servaient par ailleurs de dépaissance, étaient « complantés de châtaigniers qui appartenaient à des familles de villageois ». Et l'historien de remarquer que « les rapports entre propriété arboraire et propriété du sol étaient alors en évolution complexe et contradictoire. La terre demeurait en effet propriété communale tandis que les arbres pouvaient être appropriés privativement selon des degrés diversifiés ».

Ce rôle de transition de l'institution qui nous intéresse, dans l'histoire de la propriété en Corse ne doit pas étonner les anthropologues juristes. Il est bien connu que c'est le plus souvent l'arboriculture qui fait évoluer un système d'appropriation collective vers la propriété privée individuelle surtout dans les systèmes comme ceux de la *Terra di Comune*[94], qui associent propriété collective et répartition périodique des terres.

Dans le cadre de ces institutions, même si l'arboriculture est traitée d'une manière distincte des cultures annuelles, c'est par elle que viendront les dysfonctionnements et finalement l'abandon des mécanismes juridiques de l'appropriation collective et de la répartition périodique. C'est par exemple comme cela, que se sont successivement détériorés en Chine, les ingénieux systèmes de répartition des terres cantonales[95]. La raison en est simple : la culture des arbres est la culture pérenne par excellence, celui qui a planté, greffé, entretenu pendant un laps de temps voisinant celui d'une génération – c'est le cas des châtaigniers et oliviers[96] qui ne donnent des fruits qu'au bout d'une quinzaine d'années – ne consent cet effort que s'il peut conserver longtemps le bien et si possible, le transmettre à sa postérité. Cette aspiration de l'arboriculteur bénéficie généralement du consensus de la société et de la bienveillance des autorités : en d'autres termes, la culture pérenne pérennise la propriété...

Au fil de cette évolution, la propriété « arboraire » a été encouragée sur les communaux de différentes *pieve* de l'En-Deçà comme de l'Au-Delà,

---

94 P. EMMANUELLI, *Recherches sur la Terra di Comune*, thèse pour le doctorat en droit, Aix, 1958, pp.5, 105-111.

95 H. MASPERO et E. BALAZS, *Histoire des institutions de la Chine ancienne*, Paris, PUF, 1967, p.106 s, H. MASPERO, « Les régimes fonciers en Chine des origines aux temps modernes », *Recueil de la société Jean Bodin*, II, Bruxelles, 1937 et J.-Y. COPPOLANI, *Histoire des institutions privées (la propriété)*, cours polycopié, Ière partie, chap.III, Nice, s.d., pp.30-32.

96 Intervenant lors du premier séminaire international du Comité Européen de Droit Rural (Bastia-Corte, 11,12 et 13 octobre 1990), J. Y. Coppolani soulignait que la propriété « arboraire » était « une institution qui a joué jusqu'à une époque récente, un très grand rôle dans l'organisation juridique des principales cultures pérennes en Corse, celles de l'olivier et du châtaignier, et qui pourrait aujourd'hui encore avoir un intérêt pratique... ».

c'est-à-dire presque partout en Corse, au XVIIIème siècle[97], et cela d'autant plus facilement que la plantation de châtaigniers, indispensables à l'alimentation de la population, ne gênait pas le libre parcours des troupeaux. Par exemple, dans le Nebbio, la communauté d'Oletta[98] au début du XVIIIème siècle, encourageait la plantation de châtaigniers sur les communaux, par les villageois exclusivement. Ces arbres pouvaient être protégés de haies et des murettes qui manifestaient leur appropriation privative mais ne pouvaient être vendus. Une évolution s'est opérée dans cette micro-région vers l'appropriation privative du sol ainsi complanté. C'est ce qu'a révélé une enquête de 1829 à l'occasion de laquelle le maire de Murato a signalé que les terres cultivées en châtaigniers étaient « appropriées et partagées pacifiquement depuis longtemps entre les habitants »[99]. Ce type d'évolution n'a pas eu lieu dans toute l'île et il a même parfois été bloqué par les autorités[100] ou par les *principali*[101]. Le développement de la propriété « arboraire » sur les communaux s'est également produit dans l'Au-Delà, autour d'Ajaccio et de Vico et en particulier dans le Cruzzini.

Ainsi la propriété « arboraire » apparaît-elle comme une institution cruciale de l'évolution foncière de la Corse et déborde-t-elle manifestement le cadre de la politique de *coltivatione* comme le montrent d'ailleurs de nombreux actes de la pratique à l'époque moderne.

La propriété « arboraire » présente dans les actes de la pratique et les archives judiciaires à l'époque moderne

Du XVIème siècle à l'aube du XIXème, de nombreuses mentions confirment non seulement l'existence mais encore une utilisation courante de la propriété « arboraire ». Le laconisme de son évocation dans ces documents témoigne de la banalisation de l'institution et du consensus dont elle est l'objet. Un inventaire exhaustif fondé sur un dépouillement systématique n'est pas envisageable. C'est au détour de toutes sortes de documents que l'on trouve trace de la propriété « arboraire ».

Bien que les contentieux portant principalement sur un litige relatif à la propriété « arboraire » n'étaient pas très fréquents, on la rencontrait dans les archives judiciaires : par exemple, le 11 août 1621, le capitaine Anton Simone Simoni assigna Andrea Giorgi devant le gouverneur pour lui

---

97 A. CASANOVA, « Châtaigniers et société en Corse... », *op.cit.*, p.35.

98 Archives Départementales de Corse-du-Sud, série camerali, arboriculture, délibération de la communauté d'Oletta, mai 1709, art.3 (cité par A. Casanova, *ibid*, p.36, note 104) et délibération du même type à Vignale en décembre 1715 (Fonds *Civile Governatore* **C630**).

99 Archives Départementales de Corse-du-Sud 6M790 (cité par A. CASANOVA, *ibid*, p.36).

100 Dès le début du XVIIIème, la communauté de Vignale demande au gouverneur d'interdire la plantation de châtaigniers sur les terres communales pour en éviter l'usucapion (Archives Départementales de Corse-du-Sud, série C *Civile Governatore* C630, signalé par P. LAMOTTE, « Note sur la propriété arboraire en Corse », *op. cit.*, p.63).

101 A. CASANOVA, « Châtaigniers et société... », *op.cit.*, pp.35-38.

interdire de cueillir les figues et les fruits d'autres arbres qu'il s'était réservés dans l'acte de vente d'une vigne à Olmeta-di-Capocorso[102].

C'est naturellement dans les actes notariés qu'il en était le plus souvent question. Presque toutes les catégories d'actes étaient susceptibles de mentionner l'institution qui nous intéresse. Il pouvait s'agir d'un arbitrage comme celui qui a été établi le 18 septembre 1598 et consigné par le notaire di Lo Castagneto de Luri. Dans la sentence arbitrale prononcée par les *compositori* Micheli et Micheletto qui partageaient l'héritage de feu Mercantone de Barrettali, figurait dans une des parts, un « pied d'olivier sis au lieu-dit Polloni », dans une autre, une « terre sise à Castelluccio avec la moitié du pied d'olivier qui s'y trouve » et dans une troisième, un chêne...[103]

Les constitutions de dot comprenaient assez souvent des arbres séparés du sol sur lequel ils étaient plantés. D'ailleurs, dans la *Prattica Manuale* du docteur Pietro Morati de Muro en Balagne, formulaire manuscrit de l'ancien droit corse datant des deux premières décennies du XVIIIème siècle (commencé en 1702 et achevé postérieurement à 1715), étaient précisées les précautions que devait prendre le notaire lorsque la dot était constituée d'oliviers, châtaigniers ou d'autres arbres[104]. Il n'est donc pas étonnant que dans différents contrats de mariage, la dot ait été constituée en partie par des arbres fruitiers, des châtaigniers ou des oliviers[105]. On lisait dans les contrats, des formules telles que « ... et le restant sous forme d'arbres fruitiers et de huit pieds de vigne »[106] ou bien telle somme, par exemple cent ou deux cents lires en châtaigniers, oliviers, voire d'autres arbres[107].

C'est surtout dans les testaments que l'on note des exemples de propriété « arboraire » tant dans le Deçà des Monts que dans le Delà[108]. C'est ainsi que Domenico di Pavolo de Santa-Maria-Sicche dans son testament du 9 janvier 1616, laissa à sa nièce Brigia un pied d'olivier (« *uno piede di oliva* »). Nantiano quondam Orlanduccio de Canale di Lota disposait dans son long

---

[102] Archives Départementales de Corse-du-Sud, *Civile Governatore* C252, cité par P. Lamotte « Note sur la propriété... », *op.cit.*, p.67.

[103] Cité par M. MARTINI, « Aspects de la vie communautaire et des pratiques judiciaires au Cap corse (1577-1676) », *Corse historique* n°16, 1964, p.60.

[104] « *Deve ammonire il Notaro li contraenti quando la dote è in alberi d'olivi, castagni, o altro...* » *Prattica Manuale* du docteur Pietro Morati de Muro, texte revu par M. de Caraffa, IIè partie, *Bulletin de la Société des Sciences Historiques et Naturelles de la Corse*, fasc.70 à 74, livre 6, chap.14, §7, p.465.

[105] C. SPINOSI, *Le droit des gens mariés en Corse du XVIè au XVIIIè siècle*, thèse droit, Aix-en-Provence, La Pensée Universitaire, 1956, p.95.

[106] « *...e il rimanante in tanti alberi fruttifere et in otto pedi di vigna...* ». Contrat daté du 23 juillet 1600 passé devant Maître Bruschino Damiani notaire à Farinole, Archives Départementales de Haute-Corse 3 E6/3 (*ceppo* V).

[107] « *... e due cente lire in alberi di castagna, in olive et uno pede di fica* ». Contrats de mariage des 17, 28, 31 août 1601 établis par le notaire Damiani déjà cité dans la note précédente, pour le Cap corse, et celui du 30 avril 1718 reçus par le notaire Paolo-MariaScaffa, pour la région d'Ajaccio, Archives Départementales de Corse-du-Sud, 3 E/2284.

[108] H. ROSSI, *Les successions testamentaires dans l'ancien droit corse*, thèse droit, Aix-en-Provence, La Pensée Universitaire, 1960, pp.185-186 et pièces annexes n°19, 21, 25, 26, 27.

testament du 21 juin 1662 que ses héritiers devaient donner chaque année pendant trente ans, au couvent des Capucins de Lota, quatre pintes d'huile pour alimenter la lampe du tabernacle de l'église de San Martino, et que celui qui manquerait à cette obligation serait privé de sa part des oliviers qui lui serait échu[109]. Au XVIIIème siècle, les testaments énuméraient souvent des arbres parmi les biens laissés. C'est ainsi que le 16 novembre 1736, la noble Bianca de Santa Lucia de Talcini laissa des oliviers à sa fille Maria Allessandra jusqu'à ce qu'elle contractât légitime mariage[110]. Comme au siècle précédent, les donations et legs pieux étaient formés d'arbres : par exemple, Ambroggio de Castineta céda les fruits de quelques châtaigniers correspondant à une somme de deux lires et demie pour faire dire des messes pour le repos de son âme, à perpétuité. De même, un autre habitant de la même *pieve*, Gio Natale Casabiti laissa trois châtaigniers et leurs fruits à la chapelle de Saint Antoine de Padoue de l'église Saint François de Rostino ; Gio Martino della Broca fut quant à lui, légataire de trois châtaigniers dont les fruits ont été remis au couvent Saint François de Rostino afin que des messes soient dites chaque année ; quant à Angiolo Corbara, il remit au même couvent « onze pieds et demi de châtaigniers » (*11 piedi e mezzo di catagni*) pour une fondation de messes perpétuelles...[111]

La propriété « arboraire » n'a pas été seulement relevée dans des décisions judiciaires ou des actes notariés. Les archives administratives aussi montrent que les autorités municipales ont souvent eu recours à cette institution. C'est le cas des délibérations contradictoires déjà citées : celle de la communauté de Vignale-di-Marana de mai 1709 qui demandait au gouverneur d'interdire les plantations de châtaigniers sur les communaux de peur de voir se constituer un droit de propriété sur ces terres[112], et celle d'Oletta de décembre 1715, qui encourageait la plantation de châtaigniers sur le sol communal en en laissant la propriété au planteur (*siano tutti intieramente senza altra deduzione propri di chi li plantera*)[113].

En revanche, on ne trouve pas de documents relatifs à une propriété « arboraire » consécutive à des plantations d'arbres le long des routes et chemins sur l'ordre ou avec l'autorisation des autorités publiques. La législation française en la matière dont il sera question ci-après ne fut pas appliquée en Corse. Les textes de l'Ancien Régime[114] n'y furent du reste pas applicables même après 1768 puisque aucun d'entre eux ne fut inséré dans le

---

[109] Ceppo de Mo. Giuseppe Poggiolo, notaire à Bastia, Archives de l'étude Seatelli.

[110] Ceppo de Mo. Bartolomeo Zuccarelli, collection provenant de l'étude Simeon de Buochberg, Archives départementales de Haute-Corse, 3E 9/1.

[111] H. ROSSI, *Les successions testamentaires...*, *op.cit*, p.234-235, pièce n°26 : extrait d'un répertoire des donations et legs pieux constitués au profit de certains *ufizij* de l'île, années 1722-1724 (manuscrit provenant de la collection A. Gour de Bastia).

[112] Archives Départementales de Corse-du-Sud (*Civile Governatore* C630), cité par P. LAMOTTE, « Note sur la propriété... », *op.cit.*, p.63.

[113] Archives Départementales de Corse-du-Sud, exemple signalé par A. CASANOVA, « Châtaigniers et société... », *op.cit.*, p.36.

[114] Cf. ci-dessous, titre II, chap.III, section I, §1 (La propriété « arboraire » et les lois du roi).

Code corse[115]. Par la suite, les textes du droit intermédiaire et de l'époque napoléonienne concernant le même sujet[116] ne furent pas utilisés dans l'île, tout simplement parce que la plupart des routes étaient postérieures à la loi du 12 mai 1825[117] qui supprimait pour l'avenir, la propriété « arboraire » le long des routes. Cependant, la forme traditionnelle de l'institution devait encore prospérer en Corse à l'ère du Code civil.

§ 2. La propriété « arboraire » corse à l'ère du Code civil

Malgré l'origine du chef de l'Etat à qui l'on en attribue la paternité, le Code Napoléon se borne à évoquer implicitement la propriété « arboraire » dans son article 553[118]. En 1804, le droit civil français enfin codifié n'accordait pas beaucoup d'importance à cette institution coutumière d'une île, française depuis quelque trente-cinq ans et intégrée au territoire français depuis seulement quinze ans. Le tribunal d'appel des départements du Golo et du Liamone, consulté comme tous ses homologues sur le projet de Code civil, n'avait pour sa part, pas fait la moindre allusion à la propriété « arboraire ». Il est vrai qu'il s'était plaint d'avoir manqué de temps, mais alors qu'il avait proposé dans le titre II, de légères modifications des futurs articles 550, 554, 555, 561 et 562, il ne s'intéressa pas du tout aux dispositions qui devaient devenir l'article 553[119].

La propriété « arboraire » était également totalement absente du Code forestier de 1827 comme de ses versions successives, jusque et y compris, aux dernières moutures du XXIème siècle[120]. L'ouvrage regroupant le Code forestier de 1827 et la législation rurale de l'époque, dû à l'initiative privée de l'avocat aux conseils Rogron sous la Monarchie de Juillet[121], n'en dit pas un mot non plus. Les versions officielles issues de la loi de 1953 et des décrets de 1955 jusqu'à l'actuel Code rural et de la pêche maritime ne lui

---

[115] J.-Y. COPPOLANI, « Le Code Corse », *op.cit.*, pp.37-39.

[116] Cf. ci-dessous, titre II, chap.III, section I, §1 (La propriété « arboraire » dans le droit intermédiaire), et section II, §1 (Les arbres le long des routes).

[117] Cf.ci-dessous, *ibid.*

[118] Cf. ci-dessous titre II, chap.III, section II, §2.

[119] « Les membres du tribunal d'appel séant à Ajaccio chargés de présenter des observations sur le projet de Code civil dans un délai qui à peine pouvait suffire pour en faire une lecture réfléchie n'ont pu entreprendre cet ouvrage que d'une main tremblante. Examiner un livre aussi volumineux qui renferme ce que l'expérience des siècles et les profondes méditations de ses auteurs ont suggéré d'utile et d'intéressant pour le perfectionnement de la législation civile, en peser et les dispositions et les expressions, relever les inexactitudes qui pourraient s'y trouver, suppléer ce qui pourrait avoir été omis ne peut être ni affaire d'un moment ni le résultat d'un coup d'œil rapide. Ainsi, la commission ne présente pas ce qu'elle désirait mais seulement le travail de peu d'instants pas tel qu'il devait et même qu'il pourrait être mais tel que les circonstances l'ont forcé d'être », Archives Départementales de Haute-Corse 2U 1/10.

[120] Cf. version actuelle du Code forestier issue de l'ordonnance n°2012-92 du 26 janvier 2012 ratifiée par la loi n°2014-1170 du 13 octobre 2014 et le décret n°2012-836 du 29 juin 2012.

[121] *Codes forestier, de la pêche fluviale, de la chasse et rural expliqués par leurs motifs, par des exemples et par la jurisprudence*, Paris, 1836.

font aucune place alors qu'elles consacrent des rubriques substantielles à des institutions comparables telles que le bail à complant et le domaine congéable breton[122].

En d'autres termes, la base légale de la propriété « arboraire » corse à l'ère du Code civil est réduite à une simple tolérance : la présomption que le propriétaire du sol est également celui des plantations n'est pas irréfragable, l'article 553 du Code civil permet par conséquent à la propriété « arboraire » corse d'exister si elle est prouvée. Cette omission des codifications françaises assortie de cette permission implicite d'exister issue de la tolérance de l'article 553, a placé la propriété « arboraire » dans une situation de semi-clandestinité à l'instar d'autres spécificités juridiques corses du XIXème et du XXème siècle[123]. Cela ne l'a pourtant pas empêchée de figurer dans les actes de la pratique juridique du XIXème siècle, d'apparaître fréquemment dans les archives judiciaires et dans une moindre mesure dans celles de l'administration, et même de prospérer à l'occasion de l'expansion démographique qu'a connu la Corse jusqu'à la guerre de 1914. Ce sursaut explique en partie la survie de l'institution jusqu'à nos jours.

La propriété « arboraire » dans les actes de la pratique et les archives judiciaires du XIXème siècle

Dans cette matière comme dans d'autres, 1804 n'a pas marqué une rupture dans les habitudes notariales. La propriété « arboraire » a donc été constatée dans des testaments, des cartes dotales, des partages ou même des ventes avec réserve relative aux arbres du fonds aliéné, comme aux siècles précédents[124].

Ce qui est nouveau en revanche, c'est que l'on trouve mention de la propriété « arboraire » dans des testaments olographes conservés comme documents de famille, et surtout dans des actes sous seing privé. L'une des explications est la diminution du nombre des notaires : les Corses qui encore au siècle précédent pouvaient rencontrer un notaire dans la plupart des hameaux, même les plus reculés, et qui avaient recours à lui pour le moindre objet, se passent désormais de ses services même pour des actes d'une certaine importance.

Il est notoire que des actes sous seing privé ont proliféré au XIXème et même dans les premières décennies du XXème siècle. C'est d'ailleurs l'une

---

[122] Cf.ci-dessous titre II, chap.III, section II, §1.

[123] Par exemple, le maintien d'une partie de l'arrêté Miot du 21 prairial an IX ou le bilinguisme français-italien de certaines autorités judiciaires et administratives au XIXème. Cf. J.-Y. COPPOLANI, « Encore une fois sur la spécificité du droit corse », Actes des deuxièmes journées universitaires corses de Nice, Université de Nice, 1993, p.140.

[124] Par exemple, Archives Départementales de Corse-du-Sud 3E2144, acte de vente du 19 janvier 1817 concernant une propriété bâtie à Carbuccia vendue à l'exclusion des châtaigniers.

des causes du « désordre juridique foncier[125] » que l'on observe dans l'île aujourd'hui : pour échapper au fisc ou tout simplement par un phénomène social d'imitation à évolution cumulative, les Corses se sont mis à abuser des actes sous seing privé même pour les ventes de biens immobiliers. Les ventes d'arbres distincts du sol ont suivi dans cette évolution les ventes foncières. Des modèles d'actes ont dû circuler puisque l'on retrouve durant toute la seconde moitié du XIXème siècle, les mêmes formules que nous examinerons dans le chapitre suivant.

Nous aurons l'occasion de recourir aux archives judiciaires ultérieurement en décrivant les modalités de la propriété « arboraire » qui ont été au moins partiellement définies par la jurisprudence de ces deux derniers siècles. Dès à présent, il est utile de donner une série d'exemples de décisions attestant une fréquence relative de l'institution qui nous intéresse tout au long du XIXème siècle.

La propriété « arboraire » a été parfois à l'origine d'affaires criminelles dont la Cour d'assises de la Corse et les différents tribunaux répressifs ont eu à connaître. En décembre 1819, Anton-Maria Peretti de Levie fut accusé de violence sur la personne de son oncle à la suite d'une dispute relative à deux noyers qu'ils possédaient « en commun »[126]. Dans cette affaire, il ne s'agissait que d'insultes et de coups de bâtons, mais quelquefois, ce fut beaucoup plus grave.

A la suite d'une contestation relative à la possession de trois châtaigniers à Polveroso, le juge de paix en avait attribué la possession provisoire à Jean-Marie Frisoni. Cela ne fut pas du goût de son adversaire Hyacinthe Casanova ainsi que de ses parents et particulièrement de ses beaux-frères, Don Felix et Paul-François Orsini, lesquels proférèrent aussitôt des menaces de mort. Le 17 octobre 1836, les parents de Casanova, bravant la décision judiciaire, récoltaient les châtaignes des arbres litigieux au lieu-dit Cavone. Les deux frères Orsini en armes s'étaient placés à proximité. Le fils de Jean-Marie Frisoni, Antoine-Marie intervint lui aussi armé d'un fusil mais il n'eut pas le temps de s'en servir. Il fut abattu de deux balles. Don Félix fut condamné à six ans de réclusion par la Cour d'assises de la Corse puis à dix ans de travaux forcés par le jury du Var après cassation ; Paul-François, condamné initialement par contumace à dix ans de réclusion, « tomba sous la main de la justice » et fut traduit en juillet 1846 devant la Cour d'assises de la Corse qui le condamna à huit ans de réclusion sans exposition en lui reconnaissant des circonstances atténuantes et l'absence de préméditation...[127]

C'est heureusement dans le contentieux non répressif que l'on rencontre le plus souvent l'institution qui nous intéresse. Elle ressort dans les décisions des juridictions civiles corses de tous niveaux à commencer par les justices

---

[125] Expression dûe à Maître Alain Spadoni, président de la chambre régionale des notaires de Corse.

[126] Affaire citée par S. WILSON, *Vendetta et banditisme en Corse au dix-neuvième siècle*, A Messagera, Ajaccio, Albiana, 1995, pp.69-70.

[127] *L'insulaire français*, 10 août 1846 (Bibliothèque municipale de Bastia microfilm 171).

de paix. Dans les jugements de celles-ci, elle est fréquemment présente mais souvent de manière allusive. Devant la cour d'appel, les cas de propriété « arboraire » sont plus rares sans être exceptionnels même dans la deuxième moitié du siècle.

Dans un long arrêt du 23 avril 1856[128] relatif à un litige successoral opposant un « propriétaire » et un avocat, et portant sur des biens situés sur le territoire de Talasani et de La Porta sans qu'il ait été fait mention expresse de propriété « arboraire », il était question de châtaigniers et même d'un châtaignier pris isolément, « constitués en dot » et « d'arbres d'oliviers » simplement identifiés par leur situation dans des lieux-dits, et bien distincts de terres et de « makis ». Dans un autre arrêt du 19 décembre 1860[129] concernant lui aussi une affaire de succession dans des milieux aisés, il était question d'un immeuble appartenant à la succession « paternelle » pour les deux tiers du sol et seulement pour un tiers des châtaigniers qui s'y trouvaient.

C'est plutôt dans les archives des tribunaux civils que l'on a pu répertorier le plus de références explicites à l'existence de cette propriété. L'étude des décisions du tribunal de première instance d'Ajaccio nous livre une série de cas échelonnés sur une période qui s'étend du Consulat à la Troisième République, lesquels concernent plusieurs communes de l'arrondissement[130] et se rencontrent dans des litiges variés, principalement successoraux.

Le 15 prairial an XI (4 juin 1803)[131], le tribunal d'Ajaccio faisait droit à la demande de Paule-Marie, femme de Jean-Paul Leca de Valle-di-Mezzana, en la mettant en possession de la moitié des biens provenant de la succession de sa sœur Blanche-Marie, parmi lesquels un pied de châtaignier. A l'audience du 26 ventôse an XII (17 mars 1804)[132], Antoine Carcopino de Carcopino réclamait à Jean-André Peraldi, originaire du même village, la restitution de divers biens fonciers parmi lesquels, comme dans l'espèce précédente, étaient distingués des arbres, notamment des figuiers isolés et d'autres « contenus » dans une parcelle elle-même revendiquée. Le 1er mars 1806[133], à la demande de Barbe Diani, assistée par son tuteur Paul Perfini, les juges ordonnaient après expertise, aux dénommés Maestroni et Natali de Bastelica,

---

[128] Affaire Vittini/Corsi, Archives Départementales de Haute-Corse, 2U7-50, registre des arrêts civils de la cour d'appel en 1856, fol.139 à 156.

[129] Cette affaire opposait Jean-Thomas Renucci, « propriétaire » demeurant à Ciamanacce, appelant, à Jacques-Marie Paoletti, pharmacien, et treize autres intimés, demeurant à Ciamanacce, Tasso, San Polo et Cozzano, parmi lesquels des « propriétaires », deux instituteurs et des ménagères dûment autorisées par leurs conjoints, Archives Départementales de Haute-Corse, 2U7-54, registre des arrêts civils de la cour d'appel en 1860, fol.340 et suivant.

[130] Archives Départementales de Corse-du-Sud, sous-série 3U1, tribunal de première instance d'Ajaccio.

[131] Archives Départementales de Corse-du-Sud, 3U1 / 1.

[132] *Ibid.*

[133] *Ibid.*

le partage des biens composant une hoirie, parmi lesquels plus de cinquante châtaigniers sans compter trente et un autres dont la propriété reste contestée. La même année[134], à l'audience du 6 août, le tribunal condamnait le dénommé Antoine Fiamenghi de Sari, à restituer divers biens qui lui étaient réclamés par son concitoyen Michel Raffini parmi lesquels quatre châtaigniers et la moitié d'un olivier. Le 2 août 1811[135], dans un litige portant sur un contrat de mariage et une succession au sein de la famille Costa de Cauro, il était question cette fois de la moitié de deux oliviers et de cinq châtaigniers. Le 18 avril 1822[136], dans une autre affaire de succession, apparaissaient des châtaigniers et d'autres arbres que l'on situait simplement par l'indication d'un lieudit. A l'audience du 31 mars 1846[137], il s'agissait d'un partage successoral à Grosseto : sur cinq lots, deux étaient composés de terres avec les arbres s'y trouvant et les trois autres, de châtaigniers et d'oliviers et même de chênes verts distincts de la parcelle. Le 22 janvier 1851[138], un procès qui opposait des habitants de Bastelica, portait sur des terres complantées de châtaigniers et oliviers et de châtaigniers sans terre… Le 23 janvier 1875, le tribunal décidait de partager les biens provenant de la dot de Marie-Dominique Flori épouse de Thomas Poggi d'Ecicca-Suarella entre ses quatre enfants. Dans la liste à côté d'une maison d'habitation et de diverses propriétés foncières, une rubrique était composée d'oliviers et de châtaigniers sis sur une terre appartenant à des tiers.

Le tribunal civil d'Ajaccio n'est évidemment pas le seul qui ait eu à connaître de cas de propriété « arboraire ». On peut en trouver dans les décisions des autres tribunaux de première instance de l'île et nous aurons l'occasion d'en évoquer dans le chapitre suivant. Si les archives judiciaires sont quantitativement très importantes pour l'étude de la propriété « arboraire », les archives administratives, elles, sont parfois très éclairantes.

La propriété « arboraire » dans les archives administratives

Les archives administratives sont plus intéressantes qu'à l'époque précédente, en ce sens que les services préfectoraux ont fait de gros efforts au XIXème siècle pour mieux cerner l'agriculture corse dans le but de la moderniser. Plusieurs enquêtes sur l'agriculture et les usages locaux ont été menées à partir de l'époque napoléonienne, sans que la propriété « arboraire » n'y apparût même implicitement. C'est ainsi que le questionnaire de l'an X[139] dans lequel le préfet du Golo posait 260 questions

---

134 *Ibid.*

135 Archives Départementales de Corse-du-Sud 3U1 / 3.

136 Archives Départementales de Corse-du-Sud 3U1 / 6.

137 Archives Départementales de Corse-du-Sud 3U1 / 11.

138 Archives Départementales de Corse-du-Sud, *ibid.*

139 Cf. G. RAVIS-GIORDANI, *le Bulletin de l'ADECEM*, n°3, avril 1985, Centre d'Etudes Corses de l'Université de Provence, pp.20-27.

aux sous-préfets, maires et juges de paix de son département[140], ne l'aborde pas. Aucune question imprimée ne la concerne et elle ne figure dans aucune réponse manuscrite alors que les correspondants du préfet auraient pu trouver là, l'occasion de la signaler[141]. Le constat est le même à la lecture du questionnaire similaire mais plus bref, adressé par le préfet du Liamone aux maires de son département l'année suivante[142].

Il faut dire que les enquêtes de ce type se sont souvent heurtées à de très fortes réticences. Aussi, le préfet de la Corse Montois, insistait-il dans une circulaire du 4 juillet 1857[143] auprès des sous-préfets, des juges de paix et des maires, afin que soit appliquée une circulaire ministérielle du 15 février 1855, laquelle faisait déjà l'objet d'une lettre du 4 avril 1855 envoyée par son prédécesseur, le préfet Thuillier, aux mêmes destinataires[144]. Cette circulaire ministérielle du 15 février 1855 était à inclure parmi les efforts que faisait depuis plusieurs années le gouvernement pour faire publier des recueils des usages locaux et préparer la rédaction d'un code rural demandé sous la Monarchie de Juillet par plusieurs conseils généraux. Une circulaire ministérielle du 26 juillet 1844[145] soulignait déjà l'importance de l'enjeu. Malgré cette constance des pouvoirs publics, on n'aboutit en Corse qu'à la publication d'un seul recueil des usages locaux et ce, uniquement pour le canton d'Ajaccio[146]. Ce petit ouvrage ne comportait aucune mention relative à la propriété « arboraire », soit parce qu'il s'agissait d'un canton urbain où, selon les autres renseignements que nous possédons, la propriété « arboraire » était pratiquement inexistante, soit parce que la commission

---

[140] *Elenco di dimande fatte dal prefetto del golo, alli sotto-prefetti, maires, e giudici di pace del detto dipartimento, sulla statistica*, d'abord conservé aux Archives Départementales de Corse-du-Sud sous la côte 6M780 à 783, puis transféré aux Archives Départementales de Haute-Corse sous la côte 6M870 à 873 et partiellement microfilmé (1MI105 à 107).

[141] Ces occasions pouvaient se trouver dans les réponses aux questions 98 (*Il territorio del villaggio è egli atto all'alberatura e quali sono le specie che vi si trovano. Dare tutti li nomi*), 99 (*Qual'è la maniera di piantarli e di coltivarli*), 129 (*Vi sono dei boschi sul territorio della comunità*) et 147 (*Quali sono gli usi per il pascolo comune tra proprietario e proprietario ne beni che possedono nella medesima comunità).*

[142] Ce questionnaire dont on trouve un exemplaire renvoyé par le maire de la commune de Corscia et daté du 30 messidor an XII (19 juillet 1804, Archives Départementales de Corse-du-Sud 6M874) comprend cinquante-trois questions imprimées occupant six pages.

[143] *Recueil des actes administratifs de la Préfecture de Corse*, n°90, p.251-252.

[144] *Recueil des actes administratifs de la Préfecture de Corse*, n°57, p.48-49.

[145] Citée au recueil des actes de la Préfecture de Corse, n°57, p.49-50. Cf. un exemplaire et la correspondance qui s'y rapporte, Archives Départementales de Corse-du-Sud 7M5.

[146] *Recueil des usages locaux d'Ajaccio, constatés et mis en œuvre d'après le rapport de la commission instituée par arrêté préfectoral de juillet 1857*, présidée par Maestroni-Meglia, L. Nyer, rapporteur, Ajaccio, 1858. (On trouve un exemplaire aux Archives Départementales de Corse-du-Sud 7M5). Cette absence de toute mention de la propriété « arboraire » est aussi constatée dans les notes manuscrites rédigées en vue d'une codification des usages locaux ou du droit rural (Archives Départementales de Corse-du-Sud 7M5 et 14M). C'est par exemple le cas de la « contribution à la codification des usages locaux à adapter aux principaux textes législatifs se référant directement aux usages » relatives à l'arrondissement d'Ajaccio dues au juge de paix Rossi (treize pages sans date).

s'était limitée strictement aux prescriptions de la circulaire ministérielle de 1844 : étaient seuls visés les usages locaux relatifs aux matières dans lesquelles le Code civil et différentes lois renvoyaient expressément à cette source du droit. Pourtant, dans la mesure où le ministère de l'agriculture annonçait que ces enquêtes sur les usages locaux agricoles devaient servir à la rédaction d'un code rural, la propriété « arboraire » corse méritait d'être indiquée. Des usages régionaux voisins de la propriété « arboraire » corse tels que le domaine congéable ou le bail à complant, n'ont-ils pas été insérés pour leur part dans le Code rural comme nous le verrons plus loin ?

Heureusement, la politique tendant à inciter les municipalités à partager les communaux, menée par l'administration préfectorale sous la Restauration et les régimes suivants[147], a suscité des enquêtes et des prises de position des maires et conseils municipaux extrêmement utiles pour évaluer la place de la propriété « arboraire » en Corse au XIXème siècle. C'est par exemple cette liste de propriétaires de châtaigniers plantés sur les communaux que l'administration préfectorale a demandé de dresser commune par commune en 1826[148]. Certaines sont inexistantes ou perdues, d'autres sont très courtes, mais quelques-unes sont impressionnantes. Elles donnent généralement des renseignements très précis. Celle de Pastricciola[149], par exemple, indique le nom des propriétaires de châtaigniers, s'ils sont du village ou d'une autre commune, le nombre d'arbres possédés par chacun, et la superficie couverte par ces arbres. On y apprend qu'un châtaignier occupait environ un tiers ou une demi *bacinata*[150]. Sous le Second Empire, les mairies remplissaient à la demande de l'autorité préfectorale, des tableaux imprimés intitulés « état des biens communaux de toute nature appartenant à la commune ». Dans la

---

[147] F. POMPONI, « Un siècle d'histoire des biens communaux en Corse (1770-1870) », IIème partie : évolution et problèmes au XIXème siècle - les partages à l'intérieur des communautés -, *Etudes Corses*, n°5, 1975, pp.40-47.

[148] Les réponses à ce questionnaire se trouvent en partie aux Archives Départementales de Corse-du-Sud et pour l'autre, aux Archives de Haute-Corse depuis le partage des archives consécutif à la bidépartementalisation.

Dans la sous-série 1O : 1O11 à 14 (conservées à Ajaccio), on y trouve par exemple parmi divers dossiers concernant les biens communaux au XIXème siècle (instructions, correspondances, enquêtes), un état des propriétaires de châtaigniers plantés sur les biens communaux daté de 1826, intitulé « communes de l'arrondissement de Sartène » (124 noms de propriétaires possédant chacun de un à soixante arbres soit un total de plus d'un millier de châtaigniers, ce qui est peu pour tout l'arrondissement mais beaucoup s'il s'agit en fait de la seule commune de Sartène).

Dans la sous-série 2O classée par commune : 2O001 à 363 de nombreuses liasses contiennent des réponses généralement détaillées et bien présentées.

[149] Archives Départementales de Corse-du-Sud 2O204/1.

[150] La *bacinata* valait en moyenne selon la préfecture de Corse en 1812, trois ares et un centiare pour les bonnes terres, trois ares quatre-vingt-treize centiares pour les médiocres, et quatre ares quatre-vingt-quinze centiares pour les mauvaises. Cf. A. L. SERPENTINI, « Les anciennes mesures de la Corse (XVIè-XVIIIè siècle) et leur conversion dans le système métrique » in *Les anciennes mesures locales du midi méditerranéen d'après les tables de conversion* s/la dir. de P. Charbonnier, Clermont-Ferrand, Publications de l'Institut d'Etudes du Massif Central, 1994, p.151.

colonne « observations » ou sur une feuille annexée étaient souvent marqués les noms des propriétaires d'arbres sur les communaux, le nombre de pieds possédés par chacun et leurs essences[151].

Ces enquêtes se situent à une époque durant laquelle les communaux étaient plus que jamais l'enjeu d'une rivalité entre prolétaires et notables ruraux. Ces derniers, détenteurs de l'autorité municipale, répugnaient à partager les communaux qui étaient une source de revenus pour les communes[152] et pour eux-mêmes parfois par le biais de concessions voire d'accaparements. Mais la croissance démographique qu'a connue la Corse aboutit dès la première moitié du XIXème siècle, à une surpopulation rurale[153] et une forte pression sur les communaux. Dans ce contexte, la propriété « arboraire » pouvait apparaître comme une solution adaptée aux problèmes de l'heure. Pourtant, sous les différents régimes qui se sont succédé de la Restauration au Second Empire, les autorités préfectorales ont fait pression sur les municipalités pour le partage des communaux et par voie de conséquence, la suppression des propriétés « arboraires » qui s'y trouvaient.

La propriété « arboraire », l'expansion démographique et le partage des communaux au XIXème siècle

L'excédent de population dans les villages devait avoir pour effet naturel, une tendance au défrichement des communaux, y compris des terres marginales. Mais cela ne pouvait se faire qu'au détriment des bergers qui bénéficiaient du libre parcours sur toutes les terres non clôturées et donc sur les communaux, conformément au chapitre XXXIX des Statuts civils de la Corse, maintenu par la loi du 28 septembre - 6 octobre 1791 partiellement abrogée par celle du 22 juin 1854.

Certaines municipalités que rebutait le partage des communaux en raison des traditions séculaires et probablement aussi des dissensions, voire des heurts qu'une telle opération pouvait entraîner, présentaient dans leur réponse au préfet, la propriété « arboraire » comme une modalité satisfaisante de partage. Ce fut le cas notamment de Murato en 1829[154] ou de Pastricciola en 1853[155].

---

151 Par exemple, Archives Départementales de Corse-du-Sud 1O13, état des communes de Speloncato et de Ville-di-Paraso (1858).

152 Le questionnaire du préfet du Golo en l'an X cité plus haut montre par les réponses faites à la question 147, que dans de nombreuses communes, le pacage sur les communaux était payant pendant au moins une partie de l'année.

153 P. SIMI, *Précis de géographie de la Corse*, Bastia, 1981, pp.87-89 et 97-99. Entre 1796 et 1852, la population rurale passe de 130 214 à 205 362 habitants. La progression continue jusqu'au début du XXème siècle et culmine au recensement de 1906 avec 214 988 ruraux.

154 Réponse du maire de Murato au questionnaire du préfet, Archives Départementales de Corse-du-Sud 6M790.

155 Archives Départementales de Corse-du-Sud, 2O204/1 présentée en annexe ainsi que d'autres pièces de ce dossier.

Le cas de la commune de Pastricciola, déjà signalé par Pierre Lamotte et sur lequel les documents d'archives sont suffisamment complets, est très éclairant quant au rôle joué par la propriété « arboraire » dans le partage des communaux. La délibération du conseil municipal du 13 juillet 1853 mérite que l'on s'y attarde. Elle est en effet dans l'exposé de ses motifs, un précieux témoignage quant à l'origine et aux contours juridiques de l'institution que nous aborderons plus loin mais le dispositif de cette délibération n'est pas moins intéressant.

Son premier article établissait que « tout terrein qui se trouve dans le territoire de cette Commune couvert par les arbres sera considéré à l'avenir appartenir au propriétaire des arbres à la distance de 40 mètres de tour et le propriétaire en payera contribution à l'Etat » tandis que son article 2 laissait « tout terrein qui se trouve entre les différents châtaigniers (...) en communion entre les habitants ». Cette disposition mettait un terme à la propriété « arboraire » proprement dite puisque les propriétaires des châtaigniers accédaient à la propriété de la parcelle sur laquelle ils étaient plantés.

Le préfet, dans sa lettre du 4 août 1853[156], faisait savoir qu'il jugeait inacceptables, les modalités de partage des communaux prévues par le conseil municipal de Pastricciola. « Cette délibération, déclarait-il, contient des dispositions qui me paraissent évidemment contraires à la justice distributive ; que les biens communaux de Pastricciola aient été plantés ou défrichés par les particuliers et que par suite de nombreuses plantations les biens soient devenus impropres au partage, je puis l'admettre, quoiqu'à vrai dire, il y aurait encore moyen d'évincer les planteurs qui se sont introduits abusivement sur la propriété communale. Mais je ne puis permettre que la délibération du conseil municipal porte à effet pour ce qui regarde l'abandon du fond à faire auxdits planteurs, ce serait faire trop bon marché des droits de la commune et des intérêts des habitants ». Le préfet usait donc de son pouvoir de tutelle pour imposer au conseil municipal une autre solution, dans laquelle la commune conservait la propriété du sol et les « planteurs » de châtaigniers – qu'il se gardait de désigner comme propriétaires – devraient payer une taxe à la commune, proportionnelle au nombre d'arbres. En les soumettant au paiement d'une redevance pour l'utilisation des communaux, il ravalait donc les propriétaires « arboraires » au niveau de simples concessionnaires. Cette attitude était éloignée de la jurisprudence de plusieurs cours d'appel et de la Cour de Cassation qui, justement à cette époque[157], était devenue plus favorable au mécanisme de la propriété « arboraire » et naturellement aux antipodes de l'esprit du droit corse traditionnel.

Pour contourner cette opposition du préfet et après avoir pris l'avis de « jurisconsultes », le conseil municipal invoqua la prescription trentenaire.

[156] Archives Départementales de Corse-du-Sud, série O, carton 989.
[157] Cf. ci-dessus introduction particulièrement notes 25 et 26.

Dans une délibération du 9 février 1854, après un exposé circonstancié des motifs[158] d'où il ressortait qu'il fallait tenir compte des superficies et qualités variables des terrains occupés par les arbres, il était décidé : « les terrains communaux couverts par les arbres depuis la période de trente ans étant considérés comme propriétés aux mêmes appartenants et la contribution des mêmes devant être payée par lesdits propriétaires des arbres, toute précision sera avec exactitude observée pour mesurer le terrein couvert par les arbres et le restant appartenant à la commune pour que la même paye la contribution pour le terrein qui lui reste et les propriétaires pour le terrein acquis ». Il était ensuite demandé qu'un géomètre soit envoyé par le préfet pour effectuer l'opération.

Finalement, après plusieurs péripéties et des échanges de lettres parfois vifs entre le maire et le préfet[159], les anciens propriétaires « arboraires » furent considérés comme propriétaires du terrain recouvert par leurs arbres et imposés au titre de la contribution foncière en fonction de la quantité et de la qualité du terrain[160]. Mais si les autorités municipales ont aisément conçu cette solution de partage du sol au profit des habitants dont elles se plaisaient à rappeler les droits séculaires dans les motifs de ses délibérations, en revanche, elles ne voyaient aucun inconvénient à ce que les forains payassent une redevance de simples utilisateurs des communaux conformément aux vœux initiaux du préfet et aux remarques de l'administration fiscale[161]. Cela entraîna de nombreuses réclamations de la part de ceux qui se virent taxés de la sorte, mais leurs contestations portaient plus sur le montant qu'ils estimaient exagéré que sur la légitimité de cette « rétribution pour la jouissance de biens communaux ».

L'hostilité de l'administration préfectorale et fiscale était quelquefois partagée par certains maires[162]. L'attitude à l'égard de la propriété « arboraire » au XIXème siècle était en effet variable. Schématiquement, les communautés du Nord et du centre de l'île lui étaient plutôt opposées peut-être en raison de l'extension de la propriété privée autour de Bastia, et de l'élevage, dans celle de Corte. Les communautés du sud de l'île lui étaient plus favorables et l'autorisaient explicitement. Paradoxalement, les

---

158 Cf. document en annexe.

159 Cf. lettre du 6 mai 1854, Archives Départementales de Corse-du-Sud, 2O204/1, dans laquelle le maire reprochait à plusieurs reprises au préfet ses instructions contradictoires.

160 C'était déjà la logique que reflétait l'état de 1826 dans lequel figurait la quantité de terres occupées par les arbres, exprimée en *bacinate* puisque cette mesure variait selon la qualité du terrain.

161 C'est ce qui ressort à la lecture de la lettre du maire de Pastricciola du 22 août 1860, Archives Départementales de Corse-du-Sud, 2O204/1.

162 Elle se manifeste dès la Restauration à l'occasion de l'enquête relative aux plantations de châtaigniers sur les terrains communaux. P. LAMOTTE, « Note sur la propriété... », *op.cit.*, p.63, signalait qu'à cette occasion des maires de l'arrondissement de Corte et particulièrement du Niolo dénonçaient la propriété « arboraire » comme une usurpation pure et simple. Nous reviendrons sur cette opposition entre l'En-Deçà et l'Au-Delà dans le paragraphe consacré à la géographie de la propriété « arboraire ».

réticences ont contribué au même titre que la protection que lui ont accordé les juridictions judiciaires, et la pesanteur des habitudes accentuée par l'insularité, au maintien de l'institution jusqu'au XXème siècle. A la différence de ce qui s'est passé comme nous le verrons dans d'autres pays tels que l'Italie ou l'Espagne, l'institution corse s'est figée dans une situation semi-officielle donc semi-clandestine et l'on pourrait même dire qu'elle s'est fossilisée.

La survie de la propriété « arboraire » au XXème siècle

Dès la première décennie, la propriété « arboraire » accédait à la consécration par l'insertion au Journal Officiel de la République française, dans la partie non officielle certes... C'était à l'occasion de la publication faite en exécution de l'article 9 de la loi du 9 décembre 1905, relative à la séparation de l'Eglise et de l'Etat, de la « Liste des biens ayant appartenu aux établissements publics du culte, qui avaient leur siège dans le département de la Corse »[163]. Ce document comme l'enquête sur l'état des paroisses effectué par les autorités ecclésiastiques en 1905[164] a mis en évidence de nombreux cas de propriété « arboraire » parmi les biens des paroisses, aussi bien dans le Nord que dans le Sud de l'île[165]. Cela est d'autant plus significatif de la vitalité de l'institution au XIXème siècle que l'Eglise avait dû reconstituer son patrimoine depuis la mise en vente des biens nationaux sous la Révolution.

En fait, la propriété « arboraire » ne fait que survivre au XXème siècle sur la lancée du XIXème. On l'a retrouvée telle quelle dans des actes sous seing privé et notariés. On a continué à en voir après la première guerre mondiale. Un partage successoral en date du 23 février 1928 reçu par par Maître Jules Fioravante, notaire à L'Ile Rousse, comprenait divers biens sur le territoire de Santa Reparata parmi lesquels on distinguait bien des terres « complantées d'oliviers et des oliviers enracinés » sur une parcelle appartenant à un tiers. La même année, toujours devant le même notaire, un acte de vente de divers biens situés à Feliceto contenait lui aussi des terres complantées d'oliviers et des parcelles sur lesquelles étaient « enracinés »

[163] *Journal Officiel de la République française, lois et décrets*, 5 mai 1909, pp.4344-4381. Ce document de trente-huit pages présente les biens diocésains et les biens paroissiaux répartis par arrondissements et cantons.

[164] Archives diocésaines d'Ajaccio F4.

[165] On constate dans cet inventaire que des paroisses possédaient des châtaigniers et des oliviers sur des terrains ne lui appartenant pas dans deux cantons de l'arrondissement d'Ajaccio (Santa Maria Sicche et Sarrola-Carcopino), dans deux cantons de l'arrondissement de Bastia (Brando et Campile), dans un canton de l'arrondissement de Calvi (Calenzana) et dans trois de celui de Corte (Omessa, San Lorenzo et Venaco). Ces terrains peuvent être communaux ou privés : ainsi la fabrique de l'église de Zilia possédait quinze oliviers sur les communaux et vingt-sept, sur quatre propriétés privées. Mais on relève de très nombreuses mentions équivoques (énumération laconique d'oliviers, châtaigniers, chênes, noyers, olivaies, châtaigneraies ou chênaies) dans presque tous les cantons de Corse.

des oliviers appartenant à des personnes étrangères à l'acte, dont certaines étaient nommément désignées et d'autres, « à diverses personnes » que l'acheteur a déclaré connaître[166].

A la fin du XXème siècle, les notaires corses rencontraient encore, plus rarement il est vrai, des cas de propriété « arboraire » dans divers contrats. Dans une vente de biens situés à Corscia, conclue le 9 novembre 1977[167], il était stipulé que le vendeur se réservait les châtaigniers complantés sur des parcelles, objets de la vente. Il est à noter toutefois que cet acte s'inscrivait apparemment dans le règlement d'une indivision et qu'il se situait dans le canton le plus montagneux de Corse... peut-être plus propice que d'autres à la conservation de ceux que les uns appellent archaïsme et les autres, identité...

Les décisions judiciaires dans lesquelles il est question de propriété « arboraire » se font de plus en plus rares au fur et à mesure qu'avance le XXème siècle. Les arbres ne sont plus un enjeu économique, notamment dans l'intérieur de l'île désertée. A l'exode rural, s'ajoutent d'autres causes telles que les incendies ou les maladies[168] qui ravagent la châtaigneraie corse depuis quelques dizaines d'années.

Malgré cela, on peut encore relever dans la dernière décennie du XXème siècle, des décisions faisant explicitement référence à la propriété « arboraire ». Dans un jugement du tribunal de grande instance de Bastia du 25 janvier 1994 relatif à une action en revendication, deux attendus contenaient l'expression propriété « arboraire » employée d'ailleurs sans guillemets[169] et nous renseignaient sur l'origine et la nature de cette forme d'appropriation, éléments fondamentaux du droit de la propriété « arboraire » dont nous parlerons au chapitre suivant.

---

166 Cité par A. BERGIER-FIRROLONI, *Rapport sur la propriété arboraire en Corse*, travail de recherche de licence en droit, Faculté de droit et de sciences économiques de l'Université de Corse, 1998 (8 pages + 20 photocopies annexées).

167 Acte passé par devant Maître Barthélémy Padovani, notaire à Casamaccioli, aux dates des 29 juillet 1975 et 9 novembre 1977 « mention spéciale » : « Madame C. veuve A. avec l'accord des acquéreurs susnommés se réservent les châtaigniers complantés sur les parcelles de terre au lieu dit Croce qui ne sont pas compris dans la présente vente ».

168 P. SIMI, *Précis de géographie...*, *op.cit.*, p.335 : « Depuis le début du siècle, la châtaigneraie est malade. Alors que la maladie de l'Encre semble stationnaire, la virulence et l'extension du chancre de l'écorce deviennent préoccupantes... ». Plus récemment, depuis la première décennie du XXIème siècle, la châtaigneraie corse est victime du cynips.

169 Cf. jugement en annexe.

CHAPITRE II

Le droit de la propriété « arboraire » corse

Tout au long de l'étude historique qui précède, se sont accumulés des renseignements épars sur les règles juridiques, principalement coutumières et jurisprudentielles de l'institution, et des hypothèses, voire des certitudes, ont pu incidemment être suggérées sur les enjeux socio-économiques de la propriété « arboraire » et donc, sa raison d'être. L'objectif de ce chapitre sera d'en faire une utilisation plus systématique en définissant ce droit et en exposant ses modalités d'exercice.

SECTION I. DÉFINITION DU DROIT

Certes, la propriété « arboraire » est très adaptée à une économie de pénurie, autarcique, et à une société rurale dont les membres mettent en commun pour subsister, leurs maigres ressources. Une société caractérisée par l'indivision à laquelle la propriété « arboraire » est manifestement rattachée, on l'a montré, et où la propriété du sol n'a d'importance comme l'écrit Pierre Emmanuelli[170], qu'en raison des plantations qui s'y trouvent. De plus, il est évident, comme se sont plu à le relever plusieurs auteurs[171], que la propriété « arboraire » est une bonne solution au problème de coexistence des agriculteurs et des bergers particulièrement aigu dans l'île et dans d'autres contrées du pourtour méditerranéen. Elle permet une utilisation correcte des sols arides et pierreux qui seront complantés d'arbres nourriciers mais continueront à pouvoir être utilisés pour le pacage et le parcours des troupeaux.

Néanmoins, comme nous l'avons déjà signalé dans l'introduction et comme nous le développerons plus loin, la propriété « arboraire » déborde largement le monde méditerranéen et elle n'est pas toujours liée à une économie archaïque. En Corse même, nous avons montré que la propriété « arboraire » a prospéré grâce à un consensus des communautés et parfois les

---

[170] P. EMMANUELLI, *Recherches sur la Terra di Comune...*, *op.cit.*, p.106.

[171] P. LAMOTTE, *op.cit.*, p.68 et J.-Y. COPPOLANI, *op.cit.* .

encouragements des autorités dans le cadre de mise en valeur des communaux et de façon plus générale des terres marginales, et du développement de l'arboriculture. Mais l'attitude de ces mêmes autorités spécialement celles de l'Etat à l'ère du Code civil a souvent été ambiguë.

Au XIXème siècle même, au moment où les autorités préfectorales lui étaient hostiles, la propriété « arboraire » a résisté non seulement parce qu'elle était un moyen de subsister laissé aux prolétaires ruraux et d'éviter le partage des communaux malgré la poussée démographique[172], mais encore parce qu'elle pouvait s'adapter à l'économie de marché. Les communes et les particuliers ont quelquefois utilisé le système de la propriété « arboraire » et le bail à complant afin de favoriser les plantations d'oliviers et augmenter de ce fait, la production d'huile destinée à la vente.

Enfin, comme l'ont observé plusieurs auteurs, la propriété « arboraire » « de racine communautaire »[173] et qui apparaît « le plus souvent » comme une concession faite aux particuliers par la communauté[174], se situe à la transition entre l'appropriation collective au sein de groupements de familles, communautés et *pieve*, et la propriété individuelle. La propriété « arboraire » a constitué un moyen de privatiser des portions de diverses catégories de communaux. L'établissement du cadastre au XIXème siècle n'a souvent fait que constater et consacrer la privatisation foncière dont la propriété « arboraire » a été le vecteur. C'est dans ce contexte quelque peu hétérogène qu'il nous faut nous placer pour déterminer la nature juridique de ce droit.

§ 1. La nature du droit

Quelques questions se posent sur la nature juridique de cette institution qui au demeurant, a suscité en Italie dans la première moitié du XXème siècle une polémique dont nous parlerons plus loin. De nos jours en Corse, pour les praticiens du droit, ce point ne soulève pas grande difficulté non seulement en raison du déclin de l'institution mais surtout parce qu'après une évolution durant la première moitié du XIXème siècle, la jurisprudence s'était fixée en reconnaissant en elle une propriété superficiaire[175].

---

[172] Cf. délibération de Pastricciola de 1853 et de Bastelica en 1862 déjà citées et F. POMPONI, « Un siècle d'histoire des biens communaux... », IIè partie, *op.cit.*, p.40-47.

[173] A. CASANOVA, « Châtaigniers et société en Corse... », *op.cit.*, p.37.

[174] P. LAMOTTE, « Restriction du droit de propriété et sauvegarde des intérêts de la collectivité dans l'ancienne Corse », *Etudes Corses*, n°15-16, 1957, p.70.

[175] Toutefois, un arrêt de la Cour de Cassation du 23 mai 2012, qui sera présenté plus loin dans le chapitre relatif à la propriété « arboraire » dans le droit français, comporte un attendu qui paraît induire un affaiblissement de la position jurisprudentielle antérieure.

La nature de la propriété « arboraire » à l'ère du Code civil

Dans la Corse française et sous l'empire du Code civil, la nature juridique de la propriété « arboraire » est assez clairement établie en dépit de son apparente spécificité. Même si l'article 553 est moins que laconique puisqu'il n'est qu'implicite, l'institution appartient à une catégorie bien connue par le droit français[176], qui aurait pu être citée par Anne-Marie Patault dans son article sur « la propriété non exclusive au XIXème siècle »[177]. Après quelques hésitations qui la firent assimiler à une servitude, un droit d'usage, une simple propriété mobilière, une indivision ou une copropriété entre le propriétaire du sol et celui de l'arbre, la jurisprudence de la Cour de Cassation depuis plus d'un siècle et demi reconnaît en elle un droit de propriété.

Propriété superficiaire, issue d'une « dissociation juridique de l'immeuble »[178], il est admis depuis un arrêt de la Cour de Cassation du 18 mai 1858[179] que la propriété « arboraire » est une propriété distincte. Mais avant même cette décision qui marque, comme nous le verrons, le tournant de la jurisprudence française en la matière, l'institution corse était déjà localement perçue comme une propriété immobilière distincte de celle du sol.

En 1802, « l'administrateur général du Golo et du Liamone » André Miot, en fiscaliste avisé et bon connaisseur des coutumes corses, ne s'y était pas trompé lorsqu'il avait voulu par son arrêté du 22 thermidor an X signalé plus haut, prendre en compte la propriété « arboraire » dans la refonte des matrices des rôles de la contribution foncière en distinguant le propriétaire « arboraire » et celui du sol.

A cette époque là, depuis longtemps déjà, les arbres pouvaient être couramment hypothéqués. Ce fait est attesté par des actes de la pratique et des décisions judiciaires. Le 8 floréal an XII[180], le tribunal de première instance d'Ajaccio eut à connaître d'une affaire dans laquelle un individu peu scrupuleux avait vendu par acte notarié à un habitant d'Ucciani, des terrains et des châtaigniers puis avait cédé la moitié des mêmes châtaigniers séparément du sol à un tiers qui les avait hypothéqués. Le 3 mars 1828, le même tribunal statuant en appel d'une décision de la justice de paix[181] constatait après enquête qu'un certain Stefani de Sari d'Orcino avait joui et possédé paisiblement, publiquement et à titre non précaire, de châtaigniers

---

[176] Cf. titre II, chap.III, section II, §2.

[177] *Revue historique de droit français et étranger*, 1983, p.217-237. A.-M. PATAULT l'aurait reconnue dans un courrier.

[178] J.-P. MARTY, *La dissociation juridique de l'immeuble, contribution à l'étude de droit de su*perficie, Paris, LGDJ, 1979. L'auteur qui consacre une rubrique au bail à domaine congéable (pp.278-280) ne cite pas la propriété « arboraire » corse mais elle aurait pu figurer dans son ouvrage.

[179] Sirey 1858.1.661.

[180] Archives départementales de Corse-du -Sud, 3U 1/1.

[181] Archives départementales de Corse-du-Sud, 3U1/9.

pendant une période de dix ans. Les juges déboutèrent son adversaire et les termes employés dans la décision laissèrent entendre qu'ils reconnaissaient la propriété des arbres comme un droit distinct de la propriété du sol.

Plus près de nous, le jugement du tribunal de grande instance de Bastia du 25 janvier 1994 prenait dans un de ses attendus, une position claire quant à la nature de la propriété « arboraire » : « attendu que les demandeurs soutiennent qu'ils ont toujours eu la possession des parcelles vendues ; qu'il ressort des attestations par eux produites qu'ils ont exploité les arbres complantant ces fonds ; mais qu'en l'état de la dissociation entre la propriété « arboraire » et la propriété immobilière desdites parcelles, ces actes de possession ne peuvent être regardés comme accomplis en qualité de propriétaires indivis du sol ».

Les juridictions locales adhèrent donc depuis longtemps à l'idée que l'institution insulaire est une propriété qui procède de la dissociation de l'immeuble et qu'elle ne peut être appréhendée comme une indivision entre le propriétaire du sol et celui de l'arbre. Néanmoins, la formulation de l'attendu semblait opposer propriété « arboraire » et propriété immobilière des parcelles. On voit poindre là l'une des questions qui peuvent se poser sur la nature de l'institution.

Questions sur la nature de l'institution

Jusqu'au XVIIIème siècle, la Corse était une terre italienne et nous verrons que si la propriété « arboraire » était bien connue en Italie et largement répandue, cela n'a pas empêché une polémique sur son existence. Certains auteurs[182], tout en constatant les multiples manifestations de cette institution dans la plupart des régions d'Italie et notamment les plus voisines de la Corse comme la Toscane et la Sardaigne, refusaient de voir en elle, une propriété distincte. Comme nous aurons l'occasion de le montrer, ces réticences étaient issues du droit romain qui était droit positif en Corse jusqu'à la fin du XVIIIème siècle.

Ce contexte justifie que nous nous demandions s'il est possible que notre institution soit autre chose qu'une propriété immobilière portant sur des arbres, distincte de celle du sol. C'est-à-dire d'une part, qu'elle puisse être qualifiée autrement que propriété immobilière ou que celle-ci ne soit pas vraiment distincte de celle du sol et d'autre part, qu'il puisse s'agir d'un droit réel autre que la propriété, dont il ne serait qu'un démembrement, comme un droit d'usage ou une servitude.

---

182 C. Giardina, auteur de référence sur l'institution qui nous occupe et que nous serons amenés à citer à maintes reprises, n'a-t-il pas intitulé son principal ouvrage sur la question *La cosi detta proprietà degli alberi separata da quella del suolo in Italia* (Palerme 1941), formulation qui laisse transparaître un doute sur la pertinence de la considérer comme une propriété distincte ou encore tout simplement une propriété ? C. Giardina s'opposait à F. Maroi qui avait écrit auparavant *La proprietà degli alberi separata da quella del fondo*.

Dire que la propriété « arboraire » corse est une propriété immobilière, est non seulement conforme au droit positif mais aussi à l'impression qui se dégage de la plus grande partie de la documentation historique et anthropologique. Nous avons vu que les arbres étaient énumérés depuis des siècles dans les testaments et autres actes parmi les biens fonciers. Les propriétaires « arboraires » disposaient certainement dès le début du XIXème siècle et peut-être avant, des actions possessoires et pétitoires. Nous avons aussi signalé que Miot avait assujetti les arbres appartenant à un autre que le propriétaire du sol à la contribution foncière et qu'ils étaient susceptibles de suite par hypothèque.

Ce qui est parfois mis en doute, c'est que cette propriété immobilière portant sur les arbres soit vraiment distincte de celle du sol. Des hésitations sont possibles sur ce point, en considérant que la propriété « arboraire » comme cela a été dit, a souvent servi de transition entre l'appropriation communautaire ou communale et la propriété privée familiale ou individuelle des terres. Ainsi, une délibération du conseil municipal d'Azzana du 10 juillet 1853 qui partageait les communaux, disposait que les châtaigniers qui y étaient plantés depuis 1825 emporteraient le droit de propriété du sol[183]. Mais il existe des exemples plus troublants pour notre analyse.

Antoine Casanova[184] nous en donne deux datant du début du XVIIIème : l'un, dans l'En-Deçà, l'autre dans l'Au-Delà. Le premier, à Oletta où les châtaigniers que la communauté encourage à planter sur les communaux, pouvaient être « enclos de haies et murettes ». Le second, « dans le Cruzzini (...) où élevage, castanéiculture, culture de céréales (encore en génèse) fondent le système de culture, ils font coexister propriété privée du bétail, régulation collective du sol, propriété arboraire en plein essor. Dans cette zone, il est alors possible à chaque planteur de châtaignier de s'approprier le sol communal à équivalence d'un cercle dont le rayon est égal à la longueur d'un jet de lourde serpe à défricher (*rustaghia*) opéré depuis le pied de l'arbre ».

Un siècle et demi plus tard, dans ce même Cruzzini, le juge de paix de Salice écrivait au préfet de la Corse le 16 juillet 1851, « que dans la commune de Pastricciola, il existe un usage constant et reconnu, que tout habitant qui défriche une terre communale, y plante des châtaigniers, et l'entoure d'un mur, en devient le propriétaire »[185].

Ainsi, dans une micro région de Corse et à une époque donnée, ce que l'on appelle propriété « arboraire » n'aurait pas été une propriété des arbres distincte de celle du sol mais plutôt un mode d'accession à la propriété d'une

---

[183] Archives Départementales de Corse-du-Sud 2O027/1 (Azzana). Signalé par P. LAMOTTE, « Note sur la propriété... », *op.cit.*, p. 62.

[184] « Châtaigniers et société ... », *op.cit.*, pp.35-36.

[185] Archives Départementales de Corse-du-Sud, 2O361/1 (Pastricciola). Signalé par P. LAMOTTE, « Note sur la propriété... », *op.cit.*, p.64. Ce ne serait qu'une application à l'arboriculture du système bien connu des *prèse*.

parcelle par la plantation de l'arbre. Cela aboutirait ni plus ni moins qu'à inverser la règle romaine *superficies solo cedit*[186]. Cette situation n'est pas inenvisageable et un auteur a d'ailleurs affirmé qu'il en était ainsi en Sardaigne[187]. Pourtant, il n'est pas sûr que ce fût le cas dans le Cruzzini. Sans vouloir infirmer totalement l'interprétation d'Antoine Casanova, une autre hypothèse peut être émise : le jet de la *rustàghja* ne déterminait pas les limites d'une parcelle de terre que s'appropriait le planteur de l'arbre mais un périmètre de protection que d'autres utilisateurs du sol devaient respecter. Nous verrons plus loin en étudiant l'exercice du droit, que la coutume offrait au propriétaire « arboraire », diverses prérogatives en vue de faciliter le développement de l'arbre. En outre, la source d'Antoine Casanova pour cette affirmation est le quatrième alinéa de la délibération du conseil municipal de Pastricciola du 13 juillet 1853[188], texte de référence maintes fois évoqué, suffisamment explicite sur ce point. En voici le texte dans toute la fraîcheur de son authenticité : « Depuis le souvenir des plus âgés de la commune il est existé un usage et il est tout ailleur en vigueur (sic), que personne ne pouvait, ni peut s'approcher à planter un arbre près de celui d'un autre propriétaire ou y faire aucune culture contre la volonté du propriétaire du châtaignier à la distance que l'on peut jeter avec violence un instrument que l'on appelle *rostaja* (sic) autour de l'arbre ce qui fait 40 mètres de la distance du même ». Cela peut plutôt s'analyser comme la constitution coutumière d'une servitude de ne pas planter – *non plantandi* pourrait-on dire par analogie avec la servitude *non aedificandi* – et non comme l'appropriation du sol. L'arbre planté serait le fonds dominant et le sol situé dans le périmètre, le fonds servant.

Dans cette hypothèse étayée par les formules utilisées par de nombreux actes de la pratique ainsi que par des opinions émises par plusieurs de nos informateurs, le propriétaire de l'arbre n'est pas considéré comme propriétaire du sol sous l'arbre. Même s'il est occupé par les racines qui d'ailleurs peuvent s'étendre loin, au-delà de la longueur d'un jet de *rustaghia*. La propriété « arboraire » corse est assurément une propriété de l'arbre distincte de celle du sol, quand bien même par la force des choses, l'enracinement apparaîtrait comme une utilisation exclusive d'une portion du sol.

Quant à l'affirmation du juge de paix de Salice, elle doit être tempérée. Son caractère péremptoire est peut-être la marque d'une acculturation issue de la fréquentation des droits romain et français par cet homme de loi. Au demeurant, Pierre Lamotte remarquait lui-même après l'avoir cité, que « la correspondance échangée entre les maires et le préfet prouve qu'en réalité, dans ces communes du Cruzzini, la plus grande incertitude régnait dans les

---

186 Cf.ci-dessous titre II, chap.I, section I.

187 R. DI TUCCI. Cf.ci-dessous, titre II, chap.II, section I, §1.

188 Archives Départementales de Corse-du-Sud, 2O361/1, ancienne côte série O carton 989. Signalé par P. LAMOTTE, « Note sur la propriété... », *op.cit.*, p.64.

esprits sur le point de savoir si le sol occupé par les châtaigniers était communal ou appartenait aux propriétaires des arbres ».

L'originalité de la propriété « arboraire » corse lui a de temps à autre valu quelques réticences à la reconnaître comme propriété véritable. Elle a été souvent qualifiée de « sorte de propriété »[189]. Sans aller jusqu'à voir en elle une simple concession *ad plantandum* qui relèverait de la catégorie des droits personnels, notre institution a été parfois perçue comme un droit réel inférieur à la propriété : un usufruit voire un simple droit d'usage. Cette appréciation peut être corroborée par certains renseignements.

Selon les délibérations déjà signalées[190], d'Oletta et de Vignale de 1709 et 1715, les châtaigniers plantés sur les communaux appartenaient à leurs planteurs. Mais ces derniers n'avaient pas la possibilité de les vendre. Cette situation pourrait s'analyser comme un droit d'usage sur les communaux si elle ne s'insérait pas dans un contexte local de mise en valeur des communaux par l'arboriculture et un autre plus général, restrictif à l'égard des étrangers à la communauté, la *pieve* ou la région. Le chapitre XLI des Statuts civils de la Corse n'interdisait-il pas sous peine d'amende, à un étranger à la *Terra di Comune* d'y acquérir un bien foncier ?

Un siècle et demi plus tard, en 1862, le conseil municipal de Piana décidait que tous les oliviers, châtaigniers et autres arbres fruitiers greffés, situés sur des terrains communaux partagés, continueraient d'appartenir à ceux qui les avaient soignés jusque là mais « qu'ils n'auraient pas le droit d'y apporter aucune amélioration ni d'en planter d'autres à leur place ». Pierre Lamotte à qui l'on doit encore cet exemple, déclarait n'avoir jamais rencontré cette restriction ailleurs[191].

De nos jours, s'il n'y a aucun doute sur le fait que celui qui a planté des arbres sur le *cumunu* a la possibilité de les abattre, il est quelquefois affirmé qu'il ne peut pas les déraciner sans l'autorisation de la municipalité[192].

Dans une étude essentiellement linguistique menée en 1957 et 1958 sur le parler du Boziu, Jean-Charles Gateau abordait en quelques lignes[193] l'institution qui nous occupe. Selon lui, « les paysans expliquent généralement cette coutume de la façon suivante : autrefois, ces plantations et greffes auraient été faites sur des terrains communaux, on aurait dissocié en certains cas le fonds et l'usufruit ». Le terme usufruit est évidemment employé improprement puisque l'auteur nous dit plus haut que l'arbre « peut être **vendu**, **transmis** et même **partagé** indépendamment du propriétaire du

---

189 S. WILSON, *Vendetta et banditisme ...*, *op.cit.*, p.70.

190 Cf. ci-dessus chap.I, section II, §1.

191 « Note sur la propriété... », *op.cit.*, p.62 et Archives Départementales de Corse-du-Sud, 2O212/2.

192 L. MOSCA, *Des usages juridiques dans la région d'Ajaccio*, mémoire de DEA, Corte, 2000, p.32.

193 « Le parler du Bozio, contribution à l'étude du dialecte corse, mise en place linguistique d'un lexique rural », *Bulletin de la Société des Sciences Historiques et Naturelles de la Corse*, n°690-691, 2000, p.117.

fonds » et un peu plus bas, il indique que lorsque l'arbre meurt, le bois en revient au propriétaire du fonds sans qu'il soit question du remplacement imposé à un usufruitier[194].

La propriété « arboraire » corse apparaît généralement comme un droit perpétuel. Les réponses de nos informateurs s'accordent pour dire que le fait de ne pas entretenir ou de ne pas exploiter l'arbre, ne fait pas disparaître le droit. De manière moins catégorique, il est affirmé que la mort de l'arbre ne l'éteint pas forcément[195]. Quoi qu'il en soit, on ne peut affirmer que la propriété « arboraire » s'éteint par non-usage pendant trente ans comme une servitude en vertu de l'article 706 du Code civil. C'est là l'un des arguments que l'on peut opposer à ceux qui voient dans l'institution en question une simple servitude.

Certes, il n'y a pas forcément incompatibilité entre la notion de superficie à laquelle se rattache la propriété « arboraire » corse et celle de servitude. C'est par exemple l'option du droit suisse[196] qui considère les droits de superficie comme des servitudes. En revanche, dans les codes civils français et italien, la définition de la servitude en tant que « charge imposée à un héritage pour l'usage et l'utilité d'un héritage appartenant à un autre propriétaire »[197], ne correspond pas à l'institution corse : le fond dominant, c'est-à-dire l'arbre, se confondrait ici avec la charge que constitue la servitude… D'ailleurs, le droit de seconde herbe dont parlait Anne-Marie Patault dans son article sur la propriété non exclusive cité plus haut, et qui présente quelques similitudes avec l'institution qui nous occupe, est considéré par la jurisprudence française de la fin du xxème siècle comme ne constituant pas une servitude[198].

On retiendra de ce débat que les polémiques sur la nature juridique de la propriété « arboraire » ne remettent pas en question l'intitulé couramment attribué à l'institution. Selon l'opinion dominante, il s'agit d'un véritable droit de propriété immobilière superficiaire dont nous allons préciser sujets et objets.

§ 2. Sujets et objets du droit

La propriété « arboraire » se caractérise, on l'aura compris, par la circonstance que le sujet du droit n'est pas le propriétaire du sol sur lequel pousse l'arbre. Ce principe posé, il convient d'envisager les variantes et les restrictions. Quant à l'objet, c'est évidemment un arbre, et il convient de

---

[194] Cf. articles 578, 590 et 594 du Code civil.

[195] Cf.ci-dessous section II, §1.

[196] Cf.ci-dessous titre III, chap.III, section II, §2.

[197] Sur la définition de la servitude commune aux articles 637 du Code Napoléon, 1027 du Code civil italien de 1942 et 531 du Code du Royaume d'Italie de 1865 et cf. G. Falcone, « Note historique sur la définition législative de la servitude », *Revue historique de droit français et étranger*, 2001, p.13-30.

[198] Cass.civ.3è, 25 mars 1992, *recueil Dalloz*, 1993.65, note E.S. de La Marnierre.

préciser si toutes les essences peuvent être concernées, si l'institution existe aussi bien sur les communaux que sur les propriétés privées et si l'arbre peut être divisé.

Le sujet du droit

Le propriétaire « arboraire » n'a a priori aucune condition spéciale à remplir quant à son origine ou sa catégorie sociale. Sur les listes, voisinaient des agriculteurs, des artisans, des « propriétaires », des veuves, des membres des professions libérales[199]. Au XXème siècle, par le jeu des héritages et autres aliénations, la répartition socioprofessionnelle des propriétaires « arboraires » est encore plus variée. Cependant, pour l'exercice de ce droit sur les communaux, il subsiste jusqu'au milieu du XIXème siècle au moins, des restrictions à l'égard des étrangers à la communauté ou à la *pieve*[200]. Exceptionnellement, les habitants de localités voisines ou relativement éloignées, bénéficiaient d'une tolérance[201]. Ces restrictions étaient du reste, tout à fait conformes aux règles habituelles des usages ruraux au Moyen Age et à l'époque moderne qui régissaient l'utilisation des communaux et la jouissance de divers droits tels que la vaine pâture ou le glanage. La règle n'était pas absolue et très tôt on a vu dans les documents, mention de propriétaires « arboraires » originaires de communautés parfois éloignées, mais qui s'expliquait généralement par les déplacements de population.

---

199 Sur un état des biens communaux de Speloncato en 1858, on trouvait un médecin parmi les quarante-six propriétaires d'arbres sur les communaux. Par ailleurs, dans les décisions judiciaires et notariales au XIXème, on relève des propriétaires « arboraires » appartenant à d'autres professions : avocats, notaires, etc...

200 Cette exclusivité des membres de la communauté ressort implicitement de nombreux documents contenus dans les liasses 1O11 à 14 des Archives Départementales de Corse-du-Sud, et dans la sous-série 2O des deux départements corses ; et particulièrement des listes de propriétaires de châtaigniers sur les communaux, demandées par le préfet en 1826 et des états des biens communaux envoyés au préfet sous le Second Empire. Une délibération du conseil municipal de Bastelica (citée par P. Lamotte, « Note sur la propriété... », *op.cit.*p.56 et partiellement par F. Pomponi, « Un siècle d'histoire des biens... », *op.cit.*, *Etudes Corses*, n°5, p.53, note 10) prise en 1862, au moment où l'administration préfectorale faisait des efforts pour imposer le partage des communaux et l'établissement du cadastre, contient des phrases et expressions révélatrices : « beaucoup de propriétaires et d'habitants de Bastelica ont planté ces châtaigniers sur des terrains communaux (...); la commune a toléré ces plantations parce que chacun des propriétaires s'est implicitement ou explicitement soumis à l'usage ancien, et toujours en vigueur, qui veut que les propriétaires du terroir aient en toute propriété la moitié des arbres plantés sur son propre fond, que beaucoup de propriétaires ont agi de même sur les biens immeubles appartenant à l'Eglise (...) ».

201 La fameuse délibération du conseil municipal de Pastricciola de 13 juillet 1853 déjà citée nous en donne un exemple apparemment fondé sur la mémoire collective, dans les premiers alinéas de ses motifs, en nous précisant qu'à l'origine de leur communauté, leurs ancêtres avaient planté des châtaigniers sur des terres appartenant à Guagno, Bocognano et Tavera. Mais des arrangements à base d'échange auraient eu lieu entre ces dernières communautés et les gens de Pastricciola.

C'est ainsi que l'état des propriétaires de châtaigniers plantés sur les communaux de Pastricciola d'avril 1826 qui recensait quatre-vingt-un propriétaires, n'en comptait que dix non domiciliés dans la commune, et encore s'agissait-il pour huit d'entre eux, d'habitants des villages voisins d'Azzana, de Scanafaghjaccia[202] et Salice. Le neuvième était domicilié à Guagno, communauté dont on sait que les premiers habitants de Pastricciola étaient originaires. Seul le dixième pouvait être considéré comme un véritable étranger à la commune puisqu'il était de Vivario... du reste pas très éloignée.

Le titulaire du droit pouvait être une personne ou plusieurs, dans le cas d'indivision. L'organisation de l'indivision en matière de propriété « arboraire » faisait même localement l'objet d'arrangements pittoresques tels que celui qui est décrit dans le testament de la dame Angela Codaccioni rédigé par le notaire de Grossa, le 5 mai 1762[203]. La jouissance de la moitié des jeunes châtaigniers dits *Il Niello* au lieudit *la Nulella* se déroulait de la manière suivante : une année, c'était les Chiapponi qui prenaient une châtaigne sur neuf, l'année suivante, c'était le tour des héritiers de la dame Angela et la troisième année, c'était Antonio de Rosazia, quelqu'un probablement originaire du Cruzzini pourtant bien éloigné du Sartenais, qui bénéficiait à son tour du neuvième des châtaignes, et ainsi de suite. La même testatrice possédait en outre les deux tiers de la moitié des châtaigniers au lieudit *Partuso...*

Cette jouissance alternée, si amusante si elle n'était pas un signe non équivoque de la pauvreté ambiante, ne paraît pas avoir été exceptionnelle. On l'a ainsi retrouvée au XIXème siècle jusque devant les tribunaux. En effet, le 9 juillet 1824, le tribunal civil d'Ajaccio eut à connaître d'un litige entre deux habitants de Tasso, dans lequel le demandeur Dominique Bartoli alléguait un partage provisoire oral de biens qu'il possédait en indivision avec son adversaire en vertu d'un acte notarié produit par ce dernier. Selon Bartoli, le partage des châtaigniers indivis ne s'était pas fait de manière spatiale mais temporelle : chacune des parties devait jouir de totalité des châtaigniers une année sur deux. Le tribunal renvoya l'affaire au 10 septembre afin que le demandeur pût justifier ses allégations, mais après audition des témoins, les arbres restèrent indivis[204]. On relève encore des châtaigniers indivis au milieu du XIXème siècle[205] et même encore de nos jours, selon l'avis unanime de nos informateurs.

L'Eglise aussi pouvait être propriétaire de portions d'arbres. Le 2 mars 1821 par exemple, une contestation était examinée par le tribunal civil d'Ajaccio au sujet de la propriété d'oliviers revendiquée par un dénommé

---

202 Ancien hameau de la commune d'Azzana détaché en 1823 et faisant aujourd'hui partie de la commune de Rezza.

203 Cité par E. TORRE, *Quelques aspects des communautés rurales corses...*, *op.cit.*, p.13.

204 Archives Départementales de Corse-du-Sud, 3U1/7.

205 Tribunal civil d'Ajaccio 26 mars 1845, Archives Départementales de Corse-du-Sud, 3U1/11.

Adorno Baciochi. Son adversaire démontra que ces arbres appartenaient en réalité en partie au Saint Sacrement[206]. Au XXème siècle encore, l'Eglise continuait de posséder des fractions d'arbres. Par exemple, la fabrique de l'église de Sainte-Marie-Sicche détenait la moitié de sept châtaigniers[207].

Dans certains cas toutefois, il semble que les coindivisaires aient préféré à un modus vivendi compliqué, un partage pur et simple de l'arbre. C'est ce qu'affirmait l'un des dirigeants de la confection du fameux Plan Terrier, le géomètre de Bédigis, dans un mémoire daté du 1er juillet 1772, quelquefois cité pour illustrer non pas la propriété « arboraire » mais l'extrême morcellement des biens en Corse : « l'un a une branche au Midi, l'autre au Levant, et encore, le terrain sur lequel il (l'arbre) est planté appartient très souvent à d'autres propriétaires »[208].

Le propriétaire « arboraire » est généralement une personne physique mais peut aussi être une personne morale. Il peut s'agir d'une communauté et plus tard d'une commune. Cependant, le cas de loin le plus fréquent est celui de l'Eglise, propriétaire « arboraire » nous l'avons vu, tant dans l'En-Deçà que dans l'Au-Delà. La raison principale est que jusqu'à la fin du XIXème siècle, de multiples dons et legs pieux ont été effectués sous forme d'arbres. Cela permettait au testateur ou au donateur de faire un geste pour le repos de son âme sans priver sa famille d'une terre essentielle à sa survie.

A la commodité s'ajoutait le poids des usages. Dans toute la Corse comme dans diverses régions d'Italie[209], il était courant d'offrir un ou plusieurs oliviers ou encore comme nous l'avons vu plus haut, une part indivise à l'Eglise ou à un établissement religieux nommément désigné, pour alimenter la lampe du tabernacle. Jusqu'à la fin du XVIIIème siècle, l'Eglise a acquis un grand nombre d'arbres par l'application de coutumes locales comme celle signalée à Lopigna[210] selon laquelle, une partie des arbres plantés par les habitants sur les communaux lui était réservée. Enfin, rappelons que bon nombre d'arbres ont été plantés à l'origine sur des terres d'Eglise et une partie a été conservée par elle.

L'objet de la propriété « arboraire »

Par définition, l'objet est un arbre planté sur une parcelle de terre ayant un autre propriétaire qui peut être un particulier, l'Eglise, la commune ou une autre personne morale. Nous n'avons pas noté de cas de propriété

---

[206] Archives Départementales de Corse-du-Sud 3U1/6.

[207] « Inventaire des biens de l'Eglise de Corse », *Journal Officiel*, 5 mai 1909, p.4846.

[208] Archives Nationales Q1.298.7. Cité notamment par H. Rossi, *Les successions testamentaires...*, *op.cit.*, p.187.

[209] Cf.ci-dessous titre II, chap.II, section II, §1.

[210] Archives Départementales de Corse-du-Sud 1Q19 – relevé des biens nationaux d'origine ecclésiastique. Signalé par A. CASANOVA, « Châtaigniers et société corse... », *op.cit.*, p.36, note 105.

« arboraire » sur des terres appartenant à d'autres collectivités territoriales ou à l'Etat.

Initialement, la distinction entre les terres faisant l'objet d'une appropriation privative et celles qui étaient communes, était extrêmement difficile à établir non seulement dans la *Terra di u Cumunu*, mais aussi dans toute l'île en raison de situations intermédiaires telles que les « communaux de famille » ou « communaux de quartiers »[211]. Ces terrains étaient souvent impropres aux cultures annuelles et ne pouvaient alors servir qu'au pacage du bétail et à l'arboriculture. Selon Jean Defranceschi[212], « avant la conquête française, les terres de chaque communauté étaient classées en trois catégories ». La première contenait les bois de la collectivité, la deuxième, les terres labourables, divisées elles-mêmes en trois parties ou *terziere* et la troisième « comprenait les terres de coteaux propres à l'arboriculture où chacun pouvait planter la quantité d'arbres qu'il voulait sans pour autant devenir propriétaire de la terre qui devait rester ouverte au libre parcours sauf à la saison des récoltes[213] ». Il est indéniable que la propriété « arboraire » est plus présente sur les communaux que sur les terres privées. Les réponses faites au préfet lors de l'enquête de 1826 sur les châtaigniers plantés sur les communaux dans l'arrondissement d'Ajaccio mettaient en évidence des quantités considérables d'arbres surtout si on le rapporte au nombre d'habitants. Si dans certaines communes comme Bastelica et Balogna, la liste était relativement courte, en revanche, dans d'autres, « tous les habitants ou presque »[214] possédaient des châtaigniers sur le sol communal. Pastricciola si souvent citée était loin d'être l'une des premières communes pour le nombre d'arbres sur les communaux possédés par chef de famille : quatre-vingt-un propriétaires totalisaient 202 châtaigniers, soit de un à douze chacun. Le record déjà signalé par Pierre Lamotte était battu par celle de Guagno avec quelque 7200 pieds, c'est-à-dire dix fois plus d'arbres que d'habitants recensés à cette époque. Même dans les communes du Nord et du centre de l'île où nous avons vu que les autorités voyaient d'un mauvais œil les plantations d'arbres sur les communaux, leur nombre n'était pas moins important. A Poggio-di-Venaco, dans la deuxième moitié du XIXème siècle, environ 300 châtaigniers étaient exploités sur le sol

---

211 F. POMPONI, « Un siècle d'histoire des biens... », *op.cit.*, particulièrement *Etudes Corses*, n°3, pp.8-12.

212 « Pasteurs et cultivateurs au XVIIIè siècle », in « La Corse des Lumières à la Révolution », n° spécial Corse, *Annales historiques de la Révolution française*, oct-déc.1974, p.550.

213 La coutume du *furestu* imposait que les animaux soient parqués pendant la période de récolte dont le début était annoncé à son de trompe ou de cloche et après que les propriétaires eurent ramassé les fruits, la commune mettait en adjudication les restes à glaner tant sur les communaux que sur les parcelles privées. Les tentatives récentes de rétablir cet usage par certaines municipalités rurales (par exemple Saliceto) ont fait l'objet d'une objection du préfet comme attentatoire à la propriété privée.

214 P. LAMOTTE, « Note sur la propriété… », *op.cit.*, p.62.

communal[215]. Rapporté à la population de l'époque, cela représente plus d'un arbre pour deux habitants recensés.

L'alinéa 6 de la délibération du conseil municipal de Pastricciola du 13 juillet 1853, mentionnée plus haut, laissait entendre clairement que la plantation des châtaigniers avait permis d'utiliser pratiquement tous les sols disponibles hormis ceux qui étaient absolument impropres à toute culture[216]. Ce n'était cependant pas une règle absolue puisque nous avons rappelé ci-dessus[217] un cas, qui n'était pas exceptionnel, de propriété « arboraire » dans une vigne, et il arrivait qu'il s'agît de jardins ou de terres plantées en céréales[218]. En revanche, nous n'avons pas trouvé d'exemples en Corse de propriété « arboraire » sur des chemins vicinaux ou d'autres voies publiques, comme il en existe dans certaines régions de France continentale[219]. Nous n'avons pas rencontré non plus de cas de propriété « arboraire » dans les bois domaniaux ou communaux soumis au régime forestier[220].

Tous les arbres ne font pas l'objet en Corse de propriété « arboraire ». Pierre Lamotte spécifiait dès les premières lignes de sa « note », qu'« il s'agit seulement d'arbres donnant des fruits comestibles - oliviers, pommiers, pêchers, figuiers, noyers, châtaigniers, etc. - et que le maquis par exemple, n'est jamais l'objet d'un droit de propriété distinct de celui du sol ». Signalons au passage que cette restriction concernant le maquis est en contradiction avec une affirmation de Caroline Spinosi, qui dans sa thèse, publiée elle aussi en 1956, nous dit que « M. Lamotte (...) possède lui-même une propriété dans la région de Bastelica, dont il est seulement propriétaire du sol et non pas du maquis qui le recouvre. Par conséquent, ce genre de propriété ne semble pas particulier aux arbres fruitiers et s'étendrait même à la « végétation naturelle » de la Corse »[221]. Il ne paraît pas nécessaire d'entamer une polémique sur ce point : qu'il s'agisse ou non d'une erreur d'interprétation de cet auteur, nous n'avons en dehors de ce passage, trouvé en Corse, aucun cas de propriété « arboraire » portant sur la flore sauvage du maquis. Et encore, comme le précise Jean-Yves Coppolani, notre institution concerne « spécialement les châtaigniers et les oliviers »[222], qui constituent

---

215 F. Pernet et G. LENCLUD, *Berger en Corse...*, *op.cit.*, p.95-96.

216 « Que depuis cette coutume tout le monde, a planté à côté de ses châtaigniers que lui avaient laissés ses ancêtres, et maintenant tout le territoire se trouve couvert de châtaigniers immenses à l'exception des lieux pierreux et escarpés, qui se trouvent dispersés entre différents châtaigniers, lesquels lieux sont susceptibles à être semés à orge et à seigle avec la pioche et nullement avec la charrue ».

217 Cf. ci-dessus chap.I, section I, §2.

218 Cf. ci-dessus chap.I, section II, §2..

219 Cf. ci-dessous titre II, chap.III, section I, §1 et section II, §1.

220 M.-.P. ROTA et J.-A. CANCELLIERI ne parlent pas de propriété « arboraire » dans leur ouvrage *De la nature à l'histoire, les forêts de la Corse*, Gênes, éd.A. Piazzola, 2001.

221 C. SPINOSI, *Le droit des gens mariés en Corse*, *op.cit.*, p.96.

222 J.-Y. COPPOLANI, « Un élément exemplaire... », *op.cit.*, p.166. Signalons que J.-B. Sialelli mentionne (*op.cit.*, p.92) de manière très laconique qu'à Popolasca, à la différence des autres communes du Cortenais, les usages locaux seraient contraires à la propriété « arboraire » de châtaigniers sur les communaux.

« les principales cultures pérennes en Corse »[223]. Pierre Emmanuelli[224], quant à lui, fait une allusion aux chênes. De fait, dans toute notre documentation tant écrite qu'orale, il est principalement question d'oliviers et de châtaigniers, peut-être parce que ces arbres sont très nombreux dans l'île et les seuls à avoir une longévité et une valeur suffisantes pour être considérés comme supports de droit. Les mentions d'autres arbres fruitiers ou non sont beaucoup moins fréquentes mais recouvrent des espèces très variées : amandiers, noisetiers, orangers, tilleuls, aulnes, merisiers, sorbiers, genévriers et même à Pioggiola, érables, frênes, pins et peupliers. En 1858, à Ville-di-Paraso, il y avait sur les communaux, vingt-six noyers et seulement vingt-trois châtaigniers. Dans une autre commune de Balagne, à Speloncato, on relevait la même année que les noyers étaient là encore plus nombreux que les châtaigniers et étaient aussi mentionnés des cerisiers[225].

Non seulement la propriété « arboraire » peut avoir pour objet une grande variété d'arbres, mais elle peut aussi porter sur une seule branche. Nous verrons que cette possibilité est relativement répandue. Elle se rencontre en Espagne et en Algérie[226] et elle n'est prohibée en Italie que depuis une cinquantaine d'années. Patin de la Fizelière indiquait[227] que des sujets habitant la *pieve* de Sartène mais originaires de celle de Talavo, et surtout de Zicavo, y conservaient encore pour la plupart, « quelques pieds ou branches de châtaigniers ». Il est remarquable qu'il ne signale pas ce fait comme une curiosité juridique ou agricole mais incidemment sous une rubrique de son mémoire consacré au clergé et aux affaires ecclésiastiques. Cela montre assez que même pour ce magistrat continental, le fait n'était pas exceptionnel.

Dans certains coins de Corse, ce découpage de l'arbre en branches était encore de nos jours, matérialisé par des signes visibles. En se promenant sous les vieux châtaigniers du Cruzzini, il arrive de découvrir çà et là de curieuses figures en forme de parts de tarte que dessinent autour du tronc, de grosses pierres posées sous les frondaisons. Elles sont censées délimiter sur le sol les parts possédées par chaque copropriétaire de l'arbre. De même, Jean-Charles Gateau[228] rapportait que dans le Boziu, « en cas de partage, on attribuait à chaque membre de la famille une ou plusieurs branches, on projetait sur le sol le volume de chaque branche en une surface entourée de *termini* et le propriétaire de chaque branche récoltait ce qui était tombé sur l'aire déterminée (fruit vert : *tyaru* clair ou *berdu*, fruit mûr : *maduru*, blet : *tramaduru*) ».

---

223 J.-Y. COPPOLANI, « La propriété arboraire... », *op.cit.*.
224 P. EMMANUELLI, *Recherches sur la Terra di Comune ...*, *op.cit.*, p.106.
225 Archives Départementales de Corse-du-Sud, 1O13.
226 Cf. ci-dessous titre III, chap.I, section II, §1 et chap.II, section II, §1.
227 « Mémoire sur la province et juridiction de Sartène ou de la Rocca », *Corse historique*, 1963, n°9-10, p.66. Rappelons que Patin de la Fizelière a été procureur de la juridiction royale de Sartène de 1776 à 1783, ses observations remontent donc à cette époque.
228 « Le parler du Bozio… », *op.cit.*, p.117.

En parlant de partage, de récolte, de marquage au sol, nous avons abordé par ces pratiques pittoresques les modalités d'exercice de la propriété « arboraire ».

SECTION II. L'EXERCICE DU DROIT

Nous avons signalé précédemment que le seul recueil officiel des usages locaux publié qui d'ailleurs ne concerne que le canton d'Ajaccio, ne contenait aucune mention relative à la propriété « arboraire »[229], et que le projet de recueil proposé récemment sous forme de travail universitaire pour la Haute-Corse[230], n'apportait qu'un résumé très partiel des articles de Pierre Lamotte et Jean-Yves Coppolani. Nous avons vu qu'il n'était jamais question de propriété « arboraire » dans les grands textes juridiques corses de l'époque moderne ou dans les recueils d'usages locaux à l'époque contemporaine. Malgré le mépris des autorités, la pratique et la jurisprudence des tribunaux locaux ont sécrété un ensemble de règles suffisamment étoffé pour que l'on puisse parler d'un véritable droit coutumier et prétorien de la propriété « arboraire » corse, adapté aux finalités économiques et sociales de l'institution, dont l'évolution est naturellement liée à celle de la société corse du XVIème au XXème siècle.

Aussi, nous paraît-il utile de constituer un court répertoire des règles relatives à l'acquisition et la perte de la propriété « arboraire », ainsi qu'aux droits et obligations afférents, d'autant qu'il s'agit pour une bonne part d'usages locaux simplement oraux.

§ 1. ACQUISITION ET PERTE DE LA PROPRIÉTÉ « ARBORAIRE »

Pour ce qui est de la transmission du droit, nos sources sont principalement notariales et judiciaires et accessoirement constituées d'archives de famille. En revanche, pour l'extinction comme pour la création et la preuve du droit[231], nous avons dû recourir à une documentation plus diversifiée, écrite et orale.

Création et preuve du droit

La propriété « arboraire » peut être créée avec ou sans l'accord explicite de l'individu ou de la communauté, propriétaire du sol, par la plantation de l'arbre ou sa greffe. C'est un principe que l'on peut poser même si des cas

---

[229] *Recueil des usages locaux du canton d'Ajaccio*... présidée par Maestroni-Meglia, L. Nyer, rapporteur, *op.cit.*, Ajaccio, 1858.

[230] J.-F. GERONIMI, J.-M. PENCIOLELLI, J. LUCIANI, *Recueil des usages locaux à caractère agricole du département de la Haute-Corse*, mémoire de dess, Corte, 1992.

[231] J.-Y. COPPOLANI et F. JEAN, « La preuve de la propriété « arboraire » en Corse », 1ère partie, chapitre IV de *La preuve de la propriété immoblière* (s/la direction de C. Saint-Didier), Paris, Mare & Martin, 2017, pp.71-82.

d'espèces le contredisent. A l'audience du 8 avril 1843, le tribunal civil d'Ajaccio décida de donner deux mois à un plaideur pour obtenir des autorités municipales, la reconnaissance de son droit exclusif sur un aulne planté sur le territoire communal et qu'il avait abattu[232]. Ce principe s'articule en deux éléments, la plantation ou la greffe de l'arbre d'une part et l'accord du propriétaire du sol d'autre part. Avant de nous attarder sur ce second élément, il convient de nous arrêter sur le greffage.

En effet, comme nous le constaterons dans d'autres pays du pourtour méditerranéen, et particulièrement dans plusieurs régions d'Italie au Moyen Age, greffer un arbre sauvage équivaut à une plantation. Cela concerne le plus souvent l'oléastre (en corse *ogliàstru*) qui doit être greffé pour devenir un olivier (*olivu*), mais il peut s'agir de châtaigniers ou d'autres arbres fruitiers améliorés par la greffe. Ces arbres sauvages se trouvent en général sur des communaux. La greffe a toujours été encouragée par les autorités à l'époque de la *coltivatione* et au XIXème siècle et il est par conséquent normal qu'elle offre les mêmes droits que la plantation[233]. Cependant, une difficulté peut se présenter lorsqu'un arbre a été planté par un individu puis greffé par un autre. Lequel des deux peut revendiquer la propriété de l'arbre ? Cette question a été résolue par les tribunaux de manière logique. Par exemple, le tribunal civil d'Ajaccio en 1813 donna raison à Antoine Leca d'Arbori qui avec son père, avait planté des châtaigniers, avait soigné les jeunes plants, les avait protégés des animaux en les recouvrant de ronces et de branches épineuses et les avait entretenus dix-huit ans durant, contre trois adversaires au procès, lesquels revendiquaient la propriété de ces mêmes châtaigniers pour les avoir greffés.

« L'usage du Cruzzini, nous dit Pierre Lamotte[234], admet encore aujourd'hui qu'un individu qui a planté un arbre fruitier sur une terre appartenant à autrui sans qu'on lui ait fait opposition - et même par surprise - doit être considéré comme propriétaire de cet arbre ». C'est la règle de base, ce qui compte n'est pas la permission mais l'absence d'opposition. Cela suggère le caractère coutumier et ordinaire du droit dans la société corse. Sur les communaux, la possibilité de planter et de conserver la propriété de l'arbre procède de la coutume et de délibérations des autorités municipales sans que l'on puisse déterminer laquelle est antérieure à l'autre. Nous avons cité dans le chapitre précédent plusieurs de ces délibérations permettant aux habitants et même les incitant à devenir propriétaires « arboraires » sur les terres communales.

A ce titre, la délibération de la commune de Pastricciola du 13 juillet 1853 déjà évoquée affirmait dans son cinquième alinéa « que cette coutume a fonction de loi inviolable dans ce pays depuis un temps immémoriable

---

232 Archives Départementales de Corse-du-Sud, 3U1/11.

233 Cf. la règle signalée plus haut des Statuts de Porto-Vecchio publiés par F. ETTORI dans *Etudes Corses*, n°1, 1954, p.26.

234 « Note sur la propriété arboraire… », *op.cit.*, p.67.

(sic) et il est toujours en vigueur »[235]. Le caractère immémorial du droit était souvent invoqué devant les tribunaux. C'est ainsi qu'il l'a été devant le tribunal civil de Corte alors que dans le ressort de cette juridiction, plusieurs maires, en particulier du Niolo, estimaient que les plantations d'arbres sur les communaux étaient des usurpations[236].

Le 9 avril 1861, à l'issue d'un procès opposant « Antoine Arrighi et consorts, fermiers de biens communaux d'une part, et les dénommés Martin et François Pulicani d'autre part », le maire de Corte étant mis en cause, le tribunal reconnut l'usage immémorial à Corte permettant aux habitants de la commune de cultiver, pacager et même complanter sur les communaux. Le sol a continué d'appartenir à la commune, les arbres, à ceux qui les ont plantés[237].

Que le simple fait de planter des châtaigniers, oliviers ou autres arbres sur les communaux sans avoir rencontré d'opposition soit créateur de droit paraît généralement établi tant pour les *pieve* situées en Haute-Corse qu'en Corse-du-Sud. Ce principe a été parfois générateur de violence. En 1852, un certain Francesco Gianninelli avait planté des châtaigniers au lieudit *Debbione* sur les communaux de Pastoreccia, où nous avons vu que l'usage de la propriété « arboraire » était largement reconnu. Cette plantation n'eut pas l'heur de plaire aux autres villageois et le maire en personne prit la tête d'un groupe d'habitants qui se fit un devoir de détruire les arbres[238]. Le fondement juridique de cette acquisition de la propriété « arboraire » par la plantation non contestée paraît reposer sur le jeu de la prescription acquisitive qui dans l'ancien droit corse[239] était régi par des règles très proches de celles de l'article 2265 du Code civil.

---

235 Archives Départementales de Corse-du-Sud, 2O361/1, ancienne côte série O carton 989.

236 C'est ce qui ressort des réponses aux questionnaires envoyés par le préfet en 1826.

237 Archives Départementales de Haute-Corse 3U3/93. Décision signalée par J.-B. Sialelli dans un ouvrage inédit, *La justice en Corse et le tribunal de Corte (1769-1958)*, Corte, 1993, p.92. Il s'agissait de châtaigniers situés au lieudit *l'Ombria* dans la vallée de la Restonica.

238 Signalé par S. WILSON, *Vendetta et bandistisme…*, *op.cit.*, p.70.

239 « Quand une personne quelconque, énonçait l'article 34 des Statuts civils de la Corse, aura, à juste titre et de bonne foi, tenu et possédé une chose, soit meuble ou immeuble, sans être troublé dans sa possession et sans aucune contradiction de la part de ceux qui pourroient avoir quelques droits sur ledit bien, et ce pendant dix ans, lesdits prétendans droits étant dans l'Isle, ou pendant vingt ans, cela étant absens, c'est-à-dire hors de l'Isle, la chose sera réputée légitimement prescrite, et regardée comme libre et appartenante au possesseur, sans que personne puisse jamais l'inquiéter dans sa possession ; et pareillement ceux-là seront réputés avoir prescrit, qui pendant trente années auront tenu et possédé de bonne foi et tranquillement une chose quelconque, encore qu'ils ne puissent exhiber aucun titre d'acquisition, parce qu'en ce cas nous déclarons que la possession qu'il aura eue pendant le tems et de la manière qu'il vient d'être dit, lui servira de titre et d'acte ; voulant qu'il ne puisse être inquiété ni troublé par ceux qui pourroient avoir quelques prétentions sur la chose, soit qu'ils se trouvassent dans l'Isle, ou qu'ils fussent absens et hors de l'Isle ». Traduction française des Statuts de Corse par E.L.P. Serval, publiée par J.-Y. COPPOLANI et A. L. SERPENTINI in *Les Statuts civils…*, *op.cit.*, Ajaccio, Albiana, 1998.

Ainsi, on peut accéder à la propriété « arboraire » par usucapion, mais l'acquisition immédiate du droit n'est certaine qu'avec l'accord explicite du propriétaire du sol qui peut revêtir différentes formes. Lorsque le sol est communal, l'accord est inséré dans une délibération comme celles que nous avons mentionnées plus haut dont on sait qu'elles contiennent souvent des conditions et peuvent quelquefois être rapprochées du bail à complant, comme l'a fait Pierre Lamotte[240]. A Bastelica et à Murzo[241] au milieu du XIXème siècle, la moitié des arbres complantés sur les communaux revenait à la commune. Il faut remarquer toutefois que ce partage ne correspond pas tout à fait à celui qui est généralement effectué à l'issue d'un bail à complant en France ou en Espagne[242]. En effet, outre le fait que ce partage est rarement égalitaire entre le propriétaire et le planteur, il concerne généralement le sol complanté et non les arbres distincts du sol. C'est également le cas pour la *mugharasa*, cet équivalent du bail à complant dans les pays du Maghreb[243]. La situation la plus proche de celle qu'évoquent les pratiques signalées à Bastelica et Murzo sont une *mugharasa* dite inférieure que nous retrouverons en Kabylie et qui se singularise justement par le fait que le complanteur se voit attribuer définitivement des arbres mais pas de terres. Nous n'avons pas trouvé mention de ces sortes de baux à complant concédés sur des terrains privés comme cela s'est fait pour les communes mais des cas de ce genre ne sont pas impossibles, ne serait-ce que par imitation des pratiques communales.

En général, la création d'un droit de propriété « arboraire » sur les propriétés privées est issue d'actes divers et touche principalement des arbres déjà existants, parfois très vieux. Nous avons signalé à la fin du chapitre précédent qu'au XXème siècle encore, des actes de ventes foncières dans lesquels étaient stipulés que des arbres situés sur les parcelles vendues appartenaient à des tiers ou étaient conservés par les propriétaires. Il faut admettre néanmoins que la création de propriété « arboraire » sur des terrains privés a été surtout prévue par des constitutions de dots, des partages et des testaments. Cela correspondait à des traditions bien enracinées dans la société corse jusqu'au XXème siècle. Le jugement du tribunal de Bastia du 25 janvier 1994 rappelait à ce propos dans l'un de ses attendus, « l'existence d'un partage verbal dans lequel, suivant la coutume, lui-même et ses cohéritiers ont reçu la propriété « arboraire » tandis que la propriété du sol a été dévolue aux auteurs des vendeurs des parcelles litigieuses ».

---

240 « Note sur la propriété arboraire… », *op.cit.*, p.66.

241 Archives Départementales de Corse-du-Sud, 2O029/1 et 2O174/1 : « la coutume que nous tenons, déclarait le maire de Murzo en 1847, c'est de donner la moitié à ces particuliers qui les ont plantés et l'autre moitié à la commune ».

242 Cf.ci-dessous titre II, chap.III, section I, §2 et section II, §1 et titre III, chap. I, section I, §2 et section II, §2.

243 Cf.ci-dessous, titre III, chap.II, section II, §2. En Corse, ce type de contrat est qualifié d'*affittu*, terme générique qui désigne plusieurs catégories de baux ruraux.

Les règles relatives à la création du droit induisent évidemment celles de sa preuve. La propriété « arboraire » s'analysant comme une propriété immobilière superficiaire, ses modes de preuve sont donc ceux habituellement requis pour cette catégorie de propriété. Elle peut donc être prouvée par un acte ou par la possession trentenaire, elle-même prouvée par tout moyen mais principalement par témoignage. La propriété « arboraire » ne bénéficiant pas d'une publicité foncière spécifique ni de mention au cadastre systématique malgré l'arrêté Miot du 22 thermidor an X évoqué plus haut, on ne peut malheureusement pas y recourir. Au-delà de la preuve de l'existence même d'un droit de propriété « arboraire », peut se poser le problème de l'identification et la localisation précises des arbres concernés. Pendant longtemps, n'ont été précisés que l'essence et le nombre des arbres faisant l'objet de propriété « arboraire », ainsi qu'une indication toponymique souvent approximative de leur lieu d'implantation. Dans le meilleur des cas, c'est-à-dire lorsqu'il existe un acte écrit et précis, notarié ou sous seing privé postérieur à l'établissement du cadastre, seront notifiés le numéro de parcelle cadastrale, l'essence et le nombre des arbres. Reste le problème de l'identification exacte des plants appartenant à chaque propriétaire. Pour cela, on ne peut recourir qu'aux témoignages et éventuellement s'appuyer sur des éléments de preuve tels que celui que constitue la pratique que nous avons signalée au début de cet ouvrage de marquer les arbres en gravant ou en peignant sur leur tronc des initiales ou autres signes distinctifs.

Alors que la création du droit de propriété « arboraire » et sa conservation peuvent résulter aussi bien d'un acte notarié ou sous seing privé que d'un simple fait entériné par la coutume ou par un accord verbal voire implicite, la transmission est généralement effectuée par un écrit.

Transmission et extinction du droit

Dès lors que la propriété « arboraire » a été définie comme une propriété superficiaire, on ne peut s'attendre à priori à d'importantes spécificités sur le plan de la pérennité et de la transmissibilité. Comme toute propriété, elle est aliénable, héréditaire et perpétuelle, du moins tant qu'existe son objet. Nous avons été amenés en examinant la nature de l'institution, à montrer que les restrictions à l'aliénabilité dont nous ne connaissons que des exemples anciens remontant au XVIIIème siècle, étaient exceptionnelles.

La transmission de la propriété des arbres séparés du sol où ils sont enracinés peut s'effectuer dans le cadre d'actes divers dont nous avons déjà proposé maints exemples : ventes, échanges, donations, legs, etc. Lorsque les arbres font l'objet d'un acte d'aliénation entre vifs parmi d'autres propriétés immobilières, le recours à un acte authentique est habituel. Par exemple, par acte passé devant Maître Pascal Galeazzi, notaire à Santa Reparata, le 6 septembre 1913, enregistré le même jour à L'Ile Rousse, neuf oliviers situés sur un terrain indivis entre deux personnes étrangères à l'acte ont été donnés en paiement parmi d'autres biens.

En revanche, lorsqu'il s'agit uniquement d'aliéner des arbres, l'utilisation d'actes sous seing privé est courante. C'est ainsi par exemple que par acte sous seing privé fait en double original daté du 1er septembre 1865, enregistré à Calvi le 29 novembre suivant et transcrit le même jour à la Conservation des Hypothèques[244], Angeline-Toussainte Bartoli épouse Graziani, de Monticello dûment « assistée et autorisée aux fins du présent acte par le sieur Joseph-Marie Graziani, son mari », a vendu à Antoine Costa, « avocat et propriétaire », « (...) treize oliviers provenant de la succession de feu Toussaint Bartoli enracinés dans un immeuble du s. Charles-François Giorgi de Monticello au lieu-dit Monachello, territoire de la commune de Monticello ».

A la fin du même siècle, par acte daté du 17 novembre 1896, enregistré à Calvi le 4 janvier 1897[245], la veuve Viola Coppolani « ménagère » à Zilia, a acheté à Antoine François Mattei, « cultivateur » domicilié dans le même village, pour 55 francs un pied d'olivier. Il est à remarquer que cet olivier vendu par Antoine François Mattei était situé sur un terrain appartenant à l'acheteuse et que par cet acte, elle réunissait donc l'arbre et le sol. Il y est précisé que cet olivier « est vendu libre de toute charge et hypothèque et le vendeur s'oblige à la garantie tant de fait que de droit en cas d'éviction quelconque pour cause antérieure au présent ». Cette formulation suggère que cet acte sous seing privé a été fait sur le modèle d'un formulaire d'acte de vente immobilière. Il n'a pas échappé au lecteur que dans l'acte présenté ci-dessus, la propriété « arboraire » disparaît du fait de la réunion de l'arbre et du sol. Cela peut faire penser à l'extinction d'une servitude par la réunion des fonds dominant et servant sans que cela puisse caractériser pour autant l'institution qui nous occupe.

C'est en tous cas une manière courante de disparition de la propriété « arboraire », plus fréquente que la destruction définitive de l'arbre objet de la propriété. En effet, comme dans plusieurs régions d'Italie[246], en Corse l'arbre pouvait généralement être replanté après avoir été coupé, déraciné, incendié ou ruiné par la maladie ou la vieillesse. Et encore, dans la mesure où les oliviers et châtaigniers majoritairement concernés manifestent une belle longévité et repoussent souvent par surgeons ou autrement après avoir été abattus ou même parfois après un incendie, ce problème s'est posé rarement. Nous nous devons pourtant de souligner des renseignements discordants selon lesquels la règle énoncée ci-dessus souffrait des exceptions. Dans son étude déjà citée, Jean-Charles Gateau affirme que dans le Boziu, « à la mort de l'arbre, le bois revient au propriétaire du fonds ; et si un arbre considéré comme mort par son usufrutier renaît, il appartient alors

---

244 Conservation des Hypothèques de Calvi, vol.31, n°64.

245 Cf.ci-dessous annexes.

246 Cf.ci-dessous titre II, chap. II.

au possesseur du fonds »[247]. Ces observations ne rejoignent pas toutes nos informations sur la propriété « arboraire » tant dans l'île qu'ailleurs. Le Boziu serait sur ce point véritablement exceptionnel, notamment le fait que le bois mort appartienne au propriétaire du fonds est en contradiction avec la logique même de l'institution.

Plus que la mort de l'arbre, c'est la désuétude de l'institution elle-même qui est de nos jours la principale cause de disparition de la propriété « arboraire ». Désormais, les Corses qui dans leur grande majorité ne sont plus des ruraux et qui vivent dans les villes de l'île, sur le continent ou ailleurs dans le monde, ne se souviennent plus qu'ils possèdent des arbres, ou, s'ils s'en souviennent encore, ils ne savent plus où ils sont. Ces arbres séparés de la propriété du sol dans des endroits généralement éloignés des habitations et inconstructibles, n'ont plus d'intérêt ni de valeur économique. Par une sorte de déguerpissement inconscient, beaucoup de propriétaires « arboraires » ont renoncé à exercer leurs droits et leurs obligations.

§ 2. Les droits et obligations liés à la propriété « arboraire »

Le propriétaire « arboraire » exerce sur l'objet de sa propriété, c'est-à-dire sur l'arbre, les droits de tout propriétaire et il doit en assumer les obligations parmi lesquelles on ne peut éviter d'envisager la fiscalité. Plus spécifiques sont ses prérogatives issues de la coutume et de la jurisprudence destinées à protéger son arbre et à lui donner les conditions favorables d'existence.

Les droits du propriétaire « arboraire »

Les droits du propriétaire « arboraire » découlent de la nature même de l'institution. Pour paraphraser le Code civil, on dira que c'est le « droit de jouir et de disposer » de l'arbre de « la manière la plus absolue dans les limites imposées par les lois et règlements ».

Dans les développements relatifs à la nature de l'institution, il a été question de restrictions au droit de disposer de l'arbre. Mais l'interdiction de vendre imposée au planteur dans le Nebbio ou à Vignale au début du XVIIIème siècle, correspondait à une époque et, peut-être aussi, à une étape de l'évolution de la propriété collective à la propriété privée. Nous avons replacé ce type de restriction dans son contexte historique. Il semble cependant que même à l'ère du Code civil, des restrictions à la vente des arbres aient été observées. Sans être juridique, leur fondement n'en était pas moins solide. Jusqu'au XXème siècle, les mentalités avaient du mal à accepter une aliénation au profit d'étrangers à la commune. Pendant des siècles en Corse, un chef de famille ne devait se considérer qu'en tant

[247] « Le parler du Bozio… », *op.cit.*, p.117.

qu'administrateur des propriétés foncières, et vendre celles-ci était jugé comme une mauvaise action sauf si l'honneur de la famille était en jeu. Par exemple, pour payer les études d'un fils surtout s'il devait devenir prêtre ou pour faire face aux frais d'une vendetta... Ainsi, les restrictions concernant l'abusus qui ne sont pas générales tant s'en faut et qui se sont adoucies au fil du temps sont, somme toute, conformes au standard de l'époque qui prévaut en la matière pour la propriété immobilière.

Malgré des dispositions restrictives dans les délibérations des conseils municipaux d'Azzana en 1825 et surtout de Piana en 1862, le propriétaire « arboraire » était certainement au XIXème siècle et probablement avant, investi du droit de disposer de l'arbre planté sur les communaux. Quant aux arbres situés sur des terres faisant l'objet d'une appropriation privative, féodale ou non, une multitude d'actes divers dont nous avons donné plus haut maints exemples, témoignait de leur aliénabilité dès le Moyen Age. Même si ces arbres étaient moins nombreux que ceux qui poussaient sur les communaux, une appréciation d'ensemble de cette question permet de conclure sans risque que le propriétaire « arboraire » est de longue date titulaire de l'abusus. Il peut non seulement vendre l'arbre sur pied mais aussi le couper et le vendre après l'avoir débité. C'est une éventualité plus rare en Corse qu'en Espagne ou en Italie à l'époque contemporaine mais qui est tout à fait possible.

Reconnaître l'usus et le fructus au propriétaire « arboraire » présente encore moins de difficultés. Ils ne lui ont jamais été contestés. Recueillir les fruits de l'arbre, olives, châtaignes ou autres, ainsi que le bois mort ou le produit de l'élagage, voire même le feuillage qui sert de fourrage aux bêtes[248] à certaines époques de l'année, a été durant des siècles, le quotidien de l'institution. Le propriétaire « arboraire » dispose donc de tous les attributs de la propriété et il en a bien sûr les obligations. C'est dans ce cadre que se situe l'éventuel paiement d'impositions et de redevances qui méritent une rubrique à elles seules.

La propriété « arboraire » et la fiscalité

A priori, il ne devrait pas y avoir de difficulté. Pourtant, des problèmes fiscaux ont brouillé la situation juridique de la propriété « arboraire » et porté gravement atteinte à l'existence même de l'institution.

Avant la Révolution, sous la domination génoise ou les gouvernements nationaux et après la soumission au Roi de France, ce n'est pas la superficie des terres qui était retenue comme assiette des impôts mais plutôt la production. Avec l'instauration de la subvention, l'imposition des propriétaires « arboraires » paraît indubitable au niveau des principes du

[248] Les branches des châtaigniers coupées lors de l'élagage appartiennent à leurs propriétaires mais il était de tradition de confier au chevrier communal, le soin d'enlever les jeunes pousses improductives (*caccià u bastardu*). L. Mosca, *op.cit*, p.32.

moins[249], bien que l'on ne puisse pas affirmer qu'elle a été systématique. Selon l'article IV de l'arrêt du Conseil d'Etat du Roi du 23 août 1778 qui établissait la « subvention en nature de fruits »[250], les « Bois taillis, les Oliviers, les Châtaigniers, les Citronniers seront sujets à la Subvention : les Bois de haute futaye, les Arbres fruitiers & les Jardins potagers seront exempts, jusqu'à ce qu'il en soit autrement ordonné ». Dans le cahier des « charges, clauses et conditions générales » des adjucations de la « subvention en nature de fruits » pour la période allant d'avril 1788 à avril 1791, l'article III règlementait « la subvention des châtaignes » et l'article IV, « la subvention des olives »[251].

La Révolution créa l'impôt foncier, maintenu pendant le Royaume anglo-corse. Selon le dispositif de cette contribution, les propriétaires « arboraires » n'étaient pas clairement imposables. L'arrêté Miot du 22 thermidor an X répartissait, on l'a vu, l'impôt foncier entre le propriétaire du sol et celui de l'arbre[252]. Ce texte ne paraît pas avoir été appliqué de façon rigoureuse au XIXème siècle et était oublié depuis longtemps lorsque l'impôt foncier a cessé d'être un impôt d'Etat en 1948. Les propriétaires « arboraires » semblent toutefois avoir été imposés, de façon certes discontinue, irrégulière, voire erratique, jusqu'à la seconde moitié du XIXème siècle. Nous montrerons plus loin qu'ils ont cessé de l'être parce qu'ils ont été omis lors de la réalisation du cadastre dit napoléonien entre 1850 et 1888.

De nos jours, les propriétaires « arboraires » échappent à la contribution foncière qui appartient désormais à la fiscalité locale. Cette situation a probablement été facilitée par la conjonction des dispositions législatives qui ne sont pas contestées en raison d'un consensus implicite entre le propriétaire « arboraire », celui du sol et l'administration fiscale. Le premier est content d'échapper à l'impôt ; le deuxième préfère seul payer la contribution foncière pour une série de raisons confuses notamment la volonté de faire prévaloir son titre de propriété et l'espérance de fragiliser le droit du propriétaire « arboraire ». Enfin, la troisième, parce qu'elle a toujours manifesté une aversion pour les spécificités locales et les complications.

---

[249] Selon le « mémoire sur la subvention » du 23 juin 1770, « nulle propriété, à quelque titre qu'elle soit tenue, ne sera exceptée de la déclaration, reconnoissance, dénombrement & mesurage de ses productions » (*Code corse*, tome II, p.115).

[250] Code corse, tome IV, pp.386-387.

[251] *Code corse*, tome IV, pp.404-408.

[252] Nos recherches ne nous permettent pas d'affirmer que les propriétés « arboraires » ont été systématiquement imposées au titre de la contribution foncière avant 1801. Cependant, la délibération du conseil municipal de Pastricciola du 13 juillet 1853 affirmait que les habitants qui avaient planté des châtaigniers « ont payé la contribution à l'Etat depuis un temps immémorial, ce qui prouve qu'ils ont été considérés propriétaires ».

Les matrices cadastrales tant anciennes que plus récentes[253] mentionnent souvent des châtaigniers, des oliviers et mêmes des cédrats mais en fait, il ne s'agit que d'indications en vue d'établir le revenu cadastral. Il est une idée reçue selon laquelle la propriété « arboraire » était « non enregistrée puisque non enregistrable »[254]. Rien n'empêchait pourtant qu'elle figure dans les documents cadastraux. C'était même ce que préconisait l'arrêté Miot du 22 thermidor an X. Les actes notariés comportant des stipulations relatives à des propriétés « arboraires » sont bien sûr soumis à toutes les formalités de la publicité foncière et donc enregistrés au fichier immobilier...

Or, à la lumière des documents du milieu du XIXème siècle[255], il ressort que les difficultés sont apparues au moment de la confection du premier cadastre. Ce n'est pas par hasard que le conseil municipal de Pastricciola a débattu de la propriété « arboraire » en 1853. C'est l'année durant laquelle la commune a été cadastrée. Tant qu'elle ne l'était pas, les propriétaires « arboraires » payaient l'impôt foncier. Une fois le cadastre en vigueur, comme l'administration n'avait pas pris la peine ou ne se sentait pas autorisée à prendre en compte ces propriétés superficiaires que constituaient les arbres, la commune s'est trouvée seule contribuable pour l'ensemble des terres communales dont la valeur cadastrale tenait compte, elle, de l'existence des arbres et de leur production. Il en est résulté une situation insupportable dénoncée tant par les autorités préfectorales et municipales que par la population elle-même[256]. Les contributions payées par la commune avaient plus que triplé et grevé son maigre budget. C'est en raison de ces impératifs fiscaux, nés de l'inadaptation du cadastre, que la commune s'est tournée vers la solution du partage des communaux auquel elle était invitée depuis longtemps par ses autorités de tutelle. C'est ainsi que comme nous l'avons déjà indiqué[257], elle a transformé les propriétaires « arboraires » du village en propriétaires fonciers ordinaires en leur reconnaissant la propriété des parcelles couvertes par leurs arbres et plus tard considéré les forains comme simples utilisateurs des terres de la commune soumis à redevance.

---

[253] Cf. les matrices cadastrales du XIXème siècle parmi les documents déposés par les communes aux Archives de Corse-du-Sud dans la série 4E. Par exemple, 4E006/1 propriétés non bâties de la commune d'Alata (1844) ; 4E154/13 propriétés non bâties de la commune de Marignana (1865) ; 4E258/16 propriétés non bâties de la commune de Renno (1857) ou série 3P des Archives Départementales de Haute-Corse, 3P1261, commune d'Olmeta-di-Capocorso ou 3P1589 commune de Zilia.

[254] On trouve cette idée jusque dans des ouvrages universitaires d'excellent niveau. Cf. F. PERNET et G. LENCLUD, *Berger en Corse...*, *op.cit.*, p.121.

[255]Archives Départementales de Corse-du-Sud 2O204/1 contient un ensemble de documents du Second Empire suffisamment complets sur ce point. D'autres communes ont connu à la même époque à peu près des problèmes identiques comme le montrent les dossiers de la sous-série 2O des archives des deux départements de l'île.

[256] Par exemple, une pétition a été signée par une trentaine d'habitants de Pastricciola le 14 septembre 1858 (Archives Départementales de Corse-du-Sud 2O204).

[257] Cf.ci-dessus chap.I, section II, §2 La propriété « arboraire », l'expansion démographique et le partage des communaux au XIXème siècle.

Si le paiement de l'impôt apparaît comme une obligation logique du propriétaire « arboraire », il n'en est pas du tout de même quant à d'éventuelles redevances qu'il devrait au propriétaire du sol, qu'il s'agisse d'une commune, de l'Eglise ou d'un autre particulier. Sur ce point, pour autant que l'on puisse clarifier une question sur laquelle la documentation laisse une large part d'incertitude, il convient de faire une distinction entre les cas de propriété « arboraire » sur les communaux et ceux situés sur les terres de l'Eglise et des particuliers.

Sur ces dernières, des redevances en argent ou en nature sans être obligatoires et générales étaient relativement répandues. Elles avaient une origine contractuelle ou coutumière. C'est ainsi qu'il était de tradition lorsque l'on plantait des châtaigniers ou oliviers sur des terres de l'Eglise, de lui en réserver la moitié ce qui impliquait le plus souvent d'effectuer à son profit les récoltes correspondantes. Sur les propriétés foncières des particuliers, les situations à cet égard étaient extrêmement variables. Il est évident que si la plantation avait été faite par surprise ou sur la base d'une simple tolérance, il n'était pas question de redevance. Lorsque la propriété « arboraire » était créée par un testament ou un contrat – partage, vente avec réserve, ... – écrit ou oral, il arrivait que l'acte prévît le paiement d'une redevance. Dans ce cas peu fréquent au demeurant, le paiement était la plupart du temps effectué en nature, sous forme d'une partie des arbres plantés ou des fruits récoltés, en raison de la très faible circulation monétaire dans les campagnes corses jusqu'au début du XXème siècle. Plus rarement, le paiement de redevances caractérisait des opérations dans lesquelles on pouvait reconnaître un bail à complant.

Sur les communaux, la propriété « arboraire » qui n'en est que l'une des modalités d'utilisation parmi d'autres, profite le plus souvent de la tradition de gratuité[258], très attaquée au milieu du XIXème siècle sous l'effet conjugué de la poussée démographique et de l'interventionnisme croissant de l'administration préfectorale. Tout en suivant la tendance générale de cette évolution, les propriétaires « arboraires », protégés qu'ils étaient justement par la sacralisation de la propriété à l'ère du Code Civil, ont pu se défendre mieux que les autres usagers, contre les menées centralisatrices jacobines[259] : à Ocana par exemple, une pétition proclamait que « d'après un usage constant et immémorial, en vigueur dans le département de la Corse, on a planté des arbres qui n'ont jamais été assujettis à aucune redevance ou rétribution au profit de la commune ; elles ont été soumises seulement au paiement des contributions directes ». A Tavera, les intéressés protestaient

---

258 D'après F. POMPONI, (« Un siècle d'histoire des biens communaux... », *op.cit.*, *Etudes Corses*, n°3, p.23), on relève comme (...) un trait « caractéristique du mode de jouissance des communaux avant la période française le principe de la gratuité qui prévalait largement ». Selon le même auteur (*ibid*, IIè partie, *Etudes Corses*, n°5, p.20), au XIXème siècle, ce principe « déjà entamé fut définitivement battu en brèche. Mais sous la Restauration, la gratuité de la jouissance était encore très répandue ».

259 F. POMPONI, *ibid*, p.24.

avec vigueur contre l'établissement d'une taxe de vingt centimes par arbre, tandis que dans le Cruzzini, une redevance similaire était considérée comme intolérable. A Pastricciola, au début du Second Empire, c'est le conseil municipal lui-même qui dans sa délibération du 13 juillet 1853 maintes fois citée ci-dessus, rappelait que « les divers habitants n'ont jamais payé aucune rétribution à la commune ni des châtaigniers, ni des terrains qu'ils couvrent ». On peut en conséquence, penser que le principe de gratuité est demeuré sauf puisque les redevances en argent n'étaient finalement perçues que de façon exceptionnelle dans certaines communes où la propriété « arboraire » était contestée. Comme à Corte par exemple, où la municipalité tenait cette institution pour une usurpation et, par une délibération du 11 mai 1851, a « définitivement » arrêté la redevance à vingt-cinq centimes par châtaignier de plus de quinze ans.

Quoi qu'il en fut, ces redevances en argent n'ont jamais été antérieures au XIXème siècle[260] et n'ont été perçues que pendant quelques décennies tout au plus. Quant aux redevances en nature payées aux communes, comme celles prévues par une coutume signalée par le maire de Murzo sous la Monarchie de Juillet, selon laquelle la moitié des arbres plantés par les particuliers sur les communaux était attribuée à la commune[261], elles étaient encore plus rares. En outre, le contexte de la délibération de Bastelica en 1862 déjà citée, évoquait une pratique identique mais en la rapprochant de celles qui concernaient les terres des particuliers et de l'Eglise, on peut penser qu'elle était issue d'une contagion récente[262] entre les propriétés privées et communales.

En tous cas, dans les premières décennies du XXème siècle, les imprimés sur lesquels chaque maire devait transcrire la délibération annuelle « relative à la mise en jouissance des biens communaux » pour expédition au préfet, ne contenaient aucune contribution pour des arbres plantés sur les communaux, même dans les villages où nous savons que de nombreux arbres étaient plantés sur le sol communal par des particuliers[263]. Pourtant dans ces imprimés, était prévue une rubrique « arbres fruitiers »[264]. Cela signifie qu'une différence était faite entre un simple droit de jouissance des

---

[260] P. LAMOTTE, « Note sur la propriété... », *op.cit.*, p.67.

[261] Archives Départementales de Corse-du-Sud série O Murzo.

[262] Selon P. LAMOTTE, *ibid*, p.66, « un tel usage semble (...) devoir être assez récent car il suppose une différenciation entre les biens de la commune et ceux de la collectivité qui est absolument contraire à ceux que nous connaissons de la structure des communautés rurales corses ».

[263] C'est le cas à Zilia pour toutes les années pour lesquelles nous disposons des imprimés (1902-1919), Archives Départementales de Haute-Corse 2O361/1.

[264] Les rubriques étaient formulées ainsi : « Pour chaque décalitre de semence en blé, en orge, en seigle, en haricots, en pommes de terre, pour chaque arbre fruitier, pour chaque tête de gros bétail, de porc ou truie, de chèvre ou de bouc, de brebis ou de mouton, pour chaque fagot de bois sec ». En face de chaque ligne, étaient prévues deux cases, l'une pour le tarif appliqué aux habitants, l'autre, aux forains. Dans les imprimés que nous avons eus en main, seules les lignes relatives aux animaux étaient remplies.

communaux et la propriété « arboraire ». Logiquement, le titulaire d'un droit de propriété n'avait pas à s'acquitter d'une telle redevance. Il était également logique qu'il disposât des prérogatives assurant la protection de l'arbre et sa croissance, et permettant son exploitation.

Les prérogatives relatives à la protection et à l'exploitation de l'arbre

Comme cela a été dit plus haut, on peut remarquer ici et là sous les châtaigniers de certains coins de Corse et particulièrement dans le Cruzzini, des murets ou pierres fichées dans le sol (*mozi*) autour de l'arbre à peu près à l'aplomb des limites du feuillage. Ils n'ont évidemment pas pour objectif de clôturer une parcelle ni même de la protéger. Ils sont essentiellement recognitifs : ils annoncent aux tiers que l'arbre fait l'objet d'une appropriation distincte de celle du sol. Dans la période la plus récente, comme cela a été dit dans les premières pages de l'introduction de cet ouvrage, ils ont été souvent remplacés par des initiales peintes sur le tronc de l'arbre à l'aide de bombes aérosol.

Pour exploiter son arbre, le propriétaire bénéficiait d'un périmètre de protection indispensable spécialement au moment de la récolte[265]. Pour des raisons évidentes, il était alors interdit de faire pacager ou même circuler des bêtes – bovins, ovins ou caprins – à proximité. Il ne faut y voir qu'une mesure tout à fait courante dans la panoplie des usages collectifs ruraux tels que la vaine pâture. Ne dit-on pas sur le continent que les champs avant la moisson sont en défens c'est-à-dire interdits aux animaux ? En Corse, cette interdiction faite aux éleveurs de laisser approcher leurs animaux s'insérait parmi des usages séculaires relatifs au libre parcours et qui le restreignaient pendant une partie de l'année[266]. C'est notamment l'usage du *furestu*, cette mise en défens des arbres, qu'ils soient objets ou non de propriété « arboraire », à l'époque des récoltes, que nous avons déjà eu l'occasion de signaler. En outre, chaque arbre pouvait être entouré d'un périmètre de

---

[265] La récolte des châtaignes, la *castagnera* ou *cascata* (période où tombent les châtaignes), est elle-même régie par toute une série d'usages traditionnels. Le libre parcours des animaux dans la châtaigneraie du *cumunu* est interrompu afin que les exploitants puissent reccueillir les fruits tombés à terre. La date d'ouverture est fixée par arrêté municipal en fonction de la maturité des châtaignes, elle dure entre quarante (Tavera, Soccia) et quarante-cinq jours utiles c'est-à-dire déduction faite des périodes de mauvais temps. Elle se termine dans certaines communes par une période de trois à cinq jours appelée *buscaghja* ou *ruspulu* pendant laquelle les châtaignes non ramassées par leurs propriétaires sont soit laissées à la dispostion de tous les habitants du village, soit mises en adjudication (*a nova*) par le maire (Cruzzini, XIXème et début XXème siècle).

[266] Aux périodes de mise en défens plus ou moins longues et commençant généralement autour de la Saint-Michel (*furestu*) s'opposaient celle du libre parcours et de la vaine pâture *(abbottu).* Il y avait toutefois de nombreuses variantes micro-régionales. Pour s'en rendre compte, il suffit de lire les réponses des communes du Golo aux questions 147 (*Quali sono gli usi per il pascolo comune tra proprietario e proprietario ne beni che possedono nella medesima comunità*) et 148 (*Varia egli quest'uso nelle differenti stagioni*) du questionnaire envoyé par le préfet en l'an X, Archives Départementales de Haute-Corse 6M870-873.

protection temporaire marqué par des piquets (*pali*)[267] ou même clôturé au moyen de barrières légères faites de branchages[268] et de ronces sèches (*pillici, prùni*). Parfois, défense de l'arbre et pacage n'alternaient pas selon les saisons mais dans l'espace de vingt-quatre heures. Dans la région de Bastelica par exemple, l'usage « voulait dans le cas où le sol d'une oliveraie cultivée était loué en pâture, que les animaux disposent du sol uniquement de 9h00 du matin à la tombée de la nuit tandis que les récoltes d'olives s'effectuaient de l'aube jusqu'à l'arrivée du troupeau »[269]. Saisonniers ou journaliers, ces usages étaient toujours suivis au XXème siècle[270].

En plus de cette protection temporaire contre les dégâts que pourraient causer les animaux, le propriétaire « arboraire » bénéficiait d'une exclusivité permanente sur une portion de terre s'étendant à une certaine distance autour de l'arbre, sur laquelle personne ne peut planter d'autres arbres ou végétaux quelconques. L'objectif évident était d'empêcher que le développement et l'exploitation de l'arbre ne soient gênés par d'autres plantations. La distance jusqu'à laquelle le propriétaire de l'arbre jouissait de cette prérogative, était variable d'une *pieve* à l'autre et cela même si l'on trouvait un peu partout la même règle coutumière pour évaluer cette distance : le jet de la *rustàghja*[271]. Selon la délibération de la commune de Pastricciola de 1853 déjà citée, la distance à laquelle le propriétaire « arboraire » était censé pouvoir « jeter avec violence » cet outil, aurait été de 40 mètres, ce qui déterminait par conséquent autour du pied de l'arbre, un cercle d'environ 80 mètres de diamètre et sur lequel aucune plantation, notamment celle d'un autre arbre, n'était possible sans l'accord du propriétaire « arboraire ». A Guagno, où la propriété « arboraire » était très développée, le jet de la *rustàghja* était moins vigoureux puisqu'il

[267] Les piquets pouvaient quelquefois être assortis d'un signal : « Il est d'usage constant que pour interdire le pacage, on utilise suivant les régions, le « pinellu », le « pinarellu », le « stantaralu » (piquet sur lequel est lié un bouquet de « murza » ou immortelles buissonneuses sur son extrémité) » (J.-F. GERONIMI, J. LUCIANI et J.-M. PENCIOLELLI, *Recueil des usages locaux…*, *op.cit.*, p.80).

[268] Il s'agissait le plus souvent de branchages pris sur place, châtaigniers, bruyères (*cascie*). Le genêt corse (*tangu tupinu*) était souvent utilisé parce que selon la tradition populaire, il empêchait les rats et mulots de passer…

[269] C. NAPOLEONE, V. RAYMOND, D. MORGE, *Rapport d'étape sur le diagnostic foncier en Corse*, élaboré dans le cadre d'*une mission d'étude, de conception et d'appui à la mise en œuvre d'outils d'intervention aptes à mobiliser le foncier*, confié au CEMAGREF par le CNASEA et la DRAF de Corse, janv.2000, p.13.

[270] En Balagne par exemple, encore récemment, il nous a été dit que les bergers par accord avec les propriétaires des arbres, éloignent les troupeaux des oliviers pendant la période de récolte. L'usage désormais répandu de filets facilite les rapports entre propriétaires et bergers et diminue considérablement le temps durant lequel les bêtes doivent être éloignées et a même pu supprimer cette contrainte.

[271] *U lampà di a rustàghja*. Cet outil célébré par la chanson de Monseigneur de la Foata sert au débroussaillage et au nettoyage du sol (*diraschera*) sous les châtaigniers et les oliviers, mais il n'a pas dans toutes les régions, la même forme, ni à plus forte raison, le même poids. Le terme *rustàghja* désigne une faucille dans de nombreuses régions de Corse et une serpette à long manche dans d'autres.

n'était que d'une trentaine de mètres[272]. Ce périmètre de protection devait être respecté aussi bien pour les arbres plantés sur des terrains privés – et là il était spécialement opposable au propriétaire de la parcelle – que ceux situés sur des communaux. Cet usage devait paradoxalement contribuer lors de la confection des cadastres dans la deuxième moitié du XIXème siècle, à mettre un terme à un certain nombre de cas de propriété « arboraire ». En effet, dans plusieurs communes, cela apparaît nettement à la consultation des plans cadastraux[273], le propriétaire « arboraire » a été considéré comme propriétaire foncier sur ce qui n'était initialement qu'un périmètre de protection[274].

Pour que l'arbre se développe normalement, il ne lui suffit pas d'être protégé contre les déprédations des animaux, il faut qu'il puisse être entretenu et surtout arrosé lorsque cela s'avère nécessaire. C'est-à-dire lorsque l'arbre est encore jeune ou pendant la canicule. Selon Patin de la Fizelière[275], « l'olivier ne reçoit aucune culture, non plus que le noyer. On a soin, à la montagne de faire circuler les eaux le long des châtaigniers pendant les grandes chaleurs ». Près d'un siècle plus tard, le 29 avril 1874, le tribunal de Corte jugeait que dès lors que la plantation de châtaigniers était autorisée sur les communaux, cela impliquait la possibilité pour les propriétaires des arbres, de les arroser[276]. Cette décision de bon sens consacrait donc une servitude que devaient supporter les communaux. L'usage ou la nécessité d'arroser se faisaient ressentir sur les terres privées. On peut donc affirmer l'existence d'une servitude d'aqueduc au profit de chaque arbre sur les parcelles où ils étaient plantés.

L'arbre, objet de propriété « arboraire » donc enclavé par définition[277], se trouve être aussi le fonds dominant d'une autre servitude, de passage celle-là, sur le sol environnant. Inévitablement, pour entretenir et récolter, le propriétaire « arboraire » devait pouvoir atteindre son arbre non seulement à pied, mais encore avec des bêtes de somme ou un véhicule[278].

Ces servitudes étaient évidemment très gênantes pour le propriétaire et les exploitants du sol. Elles étaient l'une des raisons qui suscitent actuellement une attitude négative à l'égard de la propriété « arboraire » et menacent l'avenir de l'institution.

---

272 F. POMPONI, « Un siècle d'histoire des biens... », *op.cit.*, IIè partie, *Etudes Corses*, n°5, p.25.

273 C'est le cas à Zilia.

274 F. POMPONI, *ibid.*

275 *Mémoire sur la province et juridiction de Sartène…*, *op.cit.*, p.63.

276 Cité par J.-B. SIALELLI, *ibid.* Il s'agit en l'espèce de châtaigniers plantés aux Porette et arrosés avec de l'eau prélevée dans la Restonica, grâce à des canalisations passant sur les communaux.

277 Encore que, comme le soulignent F. PERNET et G. LENCLUD (*Berger en Corse…*, *op.cit.*, p.21), les châtaigniers étaient disposés « en rangées (file) conçues de façon à ce que chaque propriétaire dispose de son entrée dans la parcelle ».

278 La propriété « arboraire » met en œuvre les diverses variantes du droit de passage (*passu*) : avec une bête de somme chargée (*passu a bèrtule* ou *a mula carca* ou *a carcu insumatu*), permettant le passage de deux mulets de front attelés ou bâtés (*passu* ou *stretta à due tirrazone)*.

CHAPITRE III

Actualité et devenir de l'institution

Le XXème siècle a été celui du déclin de la propriété « arboraire ». Les causes principales sont incontestablement l'effondrement de l'agriculture traditionnelle corse et celui de la démographie insulaire, accéléré par la première guerre mondiale. La désertification de l'intérieur de l'île avec toutes ses conséquences – abandon des châtaigneraies et des olivaies, maladies et vieillissement des arbres, incendies – n'aurait cependant pas suffi à faire tomber cette institution en désuétude, s'il ne s'y était ajouté l'indifférence, voire l'hostilité des pouvoirs publics – notamment l'administration fiscale et les collectivités territoriales – et aussi, il faut bien le dire – de l'ensemble de la population... Mais grâce à son enracinement sans jeu de mot, culturel et son adaptabilité, l'institution a pu subsister comme la plupart des particularismes juridiques corses, sous une forme résiduelle. Aujourd'hui, il est encore temps de se demander s'il vaut mieux mettre fin à cette institution en la laissant tomber en complète désuétude ou même comme en Italie, en l'interdisant pour l'avenir[279], ou si elle a encore quelque intérêt au troisième millénaire et doit être sauvegardée par un texte législatif si nécessaire.

Pour répondre à cette question, il nous a fallu ajouter aux renseignements contenus dans les archives et les publications, une documentation plus vivante, faisant largement appel aux enquêtes par questionnaires et interviews, et présenter la géographie de l'institution aujourd'hui. Au-delà de la tentative de constat, d'inventaire, voire de cliché instantané, nous nous hasarderons jusqu'à une prospective législative comme le suggérait Jean-Yves Coppolani lors du séminaire de droit rural sur les cultures pérennes dans les pays méditerranéens qui s'est tenu à Corte dans les années 1990.

---

[279] Cf.ci-dessous, titre II, chap.II, section II, §2.

Section I. Géographie de l'institution

Dans les chapitres précédents, la propriété « arboraire » a été présentée du point de vue historique et juridique. Dans les pages qui vont suivre, nous nous efforcerons de mieux cerner cette institution sur les plans objectif et quantitatif, en cherchant à évaluer la place qu'elle occupe aujourd'hui dans l'espace corse, en en esquissant sa géographie. Pour ce faire, nous avons utilisé des enquêtes menées depuis les dernières années du XXème siècle jusque dans la première décennie du XXIème afin d'en dresser une cartographie.

§ 1. Les modalités de l'enquête

Pour saisir l'importance objective de la propriété « arboraire » parmi les modalités d'appropriation en Corse aujourd'hui, et celle plus subjective que lui accorde la mentalité collective, il a paru judicieux d'utiliser prioritairement des questionnaires écrits[280] sans négliger d'autres modalités d'information.

Les questionnaires

Ces questionnaires se regroupent en deux lots quantitativement très inégaux : le plus important comprend les questionnaires envoyés à chacune des communes de Corse et compte 355 exemplaires, l'autre est celui des questionnaires adressés à toutes les études notariales de l'île[281].

Le questionnaire envoyé à chacune des mairies de Corse comportait les quatre questions suivantes :

1°) Existe-t-il sur le territoire de votre commune, des cas de propriété arboraire, c'est-à-dire de propriété d'arbres distincte de celle du sol sur lequel ils sont plantés?

2°) Dans l'affirmative, ces cas se situent-ils sur des terrains communaux, des terrains appartenant à d'autres collectivités publiques, à un conseil de fabrique ou à des particuliers ?

3°) De quels types d'arbres s'agit-il, (châtaigniers, noyers, oliviers et autres), veuillez rayer la mention inutile et pour la dernière catégorie, préciser s'il vous plaît.

4°) Avez-vous eu connaissance d'une ancienne délibération municipale favorisant la plantation d'arbres sur les terrains communaux, en laissant aux planteurs la propriété des arbres ? Si oui, pouvez-vous en donner la date même approximative ?

Sur les 355 questionnaires expédiés, malgré maintes relances téléphoniques ou postales et visites, seuls 176 sont revenus au terme d'un

---

280 Leur envoi a commencé dès la fin de 1993 et en raison des réticences et lenteurs, il a été procédé depuis à plusieurs relances largement espacées.

281 Cf. les formulaires des questionnaires présentés ci-après en annexes.

délai de plusieurs années, ce qui est un taux de réponses honorable (plus de 48%) pour ce genre d'enquêtes, compte tenu surtout de l'absence de secrétaires dans bon nombre de communes rurales. Quatre-vingts communes ont répondu par la négative à la première question qui demandait s'il y avait des cas de propriété « arboraire » sur le territoire de la commune, ce qui logiquement les dispensait de répondre aux questions suivantes. Toutefois, parmi ces réponses négatives certaines sont laconiques et moins catégoriques que les autres[282] et laissent une possibilité d'existence de l'institution sur le territoire de la commune.

Il en est même qui sont étonnantes. Ainsi, la mairie de Renno répond non à la première question – alors que selon Pierre Lamotte, il est certain « que la grande châtaigneraie de Renno a été plantée par les habitants sur un terrain communal » – mais oui à la quatrième, pour laquelle elle situe autour de 1900, une délibération autorisant à planter sur des communaux, ce qui aurait été très récent. En réalité, nous savons que ce type de délibération date au plus tard du milieu du XIXème siècle, et le plus souvent, se situe à une époque bien antérieure, qui remonte fréquemment avant 1768.

Parmi les quatre-vingt-seize réponses positives à la première question, vingt-quatre affirmaient que la propriété « arboraire » existait sur les communaux seulement, quarante-neuf (soit plus de 50%) sur les terrains privés seulement, cette proportion peut laisser perplexe, vingt-trois, sur les propriétés privées comme sur les communaux. La mairie de Mela-di-Tallano signalait à l'occasion qu'elle était elle-même propriétaire « arboraire » par le biais de son bureau d'aide sociale.

De même, sur les quatre seules réponses positives à la quatrième question, deux d'entre elles citaient des délibérations qui après vérification, se sont révélées totalement étrangères à la propriété « arboraire » et sur les deux restantes, l'une concerne la commune de Renno, dont nous avons déjà évoqué ci-dessus l'imprécision quant à la date. La seule réponse valable et précise est celle de Letia, indiquant une délibération du 12 mai 1839 qui s'insère parmi celles répertoriées dans la série O des Archives Départementales de Corse-du-Sud, pour cette période du XIXème siècle.

La proportion de réponses à l'enquête par questionnaires aux notaires est du même ordre que celle des mairies, avec treize réponses sur vingt-six études (50%). Le questionnaire comprenait quatre questions ainsi rédigées :

1°) Au cours de votre activité, avez-vous eu à connaître de l'existence de propriété arboraire, c'est-à-dire de propriété d'arbre distincte du sol sur lequel il est planté ?

---

282 Par exemple, le maire de Luri avait répondu à la première question : « D'après mes recherches, non mais cela a pu exister ». (En effet, nous avons eu l'occasion de constater à travers les archives et publications, que la propriété « arboraire » avait existé dans le passé sur le territoire de cette communauté). A la quatrième question : « Je n'ai rien découvert dans ce sens parmi les archives de la mairie, mais il est vrai que la commune de Luri est bien pauvre en terrains communaux, probablement à la suite d'appropriations au siècle dernier ».

2°) Avez-vous mentionné une propriété de ce type dans un acte ou l'avez-vous vu mentionnée dans un acte aux minutes de votre étude ou de celle dont vous êtes le successeur ?

3°) Dans l'affirmative, de quels types d'actes s'agissait-il ? Quelle était la date même approximative, de l'acte ? De quels types d'arbres s'agissait-il ? (châtaigniers, oliviers, noyers et autres), veuillez rayer la mention inutile et pour la dernière rubrique, préciser s'il vous plaît (le type d'arbres). Le sol appartient-il à des particuliers (personnes physiques, personnes morales) ou une collectivité publique (commune, département) ?

4°) Avez-vous eu parmi vos clients, des personnes ayant mis fin à une propriété arboraire, et si oui, selon quelles modalités ? (partage du sol entre le propriétaire de ce sol et le propriétaire de l'arbre, vente, échange, donation et autres).

Il a été répondu affirmativement à la première question qui demandait si au cours de leur activité, ils avaient eu à connaître de l'existence de propriété « arboraire », par huit études notariales. Elles se situent à Ajaccio (deux études), Aleria, Bastia (deux études), Bonifacio, L'Ile Rousse et Prunelli-di-Fiumorbo. Les cinq réponses négatives proviennent de notaires en résidence à Calvi, Pietrosella, Porto-Vecchio, Saint-Florent et de l'une des trois études bastiaises qui ont répondu.

Sur les huit questionnaires dont les réponses à la première question étaient positives, cinq ont répondu négativement à la deuxième question, parmi lesquels deux d'entre eux donnent des explications exemplaires quant à l'attitude d'une partie de la profession à l'égard de la propriété arboraire et que nous analyserons plus loin. Sur les trois seules réponses positives à cette question, l'une est restrictive puisque formulée avec l'adverbe « rarement ».

Nous disposons de six réponses à la troisième question : deux, émanant d'études ayant répondu affirmativement à la question précédente, et quatre, provenant de notaires qui après avoir répondu non à la deuxième question, ont pourtant trouvé utile de s'exprimer sur la question suivante. Il ressort de ces réponses que l'institution qui nous occupe a figuré principalement dans des actes de vente et de partage, le plus souvent sous seing privé et antérieurs à 1956, c'est-à-dire à la réforme de la publicité foncière. Les terrains étaient dans tous les cas, privés et le seul arbre cité était le châtaignier.

Onze questionnaires nous ont été renvoyés avec une réponse à la quatrième question. Trois seulement étaient positives et encore, l'un d'entre elles signalait qu'il fallait là encore, remonter à avant 1956. Les réponses négatives ne sont toutefois pas inintéressantes puisqu'elles contiennent des précisions qui nous ont aidé elles aussi, à mieux cerner les attitudes vis-à-vis de ce type d'appropriation. Elles se sont ajoutées aux renseignements obtenus par d'autres moyens que les questionnaires.

Les autres modalités d'information

Les autres modalités d'informations concernent tous les renseignements obtenus auprès d'informateurs divers, habitants de villages ayant eu l'amabilité de se soumettre aux questions, et même de montrer des arbres faisant encore l'objet de ce type d'appropriation aujourd'hui, et parfois marqués de signes distinctifs. Ces informateurs ont pu compléter ou corriger l'enquête par questionnaires auprès des mairies et des études notariales : par exemple, alors que le notaire en résidence à Calenzana n'avait pas initialement répondu, un informateur nous a signalé qu'à l'occasion de la liquidation d'une succession opérée par cette étude, il avait été question de propriété « arboraire » sur le territoire de la commune de Montegrosso... Par la suite, ce même notaire a accepté de renseigner une liste de quatorze questions posées par un étudiant originaire de Balagne[283].

A côté des informations orales sur la propriété « arboraire » à l'époque actuelle, il ne faut pas négliger des fiches spécialement consacrées à cette institution ou sur les usages juridiques locaux réalisées par des étudiants dans le cadre de travaux dirigés et de séminaires tant au niveau licence que master, et des rapports de professionnels, ainsi que des allusions concernant des périodes suffisamment récentes contenues dans diverses publications[284].

---

[283] Ce notaire reconnaissait avoir entendu parler de la propriété « arboraire » en Balagne » mais jusqu'à 1950 ». Cette pratique n'était plus d'actualité et concernait un olivier sur un terrain appartenant à un particulier. Cette situation posait des problèmes et causait un conflit entre deux propriétaires. Pour lui, cette pratique relevait d'une coutume. Il n'avait pas connaissance de moyens mis en œuvre pour protéger les arbres en question contre les déprédations des animaux. A la question relative à la possibilité d'un partage d'un seul arbre entre plusieurs propriétaires, sa réponse était négative et selon lui, cette possibilité ne concernait que « le figuier en Kabylie ». Lui-même n'avait pas mentionné l'existence de propriété « arboraire » dans un acte de mariage, partage ou autre. Il n'avait pas connaissance de jugement faisant état de propriété « arboraire » et son opinion sur l'existence d'une telle propriété était que « cette situation engendre des complications telles qu'elle n'existe plus à ma connaissance ».
Les mêmes questions ont été posées à un retraité né en 1929 qui avait entendu parler de quatre cas de propriété « arboraire » à Belgodère mais qu'il situait avant 1957. Cette pratique n'était plus selon lui d'actualité parce que « les incendies ont brûlé les derniers arbres, de vieux oliviers situés sur des terrains appartenant à un particulier ». A sa connaissance, cela ne posait pas de problème. Dans les cas évoqués, la distinction du sol et du végétal découlait de « liens de parenté très éloignés entre propriétaires du sol et des arbres ». Il n'avait pas lui non plus connaissance de jugements relatifs à l'institution et pensait qu'elle n'existait plus à Belgodère.

[284] C'est le cas d'ouvrages déjà amplement cités de P. LAMOTTE, J.-Y. COPPOLANI et surtout de C. SPINOSI, *op.cit.*, pp.95-96. Cette dernière fait état d'informations orales données par P. Lamotte sur son propre patrimoine (cf. ci-dessus chap.II, section II, §2, dans la rubrique l'objet du droit), ainsi que par Maître Ramelli, alors notaire à Bastia (en 1956), président de la Chambre des notaires et de la Société des Sciences Historiques et Naturelles de la Corse, qui lui aurait affirmé que « quelques années » auparavant, des clients de son étude lui demandaient d'établir des constitutions de dots dans lesquelles ils donnaient des arbres fruitiers et gardaient les terrains (ou vice-versa). Elle cite aussi un fonctionnaire des Archives Départementales de la Corse, nommé Lulus Sangiardi, propriétaire de châtaigniers sur les communaux de Bocognano.

Elles sont à rapprocher de celles de certains organismes publics[285]. Mais en ce qui concerne la position des administrations financières et forestières sur la propriété « arboraire », c'est dans la correspondance échangée avec elle que nous avons trouvé les éléments les plus éclairants. D'ailleurs, dès le début de la constitution de notre documentation, il nous a paru en effet indispensable de connaître la position des administrations concernées telles que la Conservation des Hypothèques, les services des impôts fonciers et du cadastre ainsi que l'ONF.

La lettre envoyée à l'administration du cadastre est restée sans réponse[286]. Cette carence, jointe à des renseignements obtenus oralement à l'époque et depuis, incline à penser qu'à quelques exceptions près, les fonctionnaires de cette administration ignoraient ou voulaient ignorer cette institution. En revanche, le service des impôts fonciers de Bastia nous a répondu en joignant à sa lettre, la photocopie d'un extrait de la documentation en droit civil appliqué, diffusée par la Direction Générale des Impôts[287]. Le conservateur des Hypothèques d'Ajaccio a été pour sa part, moins laconique mais très contestable puisqu'il refusait de considérer la propriété « arboraire » comme un droit réel immobilier et ne voulait y voir qu'un droit personnel non susceptible de publication ! [288]

---

[285] Par exemple, A. TORRE, « La châtaigneraie... un facteur du maintien de la vie en montagne », *Isula Verde*, Chambre d'agriculture d'Ajaccio, avril 1992, pp.6-7 ou celui de C. Napoleone, V. Raymond, D. Morge, *Rapport d'étape sur le diagnostic foncier en Corse*, *op.cit.*, commandé par le Cnasea et la Draf de Corse et qui consacre vingt lignes sur trente-quatre pages à la propriété « arboraire ».

[286] Voici le texte de notre lettre en date du 1er novembre 1992 : « L'un des arrêtés Miot (22 thermidor an X / 10 août 1802) prescrit la prise en compte de la propriété « arboraire » (c'est-à-dire la propriété des arbres distincte de celle du sol, tolérée par l'article 553 du Code Civil) dans les matrices des rôles des contributions foncières. L'objectif était de répartir l'impôt foncier entre les propriétaires des arbres et les propriétaires du sol.
Avez-vous connaissance d'une mesure ou d'une recommandation de votre administration ayant un lien avec les dispositions ci-dessus ?
La prise en compte de la propriété « arboraire » par l'administration du cadastre vous paraît-elle praticable ? ».

[287] Lettre du 5 novembre 1992 du centre des impôts de Bastia, signée par un inspecteur central. Il y est joint les pages 54 à 64 de la documentation au droit civil appliqué de la DGI, qui correspond à la rubrique « droits réels principaux », laquelle mentionne page 61, le droit de superficie, en en donnant la définition « (c'est un droit de propriété qui est restreint à la possibilité d'utiliser le dessus du sol : constructions, plantations, etc...), et les modes d'établissement (le droit de superficie peut s'établir : _ par convention, le propriétaire du sol donne le sol à bail et permet au locataire de conserver les constructions et plantations qu'il aura effectuées; pour ce faire, le propriétaire doit renoncer à son droit d'accession; _ par donation, testament ou prescription) ».

[288] Lettre du 5 octobre 1992 : « En réponse à votre lettre du 17 août, je vous indique que la publicité foncière ne concerne que les droits portant sur des immeubles; elle est limitée en principe aux droits réels, mais exceptionnellement certains droits personnels sont publiés en raison de l'importance des charges qu'ils font peser sur les immeubles auxquels ils s'appliquent; tel est le cas par exemple des baux de plus de douze ans ».
« A priori, la propriété dont fait état votre lettre ne semble donc pas susceptible de publication; toutefois, il conviendrait de préciser pour connaître toutes les données de la

L'ONF, interrogé simplement sur le point de savoir si dans le cadre d'opérations de reboisement sur des terrains appartenant à une collectivité publique ou à des particuliers, il avait eu recours à cette institution, avait répondu sous huitaine : « (...) L'Office National des Forêts a seulement constaté que dans certaines forêts communales (...) certains arbres, généralement des châtaigniers, appartiennent à des particuliers. A ma connaissance, déclarait le signataire de la lettre, l'article 553 du Code Civil dont vous faites référence, n'est pas utilisé. En aucun cas, cela ne peut se produire dans les nouvelles plantations en forêt domaniale ou communale qui sont effectuées par les propriétaires eux-mêmes » [289].

§ 2. Cartographie de l'institution

Pour dresser la géographie de la propriété « arboraire », la méthode la plus appropriée et finalement la plus simple, a été d'en établir des cartes, *pieve*[290] par *pieve* pour le XVIIIème et commune par commune pour la survivance de l'institution de nos jours. Ces cartes font apparaître l'implantation et le maintien de l'institution d'un bout à l'autre de l'île avec des exceptions et des variantes micro-régionales.

Son implantation et son maintien d'un bout à l'autre de l'île

La carte la plus significative quant à l'implantation généralisée de l'institution dans l'île est celle des *pieve* et provinces, selon leurs limites de 1789, sachant qu'elles correspondent à des unités économiques, sociales et culturelles qui se sont pérennisées au-delà de la Révolution. Considérant que les *pieve* forment un tout, on classera la totalité de la *pieve* comme zone de propriété « arboraire », dès lors que l'on sait avec certitude qu'une communauté la composant au moins, a connu ou connaît des cas de propriété « arboraire » (**carte n°1**). Le résultat de cette démarche révèle que toute la Corse se trouve colorée en sombre à l'exception de quatre *pieve* du Nebbio, de six *pieve* de la province de Bastia, du territoire de Calvi et de deux *pieve* de Balagne, d'une seule *pieve* de la province d'Aleria, et de deux *pieve* de la province de Sartène. Les provinces d'Ajaccio, Vico, Corte et du Cap Corse sont entièrement colorées.

---

question, la nature et l'étendue de la convention liant le propriétaire des biens en cause et celui du sol (...) ».

289 Lettre de la Direction Régionale corse de l'ONF du 9 novembre 1992, réf. AA/538.

290 Jusqu'à la Révolution française, la principale circonscription religieuse, administrative, économique et sociale de la Corse était la *pieve*.

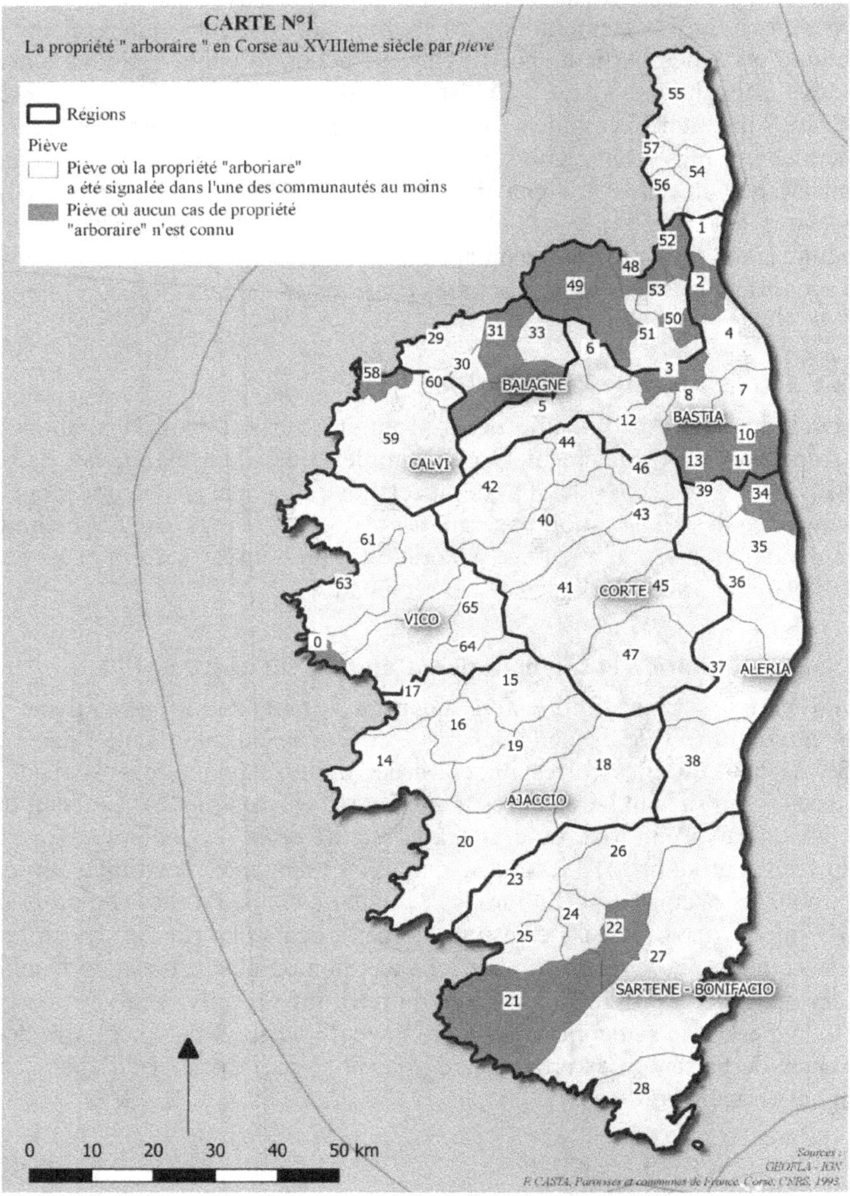

Lorsque l'on examine une carte des circonscriptions communales de Corse sur laquelle sont représentées en sombre les communes pour lesquelles la mairie a apporté une réponse positive à la question de l'existence de la propriété « arboraire » sur leur territoire, hachuré les communes dont la réponse a été négative, et laissé en blanc celles qui n'ont pas répondu (**carte n°2**), on obtient une mosaïque sans grande cohérence.

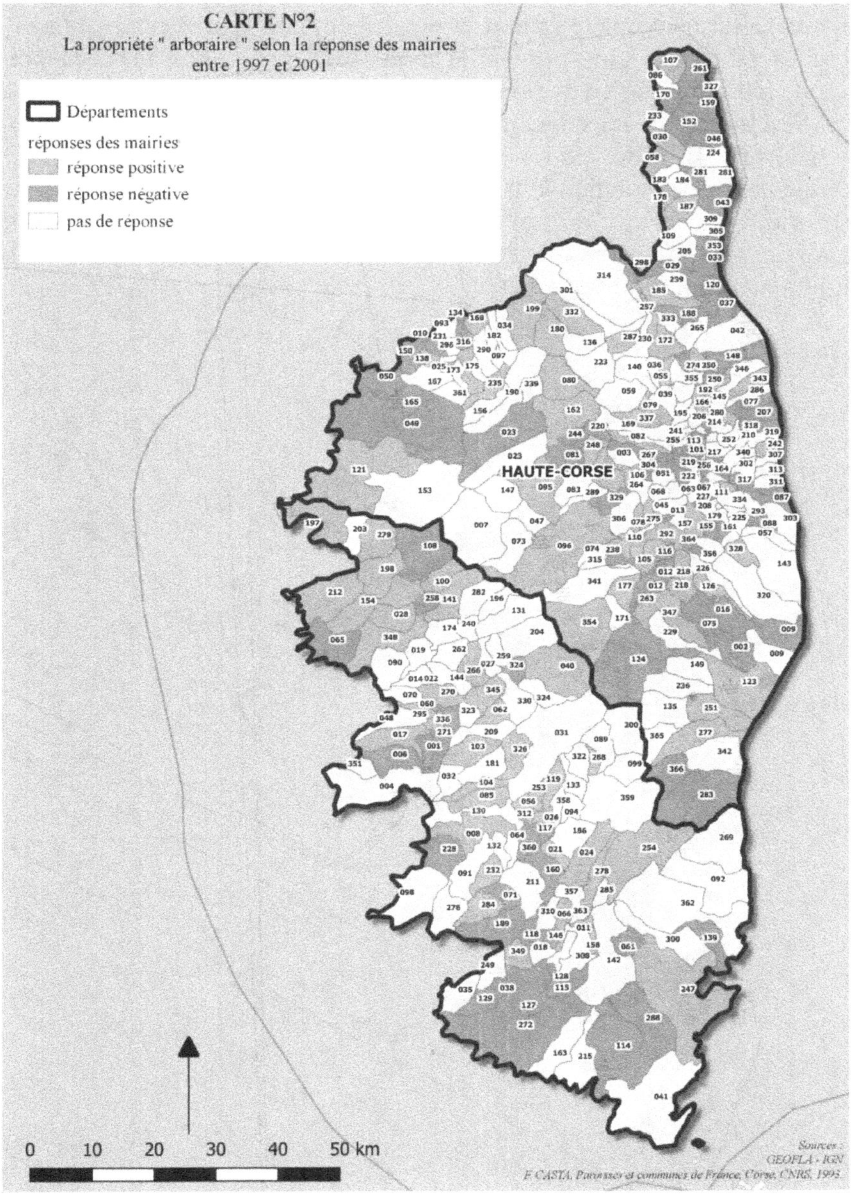

La carte est parsemée de tâches sombres, claires et hachurées en proportions à peu près égales. Aucune concentration particulière, sauf peut-être de part et d'autre de la ligne séparant la Corse-du-Sud de la Haute-Corse, c'est-à-dire de la montagne qui délimitait l'En Deçà et l'Au-Delà, région où les tâches sombres dominent, et l'extrême Sud-Ouest où les hachures l'emportent. Ainsi, la propriété « arboraire » est présente aussi bien dans l'extrême Nord du Cap corse (Ersa) qu'au Sud de l'île (Porto-Vecchio)

et de l'Est (Ghisonaccia) à l'Ouest (Piana) en passant par le centre (Corte). Cette carte est incomplète et doit être corrigée, non seulement en raison de l'absence de réponses de plus de la moitié des communes, mais encore, à cause de réponses négatives étonnantes (**carte n°3**).

Si l'on ajoute les renseignements provenant des archives, de l'inventaire des biens de l'Eglise paru au Journal Officiel du 5 mai 1909 et plus généralement de la totalité de nos sources orales et écrites, publiées ou non, répertoriées au début de cet ouvrage, on s'aperçoit que la propriété « arboraire » avait encore mieux survécu jusqu'à nos jours que ne le laissait voir l'enquête auprès des mairies.

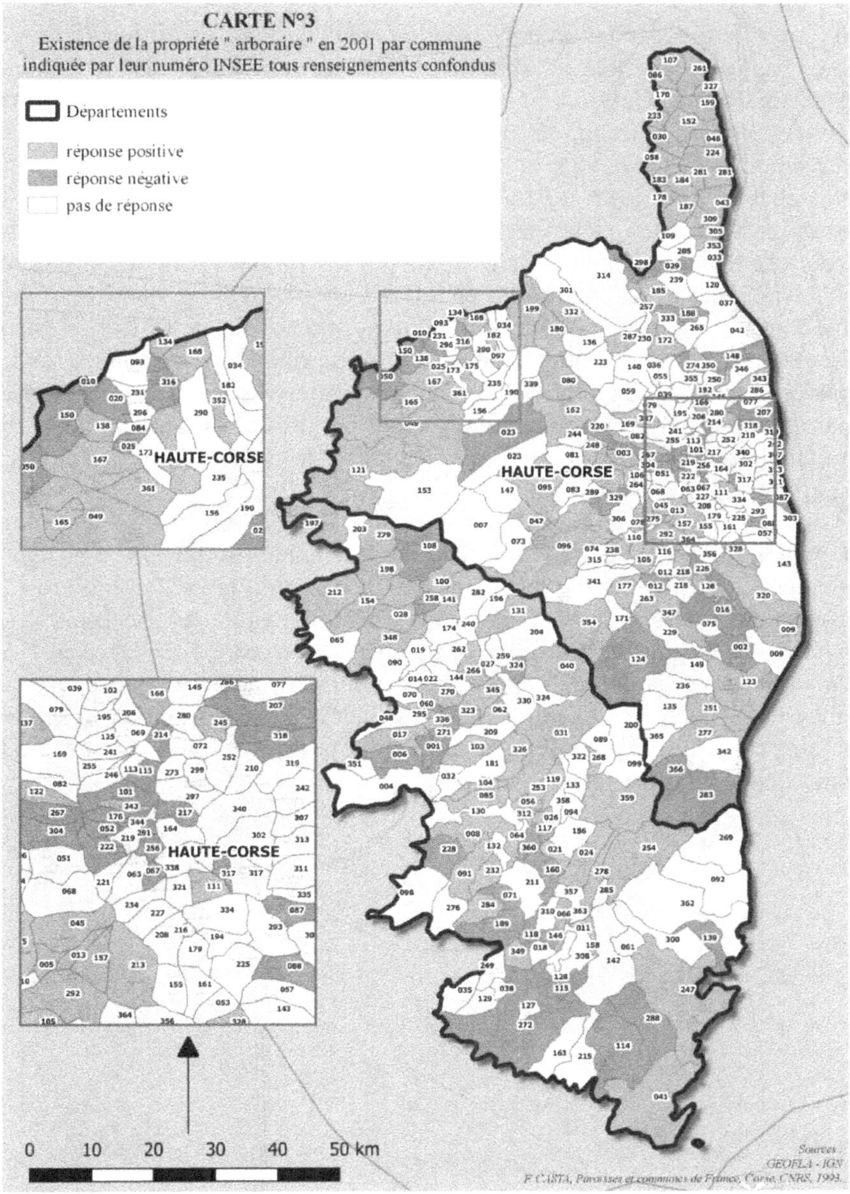

Au-delà du caractère massif de l'implantation de la propriété « arboraire » en Corse, les enquêtes et renseignements divers permettent d'affiner l'approche.

Les variantes micro-régionales

La première constatation concerne les villes côtières d'origine génoise. Il n'y a pas de propriété « arboraire » sur les territoires des communes d'Ajaccio, Bastia, Calvi et Saint-Florent. Elle est très limitée, du moins à l'époque contemporaine, à Bonifacio et à Porto-Vecchio. Des cas relativement récents de ce type de propriété sont à signaler sur des territoires limitrophes d'Ajaccio et de Bastia comme ceux d'Appietto et de Ville-di-Pietrabugno. Cette délimitation de l'implantation de la propriété « arboraire » souligne son caractère strictement rural et, à défaut d'un autre mot, « indigène ». Elle pourrait en effet être pleinement qualifiée par le terme corse *paisana* qui signifie à la fois paysan et du pays. Elle n'est pas présente dans les présides, villes côtières dont les habitants étaient considérés et se considéraient comme très différents des Corses. Ainsi, il apparaît bien les micro-régions de ces villes côtières appartiennent aux zones d'implantation de l'institution, mais la ville et les terres que les citadins se sont approprié, en sont exclues.

La carte des communes où existent des cas de propriété « arboraire » uniquement sur des communaux ou uniquement sur terrains privés, ou également sur les deux catégories de terres (**carte n°4**), montre que l'implantation sur les seuls communaux, s'inscrit à quelques exceptions près, dans des zones limitrophes de la ligne de partage entre l'En-Deçà et l'Au-Delà. De façon plus générale, il s'agit de communes ayant un vaste territoire montagneux. Le contre-exemple de Ghisonaccia n'est pas gênant puisque ce territoire était utilisé pour le pacage d'hiver par des populations pastorales venues des montagnes environnantes.

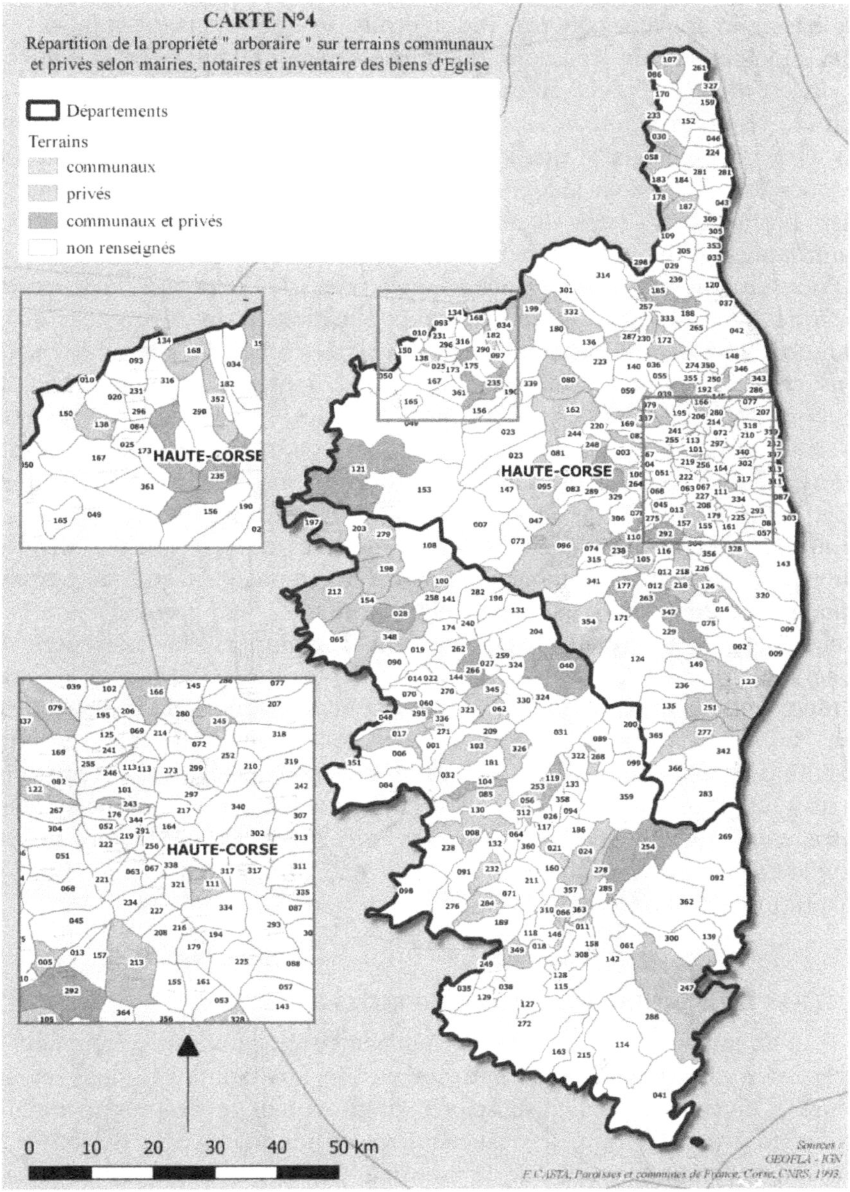

Les zones où la propriété « arboraire » ne concerne que les châtaigniers sont montagneuses et généralement situées à plus de 400 mètres d'altitude[291] à de rares exceptions près, parmi lesquelles Ghisonaccia déjà signalée comme ancien pâturage d'hiver de populations montagnardes. Les zones où

[291] Les principales micro-régions de propriété « arboraire » limitée aux seuls châtaigniers sont celles de Corte et de Vico.

les oliviers sont seuls objets de propriété « arboraire » sont naturellement les plus basses et souvent côtières. Les endroits où l'on répertorie à la fois des châtaigniers et des oliviers, voire d'autres essences et notamment des noyers, se situent dans le relief intermédiaire ou dans des communes dont le territoire réunit la plaine et la montagne. Bien sûr, l'altitude n'explique pas tout. Il est certain que la qualité du sol a dû jouer un rôle que mettrait en évidence une étude pour laquelle du reste, nous ne sommes pas qualifiés ; et aussi probablement des facteurs d'ordre psychologique, difficilement quantifiables tels que des phénomènes d'imitation à évolution cumulative.

Pour ce qui est des essences concernées, les réponses des mairies confirment ce qui ressort des archives, publications et interviews : la quasi-totalité des arbres faisant l'objet de propriété « arboraire » produisent des fruits comestibles et la majorité d'entre eux sont des châtaigniers et des oliviers[292]. Néanmoins, parmi les arbres recensés, on trouve non seulement les chênes dont les fruits sont une nourriture pour les porcs mais aussi plus rarement d'autres arbres dont les fruits ne sont consommés ni par l'homme, ni par les animaux tels que les cèdres, les érables, les frênes, les peupliers et qui n'ont d'intérêt que pour leur bois. Plus rares encore sont les mentions d'arbres fruitiers mais dont la longévité est réduite, tels que les agrumes (oranges, cédrats), les amandiers, les cerisiers, les cormiers (sorbiers domestiques), les figuiers, les genévriers, les mûriers, les noisetiers, les pêchers, les pins de différentes variétés, et les pommiers et même la vigne. La réponse de la commune d'Ortale faisant état de renseignements émanant d'un informateur, précise même que cette « pratique [la propriété « arboraire »] était loin d'être rare et qu'elle pouvait également concerner d'autres cultures que le châtaignier (...), comme le blé ou des plantes fourragères ». Quoi qu'il en soit, les différences micro régionales ne semblent pas avoir empêché que se dégage une attitude générale à l'égard de l'institution dans l'ensemble de l'île.

SECTION II. PERCEPTIONS ET PERSPECTIVES

Tout au long des études que nous avons menées, plus particulièrement au travers des questionnaires et lettres envoyés aux administrations et aux notaires, ainsi que des discussions impromptues avec des personnes rencontrées sur le terrain, il s'est manifesté sinon du mépris, du moins un amusement certain à propos de la propriété « arboraire ». Si elle ne suscite pas une hostilité déclarée, l'institution agace ou plutôt dérange. Ces attitudes laissent entrevoir pour elle des perspectives peu engageantes : sa suppression inéluctable à terme par un processus de déliquescence menant à la désuétude en l'absence de toute protection juridique ; la disparition des arbres qui en

[292] Sur quatre-vingt-seize réponses positives, soixante-treize font état de châtaigniers, quarante-huit d'oliviers, trente, de noyers, neuf de chênes – toutes variétés confondues – et trente-sept citent diverses autres essences.

sont l'objet, par vieillissement, maladies, incendies ou autres violences, dans des campagnes corses désertifiées où personne ne les remplacera. Et pourquoi pas, puisque cela s'est produit dans certains pays méditerranéens proches comme l'Italie, son abrogation formelle par la loi.

Pourtant, nous l'avons déjà dit en commençant et nous y sommes revenus à plusieurs reprises, cette institution bien enracinée – que l'on ne nous en veuille pas pour ce jeu de mots facile – dans la culture corse et qui s'est montrée éminemment adaptable, mérite d'être sauvegardée et organisée mais cela impliquerait sans aucun doute, une modification de l'attitude des Corses face à cette institution traditionnelle.

§ 1. Les Corses face à la propriété « arboraire » aujourd'hui

Tous les éléments à notre disposition permettent d'affirmer que l'attitude des Corses à l'égard de l'institution est finalement majoritairement négative et que l'hostilité avouée des professionnels concernés est facilitée par l'indifférence de l'ensemble de la population et de ses élus.

La population et ses élus

En parlant d'indifférence de la part de la population insulaire et de ses représentants, l'on se trouve en fait au-dessous de la réalité où affleure une opposition non argumentée comme celle des professionnels que nous verrons plus loin et qui n'est même pas formulée, faite qu'elle est d'une méfiance vague et d'un ineffable complexe d'infériorité.

L'attitude des populations est difficile à appréhender, scientifiquement du moins, dans la mesure où on la ressent davantage qu'on ne la constate, au détour de conversations, dans des expressions ou gestes fugaces. Nous avons eu accès au résultat d'une enquête menée par un étudiant de licence en 1997[293], qui n'a pu malheureusement s'appuyer que sur les réponses de neuf personnes[294]. Les réponses à deux questions sont exemplaires de l'attitude des Corses nés dans la première moitié du XXème siècle. En effet, en réponse à la question « avez-vous entendu parler d'une propriété des arbres distincte de celle du sol sur lequel ils sont enracinés ? », un seul a répondu négativement mais c'était un élu, maire de l'une des communes du canton sur lequel portait l'enquête... A la double question « en avez-vous entendu parler comme d'une possibilité qui a disparu, d'une institution encore assez proche, quelque chose qui s'est fait dans un passé récent ou bien comme d'un souvenir lointain ? et l'institution est-elle encore vivante ou non ? », sur

---

[293] P. CIATTONI, « Enquête sur la propriété arborée (sic), canton de Bustanico » : questionnaire dactylographié de huit questions et transcription manuscrite des réponses (seize pages).

[294] Il s'agissait de sept hommes et de deux femmes, tous retraités à l'exception d'un seul. Trois d'entre eux avaient plus de quatre-vingts ans, la plus âgée en avait quatre-vingt-quatorze. Deux d'entre eux étaient des élus municipaux.

les huit personnes qui ont répondu, toutes ont déclaré qu'il s'agissait d'un souvenir lointain et que l'institution avait disparu.

On remarque que certaines de ces réponses étaient contredites par la précision des renseignements donnés à l'occasion d'autres questions mais elles n'en étaient que plus significatives d'un rejet à l'égard cette institution. Pour tout dire d'ailleurs, quelques-uns des renseignements pour précis qu'ils étaient n'en étaient pas moins manifestement erronés.

En outre, de nombreux faits qui nous ont été rapportés incidemment ne trompent pas : arbres détruits volontairement par les propriétaires du sol, à l'aide de diverses substances chimiques ou simplement par le feu ou la tronçonneuse, sans que, et c'est significatif, les auteurs n'éprouvent le besoin de se cacher et ne soient en butte à l'opprobre générale. Ces comportements paraissent de nos jours excusables, pour ne pas dire sensés (*astùti*). Il est loin le temps où la destruction volontaire d'un arbre suscitait une vendetta meurtrière. Elle n'aboutit même pas à un procès devant les juridictions civiles. Les victimes, les propriétaires « arboraires », lorsqu'ils ont été avertis de ces destructions, c'est-à-dire dans le cas de plus en plus rare qu'ils habitent dans les environs et connaissent les arbres qui leur appartiennent, se montrent conciliants voire même résignés. Par exemple, Maître Jean Cruciani, notaire à L'Ile Rousse, a illustré sa réponse à notre questionnaire en relatant une affaire qui remonte à 1971 : un olivier faisant l'objet d'une propriété « arboraire » avait été coupé par l'acquéreur du terrain parce qu'il gênait la construction d'une villa. Le propriétaire « arboraire » avait accepté une indemnité pour renoncer à ses droits. L'acquéreur était de bonne foi et le notaire qui avait procédé à la vente ignorait lui-même l'existence d'une propriété « arboraire » sur ce terrain, mais les choses ne se seraient pas passées très différemment si l'acquéreur du terrain avait agi sciemment. Ce qui était exceptionnel, ce n'est pas que le propriétaire « arboraire » ait renoncé à ses droits, c'était finalement qu'il ait obtenu une indemnité... C'est d'ailleurs tout ce qu'ont essayé d'obtenir le plus souvent vainement, les victimes de destructions volontaires.

Ces destructions volontaires d'arbres faisant l'objet de propriété « arboraire » ne semblent malheureusement pas être l'apanage de particuliers. On nous a rapporté sans que l'on puisse pourtant vérifier les faits, que des municipalités, sur ordre du maire ou sur initiative d'employés communaux ou concessionnaires de travaux publics, s'étaient permis de porter atteinte à des propriétés « arboraires » sur terrain communal. En outre, certaines réponses négatives faites à notre questionnaire, des restrictions et surtout l'impossibilité de recueillir des réponses de bon nombre de mairies et ce, malgré des relances, étaient le signe d'une méfiance à l'égard de notre enquête. Au-delà de l'ignorance ou de la nonchalance, les questionnaires ont parfois embarrassé des municipalités qui ont préféré éviter de reconnaître l'existence sur leur territoire de droits qu'ils considéraient comme gênants et même attentatoires aux intérêts de la commune et de ses habitants, surtout si les propriétaires « arboraires » s'étaient vu reconnaître la propriété du sol de façon plus ou moins régulière.

Ainsi, le rejet de la propriété « arboraire », considérée comme une institution archaïque, semble très répandu dans la population comme chez les élus municipaux. Ce sentiment est bien traduit par Pierre Lamotte lorsqu'il écrivait[295] : « la superposition de deux droits de propriété particulière dont il subsiste tant d'exemples et qui nous paraît aujourd'hui illogique et néfaste » mais quelques pages plus loin, le même auteur affirmait « l'utilité de ce droit de propriété » [296]. Voilà toute l'ambivalence de l'institution mise en évidence. On comprend qu'elle puisse susciter une certaine perplexité. Cela explique peut-être que les parlementaires corses ne se soient jamais emparés de la question. Leur apparent manque d'intérêt pour la propriété « arboraire » contraste avec l'activité que leurs homologues continentaux des départements concernés ont déployée pour légiférer sur des institutions voisines[297]. Il est vrai que dans ces départements, la majorité des professionnels intéressés exprimaient nettement leurs desiderata. Il s'agissait soit d'améliorer la situation du cultivateur face au propriétaire foncier soit de mettre fin dans les meilleures conditions à un droit traditionnel jugé gênant. En Corse en revanche, la position des professionnels quant à l'institution est plus mitigée.

L'attitude des professionnels concernés

Il n'est pas étonnant de constater d'abord que les positions diffèrent selon les classes d'âge, les formations et les cultures. Ceux qui ont été volontairement ou inconsciemment acculturés par leurs études ou par modernisme, n'ont pas le même point de vue que ceux qui se tournent résolument vers une économie identitaire ou sont des adeptes du *riacquistu* c'est-à-dire de la réappropriation de la culture traditionnelle corse qui s'est développée au cours des dernières décennies du XXème siècle.

La réponse de l'Office National des Forêts par exemple s'inscrivait tout à fait dans la logique d'un organisme public dont l'objectif principal est de gérer de la manière la plus rentable et la plus moderne, les forêts qui lui sont confiées, logique à laquelle la propriété « arboraire » ne correspond pas et n'a jamais correspondu. Il est inutile de revenir sur les réponses des administrations financières et en particulier du cadastre et des hypothèques qui reflètent tout à la fois la méconnaissance à tous les sens du terme, de l'institution par une partie des fonctionnaires et une sorte d'allergie aux spécificités locales.

---

[295] « Note sur la propriété arboraire... », *op.cit.* p.61.

[296] *ibid*, p.68.

[297] Cf.ci-dessous, titre II, chap.III, section I, §2 la propriété arboraire dans le droit intermédiaire, et surtout section II, §1 l'évolution de l'évolage, des bandites, du bail à complant et du domaine congéable.

De même, certaines réponses de notaires peuvent laisser perplexe et parmi ceux-là mêmes qui ont répondu, et avec la plus grande amabilité, ce qui permet de les classer parmi les mieux disposés à l'égard de l'institution. L'un d'entre eux[298] nous avait écrit : « Me référant au droit positif et plus exactement à la règle du principal et de l'accessoire, il m'est difficile de retenir aujourd'hui ces règles de droit coutumier. En effet, aux termes de l'article 552 du Code Civil, la propriété du sol emporte la propriété du dessus et du dessous ». Il rejoint la position de l'un de ses confrères[299] qui, dans sa réponse à notre questionnaire, nous déclarait que la mention de la propriété « arboraire » « ne figurait pas dans les actes qu'il établissait, en raison de la théorie de l'accession ». C'est oublier que l'article 553 du Code Civil sur lequel est fondée comme nous le rappelons, la propriété arboraire en droit français, permet des exceptions à la règle de l'article 552. A l'évidence, ces notaires ne voient dans le Code Civil que ce qui est défavorable à la propriété « arboraire » et qui permet l'ignorer. De toute évidence, les notaires sont du côté du propriétaire du sol et manifestent une prévention à l'égard de celui de l'arbre.

La réponse positive à la quatrième question du questionnaire par le notaire d'Aleria par exemple, est révélatrice : il mettait entre guillemets le mot propriétaire lorsqu'il s'agissait de celui de l'arbre et il nous affirmait que dans la quasi-totalité des cas rencontrés, « les propriétaires des arbres ont annexé la propriété du sol à l'occasion de refontes ou de rénovation de matrices cadastrales. Ce détournement de propriété a été rendu facile du fait que les personnes qui avaient concédé le droit de planter des arbres ne pouvaient exploiter par leurs propres moyens du fait d'une indisponibilité ou d'un éloignement ». Le propriétaire « arboraire » apparaît donc comme un usurpateur dangereux pour la propriété foncière. De façon explicite ou implicite, les notaires se montrent généralement hostiles à l'institution, ne voyant en elle qu'un usage désuet et une complication inutile.

Les magistrats manifestent une attitude très différente de celles de ces officiers ministériels : qu'ils soient ou non d'origine corse, ils se montrent souvent plus ouverts. Comme beaucoup d'avocats, il leur arrive de s'intéresser aux spécificités juridiques corses. Et pas seulement pour illustrer un discours de rentrée judiciaire : en 1993, un séminaire sur les particularismes juridiques locaux et notamment sur la propriété « arboraire » avait été organisé au palais de justice de Bastia[300].

Il arrive que des professionnels de l'agriculture, ingénieurs agronomes, syndicalistes agricoles admettent que la propriété « arboraire » n'est pas forcément périmée et qu'il est même possible d'en tirer parti à certaines fins.

---

[298] Lettre de Maître J.-F. Mativet, notaire à Ajaccio, du 19 août 1992.

[299] Maître A. Spadoni, notaire à Ajaccio.

[300] Séminaire organisé conjointement par le Centre Régional de Formation Professionnelle des Avocats et le correspondant local de l'Ecole de la Magistrature, au palais de justice de Bastia le 26 mars 1993.

Le rapport du CEMAGREF de janvier 2000[301] affirmait que « ce dispositif se retrouve dans certains droits modernes et recouvre une certaine analogie avec certains types de baux du droit français » et plus loin, que « ce dispositif semble intéressant à examiner car il décrit un mode d'usage qui pourrait s'avérer adapté dans les cas de partage des différents usages d'un même sol ».

Quelques mois plus tôt, lors d'un colloque qui s'était tenu à l'Université de Corte[302], M. Achille Martinetti, Président du comité de développement de la vallée de la Gravona et maire de Bocognano depuis 2014, présentait une communication sous la rubrique, « des réalisations, des vécus », dans laquelle il répertoriait la propriété « arboraire » parmi les moyens originaux de mise en valeur et de protection des terres dans la perspective de faciliter l'accès au foncier pour les jeunes agriculteurs, mais dans les actes du colloque édités l'année suivante par l'évêché d'Ajaccio, la propriété « arboraire » avait disparu… Cette omission pourrait être interprétée comme une nouvelle manifestation du peu d'intérêt porté à une institution qui malgré son caractère identitaire, n'aurait donc mérité qu'une place anecdotique hors texte… En fait, dans une lettre du 24 avril 2001, dont un passage a déjà été rapporté, M. Martinetti précisait ses idées. Elles sont intéressantes non seulement parce qu'elles émanent de l'un des dirigeants les plus connus du monde associatif rural de l'île mais aussi, parce qu'elles concentrent les arguments que l'on peut aligner en faveur de l'institution au XXIème siècle : « Je pense d'une part, que l'agriculture reste le moyen de développer la Corse de l'intérieur, peut-être en la confortant dans le cadre d'une pluri-activité, par des activités agro-touristiques, d'autre part, que l'identité doit être le moteur de ce développement. C'est dans une telle stratégie qu'il faut interpréter les propos que j'ai tenus lors du colloque du 17 avril 1999. L'identité, c'est l'ensemble des savoir-faire, des pratiques, mais aussi des règles et le droit, nés de ces pratiques, en un mot, c'est notre culture.

Dans cet esprit, la propriété « arboraire » et les pratiques traditionnelles de gestion de l'espace (*furestu*, gestion collective des moyens d'irrigation, etc.) sont à mon avis, un atout pour les jeunes agriculteurs qui ne possèdent pas suffisamment de terre. S'ils sont éleveurs, ils peuvent pacager les châtaigneraies communales en respectant la période de cueillette nécessaire pour le propriétaire de l'arbre, s'ils sont arboriculteurs, ils pourront planter des châtaigniers sur des terrains communaux ou obtenir des locations des propriétaires.

Ces cas, un peu simples, ne sont pas pris en compte par les institutions et l'office de développement agricole et rural, ce qui a pour effet de priver les

[301] *Rapport d'étape sur le diagnostic…*, *op.cit.*, p.13.

[302] *Aménagement du territoire, questions pour notre Eglise,* colloque du 17 avril 1999 à Corte à l'amphithéâtre Landry de la faculté de droit s/la présidence de l'évêque de la Corse, Mgr Lacrampe, en présence du préfet Bonnet.

agriculteurs concernés des moyens d'intervention habituels. De la même façon, l'accès au statut d'agriculteur (MSA) n'est possible qu'à partir de normes qui nient cette réalité. Pourtant, aujourd'hui encore, il est fréquent de voir des arbres être vendus ou loués par leur propriétaire qui n'est pas le propriétaire du terrain sur lequel ils sont plantés.

Je pense que, comme lors de son apparition, la propriété arboraire peut être une des réponses à la nécessité de gérer un espace qui se dégrade de plus en plus, mais pour cela elle doit faire partie d'un dispositif global qui intègre les us et coutumes (*operata*), les pratiques collectives de gestion de l'espace et des ressources (chemins, eau...). La prise en compte de cette réalité dans sa complexité ne pourra être que le résultat de l'affirmation que l'agriculture est le moyen de développer l'intérieur de la Corse, c'est-à-dire l'affirmation d'une volonté politique et comme au XVIème siècle, la mise en place d'une politique volontariste de développement agricole.

Dans un tel contexte, un texte législatif d'application locale (sujet d'actualité !) serait nécessaire car il permettrait de définir d'autres critères pour l'installation et le soutien aux jeunes agriculteurs ».

Cette prise de position soutient donc une possibilité contemporaine d'utilisation de l'institution. Elle conforte l'idée qu'elle n'est peut-être pas morte comme le pensent certains et elle incite à se pencher sur des perspectives d'évolution juridique.

§ 2. Les perspectives d'évolution juridique de la propriété « arboraire » corse

A la lumière des attitudes et des prises de position, l'évolution juridique de la propriété « arboraire » dépend en premier lieu d'un choix fondamental entre abandonner l'institution à une désuétude bien entamée, ou légiférer.

La désuétude ou la loi

Laisser se prolonger la désuétude qui durera probablement encore quelques décennies ne paraît pas souhaitable. Ce serait entretenir une semi-clandestinité de l'institution qui va à l'encontre des efforts menés depuis plusieurs années pour construire en Corse ce qu'il est courant d'appeler l'Etat de droit.

Plus concrètement, le fait de laisser la propriété « arboraire » dans cette situation ambiguë, sans lui donner un minimum d'encadrement juridique et de publicité, contribuent à ce que l'on a appelé le « désordre juridique foncier de la Corse »[303]. La prise en compte officielle de l'institution assurerait la protection non seulement de la propriété des arbres mais aussi

---

[303] Cette expression a été utilisée par Me Alain Spadoni, président du conseil régional des notaires de Corse pour désigner un problème souvent identifié comme celui de l'indivision mais qui le dépasse largement.

de celle du sol sur lequel ils se trouvent. La clandestinité de la propriété « arboraire » a souvent permis à ses bénéficiaires de profiter de l'établissement ou de la refonte du cadastre pour usurper la propriété du sol au détriment des communes comme des particuliers[304]. En outre, l'embarras que révèlent les positions des juristes à propos de l'institution, joint aux voies de fait des usagers que suscite parfois son existence, amènent à considérer qu'il y a là un vide juridique qu'il serait judicieux de combler.

L'idée[305] d'une loi sur la propriété « arboraire » concernant le seul territoire de la Corse a déjà été suggérée. Les instances de la Collectivité Territoriale auraient pu en prendre l'initiative dans le cadre de l'article 26 de la « loi Joxe » du 13 mai 1991. Justement, selon l'article L.4422-16–III du *Code général des collectivités territoriales*, « de sa propre initiative ou à la demande du conseil exécutif, ou à celle du Premier ministre, l'Assemblée de Corse peut présenter (...) toutes dispositions législatives concernant le développement économique, social et culturel de la Corse ». Il y a là une possibilité de doter la propriété « arboraire » corse d'un encadrement législatif puisqu'à l'évidence, elle concerne le développement économique et culturel de la Corse. Le côté identitaire de l'institution qui coïncide avec l'évolution des mentalités au cours des dernières décennies pourrait lui valoir un regain d'intérêt de la part du public et des élus, pour peu qu'on lui assure un minimum de promotion. Par ailleurs, un tel sujet, peu sensible, suscitant moins de passion et d'antagonisme que d'autres, serait une occasion de plus de faire fonctionner le nouveau dispositif d'intervention de l'Assemblée de Corse sur le plan législatif sans risquer de forts antagonismes.

Il existe sur le continent[306] des précédents en matière de textes législatifs concernant des institutions d'implantation régionale voisines de la propriété « arboraire » : la loi du 21 juillet 1856 relative au système d'appropriation particulier des étangs de la Dombes, et celle du 8 juillet 1963 sur les « bandites » niçoises. Comme nous le verrons, il s'agit dans les deux cas, de textes visant à organiser la suppression de ces institutions en respectant les intérêts des différentes parties. Deux autres institutions voisines dont il sera également question plus loin, le bail à complant et le bail à domaine congéable, bénéficient chacune d'un titre de l'actuel Code rural et de la pêche maritime. La propriété « arboraire » corse mérite d'être traitée à égalité avec le bail à domaine congéable breton, qui depuis la Révolution, a suscité plusieurs fois l'intérêt du législateur. Sa désuétude n'est pas beaucoup plus avancée. Quant aux dispositions relatives au bail à complant,

---

304 Cf. la réponse du notaire d'Aleria en 1998 et F. POMPONI, « Un siècle d'histoire des biens communaux... », *op.cit.*, *Etudes Corses*, n°5, p.25.

305 J.-Y. COPPOLANI, « Un élément exemplaire... », *op.cit.*, 1984, pp.168-169 et colloque sur les cultures pérennes, Corte, 1990.

306 C.f.ci-après, titre II, chap.III, section I, §2 La propriété « arboraire » dans le droit intermédiaire, et surtout section II, §1 L'évolution de l'évolage, des bandites, du bail à complant et du bail à domaine congéable.

plusieurs d'entre elles pourraient être transposées par le législateur à la propriété « arboraire ».

Il risque cependant de se manifester une réticence au niveau du Parlement ou du Conseil Constitutionnel à l'égard d'une forme de propriété n'existant que dans une collectivité territoriale française. Cet obstacle est d'autant moins insurmontable que la propriété « arboraire » telle qu'elle existe en Corse pourrait être l'objet d'un texte concernant l'ensemble des propriétés superficiaires végétales existant sur le territoire français sous des appellations et des modalités diverses[307].

Il est donc de nombreux arguments favorables qui militent en faveur d'une loi sur la propriété « arboraire » mais des questions subsistent sur le contenu de cette loi. En effet, au-delà de l'alternative interdiction/maintien, que l'on choisisse le premier ou le deuxième terme, plusieurs variantes sont envisageables qui tiennent aux objectifs que l'on s'est fixé.

Une loi pour quoi faire ?

La loi peut avoir pour objectif d'interdire cette forme de propriété. C'est ce qui a été fait dans plusieurs pays. Qu'on l'interdise ou non, on peut favoriser et même organiser la réunion des propriétés du sol et de la superficie. La loi de 1963 sur les « bandites » niçoises citée plus haut en est un exemple. Si l'on veut maintenir la propriété « arboraire », on doit l'organiser de manière précise mais on peut aussi ajouter à la simple réglementation, un souci de promotion de l'institution. Ces différentes options ne sont pas forcément contradictoires. Un même texte législatif pourrait combiner les deux finalités et réunir les deux types de dispositions.

La réglementation de la propriété « arboraire » consistera principalement à mettre au clair les prérogatives et obligations du propriétaire de l'arbre. Il s'agira notamment de déterminer avec exactitude l'étendue du périmètre de protection sans recourir à la référence pittoresque mais imprécise du jet de la *rustàghja*. Il faudra aussi confirmer clairement le droit du propriétaire de replanter son arbre détruit - cela évitera des incendies volontaires et autres voies de fait - et en prévoir les modalités. Mais surtout, cette loi ou ce chapitre de la loi, devra assurer la sauvegarde du droit du propriétaire « arboraire » et sa pérennité en encourageant l'administration de la preuve qu'exige l'article 553 du Code civil. En effet, cette preuve est souvent ce que les anciens juristes appelaient une *probatio diabolica*, c'est-à-dire une preuve qui remonte à la nuit des temps et qu'il est impossible de rapporter.

Pour aider le propriétaire « arboraire » à prouver son droit, il faut faire sortir l'institution de la semi-clandestinité où elle se trouve actuellement et l'officialiser. Sur ce point, la loi n'aura même pas à innover, il suffira de réactiver et de remettre à jour l'arrêté Miot du 22 thermidor an X, qui

---

307 Cf. le « droit de crû et à croître » et ci-après, titre II, chap.III, section II, §2 L'article 553 du Code civil et les propriétés superficiaires végétales.

partageait l'impôt foncier entre le propriétaire « arboraire » et le propriétaire du sol[308]. Le paiement de l'impôt foncier impliquera forcément la mention de la propriété « arboraire » dans les matrices cadastrales. Quant à l'inscription au fichier immobilier, elle ne se heurte dès à présent à aucun obstacle juridique valable : il suffira que la Conservation des Hypothèques adopte une meilleure appréciation de la nature juridique de l'institution, qu'elle se débarrasse de ses réticences envers ce particularisme local et qu'elle accepte un léger alourdissement de sa tâche. Il n'y a donc pas besoin d'un texte législatif sur ce point, de simples circulaires pourraient suffire[309].

Les dispositions assurant la promotion de la propriété « arboraire » s'inscriraient évidemment dans l'objectif séculaire de promotion de l'arboriculture et de celui plus actuel de l'accès au foncier des jeunes agriculteurs. Les dispositifs anciens et contemporains d'aide au développement de la châtaigneraie et de l'oliveraie ne sont pas incompatibles avec la propriété « arboraire » puisque ce ne sont pas les superficies complantées qui sont prises en compte mais le nombre « d'arbres productifs »[310].

La propriété « arboraire » pourrait être aussi utilisée dans le cadre de la lutte contre les incendies et la désertification. L'exemple de l'olivaie communale de Zilia déjà évoquée témoigne de ce qu'elle est la clé d'un équilibre protecteur qui a permis d'échapper aux incendies pendant de nombreuses décennies, dans une zone particulièrement sensible : les arbres propriétés de particuliers identifiés par marquage faisaient l'objet d'un minimum de surveillance et d'entretien tandis que le sol communal parcouru

---

308 Nous verrons qu'un tel partage des impôts est prévu en France par le Code rural pour le domaine congéable et qu'il existe des exemples étrangers relatifs à la propriété « arboraire » elle-même (Italie, Grèce).

309 J.-Y. Coppolani suggérait (en 1984, « Un élément exemplaire... », *op.cit.*, p.169) « sans trop d'illusion toutefois », des mesures telles que « l'inscription sur (un) registre communal » des droits de propriété « arboraire » par leurs titulaires, avec indication de la parcelle où se trouve l'arbre, et son essence, ainsi qu'une « immatriculation communale » systématique et la généralisation du marquage qui ne se pratique actuellement que dans certaines micro-régions. Il envisageait également que l'inscription au registre se fasse (...) « sous le contrôle du juge d'instance ou d'une commission du type de celle utilisée pour les remembrements. Cette inscription donnerait lieu à une taxe versée à la commune (...). Le registre communal devrait être consultable par tous et l'inscription publiée aux Hypothèques. La contestation de l'inscription serait naturellement possible devant le tribunal de grande instance mais seulement dans un délai court : deux ans par exemple ». Ce dispositif complexe serait difficilement réalisable et l'inscription au cadastre et aux Hypothèques constituerait un progrès décisif et suffisant en la matière.

310 Cf. *Guide d'individualisation des aides* annexé au règlement des aides CPER–DOCUP 2000-2006 édité par l'Office du Développement Agricole et Rural de la Corse : « Conditions d'éligibilité des projets : 2.1. *Installation en castanéiculture à titre principal* : Les jeunes agriculteurs devront faire état dans leur projet de 250 arbres productifs (…). Le projet initial de rénovation pourra âtre limité à 125 arbres productifs (…). 2.2. *Complément d'exploitation en castanéiculture* : Le projet devra concerner la mise en production de 50 arbres minimum assurant une cohérence à celui-ci. 2.3. *Diversification en castanéiculture* : Le projet de rénovation devra concerner 125 arbres productifs assurant une cohérence à celui-ci.

par des troupeaux était constamment nettoyé et débroussaillé. Elle serait un moyen de responsabiliser et d'impliquer un maximum d'habitants dans la lutte contre l'incendie et le reboisement. Des dispositions législatives pourraient permettre dans certaines conditions restant à déterminer, de planter sur des terrains communaux ou même privés incendiés : pour inciter les planteurs, la propriété des arbres leur serait attribuée[311].

Toutefois, il ne faudrait pas que la propriété « arboraire » soit ressentie comme une gêne imposée et n'offrant d'autre issue que des procédés violents pour y mettre fin. Elle y perdrait l'essentiel de son intérêt. C'est pourquoi il faut envisager aussi l'organisation juridique de sa suppression par la réunion des droits sur l'arbre et le sol.

La propriété « arboraire » peut en effet être économiquement et socialement très gênante, voire insupportable. Comme cela a déjà été souligné qu'en l'absence d'un dispositif juridique permettant d'y mettre fin, la situation créée par la présence de propriété « arboraire » peut être source de violence. Présentant quelques ressemblances avec l'indivision à laquelle elle est parfois liée, la propriété « arboraire » aurait pu être traitée dans le cadre des « dispositions destinées à faciliter la sortie de l'indivision prévues par l'article 63 de la loi Joxe du 13 mai 1991 »[312]. En 1984, Jean-Yves Coppolani préconisait l'insertion dans la loi, d'un système établissant « une correspondance commode, indépendante de l'essence et de l'état de l'arbre entre la propriété arboraire et celle du sol : l'arbre vaudrait un nombre de mètres carrés de terre (...) ». Ce dispositif qui rappelle ce qui a été fait au XIXème siècle dans plusieurs communes de l'île[313], devrait permettre non seulement d'avoir une base pour la taxe foncière, mais aussi de faciliter la réunion de la propriété de l'arbre et de celle du sol, en évitant une évaluation difficile au moment du partage entre propriétaires fonciers et « arboraires » ; de même l'indemnité d'expropriation des arbres sur les communaux se ferait sur cette base. En effet, « le retour au droit commun lorsqu'il paraîtrait nécessaire, pourrait se faire sur les communaux en recourant à l'expropriation (...). Sur les terrains appartenant à des particuliers, la réunion des deux droits de propriété pourrait être demandée par le propriétaire de l'arbre comme par celui du sol ».

Il était aussi suggéré de plafonner la valeur des arbres sur une parcelle à une certaine proportion de l'ordre de 50%, de la valeur totale de la parcelle

---

311 De telles dispositions pourraient se combiner avec des initiatives originales telles que celle qui ressort de la délibération du conseil municipal de Sisco du 21 septembre 2000 dans laquelle une cinquantaine d'hectares de communaux ont été mis gratuitement à la disposition d'un éleveur, en prévoyant qu'en cas d'incendie « cette mise à disposition deviendrait caduque ».

312 Art. 63 de la loi Joxe (J.O. 14 mai 1991) : « Une commission mixte de douze membres composée par moitié de représentants de la collectivité territoriale de Corse et de représentants de l'Etat est chargée de formuler des propositions relatives au régime fiscal spécifique applicable en Corse et aux dispositions destinées à faciliter la sortie de l'indivision ».

313 Cf. supra chap.II, section II, §2.

arborée. Sur ce point, il reste encore la possibilité de s'inspirer en l'adaptant, de la loi de 1963 sur les « bandites » du comté de Nice. On buterait d'ailleurs sur moins d'obstacles juridiques. Seule serait indispensable en Corse une volonté politique tant sur ce point de l'éventuel projet ou proposition de loi que sur l'ensemble des choix à effectuer quant à l'avenir de la propriété « arboraire ». Mais pour les optimiser, les études historiques et comparées offrant au législateur des idées et expériences utiles, il est pertinent de prendre connaissance des institutions homologues ou voisines ailleurs en Europe et autour de la Méditerranée en commençant par nous intéresser aux droits qui ont régi ou régissent la Corse depuis plus de deux mille ans : les droits romain, italiens et français.

TITRE IIe

La propriété « arboraire » dans les droits romain, italien et français

L'environnement juridique immédiat de la propriété « arboraire » corse a été constitué par les droit romain, italiens et français qui se sont au fil des siècles succédé, influencés ou associés. En effet, après une période protohistorique et archaïque pendant laquelle elle a été l'objet d'influences diverses, grecques et phéniciennes, mais ponctuelles et certainement très limitées sur le plan juridique, la Corse, liée à la Sardaigne a été une province romaine[314]. A la chute de l'Empire romain, après quelques péripéties relativement brèves, la Corse s'est insérée parmi les pays italiens. Terre vaticane sous domination pisane d'abord, puis génoise durant plus de quatre siècles[315], la Corse ne peut manquer d'avoir été influencée par les droits italiens. Administrée par le roi de France à partir du 15 mai 1768 [316] bien que restant un royaume distinct, bénéficiant comme les colonies d'une spécialité législative, la Corse a été annexée à « l'empire français » par le décret du 30 novembre 1789 et donc régie par le droit français depuis plus de deux siècles.

Cela justifie que nous examinions l'attitude du droit romain à l'égard de la propriété « arboraire » et des institutions voisines, ainsi que la place qui leur est faite par les droits italiens et français du Moyen Age à nos jours. Le droit romain mérite la préséance non seulement en raison de la chronologie mais aussi parce qu'il a continué à s'appliquer en Corse comme dans tous les pays de droit écrit jusqu'à l'ère du Code civil qu'il a lui-même influencé.

---

[314] Sur la Corse romaine, cf. O. JEHASSE, *Corsica classica*, Ajaccio, La Marge, 1986.

[315] Sur ces périodes, cf. *Histoire de la Corse* (sous la dir.de P. Arrighi et A. Olivesi), Toulouse, Privat, 1986, chap.IV à VII et IX du à H. Taviani-Carrozzi, R. Emmanuelli et F. Ettori. Et spécialement sur la Corse génoise, A.-M. GRAZIANI, *La Corse génoise, économie, société, culture, période moderne 1453-1768*, Gênes, éd.A. Piazzola, 1997.

[316] Avant cette date qui est celle du traité de Versailles, les liens entre la Corse et la France étaient déjà importants sous différentes formes : commerce, recrutement de soldats, etc. Il ne faut pas oublier que la Corse avait été française de 1553 à 1559 et que même après le traité de Cateau-Cambrésis, les Corses ont gardé la qualité de regnicoles français.

CHAPITRE I

La propriété « arboraire » et le droit romain

Si la propriété « arboraire » étonne a priori celui qui découvre cette institution, c'est justement parce qu'elle heurte de front, l'un des principes les plus connus du droit romain : celui de l'accession. La logique fondamentale de ce principe est que le statut juridique de l'accessoire suit celui du principal. Or, dans la culture romaine, la terre a manifestement la prééminence sur le végétal. Cela ne découle apparemment pas d'une cosmogonie privilégiant la terre comme la philosophie des cinq éléments de la Chine antique, mais plutôt de la conception romaine de la propriété. La première justification de la propriété était pour le Romain, la force, la conquête et non le travail. Et quel est le principal objet de conquête sinon la terre ? Tandis que le végétal, l'arbre notamment, est le produit du travail du planteur, de l'agriculteur qui l'entretient, du récoltant, de l'exploitant forestier... La propriété « arboraire » est donc fréquemment associée à l'idée que la propriété est fondée sur le travail[317].

En outre, le droit romain défend une conception maximaliste de la propriété foncière. Comme l'a dit vigoureusement Bonfante dans un cours qui demeure l'une des grandes références des romanistes, la conception romaine originelle de la propriété était celle d'une souveraineté absolue, qu'il comparait à la souveraineté même de l'Etat. Dans l'ancien droit romain, le périmètre de la propriété était défini solennellement par la cérémonie de la *limitatio*. Hors des *agri limitati* dans l'*ager arcifinalis*, il n'y avait pas d'appropriation privative[318]. Ainsi, initialement du moins, le

---

[317] Cette théorie a été soutenue par de nombreux auteurs notamment V. SIMONCELLI, « Il principio del lavoro come elemento di sviluppo di alcuni istituti giuridici », Rome, 1888 in *Rivista italiana per le scienze giuridiche*, VI, p.74 s ; C. CALISSE, *Storia del diritto italiano*, 2è éd., t.3, Florence, 1902, p.235 ; R. SCHUPFER, *Il diritto privato dei popoli germanici*, Città di Castello, 1907, II, p.102 ; F. FERRARA, « Diritto di macchiatico e superficie » in *Il foro italiano*, 1929, c.1046 et s et B. BIONDI, *La categoria romana delle « servitutes »*, Milan, 1938, p.529 etc... mais contestée par d'autres tels que C. GIARDINA, *La cosi detta proprietà degli alberi separata da quella del suolo in Italia* (estratto dagli atti della Reale Academia di Scienze Lettere e arti di Palermo, Palerme, 1941), pp.141-142.

[318] P. BONFANTE, *Corso di diritto romano*, vol.2, Rome, 1926, p.203 et s.

dominium ex jure quiritium ne souffrait pas de dissociation du sol et de la superficie. Quant à l'étendue de son droit, à toutes les époques, archaïque, classique et post-classique, le propriétaire du sol l'est aussi de tout ce qui est au-dessus et au-dessous, jusqu'au ciel et jusqu'aux enfers, « *usque ad coelum, usque ad infernos* »[319]. Le principe « *superficies solo cedit* » (le sol l'emporte sur la superficie) selon la formule partagée par Labéon et Gaius se situe dans cette même logique. Comme le fait remarquer Jean-Philippe Lévy, il caractérise « particulièrement le droit romain »[320] et ne se retrouve pas avec autant de netteté dans d'autres droits. La propriété « arboraire » procède d'un régime d'appropriation qui lui est totalement opposé. Elle apparaît dès lors comme incompatible avec l'esprit du droit romain, mais elle ne sera pourtant pas totalement exclue de la pratique juridique dans l'Empire romain.

SECTION I. L'INCOMPATIBILITÉ DE LA PROPRIÉTÉ ARBORAIRE AVEC L'ESPRIT DU DROIT ROMAIN

L'incompatibilité de la propriété « arboraire » avec l'esprit du droit romain est clairement établi le principe *superficies solo cedit*. Ce dernier serait d'ordre public pour certains auteurs[321]. Il est confirmé par la formulation d'Ulpien qui en souligne le caractère permanent et absolu : « *semper enim superficiem solo cedere* ». Cette opposition à la propriété « arboraire » s'exprime encore par la réticence à compter la propriété des arbres et des plantations distincte de celle du sol, parmi les propriétés superficiaires que le droit romain a pourtant reconnues à partir de la fin de la République, et qui sont consacrées par les compilations justiniennes.

§ 1. La règle « *superficies solo cedit* »

La formulation lapidaire de cette règle correspond tout à fait à la simplicité du principe. Littéralement, la « superficie » dépend du sol. Cela signifie, explique Raymond Monier[322], que « tous les édifices construits sur un terrain ainsi que les arbres qui y sont plantés et les plantes qui y ont été semées, suivent, en principe, au point de vue juridique le sort du sol, et, en particulier, appartiennent au propriétaire du terrain ». Le propriétaire du sol devient propriétaire de tout ce qui est incorporé[323].

---

319 VACCARI, « Un capitolo delle storia del diritto di proprietà », dans *Studi in onore di Pietro de Francisi*, Milan, 1956, t.IV, p.465.

320 J.-P. LEVY, *Cours d'histoire des institutions privées, La propriété - les biens*, les cours de droit, Paris, 1969, p.56.

321 E. BARREAU, *Etude sur le droit de superficie en droit romain et en droit français*, thèse Rennes, 1889, p.14.

322 *Petit vocabulaire de droit romain*, 3è éd., Paris, Domat-Montchrestien, 1942, p.275.

323 H. ROLAND et L. BOYER, *Locutions latines et adges du droit français contemporain*, II Adages, vol. M à Z, Lyon, L'Hermès,1979, p.500.

La formulation dans les *Institutes* de Gaius

La maxime « *superficies solo cedit* » est formulée par Gaius dans ses *Institutes* : « *Praeterea id quod in solo nostro ab aliquo aedificatum est, quamvis ille suo nomine aedificaverit, jure naturali nostrum fit, quia superficies solo cedit* » (en outre, les constructions faites sur notre sol par un autre que nous, quoiqu'il eût construit pour lui-même, deviennent nôtres d'après le droit des gens, parce que la superficie le cède au sol)[324]. Gaius y a donc fait référence au droit naturel. Comme l'a constaté Jean Gaudemet[325], c'est l'une des quatre seules références au droit naturel que contient cet ouvrage de Gaius. Mais justement, on peut « avoir quelque soupçon sur l'exactitude d'un appel au *ius naturale* à propos de la règle *superficies solo cedit*[326]. En fait, cet appel au *ius naturale* est « sans portée ». Ce ne serait qu'une « simple affirmation assez vaine »[327]. D'ailleurs Gaius n'a plus fait référence au droit naturel mais à la raison pour justifier le même principe appliqué aux plantations dans le livre 2 des *Choses quotidiennes ou livre d'or* cité dans le *Digeste*[328].

Les développements du *Digeste*

En effet, selon cet extrait de Gaius, « si je plante dans mon terrain un arbrisseau appartenant à autrui, l'arbre est à moi. Et par la raison contraire, si je plante dans le terrain d'autrui un arbrisseau qui m'appartient, l'arbre sera à lui. On suppose dans les deux cas que l'arbre ait poussé des racines ; car, avant ce temps, il ne cesse pas d'appartenir à l'ancien propriétaire. Il s'ensuit de là que si l'arbre de mon voisin s'est tellement déjeté sur mon terrain qu'il y ait poussé ses racines, cet arbre m'appartient. Car la raison nous dicte qu'un arbre ne peut pas appartenir à un autre qu'à celui dans le terrain duquel il a pris racine *(Rationem enim non permittere, ut alterius arbore intelligatur, quàm cujus fundo radices egisset)* ».

Quelques lignes plus loin, le *Digeste* mentionne un autre passage de la même œuvre de Gaius dans lequel est encore invoquée la raison pour affirmer la règle selon laquelle les plantes ne peuvent être que l'accessoire du sol : « *Qua ratione autem plantae quae terra coalescunt, solo cedunt, eadem ratione frumenta quoque quae sata sunt solo cedere intelliguntur* » (par la même raison que les plantes qui ont pris racine dans la terre en

---

324 *Institutes* II, 73, traduction de M. L. DOMENGET, *Institutes de Gaius, traduites et annotées avec texte en regard*, Paris, 1843, p.123.

325 « Quelques remarques sur le droit naturel à Rome », *Revue internationale des droits de l'Antiquité*, 1952, p.455.

326 *ibid*, p.456.

327 *ibid*, p.465.

328 *Digeste*, 41, 1, 7, 13. Traduction M. HULOT, *Les cinquante livres du Digeste*, t.6, Metz-Paris, 1804, p.265.

deviennent l'accessoire, par cette même raison, le blé est aussi considéré comme l'accessoire de la terre dans laquelle il a été ensemencé)[329].

Un fragment du *Digeste* emprunté à un jurisconsulte plus tardif, Paul[330], précisait qu'un arbre qui avec ses racines est arraché et transplanté dans un autre terrain appartient au propriétaire initial tant qu'il n'est pas enraciné. Dès qu'il est enraciné, il devient l'accessoire du fonds où il est planté. Et s'il est à nouveau arraché, il ne revient pas à son propriétaire initial : il est en effet vraisemblable que l'arbre alimenté par le second terrain soit différent de ce qu'il était à l'origine.

Sous le titre « Des arbres coupés furtivement », un autre passage du *Digeste* qui citait Pomponius[331] au livre 20 sur Sabin, adoptait une autre position : « Si un arbre a étendu ses racines dans le terrain du voisin, celui-ci n'aura pas le droit de les couper sur son terrain mais il aura une action pour faire déclarer que cet état de choses n'est pas licite (de la même manière qu'il n'est pas licite de laisser une poutre ou un toit en saillie). Si un arbre se nourrit par des racines prolongées dans le terrain du voisin, il appartient cependant à celui dans le terrain duquel il a pris son origine ». Comme le souligne Rolf Knütel[332], ce texte est « le seul qui se prononce en faveur du principe du tronc ». C'est-à-dire que le propriétaire de l'arbre est celui sur le sol duquel s'érige le tronc, alors que les textes de Gaius et de Paul adhèrent à ce que l'on pourrait appeler par symétrie, le principe des racines : le propriétaire de l'arbre est celui du terrain dans lequel puisent les racines nourricières. Gaius considérait à ce titre, que lorsqu'un arbre plongeait ses racines dans les terrains appartenant à deux propriétaires différents, ces derniers en étaient copropriétaires. Paul, on l'a vu, s'inscrivait dans la même logique qu'il confirmait : c'est bien l'enracinement qui détermine le propriétaire de l'arbre, à tel point que lorsqu'il est déraciné une deuxième fois, ce n'est pas pour autant à son premier propriétaire comme l'aurait été le fameux « *tignum iunctum* » de la loi des Douze Tables, détaché de l'édifice au moment de sa démolition[333]. Ces mêmes règles sont illustrées par des exemples dans les *Institutes* de Justinien.

La didactique des *Institutes* de Justinien

On retrouve dans les *Institutes*[334] sous une forme plus pédagogique l'essentiel de ce qui a été dit dans le *Digeste* et même une situation qui n'y avait pas été évoquée : « Si Titius plante dans sa terre un arbrisseau

---

329 GAIUS, *Rerum quottidianarum sive aureorum* (Choses quotidiennes ou livre d'or), L 2, cité dans le *Digeste*, 41, 1, 9.

330 *Digeste*, 41, 1, 26, 2 Paul au liv.14 *ad Sabinum*.

331 *Digeste*, 47, 7, 6, 2.

332 « Arbres errants, îles flottantes, animaux fugitifs et trésors enfouis », *Revue historique de droit français et étranger*, 1998, n°2, p.192.

333 R. MONIER, *Le tignum iunctum*, thèse de droit, Paris, 1922, p.35 s.

334 *Institutes*, 2, 1, 31–32, traduction M. Hulot, Metz-Paris, 1800, p.58-59.

appartenant à autrui, cet arbrisseau est à lui. Et dans le cas contraire, c'est-à-dire Titius plante son arbrisseau dans la terre de Maevius, cet arbrisseau appartiendra à Maevius. On suppose dans les deux cas que l'arbrisseau a déjà poussé ses racines dans la terre où il a été planté : car, jusqu'à ce qu'il ait poussé ses racines, il ne cesse pas d'appartenir à son premier maître. Mais il est tellement vrai que cet arbrisseau change de maître dès qu'il a poussé ses racines, que si un arbre planté sur le champ voisin de celui de Titius, s'avance tellement sur la terre de Titius qu'il y pousse ses racines, on décidera que cet arbre appartient à Titius. En effet, il n'est pas raisonnable de penser qu'un arbre appartienne à un autre qu'à celui sur la terre duquel il pousse ses racines. Ainsi, un arbre placé sur les limites des deux terres devient commun entre les deux propriétaires, s'il pousse aussi ses racines du côté du voisin (…). Les plantes qui ont pris racine dans une terre en deviennent l'accessoire ». Autrement dit, la raison essentielle du lien juridique entre l'arbre et le sol est bien que l'arbre vit et se développe grâce à ce que ses racines nourricières puisent dans le sol. La preuve nous est donnée par le fait que non seulement l'appropriation de l'arbre par le propriétaire du sol est déterminée par son enracinement, mais encore par les solutions préconisées dans deux situations particulières : lorsque l'arbre plonge ses racines dans deux parcelles, il est alors commun aux deux propriétaires. Et lorsqu'exceptionnellement, sur un terrain à forte déclivité, l'arbre pousse ses racines dans le terrain voisin, la logique majoritaire dans les compilations justiniennes aboutit à considérer que l'arbre appartiendra désormais au propriétaire de la parcelle voisine et change donc de maître.

Principes issus du droit romain en matière de propriété des arbres.

L'arbre qui n'a pas pris racine est un bien mobilier qui peut avoir un propriétaire. Mais lorsqu'il s'enracine, il devient l'accessoire d'un immeuble et aura le même propriétaire que celui-ci. Il s'agit là d'une application du grand principe d'accession exprimé par la célèbre locution latine *accessorium sequitur principale*[335] : c'est « l'accession d'une chose mobilière à une chose immobilière » à laquelle Raymond Monier ajoute qu'il « faut distinguer la plantation ou la construction »[336].

Dans le cas de la plantation, comme nous l'avons lu dans les extraits du *Digeste* et des *Institutes* cités plus haut, l'arbre planté dans le terrain d'autrui continue à appartenir à son propriétaire primitif tant qu'il n'a pas pris racine, mais une fois enraciné il appartiendra définitivement au propriétaire du sol. Mais sur la question de savoir de quel sol il s'agit, il restera une hésitation puisqu'une position minoritaire rattache la propriété de l'arbre à celle du terrain d'où émerge son tronc, tandis que selon l'opinion dominante, il s'agira du sol dans lequel plongent les racines nourricières.

---

335 ULPIEN, Livre 20 *ad Sabinum* : « *ut accessio cedat principali* », *Digeste* 34, 2, 19, 13.
336 R. MONIER, *Manuel élémentaire de droit romain*, *op.cit.*, p.399, n°288.

Dans le cas de la construction sur le sol d'autrui ou lorsque des matériaux appartenant à autrui ont été employés par le propriétaire du sol pour construire un édifice, les matériaux unis au sol ou à l'édifice ne cessent pas d'appartenir à leur propriétaire primitif. Les jurisconsultes estimaient que l'ensemble de l'édifice appartenait au propriétaire du sol mais en cas de démolition ou lorsque les matériaux se trouvaient séparés, leur propriétaire initial dont le droit était en quelque sorte suspendu, pouvait les revendiquer. Par exception et pour sanctionner la mauvaise foi, il a été admis dans les compilations justiniennes que celui qui avait construit sciemment sur le sol d'autrui perdrait définitivement la propriété des matériaux. Cette distinction entre plantation et construction au niveau de l'accession se manifeste également en matière de propriété superficiaire.

§ 2. Les propriétés superficiaires

Malgré les principes exprimés par les formules « *superficies solo cedit* » et « *usque ad caelum usque ad infernos* », dont il a été question ci-dessus, le droit romain a connu relativement tôt, puisqu'ils sont de création prétorienne, des démembrements de la propriété greffés sur un contrat de bail. Ces droits, comme le faisait observer Jean-Philippe Lévy[337], présentaient un certain nombre de points communs : c'était des droits réels, fonciers, qui dérivaient d'un bail de longue durée voire perpétuel, et par conséquent héréditaires. Ils témoignaient d'une évolution vers un système de tenures : « Ils s'exercent généralement dans le cadre du droit administratif, portant sur des terres des cités ou du fisc. D'autre part, ils sont parfois d'origine pérégrine, hellénistique ou africaine ». Parmi ces droits, la superficie (*superficies*) et les baux à très long terme.

La superficie

D'origine romaine, elle a peut-être pour cela bénéficié de l'intérêt des jurisconsultes romains et figure à ce titre dans les compilations justiniennes. Cet intérêt est du reste très relatif puisque, comme le faisait remarquer Carlo Alberto Maschi en tête d'un article de référence sur ce sujet[338], le Code Justinien ne comprenait pas de titre de « *superficiebus* », et tout au long du Codex, le terme « *superficies* » était absent. Les *Institutes* ne comportaient pas elles non plus de titre de « *superficiebus* » et ignoraient le mot « *superficies* ». Force est de constater la même absence dans les *Novelles*.

C'est dans le *Digeste* que l'on trouve le terme « *superficies* »[339], sous le titre « De l'interdit en matière de superficies ». Somme toute, cela rappelle

---

337 *Cours d'histoire des institutions privées, la propriété, les biens*, *op.cit.*, pp.113-120.

338 « Fonti giustinianee e fonti bizantine in tema di proprietà superficiara », *Archives de droit privé*, 1953, XVI, p.94 s.

339 *Digeste*, 43, 18, 1 (De l'interdit en matière de superficies)

l'origine prétorienne de ce droit. Le préteur avait voulu, on le sait, protéger le droit de ceux qui avaient obtenu l'autorisation de construire sur le sol d'autrui sur la base d'un contrat de location ou même de vente de la superficie. Ce droit de superficie était originellement et principalement urbain et concernait souvent des constructions sur le domaine public de l'Etat ou d'une ville. Les exemples les plus fréquemment cités étaient ceux des boutiques du Forum à Rome ou les superficies mentionnées dans les tables de Pouzzoles.

Dans la subdivision du *Digeste* empruntée à Ulpien[340], il n'est pas précisé que les superficies en question étaient des constructions ou des plantations. En revanche, dans l'extrait emprunté à Gaius[341], il n'était question que des constructions superficiaires définies comme celles qui étaient élevées sur un terrain pris à bail et dont « la propriété, suivant le droit naturel et civil, en appartient au propriétaire du sol ».

Les baux à très long terme

« A la différence de la superficie, écrit Jean-Philippe Lévy[342], ces tenures portent sur le sol même et non pas sur les superstructures. D'autre part, leur fonction économique est plutôt la plantation que la construction. Elles sont apparues successivement, jusqu'à l'emphytéose qui finira par recouvrir toutes les catégories antérieures ». On distinguait parmi elles, d'une part, des baux portant sur des terres déjà cultivées, l'*ager vectigalis* et au Bas Empire, le *jus perpetuum*, et d'autre part, les amodiations pour la mise en valeur de terres incultes. Celles-ci comprenaient, outre l'emphytéose[343], les cultures relevant de la *lex Hadriana* et de la *Lex Manciana*, connues grâce à aux découvertes d'inscriptions faites en Afrique du Nord depuis la fin du XIXème siècle et dont nous traiterons plus loin dans le chapitre consacré au Maghreb[344]. Ces institutions n'ont laissé de trace que dans les actes de la pratique. Les *leges Hadriana* et *Manciana* étaient des *leges datae* émanant d'un magistrat ou d'un fonctionnaire impérial pour l'administration d'un domaine (*saltus*) appartenant au fisc.

Tous ces baux à long terme relevaient d'un droit pérégrin, provincial voire d'origine étrangère, tout particulièrement grec et hellénistique, qui était probablement considéré comme inférieur au droit civil romain. C'est sans doute pour cette raison que les jurisconsultes et donc les compilations justiniennes n'en ont pas parlé. Or, c'est dans le cadre de ces institutions que

---

340 *Digeste*, 43, 18, 1 (Ulpien au livre 70 sur l'Edit) 1 à 9.

341 *Digeste*, 43, 18, 2 (Gaius au livre 25 sur l'Edit provincial).

342 *Ibid*, p.115.

343 Une relation au moins géographique et sémantique existe entre l'emphytéose et la propriété « arboraire » : l'emphytéose est d'origine grecque comme l'est probablement aussi la propriété « arboraire » et comme elle, elle a migré vers l'Afrique du Nord ; Le terme « emphytéose » vient du verbe *emphuteuein* signifiant « mettre en plantation ». Cf. J.-P. LÉVY, *ibid*, p.118.

344 Cf. titre III, chapitre II, section I.

se situaient les droits de superficie relatifs à des arbres et des plantations. Il restera de cela et jusqu'à nos jours, dans les systèmes juridiques d'inspiration romaine, une réticence à l'égard de l'application du droit de superficie à des plantations, qui n'existe pas pour des constructions.

La réticence du droit romain quant à la reconnaissance d'un droit de superficie en matière de plantations

Il ressort clairement que le droit romain classique, tant par ses silences que par les écrits des grands jurisconsultes, faisait une différence très nette entre le droit de superficie en matière de construction et celui qui concernait des plantations. Ce dernier se manifestait dans des institutions provinciales, pérégrines ou étrangères, trop peu respectables pour être dignes de l'intérêt des juristes. Or, la propriété « arboraire » était liée à ce type d'institutions méprisées. Elle ne pouvait donc que partager les réticences des juristes romains et romanistes.

Cette attitude restrictive à l'égard du droit de superficie en matière de plantation a été revigorée lors de la renaissance du droit romain. La position des compilations justiniennes en la matière a été d'autant plus affirmée par le droit savant médiéval. Et cela, parce que lors de la régression juridique du Haut Moyen Age, peut-être sous l'influence germanique dont nous parlerons plus loin, mais certainement grâce à l'affirmation de la propriété divisée féodale, les *superficies* végétales avaient pris de l'importance dans le droit populaire.

La réticence des juristes se traduisait durant le Bas Moyen Age et au XVIème siècle, voire plus tard à l'époque moderne, par le fait que ces institutions dont on connaît l'existence par les actes de la pratique, avaient été souvent occultées dans les statuts, notamment sous leur forme rénovée. Cela a été le cas notamment dans tous les statuts corses sauf ceux de Porto-Vecchio d'ailleurs de manière incidente. Il en sera de même dans les coutumes rédigées comme le montre la formulation de l'article 187 de la *Nouvelle Coutume* de Paris que nous évoquerons plus loin.

Cette prudence du droit romain a resurgi au milieu du XXème siècle en Italie, à l'occasion de la rédaction du nouveau Code civil. La fascination de Mussolini et du fascisme pour la Rome antique et par-là pour le droit romain, est connue. En l'espèce, le retour à un plus strict respect de la position romaine aboutissait à limiter pour ne pas dire interdire, la propriété superficiaire en matière de plantation. En outre, l'esprit du droit romain semblait sur ce point, rejoindre le souci de rationalisation et de modernisation de l'économie agricole qui anima les rédacteurs du Code civil italien de 1942.

C'est dans le cadre de cette offensive contre la propriété des plantations distincte du sol, que s'est inséré le débat entre des historiens du droit qui défendaient en la matière l'existence de la propriété « arboraire »[345], et ceux qui sur une ligne romaniste orthodoxe, en arrivaient à nier l'existence ou tout au moins la légitimité de ce type d'appropriation[346]. Ces derniers l'ont finalement emporté et comme nous le verrons dans le chapitre suivant, le Code civil italien de 1942 interdira à quelques exceptions près la propriété superficiaire en matière de plantations.

En 1997, dans son ouvrage sur les précédents romains des dispositions du Code civil italien[347], Enzo Nardi présentait les articles relatifs au droit de superficie en ces termes concis et péremptoires : « c'est seulement dans les compilations justiniennes qu'après un long développement qui a d'abord concerné le domaine public puis les propriétés privées, que le droit de superficie est devenu pratiquement un droit réel, analogue à la propriété, ayant pour objet la jouissance permanente d'une construction (jamais d'une plantation[348]), sur le sol d'autrui ». Et pourtant, la pratique juridique romaine accepta bel et bien la propriété « arboraire » …

SECTION II. L'ACCEPTATION DE LA PROPRIÉTÉ « ARBORAIRE » DANS LA PRATIQUE JURIDIQUE ROMAINE

Malgré les réticences décrites ci-dessus, malgré même l'hostilité fondamentale du droit romain, la propriété « arboraire » a indubitablement existé dans le monde romain, aussi bien dans les territoires qui avaient connu cette institution avant la conquête, qu'ailleurs. Admettre cela comme l'ont fait plusieurs romanistes italiens[349] conduit immanquablement à l'hypothèse de formes romaines ou du moins « romano-vulgaires »[350] de propriété « arboraire ». Celle-ci s'est probablement imposée spontanément pour des raisons diverses, allant de la simple facilité pour la mise en valeur de terres incultes, particulièrement sur l'*ager publicus*, à une conséquence inattendue des modalités fiscales du Bas Empire. Bien avant cette époque d'ailleurs, le

---

345 F. MAROI, « La proprietà degli alberi separata da quella del fondo », in *Studia et Documenta Historiae et Iuris*, fasc. II, 1935, p.349 à 372 imprimé dans *Scritti Giuridici*, I, Milano, 1956, 52 e 65. Et « Proprietà superficiaria di un bosco », in *Rivista di Diritto Civile*, an. XXIV, 1932, p.607 et s. ; R. DI TUCCI, « Di alcune accessioni e di alcune forme della proprietà immobiliare nel Medio Evo », in *Studi Economico-Giuridici* pubblicatti per cura della facoltà di giurisprudenza della Regia Università di Cagliari, a.XV, Cagliari, p.5 et s.

346 Le meilleur exemple de cette catégorie d'auteurs est C. GIARDINA (« La cosiddetta proprietà degli alberi separata da quella del suolo in Italia », in *Storia del diritto*, II, Palerme, 1965, 308 ss, rééd. de l'ouvrage publié à Palerme en 1941) qui élabora une étude très documentée sur cette « soi-disante propriété » en vue de la combattre.

347 *Codice Civile e diritto romano, gli articoli del vigente codice civile nel loro precedenti romanistici*, Milan, Giuffrè Editore, 1997.

348 Dans le texte italien, « mai d'una piantagione ».

349 Notamment ROBERTI, *Svolgimento storico del diritto privato in Italia*, Padoue, 1935 et BIONDI, *La categoria romana delle servitutes*, Milan, 1938.

350 L'expression *romano-volgare* est utilisée par C. GIARDINA, *op.cit.*, p.182 et par la plupart des auteurs italiens, E. BESTA, R. DI TUCCI, F. MAROI, A. SOLMI…

problème de la propriété des végétaux distincte du sol avait dû se poser aux juristes en raison de l'existence de pratiques s'y rattachant. On peut le conjecturer à partir de prises de position très nettes des jurisconsultes de l'époque classique que nous avons évoqués plus haut. En effet, dans des passages du *Digeste* aussi concrets, il est peu envisageable que Gaius ou Ulpien se soient bornés à prendre position sur des hypothèses d'école.

De toute façon, même s'il ne s'était agi que de cela, malgré cette opposition, l'opportunité aidant, l'unité politique jointe à la disparité juridique du monde romain allait faciliter la migration de l'institution. Ainsi, paradoxalement, l'extension même de l'Empire romain tout autour de la Méditerranée et dans la plus grande partie de l'Europe, a-t-elle pu être un vecteur de la propriété « arboraire » en dépit de l'hostilité de principe du droit romain à ce démembrement du droit de propriété.

§ 1. Un démembrement du droit de propriété

La propriété « arboraire » telle qu'elle transparaît tout au long de cette étude à travers de nombreux siècles et pays, s'est souvent révélée comme un démembrement commode du droit de propriété utilisé pour la mise en valeur de terres incultes par l'arboriculture, lorsqu'existaient des restrictions quant aux possibilités d'aliéner le sol. C'est le cas notamment quand l'objectif est de défricher des terres appartenant au domaine public de l'Etat ou de collectivités territoriales ou hors du commerce parce que vouées à des activités ou des établissements religieux.

Nous l'avons constaté en Corse précédemment et nous le retrouverons dans divers pays des rives Nord et Sud de la Méditerranée, à différentes époques. Il arrive parfois que la propriété « arboraire » soit favorisée volontairement par les autorités dans le cadre d'une politique de mise en valeur avec un investissement extrêmement limité, voire nul, ou encore involontairement, lorsqu'elle est induite par certaines pratiques administratives ou fiscales.

La propriété « arboraire » favorisée par la mise en valeur de terres incultes

Or, ce contexte favorable à la propagation de la propriété « arboraire » a certainement existé à différents moments et endroits du monde romain, mais particulièrement à partir du IIIème siècle de notre ère et durant tout le Bas Empire. La mise en valeur de terres incultes en vue de l'approvisionnement de Rome et des grandes cités de l'Empire est un souci lancinant de l'administration impériale à l'époque d'Hadrien, et elle l'est davantage à partir de Dioclétien[351]. C'est « la grande obsession du monde romain décadent. Pour les mettre en culture, deux institutions principales ont été

---

[351] E. ALBERTINI, *L'Empire romain*, Paris, PUF, 1970, p.191 et 338.

tellement enracinées pourrait-on dire si l'on ne craignait le jeu de mots – qu'elles étaient exprimées à l'aide de termes spécifiques tels que « *tallia* », « *trofa* » et « *platea* »[379]. « *Tallia* », « *talia* » ou « *talea* » désignaient dans les documents du Haut Moyen Age et dans les siècles suivants, dans différentes régions d'Italie telles que la Toscane, l'Ombrie, le Latium, la Campanie, un plant. Ainsi, *talea de fico* peut se traduire par un plant de figuier. Un acte de donation de 752 parlait d'*olivas tallias XV*, c'est-à-dire de quinze plants d'oliviers tandis qu'un document amalfitain parlait de *talleas de castaneas*, autrement dit, des plants de châtaigniers. Le terme *tallea* a évolué et signifié plus précisément par la suite et au XXème siècle encore, le plant détaché de la souche, prêt à être repiqué. Le terme *trofa* ou *tropha* ou encore *troffa* voire *troppa*, paraît avoir été utilisé de façon plus limitée dans le temps comme dans l'espace puisqu'il n'a été relevé que dans des documents du Moyen Age et plus spécialement dans le sud de l'Italie. Il peut se traduire par souche à partir de laquelle poussent les troncs. Le troisième terme *platea* dont l'utilisation paraît être limitée elle aussi au Moyen Age, est plus spécialement lié à la propriété « arboraire » puisqu'il s'agit de la terre autour de l'arbre située sous son feuillage, et donc dans un rayon délimité par l'aplomb des plus longues frondaisons. Cela correspond au périmètre de protection de l'arbre que l'on retrouvera en Italie comme ailleurs et à d'autres époques.

§ 2. La propriété « arboraire » dans les textes statutaires

Dans les textes statutaires élaborés au Moyen Age et dont l'application s'est prolongée parfois jusqu'à la fin du XVIIIème siècle, la situation de la propriété « arboraire » était très variable. Il faut dire d'abord que bon nombre de statuts des contrées où existait indubitablement ce type de propriété et que nous avons énumérées plus haut, étaient particulièrement discrets sur ce sujet et souvent ne la mentionnaient même pas. Lorsqu'il en était question dans les statuts, ce n'était jamais pour affirmer le principe de la possibilité de distinguer la propriété de l'arbre de celle du sol sur lequel il est enraciné. Tout au plus, trouvait-on, et encore très rarement, des dispositions répressives protégeant la propriété « arboraire ». C'est le cas des statuts de l'évêché de Sienne de mars 1323 qui menaçaient d'une peine d'amende de cinq sous par branche ou racine coupée, le possesseur du sol qui porterait atteinte lui-même ou par complice interposé, à des arbres plantés sur sa terre mais appartenant à autrui[380].

---

379 C. GIARDINA, *op.cit.*, pp.81-90.

380 Chap.96 des *Statuti delle terre del Vescovado di Siena*, publiés par N. MENGOZZI, in *Il feudo del Vescovado di Siena*, Siena, 1911, insérés dans le *Bullettino Senese di Storia Patria*, a XVI, fasc.III et s., p.193. Ces statuts, de même que tous ceux qui sont mentionnés dans ce paragraphe, ont été cités ou signalés par C. GIARDINA, *op.cit.*, pp.58-68.

La majorité des mentions de la propriété « arboraire » dans les statuts n'avait pour objectif qu'une limitation de l'institution. De nombreux textes imposaient à ceux qui possédaient des arbres sur le terrain d'autrui, de les transférer par vente, donation ou autrement, au propriétaire du sol sur lequel ils étaient plantés. C'est le cas du chapitre 84 du livre I des Statuts de Barge dans la province de Coni de 1374[381]. C'est aussi celui de plusieurs statuts ligures[382] et de nombreuses régions de la péninsule : Emilie, Romagne, Toscane, Marches, Ombrie, etc. Dans la plupart des cas, le propriétaire des arbres n'était obligé de les céder au propriétaire du sol que si ce dernier en avait fait la demande expresse. Toutefois, il existait des dispositions plus radicales qui exprimaient une hostilité de principe à l'institution qui nous occupe. Les Statuts de la République de Florence par exemple, contraignaient le propriétaire d'un terrain à acheter l'arbre qui y était planté et qui appartiendrait à quelqu'un d'autre[383]. Toujours en Toscane, il en était de même dans les Statuts de Sienne dans lesquels un chapitre[384] ordonnait au seigneur foncier d'acquérir les arbres et en particulier les oliviers situés sur ses terres mais appartenant à autrui. Cette position a été adoptée par les statuts d'autres régions italiennes et notamment celle de l'Ombrie[385] et des Marches[386]. En effet, plusieurs statuts municipaux y édictaient que le podestat ou un autre magistrat compétent devait faire procéder à la vente forcée au propriétaire du sol, des arbres qui ne lui appartenaient pas.

Pourtant, malgré cette opposition à la propriété « arboraire », les statuts veillaient à ce que les intérêts des propriétaires des arbres fussent sauvegardés. Généralement, lorsque la vente de l'arbre était imposée à la demande du propriétaire du sol ou sur commandement du magistrat, le « juste prix » devait être évalué par des experts désignés par des termes divers, *extimatores*[387], *boni omines*, par des voisins ou des habitants de la localité. Lorsqu'il apparaissait que les arbres, c'est probablement le cas des oliviers, valaient plus cher que la parcelle de terre sur laquelle ils étaient enracinés, certains statuts et spécialement en Toscane[388] et dans les Marches[389], donnaient la possibilité au propriétaire des arbres d'acquérir la terre. Cela montre bien que la mentalité médiévale dans ces régions n'avait

---

381 *Gli Statuti di Barge*, publiés par Peano, Torino, 1913.

382 Ceux d'Albenga qui datent du XIIIème et XIVème siècles, ceux de Diano dans la province de Gênes qui datent de 1363 et plusieurs autres encore.

383 *Statuto del Podestà dell'anno 1325*, in R. Caggese, *Statuti della repubblica fiorentina*, vol.2, Firenze 1921, lib.2, rubr.21.

384 Livre III, chapitre CCIII : *De li arbori e quali sono ne le terre altrui.* Cf. A. LISINI, *Il costituto del comune di Siena volgarizzato nel 1309-10*, Siena 1903, vol.I, p.478.

385 Les Statuts d'Assise, livre II, chap.56, sanctionnent l'obligation de la vente des arbres et ceux de Perugia de 1371, livre II, chap.24, obligent expressément le propriétaire du terrain à les acheter.

386 *Statuts de Camerino, Pergola, Pesaro*, etc…

387 *Statuts de Diano* déjà cités.

388 *Statuts d'Arezzo* réformés en 1342, livre II, chap.47.

389 *Statuts de San Severino* de 1427 réformés au XVIè siècle, livre II, article 20.

pas pris parti à priori pour le propriétaire du sol contre le propriétaire de l'arbre. Ce n'est pas le seul exemple de renversement du principe « *superficies solo cedit* » que nous rencontrons mais il montre que dans ces régions à cette époque, la séparation des propriétés du sol et de l'arbre pouvait parfois être considérée comme gênante, peut-être même comme une anomalie qu'il fallait éviter de pérenniser...

Il ne faut donc pas s'étonner de ne pas trouver dans les statuts, des développements relatifs à des actes juridiques générateurs de la distinction des propriétés du sol et de l'arbre. On ne trouve pas non plus d'interdiction absolue sauf dans des cas particuliers, plus révélateurs de la xénophobie des populations médiévales ou plus simplement de soucis protectionnistes que d'une conception unitaire du droit de propriété. Ainsi, les Statuts de Valsolda, en Lombardie, interdisaient-ils formellement et sous peine d'amende, la vente des oliviers à des étrangers, qu'il s'agît de la totalité d'un arbre ou d'une seule branche[390].

Toutefois, la distinction de l'arbre et du sol pouvait avoir un intérêt social, sinon économique : elle pouvait favoriser la coexistence de deux activités agricoles, l'arboriculture d'une part, l'élevage ou des cultures annuelles, d'autre part. Elle pouvait aussi faciliter le partage d'une indivision successorale. Ce dernier aspect seul paraît avoir inspiré certaines dispositions statutaires. Le dernier chapitre du livre IV des Statuts de Vessalico, en Ligurie, par exemple, admettait qu'entre des frères copartageants, puisse subsister une propriété distincte des arbres et du sol. D'autres statuts évoquaient la propriété « arboraire » comme une mesure incitative destinée à la promotion de l'arboriculture. Il s'agissait notamment de statuts des derniers siècles du Moyen Age, voire même du XVIème siècle. C'est ainsi qu'en Piémont, les Statuts de Canisculi, dans le Canavese, rédigés en 1403, prévoyaient dans leur article 51, que les arbres greffés appartenaient à ceux qui les avaient greffés, qu'ils aient été situés sur le territoire appelé la Costa ou ailleurs. Le même article punissait d'une amende de cinq sous, ceux qui oseraient couper ces arbres, et du double, si l'attentat était commis nuitamment. Mais à l'article 53, ces statuts interdisaient pendant trois ans, sous peine de l'amende banale de cinq sous, de greffer sans l'autorisation des autorités municipales, des arbres situés dans ce même lieudit, la Costa, probablement territoire communal[391].

Plus significative encore, était la mesure qui n'est pas sans rappeler la *coltivatione* en Corse au même moment[392], prise par le vice-roi de Sardaigne dans une pragmatique du 27 février 1572. Dans le but d'augmenter la production d'huile, elle incitait au greffage de tous les oliviers sauvages, en établissant que tous les arbres situés sur des terres seigneuriales qui seraient

---

[390] Statuts datant de 1246 réformés en 1388, art. 109 ; *Statuti dei Laghi di Como e di Lugano dei secoli XIII e XIV*, vol.II, in *Corpus Statutorum*, vol.. 8, Roma, 1915.

[391] G. FROLA, *Corpus Statutorum Canavisii*, vol.II, Torino 1918, in *Bibl. Stor. Subalp.* vol.93, p.46.

[392] Cf. ci-dessus titre I, chap.I, section II, §1.

greffés, appartiendraient aux tenanciers féodaux auteurs de l'opération ; et un texte de la même époque interdit même la saisie et la vente des arbres greffés pour payer les dettes des greffeurs ; les créanciers devaient dans ce cas se contenter d'un remboursement échelonné sur plusieurs années, voire plusieurs générations[393]... En tous cas, l'accès à la propriété de l'arbre par le greffage n'est pas propre à la Corse, mais les documents insulaires étaient plus tardifs puisqu'ils datent des époques moderne et contemporaine.

SECTION II. LA PROPRIÉTÉ « ARBORAIRE » EN ITALIE DU XVIIÈME À NOS JOURS

A l'époque moderne, le droit de superficie et plus encore la propriété « arboraire » suscitaient dans toute l'Europe occidentale des hésitations de la doctrine, tiraillée entre les principes du droit romain et ceux du droit féodal.

Dans la pratique italienne, l'institution qui nous préoccupe s'est maintenue, le plus souvent régie par des règles empiriques et a même été confortée par de nouvelles utilisations et par la position prise par les codes du XIXème siècle. Ceux-ci, rompant avec le droit féodal et la propriété divisée, influencés qu'ils étaient par le Code Napoléon, étaient amenés à admettre sous certaines conditions, un droit de propriété distinct, un *dominium plenum* et non plus seulement *utile*.

§ 1. Maintien de l'institution du XVIIème au XXème siècle

Ce maintien s'exprime tant sur le plan quantitatif par le nombre de régions et d'arbres concernés, que qualitatif par l'émergence de règles juridiques plus élaborées.

Extension géographique de la propriété « arboraire »

L'existence de l'institution est confirmée par différents documents[394] dans les régions tant continentales qu'insulaires de l'Italie, et aussi bien dans le Nord que dans le Mezzogiorno. En Lombardie par exemple, en 1724, la junte du recensement donnait pour instruction aux estimateurs (*stimatore*), de prendre soin de distinguer les châtaigniers appartenant à des particuliers mais plantés sur les communaux[395]. En Campanie, dans la province de Salerne, la propriété « arboraire » est officiellement présente dans plusieurs communes puisque dans les anciens cadastres, la propriété des arbres séparée de celle du sol est inscrite et assujettie à l'impôt[396]. De même en Sicile, à la

---

[393] F. MAROI, *op.cit.*, p.360.
[394] C. GIARDINA, *op.cit.*, p.49 et s. et F. Maroi, *op.cit.*, p.359 et s.
[395] P. NERI, *Relazione sul censimento eseguito in Lombardia*, in *Raccolta degli editti della r. Giunta del censimento delle stato di Milano*, parte II, p.74.
[396] F. MAROI, *op.cit.*, p.364.

fin du XIXème, dans la province de Messine, le cadastre de plusieurs communes mettait en évidence l'existence d'une propriété « arboraire » largement répandue. Dans cette même île, des actes notariés et des documents judiciaires contenaient des mentions expresses de ventes d'arbres sans le sol[397]. Il en est de même en Sardaigne, de manière à peine plus limitée. Dans plusieurs régions de l'intérieur de l'île, notamment dans les montagnes de la Barbagia et dans les régions voisines de Marmilla et de Trexenta, des actes attestaient de la séparation de la propriété de l'arbre de celle du sol. En Barbagia en particulier, une coutume qui n'est tombée en désuétude qu'à l'époque contemporaine, voulait que celui qui plante des châtaigniers avec l'assentiment du propriétaire du sol, en acquière la propriété[398].

Dans les régions citées, la propriété « arboraire » occupait des superficies considérables : dans les Marches, par exemple, au cours des premières décennies du XXème siècle, 9000 hectares ; en Sicile, à la même époque, dans une seule commune de la province de Messine, on dénombrait 2000 arbres concernés sur 300 hectares[399].

Contenu juridique de l'institution

Les documents de la pratique ne se bornent pas à nous signaler la présence de l'institution, ils nous donnent des indications sur le contenu de ce droit de propriété, ses règles coutumières et le vocabulaire y afférent. Par exemple, on parle de *zona di rispetto*, mot à mot « zone de respect », pour désigner la parcelle de terrain sous l'arbre, sur laquelle le propriétaire du sol ne doit rien planter et où la présence des animaux est interdite ou limitée. Dans certaines régions comme les Pouilles, cette zone bénéficie d'une appellation spéciale, la *platea*. En Sardaigne, la coutume impose des limites importantes au droit du propriétaire du sol. Par exemple, durant la période de nettoyage du sol au-dessous des arbres (des oliviers notamment) en vue de permettre la récolte, il ne pourra pas semer son champ ou du moins éviter de le faire dans les zones situées sous les arbres. Evidemment, il doit aussi laisser au propriétaire des arbres, un droit de passage, afin d'effectuer toutes les tâches qu'impliquent la culture et la récolte. S'il prend le risque de louer son terrain pour le pâturage, il sera responsable à l'égard du propriétaire des arbres de tout dommage occasionné par les bêtes.

Réciproquement, la coutume limite les droits du propriétaire « arboraire ». En principe, sauf expresse convention contraire, l'arbre qui meurt ou qui a été coupé à la racine ne pourra pas être remplacé. En Sicile, certains actes stipulent que dans le cas où l'arbre aurait été déraciné par le

---

[397] C. GIARDINA, *op.cit.*, pp. 53-56.

[398] M. ONIDA, « I contrati agrarii sardi », in *Archivio « Vittorio Scialoja » per le consuetudini giuridiche agrarie*, vol.II, fasc.1, 1935, p.62 et s. ; F. Maroi, *op.cit.*, p.365.

[399] G. DATO, *L'attuale questione delle promiscuità private*, estr. dalla *Rivista di diritto agrario*, fasc.3, 1934, p.4.

vent, il pourra être replanté sans que le propriétaire du sol puisse faire la moindre objection. Que l'on éprouve le besoin d'une formule expresse dans un contrat, montre bien que la coutume à elle seule donne au propriétaire « arboraire », un droit qui disparaît en même temps que l'arbre qui en est l'objet.

Propriété « arboraire » et préoccupations économiques et religieuses

On retrouve à l'époque moderne comme au Moyen Age, cette institution liée à des préoccupations de mise en valeur des communaux et d'amélioration de la production agricole. Ainsi, dans une commune de la province de Foggia, dans les Pouilles, l'existence d'arbres dits « *estranei* », c'est-à-dire appartenant à d'autres que le propriétaire du sol, situés sur des fonds féodaux, s'expliquait par l'autorisation accordée par les feudataires à leurs vassaux, de greffer les oliviers sauvages qui poussaient sur les pâturages contre le versement d'un cinquième de la production[400].

Le fait qu'il se soit agi d'arbres poussant sur des pâturages, doit être relevé. C'est là un exemple de répartition de l'espace entre arboriculteurs et éleveurs pour une meilleure exploitation des terres. La relation avec l'élevage est confirmée par les expressions locales. Les endroits où poussaient les oliviers sauvages à greffer étaient appelés « *parchi invernale o mezzane* », c'est-à-dire des pâturages d'hiver ou de l'inter saison, que l'on différencie des « *parchi estivi* », situés dans la montagne. Dans l'ancien cadastre, les possesseurs des arbres étaient mentionnés et c'était eux qui payaient l'impôt. Dans le nouveau cadastre en revanche, le propriétaire du sol apparaît à titre principal et le propriétaire de l'arbre, à titre secondaire, sans distinction de droit.

Comme nous l'avons vu en Corse, la propriété « arboraire » peut également être la conséquence de préoccupations religieuses ou tout simplement de la pauvreté. C'est ainsi qu'en Calabre, dans la province de Catanzaro, la séparation de la propriété d'oliviers de celle du sol, généralement sans possibilité de remplacement des arbres, peut avoir des origines diverses. Il pouvait s'agir d'une donation pieuse, un petit propriétaire se faisant un devoir d'offrir à l'Eglise un olivier pour subvenir à la consommation d'huile de la *lampa d'u Signori*, c'est-à-dire la veilleuse du tabernacle. C'était aussi souvent la solution la moins pénible à des problèmes financiers que pouvait connaître un paysan : plutôt que d'aliéner la totalité d'une propriété et de se priver par-là de tout moyen d'existence, il préférait se défaire d'un ou plusieurs arbres[401]. On peut y ajouter qu'il est probable que la propriété « arboraire » a pu être parfois dans ces mêmes contrées, un moyen commode dans les familles pauvres, d'apporter quelque consistance à une carte dotale ou à une part d'héritage. Le recours à la

400 Documents cités par F. MAROI, *op.cit.*, p.364.
401 *ibid*, p.365.

propriété « arboraire » comme modalité de mise en valeur des communaux a déjà été évoqué. Au XVIIIème siècle, s'est développée une autre utilisation de cette institution dans certains pays de la péninsule : la promotion de politiques publiques et la gestion du domaine de l'Etat.

Propriété « arboraire » légale sur le domaine public

En Vénétie, souhaitant promouvoir encore la production de vers à soie déjà florissante dans le Frioul[402], le Doge Pisani décida le 17 mars 1740 et proclama par voie d'affiche, que les possesseurs de biens fonciers pourraient planter des mûriers au bord des routes longeant leur fonds. Leur droit sur les arbres était défini de façon peu précise : *far avantaggio loro impianti degli arbori stessi*[403]. Cette formulation pouvait faire hésiter entre la propriété de l'arbre, un usufruit, un droit d'usage, voire une simple autorisation d'occuper le domaine public.

Quelques décennies après, dans un édit du 6 février 1781, le Grand-duc Léopold de Toscane autorisa les propriétaires riverains d'une route royale ou de chemins vicinaux à planter des arbres le long de ces voies. L'avantage pour l'Etat était évident : les chemins étaient bordés, ombragés et embellis sans qu'il lui en coûtât. En contrepartie et probablement par mesure d'incitation, ceux qui utiliseraient la faculté donnée par l'édit, devaient bénéficier de certains droits. Initialement, ces derniers étaient encore imprécis puisqu'il n'était question que de planter des arbres *da cima e frutto*. Ce qui signifiait seulement que ces planteurs riverains pourraient se servir des branches et donc du bois et récolter les fruits.

Quelques années plus tard, ces droits ont été précisés par une *notificazione* de l'*Auditore delle regalie e reali possessioni*, datée du 22 avril 1788[404]. A la lecture de ce texte, se dégagent les trois points suivants :

1° que quiconque aurait usé de la possibilité concédée gratuitement par l'édit grand-ducal de planter des arbres sur les bords des chemins publics, avait en contrepartie de cette plantation, un seul droit restrictivement défini : celui de percevoir les fruits des arbres plantés. En revanche, l'usage privatif du sol était interdit, et était même refusée la jouissance de tout autre produit du sol, « même naturellement, sans aucune intervention de l'homme » ;

2° que les autorités conservaient intégralement le droit de faire, à tout moment des abords des routes sur lesquelles étaient érigés les arbres plantés par les propriétaires riverains, tout usage qu'exigerait l'intérêt public, et

---

402 Et dont les vaincus romains de la bataille de Carrhes en 53 avant notre ère, éblouis par les aurosericeisque vexillis de leurs maîtres Parthes, furent les premiers à découvrir les effets bien avant Marco Polo.

403 R. BERGHINZ, *Consuetudini giuridiche sulla sinistra del Tagliamento*, in *Archivio « Vittorio Scialoja » per le consuetudini giuridiche agrarie* ecc., vol III, fasc.1/2, 1936, p.112. Signalé par C. GIARDINA, *op.cit.*, p.50.

404 D. SIMONCELLI, rubrique *Diritto di superficie* du *Nuovo Digesto Italiano*, *op.cit.*, p.1220.

même aliéner aussi bien le domaine éminent que le domaine utile des talus ou de l'ensemble des abords des routes à toutes fins que l'autorité souveraine considérerait comme conforme au bien public ou communautaire ;

3° que dans le cas évoqué ci-dessus d'une aliénation, le propriétaire riverain qui avait effectué la plantation sur le terrain aliéné, avait le droit de réclamer de l'aliénateur, le prix des arbres ou d'être indemnisé pour le préjudice subi, c'est-à-dire de la dépense occasionnée par la plantation, et les soins prodigués pour l'entretien et le développement desdits arbres.

Ces exemples vénitiens et toscans ne sont pas uniques et au XXème siècle encore, sous Mussolini, une loi du 1er mars 1928[405] relevait de la même démarche. En effet, le gouvernement fasciste, préoccupé par l'augmentation des importations de pâte à papier, voulait promouvoir la culture du peuplier et d'autres essences. Pour atteindre cet objectif, le texte prévoyait que l'Etat pourrait, lorsqu'il le jugerait opportun, permettre la plantation d'arbres sur les berges des cours d'eau et canaux et le long des routes, dépendant du domaine public de l'Etat ou des collectivités locales. Bien entendu, ceux qui plantaient ces arbres, les exploitaient et en tiraient un profit personnel qui rejoignait, il est vrai, l'intérêt de l'économie nationale.

Ainsi, divers gouvernements italiens à différentes époques ont-ils trouvé pertinent, le recours à ce type d'institutions aboutissant à une dissociation juridique de l'arbre et du sol. Pourtant, les codifications du XIXème siècle ne leur ont fait qu'une place très discrète, tout juste une tolérance implicite.

Les codifications du XIXème siècle

Au XIXème siècle, plusieurs Etats italiens étaient fortement influencés par les codifications françaises. Dans le premier alinéa de son article 458[406], le Code civil du Royaume de Piémont-Sardaigne reproduisait de façon un peu moins lapidaire, la célèbre formule de l'article 552 du Code Napoléon : « La propriété du sol emporte la propriété du dessus et du dessous ». Dans son article 460[407], ce même code sarde se bornait à traduire mot à mot, l'article 553 du Code civil français. Il établissait donc une présomption simple au profit du propriétaire du sol. La propriété des plantes séparée de celle du sol était une exception dont le bénéficiaire devait apporter la preuve. Ce code tolérait la propriété « arboraire » mais la considérait manifestement

---

[405] Loi relative au *provvedimenti per agevolare e diffondere la coltivazione del pioppo e di altre piante arboree.*

[406] *Codice Civile per gli Stati di S.M. Il Re di Sardegna*, Turin 1852, art.458 : « *Chi ha la proprietà del suolo ha pure la proprietà di cio che vi esiste tanto superiormente, che inferiormente* ».

[407] *Codice Civile per gli Stati di S.M. Il Re di Sardegna*, Turin 1852, art.460 : « *Qualunque costruzione, piantagione od opera sopra un terreno, o nell'interno di esso, si presume fatta dal proprietario a sue spese, ed appartenergli, finchè non consti il contrario, senza pregiudizio della proprietà, che un terzo potesse aver acquistato, o potesse acquistare colla prescrizione, o in altro modo, sia di un sotterraneo inferiore alla casa d'altri, sia di qualunque altra parte dell'edifizio* ».

comme une situation anormale. Cette position, évidemment copiée sur celle de la France dont nous parlerons plus loin, peut étonner de la part d'un pays où nous avons vu que la propriété « arboraire » était très présente, depuis plusieurs siècles.

Le Code civil italien de 1865 qui s'est appliqué jusqu'à la deuxième guerre mondiale, reprenait dans son article 448, l'article 460 du Code civil du Royaume de Piémont-Sardaigne avec une formulation à peine écourtée[408]. Il adoptait ainsi à l'égard de l'institution, la même position que le Code Napoléon. On pourrait penser, compte tenu de l'importance de la propriété « arboraire » en Italie à l'époque de la publication de ce code, qu'il ne s'agit que de la conséquence d'un pur phénomène d'acculturation. C'est oublier la prégnance de l'esprit du droit romain en Italie, hier comme aujourd'hui. Finalement, en imitant le Code Napoléon, le code italien ne faisait sur ce point, que choisir une position médiane, conciliant la maxime *superficies solo cedit* avec la pratique juridique. C'est cet équilibre qu'a reflété la jurisprudence du XIXème et des quatre premières décennies du XXème.

La jurisprudence du milieu du XIXème à 1942

Au cours de la deuxième moitié du XIXème et jusqu'au nouveau Code civil italien, la reconnaissance de la propriété « arboraire » a fait l'objet d'une jurisprudence constante. Cependant, la formulation des attendus des juridictions supérieures italiennes rappelle qu'elle n'est pas allée de soi.

En 1881, un arrêt de la Cour de Cassation de Rome[409] confirmait que le droit d'avoir à titre perpétuel, des arbres plantés sur le fonds d'autrui, en vue d'en percevoir les fruits et avec la possibilité le cas échéant de les remplacer par de nouveaux plants, créait une propriété superficiaire. Cet arrêt était très explicite. Il proclamait que ce droit impliquait un démembrement de la propriété (*uno smembramento di dominio*) et un véritable droit de superficie (*vero diritto di superficie*), que reconnaissait unanimement la jurisprudence italienne depuis le *Risorgimento* aussi bien pour les constructions que pour les plantes. La haute juridiction garantissait que ce droit de superficie n'était absolument pas en contradiction avec les principes de la législation italienne contemporaine. Elle rappelait d'une part, que depuis que s'était développée l'exploitation des mines, s'était affirmée la nécessité d'une possible distinction entre la propriété du sol et celle du sous-sol ; d'autre part, que le Code civil admettait l'existence de l'emphytéose et donnait toute latitude aux parties de s'accorder sur les modalités, sauf sur la liberté de transmettre et celle de racheter. Elle concluait en affirmant que de tout ou partie d'une *superficie* dans la mesure où elle est distincte du sol et du sous-sol, pouvait

---

408 *Codice Civile del Regno d'Italia*, art. 448 : « *Qualsiasi costruzione, piantagione od opera sopra o disotto il suolo si presume fatta dal proprietario a sue spese ed appartenergli, finchè non consti del contrario, senza pregiudizio pero dei diritti legittimamente acquistati dai terzi* ».

409 6 déc. 1881, Legge 1882, I, 2, signalé par F. Maroi, *op.cit.*, p.366.

constituer une propriété fractionnaire (*una proprietà frazionaria*) ou un droit de propriété utile (*una ragione di dominio utile*), sans qu'il y ait la moindre contradiction avec les principes du Code civil italien (de 1865). Quelques années plus tard, la Cour de Cassation de Turin avisait qu'il n'était pas absurde, ni juridiquement impossible, ni sans exemple, que le terrain d'un bois appartînt à un propriétaire et les arbres à un autre[410].

Cette jurisprudence se prolongea au XXème siècle, illustrée par de nombreuses décisions. Par exemple, la Cour d'appel de Florence dans un arrêt du 25 février 1928[411], déclarait admissible en droit italien, qu'une personne soit propriétaire du sol d'une vigne et une autre des ceps. Mais en l'espèce, le droit de cette dernière s'éteignait par non-usage parce que sur ce fonds, il n'avait plus existé de vigne depuis plus de trente ans. En 1931, la Cour de Cassation du Royaume d'Italie confirmait encore la reconnaissance d'un droit de superficie et ne voyait aucun motif rationnel et juridique à ce qu'un tel droit puisse être acquis par usucapion[412]. Deux ans après, la même juridiction[413] précisait encore une fois que le titulaire d'une propriété superficiaire, ayant pour objet une plantation distincte du sol, avait bien un rapport direct à la chose inhérente à tout droit réel. Ce dernier se traduisait par une série de prérogatives (*una signoria*) : non seulement l'exclusivité de la jouissance gratuite des fruits, la transmissibilité à leurs héritiers, la possibilité d'ester en justice contre les tiers, mais également, le droit à une éventuelle compensation à la charge de l'acquéreur en cas d'aliénation du terrain. En 1935 enfin, et ce sera notre dernier exemple, la même cour suprême reconnaissait que la propriété d'un maquis pouvait être distincte de celle du sol[414].

A la même époque pourtant, l'institution était déjà très contestée et il a même été projeté de l'abolir purement et simplement. Mais le Code civil de 1942 s'est limité à une interdiction partielle qui permettra la survie de la propriété « arboraire ».

§ 2. L'interdiction partielle et la survie de l'institution depuis 1942

Le Code civil du 16 mars 1942 qui consacre le titre III de son livre III au droit de superficie (*Della superficie*) permet la constitution d'un tel droit pour les constructions mais interdit dans son article 956, la propriété séparée

---

410 *Non è assurdo nè giuridicamente impossibile nè senza esempi che di un bosco il terreno appartenga ad un proprietario e le piante appartengano ad un altro*, arrêt du 10 juin 1885, *Giurisprudenza torinese*, 1885, 752, *ibid.*

411 *Foro Toscano*, 1928, 310, *ibid.*

412 *...E ormai ius receptum che la legislazione vigente riconosca il diritto di superficie e non vi è alcun motivo razionale e giuridico perchè tale diritto non possa acquistarsi per prescrizione,* arrêt du 23 janvier 1931, *ibid.*

413 Cour de Cass., sez. II, 24 juillet 1933, *Rivista dei demani*, 1933, 685. Signalé par D. Simoncelli, « Diritto di superficie » in *Nuovo Digesto Italiano*, 1940, *op.cit.*, p.1221.

414 Cour de Cass. du Royaume d'Italie, 7 mai 1935, *Massimario del Foro italiano*, 1935, 380.

des plantations en ces termes : *Divieto di proprietà separata delle piantagioni. – Non puo essere costituita o trasferita la proprietà delle piantagioni separatamente dalla proprietà del suolo.* Une lecture rapide de ce texte pouvait faire croire à l'abolition complète de la propriété « arboraire ». C'est d'ailleurs l'interprétation qu'en a fait l'un des premiers commentateurs très hostile à cet article, Francesco Ferrara[415]. En fait, il ne s'agit que d'une prohibition pour l'avenir. Il suffit pour s'en persuader de lire l'exposé ministériel précédant les dispositions d'application du livre III du Code civil sur la propriété[416]. On y apprend de plus que cette interdiction ne fait que répondre aux vœux des instances compétentes et aux besoins de l'agriculture moderne.

La polémique autour de l'article 956

Contrairement à ce qu'avançait Francesco Ferrara, il ne s'agissait pas d'une prise de position de principe, inspirée par une antipathie théorique (*antipatia teorica*) à l'égard des différentes formes de propriété superficiaire, et venue du droit romain qui aurait agi inconsciemment sur l'esprit du législateur... Il n'y avait d'ailleurs dans les travaux préparatoires du code, aucune référence à la conception romaine classique de la propriété. Il n'était donc pas question de sacrifier une institution considérée comme hybride issue du droit provincial du Bas Empire et de la tradition germanique, à la rigueur de la maxime « *superficies solo cedit* ». Pas plus qu'il n'était question de bannir une propriété fondée sur le travail ou de mettre fin à une propriété promiscue[417], catégorie à laquelle la propriété « arboraire » du reste, ne peut être rattachée : elle n'aboutit pas à l'existence de deux droits sur un même bien mais elle sépare justement la propriété du sol et celle du végétal... Le législateur, en distinguant la propriété superficiaire des constructions et celle des plantations, afin d'organiser et même de promouvoir la première et d'interdire la seconde, n'a eu apparemment d'autre souci que d'éviter à l'agriculture, ce que beaucoup considéraient non seulement comme des inconvénients, mais même des obstacles à son développement et sa modernisation.

---

415 « La superficie delle piantagioni », in *Rivista di diritto agrario*, 1941, p.113 et ss et *Scritti giuridici*, III, Milano, 1954, 179 et 150.

416 Cf. *Lavori preparatori del Codice civile*, (1939-1941) - Progetto preliminare del libro della proprietà, Publicazione a cura del Ministero di Grazia e Giustizia, Rome, 1942 ; et disposizioni per l'attuazione del libro del Codice civile della proprietà e disposizioni transitorie, Rome, 1941, Istituto Poligr. Dello Stato, 16 p.

417 Cette expression a été utilisée par les plus hautes juridictions françaises au XIXème siècle et consacrée par le Littré, comme signifiant simultanées pour les possessions (cf. A.-M. PATAULT, *Introduction historique au droit des biens*, Paris, PUF, 1989, p.247). Dans le vocabulaire juridique italien, on retrouve l'expression correspondante de « *proprietà promiscua* » qui comme en France désigne une propriété mêlée, indistincte, c'est-à-dire deux droits de propriété qui se confondent sur un même bien.

C'est ce que soulignait Michele Tucci[418] dont l'opinion est diamétralement opposée à celle de Francesco Ferrara. En effet, face à ce dernier et aux partisans du maintien de la propriété « arboraire », qui voyaient en elle une institution favorisant la plantation d'arbres, d'autres auteurs estimaient que l'article 956 était non seulement justifié mais encore insuffisant. Comme le législateur, ils pensaient que la propriété « arboraire » gênait l'agriculture et qu'affirmer le contraire était aussi ridicule que de vanter les intérêts du métayage[419]. Ils regrettaient que l'on ne soit pas allé jusqu'à l'abolition totale et rétroactive de l'institution, malgré les difficultés qu'aurait certainement posé l'expropriation – ils n'employaient d'ailleurs pas ce mot – qui ont naturellement rebuté les rédacteurs du Code civil. Ils regrettaient l'abandon du projet de loi qui dans les années précédentes avait envisagé l'abolition complète de cette forme d'appropriation parmi celles d'autres usages ruraux.

Le projet avorté d'abolition totale de 1934

Dès 1933, le ministre de l'agriculture et des forêts du gouvernement mussolinien nomma une commission, chargée de préparer un projet de loi sur les dispositions relatives aux promiscuités en matière de propriété privée (*disposizioni relative alle promiscuità di privato dominio*). Dans ce projet, non seulement étaient établis le principe de l'interdiction de constituer dans l'avenir de « nouvelles promiscuités végétales » (*nuove promiscuità vegetali*), mais encore la suppression de celles qui existaient.

L'article premier de ce projet déterminait les compétences des « commissaires pour la liquidation des usages civiques » (*Usi civici*)[420] afin de procéder à l'abolition des « promiscuités » relevant du droit privé, dans certains cas déterminés tels que précisément la propriété des plantes séparée de celle du sol ou les droits réciproques de pâturage. L'article 2 prohibait l'établissement de nouvelles « promiscuités » mais de manière plus large que dans l'article 956 du Code civil de 1942, ne fut-ce que parce qu'il concernait aussi les droits de compascuité.

Ce parti pris « d'exclusivisme » en matière de propriété respectait cependant les droits des propriétaires des végétaux. Les deux articles suivants prévoyaient un système de compensation, sous la forme d'une partie du terrain ou d'une indemnité en argent payée en une seule fois ou de redevances périodiques. Cette indemnisation devait être utilisée dans le cas où le partage du terrain entre les propriétaires foncier et « arboraire » aboutirait à émietter le sol au point de se trouver au-dessous de l'unité

---

418 « La proprietà arborea separata da quella del suolo », in *Rivista di diritto agrario*, vol. XXVIII, 1949, pp.122-130.

419 M. TUCCI, *op.cit.*, p.125.

420 En français, on traduirait usages civiques par usages ruraux communautaires. Ces commissaires avaient déjà été chargés des problèmes que posaient les propriétés promiscues sur le domaine public.

culturale minimale que les autorités fascistes voulaient assurer aux paysans italiens. C'est d'ailleurs à la définition de cette unité qu'était consacré l'article 6 du projet[421].

On trouvait dans les articles suivants, des dispositions inspirées par le Règlement, pour l'exécution de la loi sur les usages civiques. Cette procédure s'organisait autour de l'accord des parties concernées, approuvé par le « commissaire de la liquidation des usages civiques ». Les auteurs de ce projet faisaient valoir qu'il avait l'avantage de se limiter à un élargissement du champ d'application de la loi sur la liquidation des usages civiques, en traitant les promiscuités privées comme les publiques. De plus, était mise en avant l'expérience des commissaires. Michele Tucci leur préférait cependant le juge de droit commun.

Les suggestions de Michele Tucci

Dans son commentaire de l'article 956 qui se terminait par d'importants développements des *lege ferenda*[422], Michele Tucci préconisait une procédure dans laquelle le propriétaire de l'arbre aurait à saisir le juge dans un délai déterminé afin d'obtenir une juste compensation consistant soit en un paiement de la valeur soit en constituant sur le fonds un canon emphytéotique. Il proposait même réciproquement que le propriétaire du sol puisse demander que ce soit le propriétaire des arbres qui lui achète le terrain. Cela, afin d'éviter que le propriétaire foncier ne soit obligé d'engager des dépenses au-delà de ses possibilités, notamment dans les cas où la valeur des arbres dépasserait largement celle du terrain.

Il souhaitait en tout cas que soit incorporé le plus rapidement possible au Code civil, un dispositif d'abolition de la propriété « arboraire » reprenant des éléments du projet de 1934 et pourquoi pas, ses propres suggestions. Bien que sa position ne fût pas celle d'un homme isolé, il ne fut pas très écouté.

---

[421] Cette idée d'unité culturale minimale devait se retrouver dans les articles 846 et suivants du Code Civil de 1942. Insérés dans la deuxième section, du chapitre II du titre relatif à la propriété, intitulée *de la réorganisation de la propriété rurale*, ils définissaient cette notion que doivent respecter les transferts de propriétés et de droits réels. Art.846 : « *Minima unità colturale (...) S'intende per minima unità colturale la estensione di terreno necessaria e sufficiente per il lavoro di una famiglia agricola e, se non si tratta di terreno appoderato, per esercitare una conveniente coltivazione secondo le regole della buona tecnica agraria* » ; art.847 : « *Determinazione della minima unità colturale. – L'estensione della minima unità colturale sarà determinata distintamente per zone, avuto riguardo all'ordinamento produttivo e alla situazione demografica locale, con provvedeimento dell'autorità amministrativa, (da adottarsi le associazioni professionali)* ».

[421] M. TUCCI, *op.cit.*, pp.128-129.

[422] M. TUCCI, *op.cit.*, pp.128-129.

La situation actuelle

Une jurisprudence constante[423] a confirmé que l'article 956 du Code civil de 1942 n'est pas rétroactif. Les propriétés « arboraires » existant avant avril 1942 subsistent donc, et comme elles portent sur des arbres tels que les oliviers et les châtaigniers, dont la durée de vie se mesure en siècles, notre institution peut encore durer longtemps en Italie…

Il a été en particulier reconnu par le juge que l'article 956 n'empêche pas l'usucapion d'un droit de superficie végétale, selon l'article 448 du précédent Code civil de 1865 abrogé, malgré l'interdiction de constituer ou de transférer la propriété de plantations séparée de celle du sol. En l'occurrence, il s'agissait de la possession trentenaire d'une plantation préexistante d'arbres de haute futaie, soumise à des tailles périodiques et pouvant se reproduire par elle-même[424]. Ainsi, la norme de l'article 956 n'apparaîtrait-elle pas comme une disposition d'ordre public mais simplement comme une mesure destinée à éviter une gêne éventuelle pour l'exploitation du fonds. La reproduction de certains éléments de la végétation après la mise en vigueur du code de 1942 ne modifie pas la situation juridique préexistante.

Autre faille dans l'interdiction de l'article 956 qui peut être un espace de survie pour la propriété « arboraire » : l'ambiguïté du terme plantation qui permet, comme l'ont fait remarquer certains commentateurs[425], la constitution d'une propriété séparée pour un arbre isolé ou pour des végétaux non plantés par l'homme. Néanmoins, d'autres auteurs[426] pensent au contraire que le terme plantation peut s'entendre de façon générique et désigne tout végétal. Ils s'appuient d'ailleurs sur l'article 934[427] du Code civil qui n'inclut pas l'article 956 dans son énumération des exceptions à la présomption selon laquelle des plantations existant sur un terrain appartiennent au propriétaire du sol. Ce point de droit reste donc incertain.

En revanche, il est clairement établi par la juridiction suprême qu'une branche isolée ou à plus forte raison une partie de branche, non séparée d'un arbre fruitier et non destinée à être coupée, ne peut constituer un objet de propriété séparée, distinct des autres parties de l'arbre – les racines, le tronc, la ramure – parce qu'il lui manquerait l'autonomie physico-juridique

---

[423] Par exemple, Cour de Cass. italienne, 14 février 1949, n°241 (*Repertorio generale annuale del Foro italiano*, 1949, rubrique *superficie* n°8) ; 7 juillet 1962, n°1779 (*Foro italiano*, 1963, I, 102).

[424] 2 octobre 1970, n°1780 cité par E. Alvino, « Efficacia del diritto di superficie su piantagioni costituito mediante usucapione sotto il codice abrogato », sous l'arrêt de la Cour de Cassation italienne du 2 octobre 1970, n°1780, in *Giustizia Civile*, 1971, I, p.89.

[425] G. PUGLIESE, « Della superficie », in *Commentario al Codice Civile*, a cura di A. Scialoja e G. Branca, libro III, *della proprietà* (art.810-1172), Bologne - Rome, 1976, p.631.

[426] G. BALBI, *Il diritto di superficie*, Turin, 1947, p.110.

[427] Art.934 : « *Opere fatte sopra o sotto il suolo. – Qualunque piantagione, costruzione od opera esistente sopra o sotto il suolo appartiene al propretario di questo, salvo quanto è disposto dagli articoli 935, 936, 937 e 938 e salvo che risulti diversamente dal titolo 952 o dalla legge (975, 986, 1150)* ».

(*autonomia fisico-giuridica*). Les branches des arbres peuvent toutefois être considérées comme fruit naturel. On peut disposer de leur bois comme d'un objet mobilier. La propriété pourra en être transférée par la coupe[428].

La jurisprudence de ces deux dernières décennies se caractérise par une stricte application de l'article 956, sans restriction ni extension. C'est ainsi qu'un arrêt de la Cour constitutionnelle du 31 mai 1988 a rejeté un recours contre l'article 956 du Code civil en ce qu'il n'aboutissait pas à une interdiction rétroactive et absolue de la propriété des arbres séparée de celle du sol. L'argumentation était fondée sur l'article 41 de la Constitution italienne qui consacre la liberté d'entreprendre toute activité économique, et l'article suivant qui proclame que chacun a le droit d'être propriétaire mais dans certains cas, l'intérêt commun doit l'emporter sur l'intérêt individuel. La justification même de l'article 956 étant que la propriété superficiaire des plantations était un obstacle au développement de l'agriculture et à la liberté d'entreprendre des agriculteurs, il ne pouvait pas, sans être en contradiction avec les principes constitutionnels, se borner à une interdiction partielle. La Cour constitutionnelle a considéré que cette demande était « manifestement inadmissible parce que comportant un contrôle sur un choix discrétionnaire réservé au législateur »[429]. La propriété « arboraire » peut donc continuer à survivre mais la Cour de Cassation veille à ce qu'elle ne déborde pas du cadre étroit que lui laisse l'article 956. C'est ainsi qu'en 2008, un arrêt[430] a rappelé que la propriété séparée des arbres (il s'agissait en l'espèce d'oliviers) et du sol qui ressortait de l'application de l'ancien Code civil de 1865 ne pouvait qu'être limitée qu'aux plantations existant au moment de la constitution du droit et ne pouvait être étendue à l'ensemble du fonds. Cette décision impliquait qu'il ne pouvait être planté de nouveaux arbres, mais selon l'arrêt, étaient exceptés ceux qui pourraient croître par germination spontanée à partir des arbres préexistants.

La tendance actuelle du droit italien est par conséquent plutôt réticente à l'égard des propriétés séparées et plus généralement à tout droit simultané sur un même objet, et n'accepte la propriété « arboraire » que de façon résiduelle et exceptionnelle. C'est même l'hostilité qui domine comme l'illustre la loi de 1971 sur les baux ruraux[431] qui prohibe toute clause contractuelle prévoyant la concession séparée du sol et des cultures qui s'y trouvent. Le droit italien admet cependant la possibilité de concession *ad plantandum*, mais on ne doit pas confondre ce contrat avec la propriété « arboraire » traditionnelle. En effet, il n'implique pas une séparation

---

[428] Cour de Cass. italienne, 19 juillet 1973, n°2122, *Foro italiano*, 1974, I, 1495.

[429] Corte costituzionale, 31 maggio 1988, n.598.

[430] Cassazione civile, sez.II, 19 febbraio 2008, n.4072.

[431] Legge 11 febbraio 1971, n°11, al.1er : « *Nuova disciplina dell'affitto di fondi rustici* : *Le clausole contrattuali che prevedono la concessione separata delle colture del suolo da quelle del soprassuolo o che prevedono sullo stesso fondo forme contrattuali diverse e per diverse coltivazioni, sono nulle di pieno diritto* ».

perpétuelle de la propriété du sol et des végétaux[432], mais uniquement la jouissance des fruits ou du produit de la coupe des arbres, et au bout d'un certain laps de temps, la propriété d'une partie du fonds. Il s'agit donc d'une institution comparable au bail à complant que nous aurons l'occasion d'évoquer dans les chapitres suivants.

[432] C'est ce que soulignait M. TUCCI, *op.cit.*, p.124 qui en précisait l'utilisation « pleinement conforme aux exigences du progrès agricole » en Erythrée (art.1709 du code de cette colonie).

Chapitre III

La propriété « arboraire » en France

Un auteur italien[433] a prétendu que ce serait les Francs qui auraient introduit la propriété « arboraire » en Italie au Moyen Age. Cette idée provient probablement de la relation habituellement faite entre la propriété « arboraire » et le droit de superficie. Or pour certains juristes italiens[434], l'introduction de ce dernier en Italie serait due à l'influence française. Sans nous prononcer sur la migration du droit de superficie de la France vers l'Italie, pour ce qui concerne strictement la propriété « arboraire », la position est difficilement soutenable. En effet, cette institution est infiniment plus discrète en France qu'elle ne l'est en Italie. Et cela à toutes les époques, du Haut Moyen Age à nos jours. Que ce soit dans les textes coutumiers et législatifs, dans la jurisprudence, les documents de la pratique ou la doctrine. Il serait curieux que la France soit le pays d'origine de cette institution alors qu'elle y a une place relativement modeste.

Une place d'autant plus modeste que l'étude de la propriété « arboraire » en France implique que l'on prenne soin de la distinguer d'autres institutions immanquablement évoquées chaque fois que l'on aborde la question avec des praticiens, des administrateurs, des agriculteurs ou même des universitaires. Nous ne pourrons éviter d'ailleurs de mentionner dans ce chapitre des institutions, telles que le bail à complant, le bail à domaine congéable ou les « bandites » de l'ancien comté de Nice. Cependant, nous devrons souligner qu'elles diffèrent de l'objet de notre étude en dépit des points communs. Manifestement, la France se trouve au croisement de plusieurs pistes qui pourraient mener aux origines de la propriété « arboraire » : celle de la tradition romaine, qu'il s'agisse d'une forme populaire héritière des pratiques gallo-romaines ou d'une forme savante issue de la renaissance du droit romain et celle de l'influence germanique souvent incriminée par les auteurs hostiles à cette propriété. Toutefois, force est de constater que la conjonction de ces influences n'a pas donné beaucoup

---

433 Ciccaglione, *Storia del diritto italiano* cité par C. Giardina, *op.cit.*, p.180.

434 Cf. *Il Digesto italiano*, rubrique « superficie (diritto di) », Turin, 1912-1916, p.81.

de vigueur à l'institution, ni dans l'ancien droit français, ni dans le droit intermédiaire, ni à l'ère du Code civil.

SECTION I. LA PROPRIÉTÉ « ARBORAIRE » DANS L'ANCIEN DROIT ET LE DROIT INTERMÉDIAIRE

La propriété « arboraire » proprement dite occupe dans l'histoire du droit de la France, une place manifestement moins importante que dans celle de l'Italie. Elle peut se dissimuler sous diverses appellations et est éclipsée par des institutions voisines telles que les baux à complant et à domaine congéable.

§ 1. La propriété « arboraire » proprement dite

Comme en Italie, la propriété « arboraire » et l'ensemble des droits de superficie embarrassent les juristes. Après les bartolistes, à l'époque moderne, certains auteurs exprimaient encore leur perplexité. Hugues Doneau, par exemple, au XVIème siècle, était gêné par les droits de superficie qu'il essayait de cataloguer selon les critères du droit romain dont l'autorité s'était accrue au moment de sa deuxième renaissance, en les conciliant avec le droit féodal toujours présent. La doctrine a perpétué ces hésitations entre les notions de *dominium utile*, *dominium superficiei* qui serait une catégorie du *dominium plenum* limité quant à son objet, *jus in re aliena*, c'est-à-dire simple servitude. Moins compliquée, la réalité de l'institution qui nous occupe s'articulera autour d'une distinction mise en évidence dans le chapitre précédent : la propriété « arboraire » peut relever d'une part de la pratique ou de la coutume et d'autre part, de la loi.

La propriété « arboraire » dans la pratique et la coutume

Lorsqu'on compare avec l'Italie, on ne peut que noter la faiblesse de la place que tient la propriété « arboraire » dans les actes de la pratique. Le dépouillement des sources imprimées et de la bibliographie n'aboutit qu'à constater que la documentation sur la propriété « arboraire » au Moyen Age est quasiment inexistante, réduite tout au plus à quelques indices, et l'on est parfois entraîné au jeu dangereux pour l'historien, des extrapolations. Cette absence de mentions de la propriété « arboraire » dans les chartriers des abbayes et les actes des premiers notaires n'est pas significative puisqu'à l'époque moderne et contemporaine, la place de la propriété « arboraire » dans les actes écrits était sans commune mesure avec celle qu'elle occupait réellement dans la vie quotidienne. La propriété « arboraire » est de toute évidence, en France comme ailleurs, une institution régie par des coutumes orales, qui ne touchait presque exclusivement que les couches les plus humbles de la société. En outre, il semblerait que la féodalité française ait été généralement plus forte que l'italienne, et dans l'ambiance juridique féodale dominée par l'émiettement et la superposition des droits de propriété sur un même bien immobilier, la distinction de la propriété du sol de celle des arbres, ne devait pas du tout choquer les contemporains comme elle le fait à présent depuis la Révolution française, et pouvait de ce fait passer inaperçue.

Le peu de documents de la pratique médiévale signalant une propriété du végétal distincte de celle du sol concerne des régions périphériques de la France actuelle. C'est ainsi que l'on trouve des cas de propriété « arboraire » caractérisée en Roussillon aux XIIème et XIIIème siècles. Ils montrent que cette institution pouvait se combiner avec la propriété féodale puisqu'il était possible de posséder des oliviers sous forme de tenures sur des terrains appartenant à d'autres[435]. Elle pouvait encore se combiner avec la propriété allodiale puisque l'on peut citer l'exemple de pieds d'oliviers qui ont fait l'objet d'une donation en franc alleu afin d'être plantés sur une terre tenue en fief[436].

L'évocation de la propriété « arboraire » par les coutumes ou la littérature coutumière est aussi rare que par les documents de la pratique. Le droit coutumier français est très en retrait par rapport au droit statutaire italien en ce qui la concerne. Dans son *Recueil de jurisprudence civile du pays de droit écrit et coutumier par ordre alphabétique*, à la rubrique *arbres*, Rousseaud de la Combe[437] nous renvoyait à « superficie ». Puis, il affirmait que les « bois sont considérés comme superficie ajoutée au fonds », rappelait le principe « *jus soli superficiem sequitur cum jure pignoris* », et illustrait son propos par un arrêt du 17 juillet 1727. Le reste de la rubrique n'a aucun lien avec notre sujet hormis peut-être quelques lignes consacrées à la propriété des arbres situés « entre deux héritages » qui reprennent la logique du tronc précédemment signalée comme minoritaire dans les compilations justiniennes.

Bouteillier dans le *Somme Rural* se bornait à reprendre les dispositions des compilations justiniennes en matière de propriété des arbres au titre XXXVI du livre I[438]. Mais plus loin, au titre LXXIV du même livre, il faisait une distinction entre les arbres qui étaient meubles et ceux qui étaient « héritage »[439], selon des critères qui ne prenaient manifestement pas en

[435] J.-A. BRUTAILS, *Etude sur la condition sociale des populations rurales du Roussillon au Moyen-Age*, Genève, Slatkine-Megariotis reprints, 1975, réimp. de l'édition de Paris de 1891, p.88, note 5. Le document date du 30 déc. 1159.

[436] J.-A. BRUTAILS, *ibid*, janv.1293 (*Capbreu de Tautavel*, B 31, fol.12, v°).

[437] 5è éd., Paris, 1769, p.30.

[438] *Somme Rural*, Paris, 1603, pp.252-254-255 : « de chose arrivée à autre terre ; de planter autruy arbre sur sa terre ; d'arbre cheant sur terre d'autruy ».

[439] « Des arbres portant fruict : des arbres de bois ; scachez qui tous arbres portans fruit sont héritages, fors cerisiers, boscage, nesplier, qui ne sont pas entez, sont tenus pour meubles. Pruniers, poiriers cerisiers qui portent grosses cerises, nespliers entez, vignes, hallos à coupper ou à copper, ceux sont déclarez héritages & tous autres arbres soit en jardin ou dehors sont tenus pour meubles.

compte le principe de l'accession. Sans qu'il soit expressément question de propriété « arboraire » ni plus généralement de propriété superficiaire, cette approche casuiste suggère que dans les coutumes du nord de la France auxquelles se référait Bouteillier qui a été lieutenant du bailli de Tournai, l'arbre et le sol pouvaient être juridiquement dissociés[440]. En effet, les végétaux, arbres, vignes ou gros buissons (*hallos*) étaient répartis entre meubles et immeubles non pas en raison de ce qu'ils étaient enracinés ou non, mais selon leur essence, leur âge, leur utilisation, et même le fait qu'ils étaient greffés (*entez*) ou non. Certains médiévistes soutiennent d'ailleurs que le principe romain « *superficies solo cedit* » était absolument inconnu dans le droit du Moyen Age. Il est vrai que leur propos concerne les constructions et non les plantations. Des coutumes médiévales flamandes par exemple considéraient souvent les maisons comme biens meubles. Et d'ailleurs, elles pouvaient être démontées et déplacées rapidement[441]. On retrouve cette conception dans des coutumes du centre de la France telles que la Coutume de Nivernais commentée par Guy Coquille[442].

Reprenant les articles 81 et 83 de l'Ancienne Coutume, l'article 187 de la Nouvelle Coutume de Paris présumait que le propriétaire du sol l'était également du dessus et du dessous, mais il ne s'agissait que d'une présomption simple : « Qui a le sol, a le dessus & le dessous. Quiconque a le sol, appelé l'étage du rez-de-chaussée, d'aucun héritage, il peut & doit avoir le dessus & le dessous de son sol, & peut édifier par-dessus & par-dessous, & y faire puits, aisements & autres choses licites, s'il n'y a titre au contraire ».

Ce texte est inspiré par une décision de 1369 reconnaissant une coutume parisienne, selon laquelle « le propriétaire d'une maison l'est aussi, sauf titre

---

De bois de taille : Tous estallons en bois à taille puisqu'ils ont quarante &t un ans ou plus sont meubles, & en dessous ce sont héritage. Et chesnes qui ne sont de gland dessous cinq ans iusques à soixante ans sont meubles & dessous cinq ans & en dessus soixante sont héritage ».

440 C'est ce que fait remarquer L. Charondas le Caron dans une note sous ce titre LXXIV de la *Somme Rural* édité à Paris en 1621 sous le titre *Le grand coustumier général de practique du droict civil et canon*, observé en France, composé par M. J. Bouteillier conseiller du Roy au Parlement de Paris & ci-devant imprimé sous le nom de la Somme rural, éd. nouvelle illustrée des commentaires, annotations, notables décisions & rares observationsde droict tirées des Ordonnances Royaux & arrests des cours souveraines, Paris, 1621, pp..429-430 : « Pour le regard des arbres, bois & grains, l'autheur en parle selon la coutsume du pays, où il estoit lors qu'il a escrit : mais celle de Paris art.92 est plus conforme au droict romain & à laquelle conviennent plusieurs autres coustumes & partant suivant celle tous arbres tenans en racines tout bois debout & non couppé & tous fruicts pendans par racines sont reputez immeubles par ce qu'ils sont inherens au fonds & censez en faire partie (…) et les arbres abattus, bois coupé & fruicts separez du fonds & n'estans plus sur le pied sont reputez meubles ».

441 G. DES MAREZ, *Etude sur la propriété foncière dans les villes du Moyen Age et spécialement en Flandre*, Gand, Paris, 1898, Genève, rééd. Mégariotis, 1978, p.p.230-231, citait la coutume de Saffelaere (4 fév.1260) et les pénalités prévues ailleurs contre ceux qui démontaient leur maison et la déplaçaient dans la nuit…

442 Chap.26, §12 : « édifice assis sur seul, qui n'a fondement en terre, est réputé meuble soit maison soit pressoir » (*La Coutume de Nivernais* accompagnée d'extraits du commentaire de cette coutume par Guy Coquille, Nlle édit. par M. Dupin, Paris, 1864, p.356)

exprès, d'une cave ou d'un puits creusés sous sa maison et qu'il peut toujours s'y relier, même s'ils ont été primitivement creusés pour le service de la maison voisine par le père de famille autrefois propriétaire des deux fonds (...). Les coutumes rédigées adoptèrent la décision de 1369 et l'étendirent même en reconnaissant le droit au propriétaire du rez-de-chaussée de construire au-dessus comme au-dessous, sans restriction et sauf convention contraire »[443].

Issu d'une pratique urbaine, l'article 187 de la Nouvelle Coutume de Paris ne mentionnait pas expressément les arbres ni même les plantations mais ils pouvaient être inclus parmi les « autres choses licites ». Cette disposition est à l'origine de l'article 553 du Code civil. Or celui-ci, dont nous avons déjà dit qu'il avait été repris par les codes italiens du XIXème siècle, contient bien le mot plantation et permet à la propriété « arboraire » d'exister dans le droit français contemporain.

Au sujet des pratiques rurales pouvant être rattachées à la propriété « arboraire », nous manquons d'exemples indubitables, ce qui ne veut pas dire qu'elle ait été inexistante. Les ouvrages de droit comme ceux d'agronomie ne lui consacrent pas de développements particuliers. Elle n'est abordée qu'incidemment. Un ouvrage très répandu dans les bibliothèques des notables ruraux du XVIIIème siècle par exemple, *La Maison Rustique*[444], dans un passage traitant des chemins publics, nous apprend que « les arbres plantés le long des chemins publics & le droit d'y en planter » appartiennent « aux Propriétaires des héritages voisins, & non au Roi, ni aux Seigneurs de Fief ou de Justice, quand la Coutume du lieu ne les leur donne pas. Ce sont en effet les voisins qui supportent toute l'incommodité du chemin, qui sont obligés de le fournir & de l'entretenir & qui sont présumés avoir planté les arbres & les haies ; ainsi il n'en faut excepter au plus que les places & les rues des villages dans les lieux où la Coutume donne droit au Seigneur qui a le Fief ou la haute Justice, d'y planter pour son profit, à l'exclusion des propriétaires voisins ; & ces Propriétaires ont toujours droit d'empêcher que le Seigneur ne plante trop près d'eux ».

Ainsi, ces lignes nous amènent-elles à constater que l'ancien droit ne répugnait pas à reconnaître que des arbres pouvaient appartenir à des personnes qui n'étaient pas propriétaires du sol dans lequel ils étaient plantés. Pourtant, le même ouvrage proclamait quelques pages plus loin[445] que « tout arbre appartient (...) à celui sur l'héritage duquel en naît le tronc », reprenant par là l'un des vieux principes du droit romain qu'enseignait Pothier dont l'auteur de *la Maison Rustique* est contemporain,

---

443 O. MARTIN, *Histoire de la coutume de la prévôté et vicomté de Paris*, t.2, fasc.1, Paris, 1926, p.5.

444 LIGER, *La Nouvelle Maison Rustique ou Economie générale de tous les biens de campagne : la manière de les entretenir & de les multiplier*, 6è éd., *augmentée considérablement, & mise en meilleur ordre avec la vertu des simples, l'apoticairerie* (sic) *& les décisions du droit françois sur les matières rurales par M* ***, t.I, Paris, 1749, p.896.

445 LIGER, *La Nouvelle Maison Rustique*, *op.cit.*, p.902.

ou comme l'avait fait au siècle précédent, Domat. Selon *Les loix civiles dans leur ordre naturel*[446], le propriétaire de l'arbre est celui du sol dans lequel il est enraciné. Dans le supplément aux *Loix civiles dans leur ordre naturel*[447] au XVIIIème siècle, Louis-François de Jouy précisait que « la superficie ne peut pas se prescrire sans le sol, et de même le sol ne peut pas se prescrire sans la superficie, ainsi si le sol ne peut pas se prescrire, la prescription ne pourra avoir lieu pour la superficie, et vice-versa ». Ces redondances témoignent bien de la rigueur du principe et ne permettaient donc pas d'envisager l'acquisition d'une propriété « arboraire » par usucapion. Conformément au principe de l'accession, Pothier quant à lui, enseignait que « lorsque quelqu'un a planté des arbres ou de la vigne sur le terrain d'autrui, ces arbres ou cette vigne, aussitôt qu'ils ont pris racine, font un seul et même tout avec le terrain sur lequel on les a plantés : ce terrain pouvant subsister sans ces arbres ou cette vigne et ces arbres ou cette vigne ne pouvant au contraire, subsister sans le terrain, c'est le terrain qui en est la partie principale dont le domaine attire par droit d'accession, à celui qui en est propriétaire, celui des arbres et de la vigne qui en sont les parties accessoires »[448].

Néanmoins, le champ de la propriété « arboraire » ne s'est pas limité dans l'ancien droit comme le droit intermédiaire à une autorisation implicite ou marginale des coutumes, contrariée par une opposition issue du droit romain. Dès le début de l'époque moderne en effet, elle était admise par des lois du roi.

La propriété « arboraire » et les lois du Roi

Le Dictionnaire de Ferrière[449] contenait une rubrique « arbres sur les chemins publics » qui signalait que « l'article 356 de l'ordonnance de Blois (1579), exigeait que pour éviter les usurpations des chemins publics, on les borde d'arbres ». Ce n'était pas la première ordonnance relative à cet objet. La plus ancienne serait celle du mois de février 1522[450] qui enjoignait « à tous seigneurs ou justiciers et à tous manants et habitants des villages et paroisses de faire planter le long et sur le bord des grands chemins publics, dans les lieux qu'ils jugeront à propos et commodes, des ormes pour que le

---

446 Nlle éd., Paris, 1766, p.224 : 14. « Il en est de même de ce qui est planté dans un héritage, que des bâtiments : & s'il se trouve que le maître d'un fonds y ait planté des arbres qui n'étoient point à lui, ou que le maître des arbres les ait plantés dans le fonds d'un autre, & qu'ils y ayent pris racines ; demeureront propre au maître du fonds. Mais il sera tenu de payer le prix de ces arbres, & aussi les dommages & intérêts, & les autres peines, s'il y en avoit lieu, suivant la règle expliquée dans l'article précédent ».

447 *Loix civiles dans leur ordre naturel*, *op.cit.*, supplément par Maître L.-F. de Jouy, avocat au parlement, p.28.

448 *Oeuvres de Pothier contenant les traités du droit français*, Paris, nlle éd. publiée par Dupin, 1825, *traité du droit domaine de propriété*, pp.184-185.

449 *Dictionnaire de droit et de pratique*, nlle éd., t.1, Paris, 1769, p.111.

450 M. MERLIN, *Répertoire universel et raisonné de jurisprudence*, t.1, Paris, 1827, p.461.

royaume avec le temps en puisse être suffisamment peuplé et pourvu sur peine d'amende arbitraire au profit du roi ». Henri III renouvela cette ordonnance par une autre du 19 février 1552, enjoignant de faire ces plantations dans l'année même, preuve que ce texte ne fut pas appliqué avec enthousiasme… D'ailleurs même après la grande ordonnance de Blois, les plantations durent encore être ordonnées en janvier 1583[451].

Ces textes de François Ier, Henri II et Henri III, qui relèvent évidemment du droit public devaient fonder incidemment, bien que ce ne fût pas leur principal objectif, une forme de propriété « arboraire ». En effet, à titre incitatif, il était accordé au planteur un droit sur les arbres plantés : il pouvait disposer des fruits et du bois mort ou produit par l'élagage.

Au XVIIIème siècle, un arrêt du Conseil d'Etat du 3 mai 1720 disposait dans son article 6 « que tous propriétaires d'héritages tenans & aboutissans aux grands chemins & branches d'iceux, seront tenus de les planter d'ormes, hêtres, châtaigniers, arbres fruitiers ou autres arbres, suivant la nature du terrein, à la distance de trente pieds l'un de l'autre, & à une toise au moins du bord extérieur des fossés desdits grands chemins & de les armer d'épines ; & ce depuis le mois de Novembre lors prochain, jusqu'au mois de Mars inclusivement, & que si aucun desdits arbres périssoient, ils seroient tenus d'en replanter d'autres dans l'année ». L'article 7 du même règlement, « porte que faute par les propriétaires de planter lesdits arbres, les Seigneurs ausquels appartient le droit de Voirie sur lesdits chemins, pourront en planter à leurs frais dans l'étendue de leur Voirie ; & qu'en ce cas les arbres par eux plantés, & les fruits d'iceux appartiendront ausdits Seigneurs Voyers ».

La Nouvelle Maison Rustique[452] donnait une relation légèrement différente et moins laconique de cet arrêt du Conseil : les grands chemins doivent être « bordés de plants de chênes, ormes, hêtres, châtaigniers, noyers et autres arbres convenables aux terrains, à trente pieds l'un de l'autre ; & cela par les Propriétaires des héritages aboutissans aux chemins, lesquels en ce cas auront le profit de ces arbres ; faute par eux de les planter, ce droit & le profit du plant sont dévolus aux Seigneurs qui ont le droit de Voyerie sur les chemins[453]. Ces plants doivent être à une toise au moins des bords extérieurs des fossés de ces chemins ; & il est défendu, sous peine de soixante livres d'amende pour la première fois, applicable un tiers au Propriétaire, un tiers au dénonciateur et l'autre tiers à l'Hôpital le plus prochain, & sous peine du fouet en cas de récidive, de rompre, couper ou

[451] Suivant cette ordonnance portant règlement pour les eaux et forêts, les fruits des arbres plantés sur les grands chemins devaient appartenir au propriétaire riverain et au seigneur voyer sous certaines conditions.

[452] *Op.cit.*, pp.896-897.

[453] Un arrêt du conseil du roi du 17 avril 1776 ordonna qu'à l'avenir les seigneurs voyers ne pourraient planter les chemins dans l'étendue de leur seigneurie, qu'à défaut par les propriétaires d'avoir fait les plantations dans un an, à compter du jour où les chemins auraient été entièrement tracés et les fossés ouverts (M. MERLIN, *Répertoire universel et raisonné de jurisprudence*, *op.cit.*, p.462).

abattre ces arbres. Mais de quelque utilité que cet Arrêt soit pour le bien public, il a eu peu d'exécution, du moins pour l'essartement & les fossés des grands chemins, parce que la première dépense qui en devait être faite par le roi, pour le tout être ensuite entretenu par les riverains, n'a pas été faite. Quant aux plants d'arbres le long des chemins, chaque Propriétaire peut les faire et il y a d'anciennes Ordonnances qui l'ont déjà prescrit. On voit encore sur les grands chemins des Provinces, d'anciens arbres qui ont conservé le nom de Rhôni à cause du fameux Surintendant des Finances qui en fit planter presque par-tout le royaume ».

Ce texte confirmait là que cette institution avait été répandue dans tout le royaume de France. Il ne dit pas si le propriétaire riverain avait la possibilité d'abattre l'arbre qu'il avait planté ou de l'aliéner, mais il paraît bien que la réponse soit négative. En cela, cette institution pourrait s'analyser non comme une pleine propriété « arboraire » mais comprenant l'usus et le fructus. On peut risquer l'expression « usufruit arboraire ».

Nous trouvons ainsi en France des mesures voisines de celles que nous avons signalées en Italie à la même époque et ces ordonnances et arrêts montrent bien que la législation de l'Ancien Régime en France ne répugnait pas à dissocier juridiquement le sol et l'arbre qui y prend racine, ce qui est le principe fondateur de la propriété « arboraire ».

La propriété « arboraire » dans le droit intermédiaire

Le droit intermédiaire reprit ce type de dispositions relatif aux plantations d'arbres en les adaptant pour tenir compte de l'abolition de la féodalité. Par un décret du 26 juillet 1790, l'Assemblée Nationale Constituante modifiait les « droits de propriété et de voyerie sur les chemins publics, rues et places des villages, bourgs ou villes et arbres en dépendans ». Comme l'indique l'intitulé de ce texte, il s'agit bien de propriété des arbres. En raison de l'abolition du régime féodal et de la justice seigneuriale, ce texte abolissait les droits de propriété et de voirie sur les chemins et autres lieux publics[454]. « En conséquence, proclamait l'article II, le droit de planter des arbres ou de s'approprier les arbres crûs sur les chemins publics, rues et places des villages, bourgs ou villes, dans les lieux où ils étaient attribués au cy-devant seigneur par les coutumes, statuts ou usages, est aboli ».

Mais cette abolition selon l'article III, n'était complète que pour l'avenir : « Dans les lieux énoncés dans l'article précédent, places de villages bourgs ou villes, continueront d'être à la disposition des cy-devant Seigneurs qui en ont été jusqu'à présent réputés propriétaires ; sans préjudice des droits des particuliers qui auroient fait des plantations vis-à-vis leurs propriétés, et n'en auroient pas été légitimement dépossédés par les cy-devant Seigneurs ».

[454] Décret du 26 juil.1790, art.Ier : « Le régime féodal et la justice seigneuriale étant abolis, nul ne pourra dorénavant, à l'un ou à l'autre de ces deux titres, prétendre aucun droit de propriété ni de voyerie sur les chemins publics, rues et places des villages, bourgs ou villes ».

Notons au passage que ces dernières lignes relatives aux droits éventuels des propriétaires riverains introduisaient une restriction au principe énoncé au début du même article en des termes assez imprécis pour susciter de nombreux litiges.

Les articles suivants restaient pourtant assez favorables aux seigneurs. Alors qu'on aurait pu penser que les droits de ces derniers sur les arbres plantés sur les chemins, rues et places publics relevaient de la féodalité dominante et devaient à ce titre, être abolis purement et simplement après la nuit du 4 août 1789 ou par application de la loi des 25-28 mars 1790, ils étaient déclarés rachetables par les riverains ou les communautés d'habitants[455] comme ceux qui relevaient de la féodalité contractante. Etaient exceptés des dispositions précédentes, les arbres plantés par les « cy-devant seigneurs » sur des terrains privatifs qui suivaient le droit commun de l'accession et appartenaient aux propriétaires du sol sur lequel ils étaient été plantés, sous réserve toutefois de rembourser les frais de plantation[456]. C'est conforme à la position classique défendue au XVIIIème siècle par Pothier[457]. Etaient exceptées de même, des plantations faites par les « cy-devant seigneurs » sur des terrains leur appartenant ou qu'ils auraient acheté aux riverains : ils pourraient les conserver et même les renouveler en se conformant aux règles relatives aux distances à respecter entre les plantations et les propriétés voisines[458]. Ce texte ne concernait cependant pas

---

[455] Décret du 26 juil.1790, art.IV : « Pourront néanmoins les arbres exitans sur les rues ou chemins publics, être rachetés par les propriétaires riverains, chacun vis-à-vis sa propriété, sur le pied de leur valeur actuelle, d'après l'estimation qui en sera faite par des Experts nommés par les parties, sinon d'office par le Juge, sans qu'en aucun cas cette estimation puisse être inférieure au coût de la plantation des arbres ».

Art.V : « Pourront pareillement être rachetés par les Communautés d'habitants, et de la manière cy-dessus prescrite, les arbres existans sur les places publiques des Villes, Bourgs et Villages ».

Art.VI : « Les cy-devant seigneurs pourront, en tout tems, abattre et vendre les arbres dont le rachat ne leur a pas été offert, après en avoir averti par affiches, deux mois à l'avance, les propriétaires riverains et les Communautés d'habitans qui pourront respectivement et chacun vis-à-vis de sa propriété ou des places publiques, les racheter dans ledit délay ».

[456] Décret du 26 juil.1790, art.VII : « Ne sont compris dans l'article III cy-dessus, non plus que les subséquents, les arbres qui pourroient avoir été plantés par le cy-devant Seigneur, sur les fonds mêmes des riverains, lesquels appartiendront à ces derniers en remboursant par eux les frais de plantation seulement ».

[457] *Oeuvres de Pothier*, *op.cit.*, t.8, *De la propriété* partie I, chap.II, section III *de l'accession*, n°151, p.177 : « J'acquiers (...) tous les fruits que ma terre a produits, soit naturels, soit industriels. J'acquiers ceux-ci, quand même ce serait un autre que moi qui aurait ensemencé et cultivé ma terre qui les a produits ; car ce n'est pas la culture qu'on a faite de cette terre, c'est le domaine qu'on a de cette terre, qui fait acquérir le domaine des fruits qu'elle produit. (...) Le propriétaire de la terre est seulement obligé en ce cas, à rembourser le prix des semences et des façons à celui qui les a faites » et n°171, p.185 : « Soit que j'ensemence mon champ d'une semence qui ne m'appartient pas, soit que j'ensemence le champ d'autrui de ma semence, la semence qui est en terre appartient au propriétaire de la terre à charge d'en rembourser le prix ».

[458] Décret du 26 juil.1790, art.VIII : « Ne sont pareillement comprises dans les articles IV et VI cy-dessus, les plantations faites soit dans les avenues, chemins privés et autres terrains

les arbres plantés le long des chemins royaux sur lesquels il devait être statué ultérieurement par la loi selon l'article IX. Quant au dixième et dernier article, il devait faire l'objet de deux rédactions successives. « Les administrations de départements » disait le texte de la première version, « seront tenues de proposer au Corps législatif les mesures qu'elles jugeront les plus convenables, d'après les localités et sur l'avis des Districts pour empêcher, tant de la pars des riverains et autres particuliers, que des Communautés d'habitans, toutes dégradations des arbres, dont la conservation intéresse le public et pour pourvoir au remplacement de ceux qui auroient été ou pourroient être abattus ; et cependant, avons déclaré nuls et attentatoires à la Puissance Législative, les arrêts généraux du Parlement de Douay, des 12 may et 31 juillet 1789, en ce qu'ils ont rendu les Communautés d'habitans du ressort de ce Tribunal responsables de plein droit de tous les dommages qu'éprouveroient les propriétaires des plantations. Faisons défenses de donner à cet égard aucune suite, tant aux procédures faites, qu'aux jugemens rendus en conséquence de cet arrêt ». A peine plus d'un mois plus tard, un autre décret de l'Assemblée Nationale du 29 août 1789 réforma cet article X du décret du 26 juillet, en supprimant l'annulation des arrêts du Parlement de Douai des 12 mai et 31 juillet 1789 et en la remplaçant par une disposition générale ainsi libellée : « Et cependant les Municipalités ne pourront, à peine de responsabilité, rien entreprendre en vertu dudit Décret que d'après l'autorisation expresse du Directoire de départements, sur l'avis de celuy du District qui sera donné sur simple requête et après communication aux parties intéressées, s'il y en a ».

Dans la phase ascendante de la Révolution, deux autres lois allaient intervenir, celles du 28 août 1792 et du 9 février 1793. Elles supprimaient les moindres traces de féodalité et les droits des cy-devant seigneurs qu'avait laissé le texte de 1790, et restreignait considérablement les droits des riverains. L'article 18 de la loi du 28 août 1792 portait « que jusqu'à ce qu'il ait été statué sur les arbres des routes nationales, nul ne pourra s'approprier lesdits arbres et les abattre ; que leurs fruits seulement, les bois morts, appartiendront aux riverains, ainsi que les élagages, quand il sera utile d'en faire, et ce, de l'agrément des corps administratifs, et à la charge par lesdits riverains d'entretenir lesdits arbres et remplacer les morts » …

Cette tendance restrictive devait se poursuivre après Thermidor. Saisi par un référé du tribunal correctionnel de Soissons sur l'interprétation de l'article 18 de la loi du 28 août 1792, le Directoire estima qu'il n'y avait pas lieu de délibérer sur sa transmission au Conseil des Cinq-Cents puisque ce

---

appartenans aux cy-devant Seigneurs, soit dans les parties de chemins publics qu'ils pourroient avoir achetées des riverains, à l'effet d'agrandir lesdits chemins et d'y planter, lesquelles plantations pourront être conservées et renouvelées par les propriétaires desdites avenues, chemins privés, terrains ou parties des chemins publics en se conformant aux règles établies sur les intervalles qui doivent séparer les arbres plantés avec les héritages voisins ».

texte était suffisamment clair[459]. Dans l'un des considérants de l'arrêté, il était proclamé « que les arbres plantés sur les chemins ci-devant dits royaux, ont toujours fait partie du domaine public reconnu inaliénable dans la main des ci-devant rois, et dont les aliénations faites, même à titre onéreux, postérieurement à l'ordonnance de 1566 qui a consacré cette inaliénabilité n'ont pu être regardées et ne l'ont été en effet par l'Assemblée nationale constituante que comme de simples engagemens révocables à perpétuité ; et que tel est le texte formel de l'article XXIV de la loi du 22 novembre 1790, sur les principes de la nouvelle législation domaniale… ».

Voilà donc l'Edit de Moulins et les principes de la domanialité publique contre la propriété « arboraire ». Pourtant, elle résistera là où elle avait été conforme aux coutumes locales[460], particulièrement en Flandres, Artois et Picardie où nous la retrouverons au XIXème siècle. Dans d'autres régions, la propriété « arboraire » proprement dite, qu'elle se situe sur les chemins ou les parcelles privatives, sera éclipsée par des institutions voisines.

§ 2. Les institutions voisines

Dès lors que l'on évoque pour la France continentale l'existence d'une propriété des arbres distincte de celle du sol, plusieurs institutions considérées comme voisines de la propriété « arboraire » sont inévitablement indiquées par les interlocuteurs. Parmi elles, il en est qui sont en réalité très différentes[461] et d'autres relativement proches.

Une proximité peut être établie avec le droit de « bandite » du comté de Nice, contrée périphérique il est vrai puisque séparée de la Provence à la fin du XIVème siècle et qui ne devait être rattachée définitivement à la France qu'en 1860. Cette institution originale[462] à l'appellation trompeuse qui

---

[459] Arrêté du Directoire exécutif, portant « qu'il n'y a pas lieu à délibérer sur un référé du tribunal correctionnel de Soissons, concernant la propriété des arbres plantés sur les grandes routes », du 28 Floréal an IV, Bulletin des lois, IIè série n°50, texte n°418.

[460] Selon la coutume du Boulonnais, les fruits des arbres plantés sur les grands chemins et places publiques étaient aux habitants des villages et paroisses où ils étaient situés, et leur permettaient d'en « user à leur gré », M. MERLIN, *Répertoire universel et raisonné de jurisprudence*, *op.cit.*, p.461.

[461] C'est le cas de l'emphytéose, qu'elle soit perpétuelle ou limitée dans le temps, qui n'est qu'une tenure féodale ou un bail immobilier de longue durée assorti d'un droit réel, ou les droits de « seconde herbe » (Cass. requête 14 nov.1853, Sirey 1854, 1, 105) et de pâturage. Cf. F. LAGARDE, *De l'extinction des droits de pâturage*, thèse droit, Toulouse, 1893 et M. CHAPELL, *De la servitude de pâturage*, thèse droit, Toulouse, 1898.

[462] Les trois ouvrages fondamentaux sont L. TROTABAS, *Le droit public dans l'annexion et le respect des droits acquis, Etudes sur les bandites, le culte et diverses situations particulières au comté de Nice annexé* (1860), thèse Paris, éd. La vie universitaire, 1921 ; J. LABARRIÈRE, *Le pâturage d'été et d'hiver dans la région de l'ancien comté de Nice*, thèse droit, Aix-en-Provence, 1922 ; D. PERNEY, « Une institution originale : les droits de bandite », travaux de recherches de la faculté de droit et sciences économiques, fasc.IV, Nice, juin 1978. On peut citer aussi L. GUIOT, *Les forêts et les pâturages du comté de Nice*, Paris, 1875 et *Le droit de bandite dans le comté de Nice – histoire, jurisprudence, opportunités de*

distinguait la propriété de l'herbe et celle du sol des pâturages, attribue au titulaire du droit, le « bandiote », un droit de propriété superficiaire. Elle a été reconnue par la jurisprudence et les autorités administratives françaises, à l'époque de la première formation du département des Alpes-Maritimes (1793-1814). Le principe fondamental de ce droit réel immobilier est identique à celui de la propriété « arboraire » dans la mesure où il y a dissociation de la propriété du végétal de celle du sol, mais il ne s'agit pas d'arbres, seulement d'herbe. D'ailleurs, lorsque les « bandites » ont été abolies par une loi spéciale, la propriété « arboraire » n'a absolument pas été concernée par ce texte. Preuve que les deux institutions sont bien distinctes[463].

Dans une autre contrée frontalière de l'est de la France, une vieille coutume de la Dombes distingue l'évolage, c'est-à-dire la propriété de l'étang en eau de l'assec qui est le fonds de l'étang desséché dont le sol fertile peut être périodiquement cultivé[464]. Cette copropriété[465] dans laquelle le sol est distinct de la superficie, ne concerne cependant pas des arbres.

Dans une région périphérique encore, elle aussi rattachée tardivement à la France, le Roussillon, qui n'est en fait que le Nord de la Catalogne, le contrat « à souche perdue » (*rabassa morta* en catalan) est comparé à la propriété « arboraire ». C'est en fait une variété de bail à complant que nous étudierons dans le chapitre consacré à l'Espagne.

---

leur extinction, étude d'économie agricole et pastorale, Nice, 1884 ; C. GUYOT, *Des droits d'emphytéose et de superficie*, thèse Nancy, 1876 ; P. CASIMIR, *Les bandites de la Turbie*, Monaco, 1919 ; G. ACCOLA, « Mutations territoriales de l'Etat et survie des institutions anciennes : la distinction alpes/bandites et l'application de la loi du 8 juillet 1963 », *Actes du colloque Nice au XIXè siècle : mutations institutionnelles et changements de souveraineté*, Centre d'histoire du droit, Nice, 1985, pp.191-202 ainsi que M. ORTOLANI, *Tende, 1699-1792 : destin d'une autonomie communale, aspects juridiques de la vie communautaire dans le Comté de Nice au XVIIIè siècle*, Menton, éd. du Cabri, 1994, pp.190-195 et « Le droit de bandite dans le pays niçois. Etapes d'une réflexion » in *Propriété individuelle et collective dans les Etats de Savoie*, Actes du colloque international de Turin 9-10 octobre 2009, Nice, Serre éditeur, 2012, pp.111-130 et B. DECOURT-HOLLENDER, « Tutelle sénatoriale et respect des droits et propriétés des communautés et des hommes du Comté de Nice au XVIIIème siècle » in *Propriété individuelle et collective dans les Etats de Savoie*, *ibid*, pp.185-195.

463 Loi n°63-645 du 8 juill.1963, portant suppression des droits dits « de bandite », J.O. du 9 juill.1963, n°159, p.6131. Cette loi n'a dailleurs pas mis fin au contentieux relatif aux *bandites*, puisque dans certains cas d'espèce, les droits objets du litige, apparaissaient comme d'une nature différente. C'est le cas de la *terre de cour* (D. PERNEY, *op.cit*, pp.24-28) qui procède d'une concession de pâturage en emphytéose perpétuelle à la fin du XIVème siècle.

464 C. REVEL, *Usages des pays de Bresse, Bugey et Gex, leurs statuts, stil & édits divisés en deux parties*, Bourg-en-Bresse, 1729 et nlle édition, 1775 ; J.-P. MARTY, *La dissociation juridique de l'immeuble. Contribution à l'étude du droit de superficie*, Paris, LGDJ, 1979, pp.666-667 et L. BERARD, *Terres et eaux en Dombes*, Lyon, Presses universitaires, 1982.

465 C'est l'analyse qui ressort d'une jurisprudence constante de la Cour de Cassation au XIXè siècle après un arrêt de la cour d'appel de Dijon (Cass.civ. 31 janv.1838, Sirey 1838, 1, 120 et Dalloz 1838, 1, 161).

Le bail à complant est en effet l'institution la plus fréquemment citée pour sa ressemblance avec la propriété « arboraire » corse, bien que son objet soit le plus souvent des vignes que des arbres. Parmi les variantes régionales, le bail à domaine congéable breton est lui aussi parfois présenté comme très proche de l'institution qui nous occupe. En réalité, ces baux en diffèrent sensiblement.

Le bail à complant

Connu dans plusieurs régions dès le Haut Moyen Age[466], particulièrement dans le détroit de la coutume de Poitou[467] et dans d'autres provinces de l'Ouest de la France (Aunis, Saintonge, Anjou, Maine, Bretagne nantaise), le bail à complant[468] met en relation le propriétaire du sol et un défricheur. Selon Paul Ourliac, « il confère au tenancier une sorte de « propriété de l'arbre » (comme il en existe par exemple dans des droits africains) distincte de la propriété du sol ». Cependant, même si l'on retrouve certaines similitudes avec la propriété « arboraire » corse telles que le fait qu'il a été souvent utilisé pour des défrichements et qu'il concerne parfois des oliviers, il s'agit d'une institution distincte.

En effet, généralement, dans un premier temps comme le nom l'indique, nous avons affaire à un bail et non à une propriété. Le bail à complant n'est alors qu'une variante du louage à champart[469]. C'est-à-dire que le tenancier doit au propriétaire une quote-part de chaque récolte. Il s'agissait d'un bail perpétuel que le tenancier peut céder à tout moment à un tiers mais qui n'est pas translatif de propriété. C'est ce que prévoit l'article 62 de la coutume de La Rochelle et c'est également le cas en Anjou. Toutefois dans certaines régions ou par une stipulation particulière du contrat, le bail à complant était translatif de propriété. De toute façon, « le plus souvent, le contrat prenait fin avec la perte des arbres ou de la vigne »[470].

Dans un second temps, en application d'une règle coutumière ou d'une stipulation spéciale, au terme d'une période variable, la terre complantée pouvait être partagée entre le propriétaire et le bailleur. Celui-ci devenait alors propriétaire d'une partie du sol complanté par ses soins. Mais il n'y avait pas de dissociation durable de la terre et des végétaux, tout au plus

---

466 Notamment dans la Vienne, cf. P. LAMOTTE, « Note sur la propriété arboraire... », *op.cit.*, p.66. Selon P. OURLIAC (« Baux ruraux à régime particulier », *JurisClasseurs* Baux ruraux 1992, fasc.62, p.7, §57), il serait apparu « vers la fin de l'époque carolingienne » et serait « lié à la replantation de vignes ou d'oliviers ».

467 Art.75 et 82 de la Coutume du Poitou.

468 R. CHAPELARD, *Du bail à complant*, thèse droit Paris, 1900 ; P. ROUVEROUX, *Le métayage, ce qu'il faut en savoir*, Paris, Lib. agric. de la Maison Rustique, sd. et surtout M. PLANIOL, *Histoire des institutions de la Bretagne*, t.4 *La Bretagne ducale*, Mayenne, 1982, pp.261-268 et t.5 *XVIè siècle*, Mayenne, 1984, pp.325-326.

469 Cf. *Dictionnaire pratique de droit*, Paris, Dalloz 1905, p.863.

470 P. OURLIAC et J. DE MALAFOSSE, *Histoire du droit privé, les biens*, Paris, PUF, 1961, p.152.

pouvait-elle être temporaire et transitoire, sauf à envisager une forme exceptionnelle dont nous n'avons pas d'exemple, dans laquelle le propriétaire et le planteur ne se partageraient pas le terrain mais uniquement les arbres. Il manque donc la caractéristique principale de la propriété « arboraire » qui est justement la séparation pérenne des droits réels sur le sol et le végétal.

D'ailleurs, l'ancien droit corse connaissait une forme de bail à complant qui ne disait pas son nom. Il était régi par les premières lignes du chapitre XXXVIII des Statuts civils de 1571, intitulé *Des améliorations faites par les détenteurs dans les biens pris par eux à cens ou bail emphytéotique* : « Quiconque aura pris terres (...) à cens perpétuel, ou à bail emphytéotique, et y aura fait des améliorations, comme d'avoir travaillé la terre, et d'inculte l'avoir rendue bien cultivée ou y avoir planté des arbres ou de la vigne, aura en ce cas, à titre de propriété, la moitié de la terre qu'il aura améliorée ; il en pourra disposer librement, et le partage sera fait par deux hommes de biens au choix des parties et en cas qu'il ne se trouve point d'accord par un troisième qui sera nommé par le Juge »[471]. Il est évident que cela n'aboutissait pas à une propriété « arboraire » et c'est pourquoi ces dispositions des statuts n'ont pas été évoquées ci-dessus dans les développements relatifs à la Corse.

La redevance que payait généralement le complanteur avant partage pouvant apparaître comme une rente perpétuelle, le bail à complant a pu être considéré comme féodal d'autant qu'il s'insérait globalement dans un contexte féodal. Il était donc visé par les lois du 15 août 1792 et du 17 juillet 1793 abolissant la féodalité. Ainsi, la « foncière » d'Auvergne, variante du bail à complant, a-t-elle été déclarée rachetable. Mais finalement, le bail à complant ne fut pas complètement aboli par le droit intermédiaire[472] et continua d'être pratiqué dans de nombreux départements : Vienne, Deux-Sèvres, Charentes, Vendée, Loire Atlantique... C'est également ce qu'il est advenu dans les départements voisins pour le bail à domaine congéable[473].

---

471 *Statuts Civils de l'Isle de Corse, traduction faite sur un exemplaire italien imprimé à Bastia en 1694 par M. Serval*, Bastia, 1769, réédités in *Statuts civils et criminels de la Corse*, présentés par J.-Y. Coppolani et A.-L. Serpentini, *op. cit.*.

472 P. OURLIAC, *ibid*, §63 : « Pour la Loire inférieure un avis du Conseil d'Etat du 4 thermidor an VIII a jugé que le contrat n'était qu'un bail à ferme de durée perpétuelle : mais par un nouvel avis des 21 ventôse et 24 messidor an X, le Conseil d'Etat indiqua qu'il n'y avait pas lieu de rendre commun aux départements de la Vendée, Maine-et-Loire, ni à tout autre, l'arrêté du 4 thermidor an VIII ».

473 M. PLANIOL, *Histoire des institutions de la Bretagne*, *op.cit.*, t.4, pp.225-268 et t.5, pp.317-324 et L. KERALY, *Etude sur les domaines congéables*, thèse droit, Paris, 1909.

Le bail à domaine congéable

Le domaine congéable et la quevaise qui en est une forme particulière[474], sont des institutions apparues au Moyen Age en basse Bretagne. Selon Marcel Planiol, la plus ancienne trace du domaine congéable remonte au milieu du XIIIème siècle mais il est possible que l'institution ait existé avant les plus anciens documents dans lesquels elle est mentionnée et qui sont parvenus jusqu'à nous.

Le droit coutumier du domaine congéable appelé aussi bail à convenant, « était identique partout dans ses traits principaux (...). Certaines règles de détail (...) variaient selon les diverses régions de la Bretagne ». Marcel Planiol comptait ainsi quatre « usements » : ceux de Brouërec, de Cornouaille, de Tréguier appelé aussi de Gouëllo et de Rohan. Le tenancier désigné par les termes domanier ou convenancier, est titulaire d'un droit de propriété qui porte sur les maisons, les fossés et talus et sur les plantations, « à l'exception de certaines espèces d'arbres que les praticiens ont eu beaucoup de peine à définir », nommés arbres fonciers. Il « acquiert la jouissance du fonds et la propriété des édifices ou superficies, alors que le bailleur ou seigneur foncier conserve la propriété du fonds. Il peut congédier le preneur en lui remboursant la valeur des superficies »[475]. Comme le soulignait Marcel Planiol, la véritable originalité du système « réside non pas dans la congéabilité du tenancier, mais dans la domanialité des édifices et superficies établie à son profit ». Ainsi malgré son intitulé, la caractéristique principale du domaine congéable est l'attribution au tenancier de la propriété des superficies, c'est-à-dire des constructions et de la plupart des arbres.

L'origine du bail à domaine congéable a suscité de nombreuses hypothèses : il aurait été apporté par les Romains, il serait venu d'Angleterre, du Pays de Galles ou encore d'Irlande... Marcel Planiol penchait pour une origine tout simplement bretonne de l'institution qui n'existait ni en Irlande ni en Grande-Bretagne. La géographie du domaine congéable, localisé en basse Bretagne, n'est pas un argument qui permet à lui seul, de trancher entre l'origine locale et une importation. Cependant, il semble évident que le bail à domaine congéable « est avant tout un contrat de défrichement ; il devait naître spontanément des besoins d'une population pauvre, très dense et très prolifique, en contact avec une grande quantité de landes et de terres incultes ». Cet objectif de défrichement constitue un point commun avec la propriété « arboraire » dans différents pays et rappelle notamment certains développements des Tablettes Albertini[476].

---

[474] Mentionnée par des documents du milieu du XVème siècle, la quevaise (du breton *kai-armaëz* qui signifierait « va dehors ! ») est très proche du domaine congéable. Le quevaisier a cependant des obligations particulières : ne tenir qu'une seule quevaise et résider sur sa tenure sous peine de voir le seigneur foncier la reprendre dans l'année. Plus nettement féodale que le bail à domaine congéable, la quevaise a disparu avant lui. Cf. M. PLANIOL, *ibid*, pp.249-259.

[475] P. OURLIAC et J. DE MALAFOSSE, *Histoire du droit privé, les biens*, *op.cit.*, p.151.

[476] Cf. ci-après titre II, chap. I, sect.II, §2 et titre III, chap.II, sect.I, §1.

Sans en faire la source première de l'institution, Marcel Planiol n'exclut pas qu'une transformation d'anciennes tenures serviles soit à l'origine du domaine congéable et de la quevaise, cette dernière ne représentant qu'une étape antérieure de l'évolution. Quoi qu'il en soit, certaines caractéristiques de cette institution permettent de soupçonner son appartenance à la catégorie des droits supprimés lors de la nuit du 4 août 1789…

Néanmoins, le droit intermédiaire devait avoir quelques hésitations quant à la suppression de l'institution[477]. Le décret de l'Assemblée Nationale des 7 juin et 6 août 1791 maintenait le bail à domaine congéable en supprimant ses éléments féodaux. Selon l'article 3 de la loi, les domaniers étaient autorisés à aliéner les « édifices et superfices » pendant la durée du bail sans le consentement du propriétaire foncier. La suppression du « privilège du *juvénieur* »[478], conservé par l'usement de Rohan, déjà aboli par un décret du 15 mars 1790 interdisant ce genre de « partages inégaux à raison de la qualité des personnes », était confirmée. Sous certaines conditions, le domanier pouvait se retirer à l'expiration du bail et exiger le remboursement des « édifices et superfices ». Le contrat était de la sorte plus équilibré. Auparavant, le seigneur foncier avait seul la maîtrise de la durée du bail auquel il pouvait mettre fin soit au terme convenu, soit à tout moment en remboursant au tenancier la valeur des édifices et superficies. C'était par conséquent un contrat limité dans le temps pour le seigneur foncier et illimité pour le domanier. Ce dernier ne pouvait mettre fin à ses obligations qu'en cédant généralement dans de mauvaises conditions, ses « droits convenanciers » ou à se résoudre à l'exponse, une forme de déguerpissement… La Constituante n'enleva pas au foncier le droit de « congément » mais lui imposa le terme du 29 septembre et l'obligation de faire estimer les édifices et superfices dans les six mois qui précèdent la fin du bail. Le domanier exploitant peu pouvait contraindre le bailleur à le congédier et à lui rembourser la valeur des édifices et superficies selon leur estimation (art.22 de la loi). En cas de non-paiement, il pouvait faire vendre aux enchères les édifices et superficies et même le fonds, pour compléter la somme. Toujours par souci d'équilibre et de symétrie entre foncier et domanier, la loi accordait au propriétaire qui voulait éviter le remboursement réclamé par le tenancier, de se libérer en abandonnant la propriété du domaine et la vente convenancière. Ce qui permettait au domanier de devenir propriétaire.

Dès les premiers mois de la Révolution, de nombreux domaniers et une partie importante de l'opinion auraient voulu aller plus loin que ces mesures d'équité et exigeaient la suppression du domaine congéable dont ils accusaient les caractéristiques manifestement féodales. Ils envisageaient

[477] M. GARAUD, *La Révolution et la propriété foncière*, Paris, Sirey, 1958, pp.267-275.

[478] Le puîné des enfants mâles du domanier recueillait seul la succession en plus de sa part dans le reste de la succession de ses auteurs ; à défaut de mâle, la plus jeune des filles jouissait du même privilège. Ce droit qui faisait initialement des règles de la quevaise n'a pas été maintenu par tous les usements pour le bail à domaine congéable.

comme pour toutes les tenures féodales sa transformation en propriété pure et simple au profit du domanier[479]. Après la chute de la monarchie, le décret des 27 août et 7 septembre 1792 devait leur donner satisfaction.

Dès son préambule, ce décret proclamait que « la tenure, connue dans les départements du Morbihan, du Finistère et des Côtes du Nord sous les noms de convenant et de domaine congéable, participe de la nature des fiefs et qu'il est instant de faire jouir les domaniers de l'avantage de l'abolition du système féodal ». Dès l'article premier, les différents usements qui régissaient le domaine congéable étaient abolis et en conséquence, les domaniers devenaient propriétaires incommutables du fonds ainsi que des édifices et superficies. En application de ce texte, la propriété de la plupart des arbres et celle du sol étaient réunies. Cependant, le propriétaire foncier ne perdait pas la totalité de ses droits. Les concessions à domaine congéable étaient assimilées à des arrentements : « l'entière propriété des terres ainsi concédées appartient au concessionnaire avec faculté perpétuelle de racheter les rentes ». Certaines redevances et corvées considérées comme relevant de la féodalité dominante étaient supprimées sans indemnité[480]. L'ancien propriétaire foncier conservait à l'égard des baux en vigueur outre sa « rente convenancière », un droit limité sur les arbres dits fonciers. Cette restriction de la loi de 1792 quant à la transformation du domanier en propriétaire du sol et de la superficie, pour limitée qu'elle fut, était cependant de nature à maintenir une dissociation juridique du sol et de certains arbres, même après le rachat de la « rente convenancière ».

Toutefois, cette loi des 27 août et 7 septembre 1792 qui complétait celle des 7 juin et 6 août de la même année, consacrait, comme l'écrit Marcel Garaud[481], la spoliation et même la ruine des fonciers au profit des domaniers. D'autant plus que le décret du 29 floréal et 2 prairial an II devait déclarer applicables aux « rentes convenancières », les dispositions de la célèbre loi du 17 juillet 1793, laquelle supprimait purement et simplement toutes les redevances entachées de féodalité.

Après la chute de Robespierre, des pétitions réclamèrent la révision de ces textes de 1792 et 1793 à qui l'on reprochait d'avoir abouti à une expropriation sans indemnité, contraire à l'article 17 la Déclaration des droits de l'homme et du citoyen. L'Etat lui-même, en tant que propriétaire de

---

479 Déjà en février 1790, une pétition adressée à lAssemblée Nationale par les citoyens de la Bretagne et de l'Anjou réclamait « l'abolissement de tous les usemens locaux & notamment des usemens de Domaine congéable, avec des réflexions sommaires sur les taux & le mode du remboursement ». Cette pétition affirmait dans son article Ier que « le domaine congéable a un caractère de fief » et dénonçait dans l'article II « la dureté » et même « la barbarie » de cette institution (*Procès-verbal de l'Assemblée de la Bretagne et de l'Anjou tenue à Pontivy les 15 & autres jours de février 1790*, Paris, chez Dessenne, 1790).

480 Entre autres, sont abolis sans indemnité les droits de champart ou de terrage perçus par les cy-devant seigneurs, sur les terres « écobuées en Cornouailles », c'est-à-dire défrichées par écobuage. On remarque une fois encore la relation de ce type d'institutions avec les défrichements.

481 *Op.cit.*, p.271.

biens nationaux faisant l'objet de baux à domaine congéable, avait subi un préjudice considérable supérieur à cent millions de francs de l'époque... Sur proposition du Directoire et après intervention de plusieurs députés bretons, les Conseils des Cinq-Cents et des Anciens abrogèrent par la loi du 9 brumaire an VI (30 oct. 1797), les textes de 1792 et 1793 et rétablirent celui de 1791. Sans rétroagir toutefois. Ainsi, au terme de ces péripéties législatives, le nombre des baux à domaine congéable était considérablement diminué, mais l'institution était maintenue et allait poursuivre son existence à l'ère du Code civil.

SECTION II. LA PROPRIÉTÉ « ARBORAIRE » À L'ÈRE DU CODE CIVIL

A l'ère du Code civil, des textes législatifs divers, extérieurs à ce code, traitent de la propriété « arboraire » et des institutions voisines auxquelles on la rattache à tort ou à raison et que nous avons évoquées dans la section précédente. Cependant, c'est l'article 553 du Code civil qui tolère l'existence de la propriété « arboraire » sur le territoire français aujourd'hui et qui lui permet donc de se maintenir en Corse.

§ 1. Les textes extérieurs au Code civil

Les dispositions du droit intermédiaire relatives à l'appropriation des arbres le long des routes ou d'autres lieux publics, ainsi que les baux à complant et à domaine congéable ont perduré après 1804 et ont évolué encore ponctuellement au cours du XIXème siècle sur le plan législatif et jurisprudentiel.

Les arbres le long des routes

L'idée d'inciter les riverains à planter des arbres sur le bord des routes en leur en laissant la propriété a été reprise à l'époque napoléonienne comme d'autres institutions de l'Ancien Régime, par la loi du 9 ventôse an XIII (28 février 1805)[482], mais les restrictions issues du droit intermédiaire se sont manifestées de plus en plus fortement. En effet, l'article premier de cette loi décidait que « les grandes routes de l'Empire non plantées et susceptibles d'être plantées, le seront en arbres forestiers ou fruitiers, suivant les localités, par les propriétaires riverains ». Selon l'article suivant, ces plantations devaient être faites « dans l'intérieur de la route et sur le terrain appartenant à l'Etat ». C'est à l'article 3 qu'était affirmé le principe d'une propriété « arboraire » : « les propriétaires riverains auront la propriété des arbres et de leur produit ». Pourtant, la suite du texte montre bien que cette propriété était considérablement limitée par une tutelle étroite exercée par l'administration.

---

[482] Loi « relative aux plantations des grandes routes et des chemins vicinaux », *Bulletin des lois*, IVè série, texte n°587, pp.361-362.

En particulier, ces propriétaires ne pouvaient ni « couper, abattre ou arracher » les arbres sans autorisation administrative. L'article 4 prévoyait même que si les riverains n'avaient « point usé, dans un délai de deux années, à compter de l'époque à laquelle l'administration aura désigné les routes qui doivent être plantées, de la faculté qui leur est donnée par l'article précédent, le gouvernement donnera des ordres pour faire exécuter la plantation aux frais de ces riverains ; et la propriété des arbres plantés leur appartiendra » ...

Moins de six ans plus tard, le décret impérial du 16 décembre 1811[483] « contenant règlement sur la construction, la réparation et l'entretien des routes » comportait un titre VIII intitulé *De la Plantation des Routes*. Celui-ci distinguait dans une première section « les plantations anciennes », dans laquelle après était posé le principe de l'appartenance à l'Etat des arbres plantés le long des routes impériales sur l'emprise même de la route ou dans les fossés. Une exception était reconnue pour ceux des arbres plantés en vertu de la loi du 9 ventôse an XIII[484] qui pouvaient donc appartenir à des particuliers bien que plantés sur le domaine public. Dans l'article suivant, les rédacteurs du décret ont éprouvé le besoin de préciser que « tous les arbres plantés, jusqu'à la publication du présent décret, le long desdites routes, et sur le terrain des propriétés communales ou particulières, sont reconnus appartenir aux communes ou particuliers propriétaires du terrain », faisant ainsi obstacle à ce que cette catégorie d'arbres soit l'objet d'une propriété « arboraire ».

Dans la deuxième section, sous le titre « les plantations nouvelles », il était dit que « toutes les routes impériales non plantées, et qui sont susceptibles de l'être sans inconvénient, seront plantées par les particuliers ou communes propriétaires riverains de ces routes, dans la traversée de leurs propriétés respectives ». Econome des deniers publics, le gouvernement impérial voulant obliger ses sujets à participer à l'aménagement et à l'entretien des routes sous peine d'amende[485], proclamait en contrepartie que « ces propriétaires ou ces communes demeureront propriétaires des arbres qu'ils auront plantés ». L'esprit de ce décret impérial était manifestement très éloigné de l'institution que nous avons étudiée en Corse. Il plaçait les particuliers et les communes sous le strict contrôle de l'administration de l'Etat. Non seulement le décret fixait les distances à respecter pour les plantations, mais encore l'opportunité et les délais des plantations ainsi que

---

483 *Bulletin des lois*, IVè série, T. XVI, bull. 418, p.66 et ss.

484 Art.86 : « Tous les arbres plantés avant la publication du présent, sur les routes impériales, en dedans des fossés et sur le terrain de la route, sont reconnus appartenir à l'Etat, excepté ceux qui auront été plantés en vertu de la loi du 9 ventôse an XIII ».

485 Art.95 à 98 : au terme du délai fixé par l'administration, les préfets devaient faire constater par les ingénieurs des Ponts et Chaussées, les défaillances des communes et particuliers. Ces derniers devaient être condamnés à une amende « d'un franc par pied d'arbre que l'administration aura planté à leur défaut ; et ce indépendamment du remboursement de tous les frais de plantation ».

l'essence des arbres devaient être déterminées par arrêté du préfet sur avis de l'ingénieur des Ponts et Chaussées et approuvé par le ministre de l'Intérieur... Les arbres morts ou manquants devaient être remplacés sur simple réquisition de l'ingénieur des Ponts et Chaussées. Les particuliers ne pouvaient procéder à l'élagage de leurs arbres qu'à des époques déterminées et sous le contrôle des agents de l'administration.

Ces mesures contraignantes devaient être implicitement abrogées par la loi du 12 mai 1825 « concernant la propriété des Arbres plantés sur le sol des Routes royales et départementales, et le curage et l'entretien des fossés qui bordent ces routes »[486]. Ce texte du règne de Charles X mettait fin à cette propriété « arboraire » particulières des arbres bordant les routes. Toutefois, il n'était pas rétroactif et il prévoyait que le contentieux relatif à la propriété des arbres plantés sur le sol des routes serait de la compétence des tribunaux judiciaires[487]. Au cours du XIXème siècle, les tribunaux auront effectivement à connaître plusieurs affaires concernant la propriété d'arbres plantés sur les routes, mais il n'y aura plus de nouvelles lois relatives à la propriété « arboraire » proprement dite. En revanche, les institutions voisines telles que l'évolage, les « bandites », les baux à complant et à domaine congéable feront l'objet de plusieurs textes législatifs.

L'évolution de l'évolage, des « bandites », du bail à complant et du domaine congéable

La coutume dombiste de l'assec et de l'évolage a été dans un premier temps, malmenée par la jurisprudence de la première moitié du XIXème siècle, puisque la Cour d'appel de Dijon, dont l'arrêt a été confirmé par la Cour de Cassation[488], n'y voyait qu'une copropriété indivise pouvant être soumise à l'action en partage de l'article 815 du Code civil. Quelques années plus tard, la loi du 21 juillet 1856[489] réglait minutieusement « la licitation des étangs situés dans le département de l'Ain ». Comme le montre cet intitulé, le seul objectif de ce texte était d'organiser la suppression de la dissociation de l'immeuble que constituait la distinction entre la propriété de l'assec et

---

486 *Bulletin des lois* VIIIè série, n°36, texte n°811, p.p.325-326.

487 Art.I : « Seront reconnus appartenir aux particuliers les arbres actuellement existant sur le sol des routes royales et départementales, et que ces particuliers justifieraient avoir légitimement acquis à titre onéreux, ou avoir plantés à leurs frais, en exécution des anciens règlemens. Toutefois ces arbres ne pourront être abattus que lorsqu'ils donneront des signes de dépérissement, et sur une permission de l'administration. La permission de l'administration sera également nécessaire pou en opérer l'élagage. Les contestations qui pourront s'élever entre l'administration et les particuliers, relativement à la propriété des arbres plantés sur le sol des routes, seront portées devant les tribunaux ordinaires. Les droits de l'Etat y seront défendus à la diligence de l'administration des domaines ».

488 Cass.Civ. 31 janvier 1838 (Sirey 1838. 1. 120 et Dalloz 1838. 1. 161) rejetant le pourvoi de communes titulaires d'un droit d'assec. Cette jurisprudence sera confirmée dix ans plus tard par un arrêt du 5 juillet 1848, cassant une décision de la Cour d'appel de Lyon (Devilleneuve,1848, I, p.698).

489 *Bulletin des Lois* XIè série, n°415, texte n°3855, p.320 à 328.

celle de l'évolage. Le législateur n'est cependant pas allé jusqu'à imposer la licitation[490] malgré sa volonté de mettre fin à cette institution coutumière. Celle-ci devait donc subsister encore, régie par un ensemble de règles traditionnelles remontant au Moyen Age et qui avait été codifiée dès 1524 par la coutume de Villars[491].

De même, les « bandites » ont été maintenues après l'annexion du comté de Nice par la France en 1860[492]. Mais considérées comme un obstacle au développement économique, en particulier à la création de stations de ski dans l'arrondissement de Nice, elles ont été supprimées en 1963 par une loi[493] pour laquelle se sont mobilisés tous les parlementaires du département des Alpes-Maritimes[494]. Cette loi a été votée alors même que subsistait un obstacle constitutionnel puisqu'elle dérogeait à certaines dispositions du traité de 1860 qui annexait le comté de Nice à la France, et que la constitution de 1958 plaçait les traités au-dessus des lois... Elle n'a, au demeurant, pas mis fin à toutes les difficultés juridiques que posaient les « bandites », puisqu'il en a encore été question dans plusieurs procès longtemps après 1963[495]. Il est souvent difficile en effet, de faire la différence entre les « bandites » supprimées par la loi de 1963 de la « Terre de Cour » cantonnée sur quelques milliers d'hectares du nord-est des Alpes-Maritimes, sur des montagnes atteignant les 3000 mètres et où est distinguée la propriété du sol de celle des pâturages d'été[496].

Le bail à complant s'est lui aussi maintenu jusqu'à nos jours principalement dans des régions périphériques : la Bretagne nantaise, les Charentes, le Poitou et le Roussillon où il n'est que la forme française d'une institution catalane[497]. Il a sensiblement évolué à la fin du XIXème et la première moitié du XXème siècle[498]. Il reste un contrat selon lequel un

---

490 Art.2 : « La licitation des étangs situés dans le département de l'Ain dont l'évolage et l'assec n'appartiennent pas à un seul propriétaire ne peut être poursuivie qu'en se conformant aux dispositions de la présente loi ».

491 C. RIVOIRE et A. TRUCHELUT, *Coutumes et usages des étangs de la Dombes et de la Bresse*, Bourg-en-Bresse, Bibliographie des étangs, 1881 ; « La coutume de Villars », *Dombes*, automne 1985-hiver- 1986 n°5 ; S. DE CARRA et F. LE LAY, « Quand l'usage fait patrimoine. Vers une patrimonialisation des usages et des paysages culturels ? L'exemple de la Dombes » in Géographie et droits, *Développement durable et territoires*, vol.6n °1, mars 2015 (en ligne).

492 L. TROTABAS, *Le droit public dans l'annexion et le respect des droits acquis*, *op.cit.*.

493 Loi n°63-645 du 8 juillet 1963, portant suppression des droits dits « de bandite », *J.O. du 9 juillet 1963*, n°159, p.6131.

494 En particulier les sénateurs Raybaud, Roubert et Hugues et le député Palmero. Ces derniers ont été les auteurs ou les rapporteurs de la proposition qui deviendra la loi du 8 juillet 1963.

495 D. PERNEY, *Une institution originale : les droits de bandite*, *op.cit.*, p.198 et s.

496 Sur la *Terre de Cour*, cf. D. PERNEY, *op.cit.*, p.24-28; L. TROTABAS, *op.cit.*, pp.44-46, 54, 79-84 et J. LABARRIÈRE, *Le pâturage d'été et d'hiver dans la région de l'ancien comté de Nice; Alpes, Terre de Cour, Bandites*, thèse droit, Paris, PUF, 1922.

497 Cf. ci-dessous, titre III, chap.I, section 2, §2.

498 A. POIRIER, *L'évolution du complant en France et particulièrement en Loire inférieure*, thèse Rennes, 1941.

propriétaire foncier cède à un colon ou complanteur, une superficie de terrain à charge de la complanter ou d'en continuer ou renouveler la culture, selon des conditions déterminées.

Tout au long du XIXème siècle et pendant les premières décennies du XXème, à moins d'une clause contraire, le complanteur et ses héritiers ne possédaient qu'au même titre que des fermiers ordinaires, ils n'acquéraient aucun droit de propriété[499]. Cela s'expliquait par le fait que dans les régions où selon la coutume, le bail à complant était translatif de propriété avant la Révolution, il avait été déclaré rachetable comme entaché de féodalité. Cependant, le partage du sol complanté entre le propriétaire foncier et le colon pouvait être stipulé. Le caractère translatif était donc maintenu par la volonté des parties et même habituel dans certaines communes. Le bail à complant était, en principe, perpétuel tant que la plantation existait et qu'elle était régulièrement cultivée[500]. Le colon pouvait toutefois délaisser l'immeuble quand il lui plaisait[501].

Désormais exclusivement utilisé pour la vigne, surtout autour de Banyuls[502], le bail à complant a été réformé par la loi du 8 mars 1898 à l'occasion de la crise du phylloxera, sans que ses traits fondamentaux fussent altérés. L'article 1er de celle-ci prévoyait qu'en cas de destruction de plus de la moitié des ceps d'une vigne par la maladie, le colon avait le droit de la reconstituer sans que le bail en fût modifié. L'article 3 autorisait le complanteur à céder son droit à un tiers à toute époque dans des conditions déterminées mais le bailleur avait un droit de préemption qu'il pouvait exercer dans un délai limité.

Le bail à complant a fait l'objet d'un décret-loi du 13 avril 1938 « tendant à son abrogation ». Il a pourtant été inséré en 1955 dans les articles 926 à 936 du Code rural. Encore modifié par une loi du 30 décembre 1988, il est actuellement régi par le titre quatrième du Code rural et de la pêche maritime, par les articles L.441-1 à 13 et R.441-1 à 3. Douze de ces articles[503] sont consacrés à une procédure dite d'aménagement qui aboutit au « parcellement » c'est-à-dire au partage du sol complanté entre le propriétaire foncier et le ou les complanteurs et par conséquent à la disparition du complant. Cette opération se présente comme un cantonnement c'est-à-dire un partage ou un remembrement. Deux autres articles concernent les droits de préemption respectifs du propriétaire et du

---

499 Cass. ch. des requêtes, 14 nov.1900, *Recueil périodique* Dalloz 1900, 1è partie, p.597.

500 Cour d'Appel de Poitiers, 19 fév.1894, *Recueil périodique* Dalloz 1894, 2è partie, p.383.

501 Trib. civil de La Roche-sur-Yon, 27 juil.1893, *Recueil périodique* Dalloz 1894, 2è partie, p.383.

502 *Recueil périodique* Dalloz 1898, 4è partie, p.35 et *Dictionnaire pratique de droit*, Paris, Dalloz, 1905, p.863.

503 L.441-4 à L.441-8 et L.441-10 et 11.

complanteur[504]. Ainsi, pas plus que dans l'ancien droit, de nos jours, le bail à complant n'aboutit finalement qu'à une distinction temporaire de la propriété de l'arbre de celle du sol et uniquement dans lescontrats translatifs de propriété. Les dispositions relatives à l'aménagement et au « parcellement » pourraient cependant inspirer un dipositif permettant de mettre fin à la dissociation de l'arbre et du sol, à la demande du propriétaire foncier ou du propriétaire « arboraire ».

En revanche, la dissociation de la propriété de l'arbre et du sol est encore aujourd'hui une caractéristique du bail à domaine congéable ou à convenant. Il est encore usité dans certains départements bretons. Jusqu'au milieu du XXème siècle, il restait régi pour l'essentiel par la loi du 7 juin 1791 qui a été complétée au XIXème siècle, par les lois du 19 avril 1831 sur la répartition des contributions entre les parties, celle du 8 février 1897[505] qui renforçait la protection du domanier. Une réforme substantielle est intervenue par la loi du 16 septembre 1947 qui a étendu au bail à domaine congéable, le bénéfice du statut du fermage. Malgré un déclin regretté par certains auteurs[506] mais incontestable dès les premières décennies du XXème siècle, le bail à domaine congéable, après avoir occupé les articles 904 à 925 du Code rural, est encore organisé par le titre troisième du Code rural et de la pêche maritime, articles L.431-1 à 23 et R.431-1[507].

Le principe fondamental de ce bail rural reste que le preneur, que l'on appelle conformément à l'ancienne terminologie domanier ou colon, possède en pleine propriété les édifices et superficies, c'est-à-dire ce qui s'élève sur le sol par le travail de l'homme, et notamment les arbres ou du moins d'une partie d'entre eux. Ainsi, les domaniers sont tout à la fois d'une part, fermiers du fonds, et d'autre part, propriétaires des « édifices et superfices » qu'ils peuvent aliéner « pendant la durée du bail, sans le consentement du propriétaire foncier ». Ils peuvent aussi les hypothéquer. A l'expiration du bail, le propriétaire du fonds peut congédier le domanier en lui remboursant la valeur des édifices et superficies. Réciproquement, le preneur a le droit de se retirer en fin de bail en bénéficiant des « droits réparatoires » c'est-à-dire le remboursement de ses édifices et superficies évalué à dire d'expert. Le bailleur peut se libérer de ses obligations en abandonnant le fonds au domanier. Symétriquement, ce dernier conserve le traditionnel droit d'exponse qui lui permet de se libérer en abandonnant ses édifices et superficies au foncier. Comme on peut le remarquer, tout ce mécanisme

---

504 P. OURLIAC, « Baux ruraux à régime particulier » *op.cit.* §57 à 83 et J.-P. Moreau, « Baux ruraux, bail à domaine congéable et bail à complant », *Jurisclasseur*, fasc.430 (2010), p.5-7 et formule du bail à complant fasc.600 (2011).

505 *Recueil périodique Dalloz* 1897, 4è partie, p.18.

506 R. LENOAN, « Le déclin du domaine congéable en basse Bretagne », in *Travaux juridiques et économiques de l'Université de Rennes*, X, 1930, pp.121-143.

507 P. OURLIAC, « Baux ruraux à régime particulier », *op.cit.*, §13 à 56 et J.-P. Moreau, « Baux ruraux, bail à domaine congéable... », *op.cit.*, pp.1-4 et formule du bail à domaine congéable fasc.610 (2011).

témoigne d'une tendance à faciliter la réunion du sol avec les édifices et superficies et par là, de mettre un terme à la dissociation de l'immeuble que constitue le domaine congéable. Malgré sa complexité, il pourrait inspirer un dispositif légal permettant à la demande d'une des parties concernées de mettre fin à la propriété « arboraire » dans les cas que son maintien serait considéré comme gênant.

Tel qu'il subsiste dans le Code rural et de la pêche maritime, qui a d'ailleurs repris presqu'intégralement les dispositions de l'ancien Code rural sur ce point, le bail à domaine congéable est passablement rationalisé et équilibré. Les droits de chacun des protagonistes sont définis et protégés, la part du consensualisme a été élargie et a fait reculer celles des incohérences coutumières. Cependant, malgré les subtiles distinctions héritées de plusieurs siècles pour distinguer les arbres fonciers et domaniers, toutes les incertitudes n'ont pas été levées, et donc les causes de contestation. « Suivant la distinction ancienne, sont réputés édifices et superficies (et donc appartiennent au domanier) : les arbres fruitiers, les bois puinais (saulx, marceaux, épines, sureaux, aulnes, genêts, genièvres, ronces, coudrier, houx, bouleau), les bois taillis avec leurs souches » [508]. Il est évident qu'une telle énumération ne peut être exhaustive, ce qui laisse la possibilité de litiges. Pourtant, à un moment où l'institution tombe en désuétude, et donc les traditions s'affaiblissent, tandis que les dispositions législatives sont déclarées d'ordre public (art.L.431-22), les rédacteurs de la loi d'orientation agricole du 4 juillet 1980 dont les dispositions sont aujourd'hui insérées dans le Code rural et de la pêche maritime, se sont limités à la modification de trois articles de l'ancien Code rural[509]. Ils s'en sont finalement remis comme précédemment « aux stipulations prévues par les baux ou, à défaut, aux usages des lieux, en tout ce qui concerne (les) droits respectifs sur la distinction du fonds et des édifices et superfices, des plantations pérennes telles que vignes et arbres fruitiers, des arbres dont le domanier doit avoir la propriété ou le simple émondage »[510] (art.L.431-4)… Le seul ajout fait en 1980 est l'expression « des plantations pérennes telles que vignes et arbres fruitiers ».

Les autres articles concernant la répartition des arbres entre foncier et domanier ne font que reprendre l'ancien Code rural : « Dans le cas où le bail et les usages ne contiennent aucun règlement sur les châtaigniers et noyers, ces arbres sont réputés fruitiers (et sont donc la propriété du domanier), à l'exception néanmoins, de ceux d'entre eux qui sont plantés en avenues, masses ou bosquets » (art.L.431-5 ex. article 908). « Tous les bois ou non sujets à émondage qui sont plantés, semés ou viennent naturellement sur les fossés et talus de la tenure appartiennent indivisément au foncier et au

---

508 P. OURLIAC, *ibid*, §52, p.6.

509 Article 63 de la loi du 4 juillet 1980 modifie les articles 907, 911 et 918 de l'ancien Code rural devenus respectivement les articles L.431-4, L.431-8 et L.431-15 de l'actuel *Code rural et de la pêche maritime*.

510 C'est-à-dire le droit de profiter seulement du produit de l'élagage.

domanier pour moitié à chacun d'eux. Seuls les bois non émondables par leur nature peuvent être vendus au cours du bail et d'un commun accord entre foncier et domanier. En cas de désaccord sur l'opportunité de la vente, le tribunal paritaire est saisi du litige à la requête du foncier ou du domanier » (art.L.431-7 ex. article 910). Il a été ajouté en 1980 que « le domanier ne peut (...) procéder à des plantations pérennes, telles que vignes ou arbres fruitiers qu'après entente avec le propriétaire » mais le domanier peut toutefois contester l'opposition du propriétaire foncier devant le tribunal paritaire (art.L.431-15 ex. article 918). Enfin, « le domanier peut, après entente avec le propriétaire foncier, entreprendre toute plantation de bois qu'il jugera utile sur les terres impropres à une culture normale, notamment landes, terrains accidentés ou rocailleux. En cas de désaccord, le tribunal paritaire peut autoriser la plantation. Les produits de la plantation sont partagés entre le foncier et le domanier en proportion de leur participation aux frais » (art.L.431-16 ex. article 919). Enfin, terminons cette énumération en soulignant l'article 431-6 qui reprend les termes de l'ancien article 909 dont le contenu a de quoi surprendre lorsqu'on s'interroge comme nous l'avons fait à propos de la propriété « arboraire » sur la nature mobilière ou immobilière de ce droit : « les édifices et superficies – donc les arbres – ne sont réputés meubles qu'à l'égard des propriétaires fonciers. Dans tous les autres cas, ils sont réputés immeubles ». La finalité de ce texte qui peut choquer d'un point de vue strictement théorique est de favoriser la sortie du bail à domaine congéable en évitant au propriétaire foncier qui récupère les superficies, de payer des droits de mutation sur les biens immobiliers. Ce type d'avantage fiscal pourrait être utilisé pour la propriété « arboraire ».

En conclusion, en faisant abstraction du dispositif complexe façonné par des coutumes séculaires et plusieurs textes législatifs, il est possible de mettre en évidence les analogies du domaine congéable breton et de la propriété « arboraire » corse. On retrouve en effet, des arbres dont la propriété est distincte de celle du sol dans lequel ils sont plantés et même des essences familières à la propriété « arboraire » corse telles que noyers et châtaigniers, la relation avec la mise en valeur de terres marginales, etc. Plusieurs éléments des lois qui régissent la vie et la sortie de ces institutions pourraient être transposables à la propriété « arboraire ». Néanmoins, ces institutions sont bien distinctes. A la différence de la propriété « arboraire » corse qui est perpétuelle, la propriété des arbres du domanier est « résoluble »[511]. De plus, le domanier n'est pour une bonne partie des arbres que copropriétaire des arbres avec le foncier, et son droit se réduit à un simple usage pour d'autres et de toute façon, l'arbre n'est qu'un objet parmi d'autres du domaine congéable. De même les objets de l'évolage, des « bandites » et du bail à complant sont différents de celui de la propriété « arboraire » corse : superficie d'un étang, herbe, vigne... Mais surtout, toutes ces institutions que nous avons qualifiées de « voisines » bénéficient

[511] *Dictionnaire pratique de droit*, Paris, Dalloz, 1905, p.863.

d'une législation spécifique extérieure au Code civil qui ne concerne en rien la propriété « arboraire » dont on les rapproche trop complaisamment. Le fondement législatif de celle-ci se réduit quant à lui, à la seule tolérance de l'article 553 du Code civil.

§ 2. L'article 553 du Code civil

Il est indubitable que l'article 553 du Code civil n'a pas été rédigé en pensant spécialement à la propriété « arboraire ». Inséré dans un contexte où dominent les principes classiques du droit romain, précédé par un article dont la formulation péremptoire du premier alinéa serait issue du commentaire d'un « post-glossateur inconnu »[512], l'article 553 apparaît comme une disposition secondaire de portée limitée. Conciliant comme le montre sa genèse, les traditions romaine et coutumière mais ne conservant cette dernière que sous la forme de la tolérance, il devait fatalement induire une jurisprudence réticente à l'égard de la propriété « arboraire ».

Le contexte et la genèse de l'article 553

Tolérer une propriété des arbres distincte de celle du sol où ils sont plantés est à l'évidence en contradiction avec l'esprit du Code napoléonien qui se manifeste dans les articles 546 et suivants, relatifs au droit d'accession. Aux termes de l'article 546, « la propriété d'une chose, soit mobiliaire, soit immobiliaire, donne droit sur tout ce qu'elle produit, et ce qui s'y unit accessoirement, soit naturellement, soit artificiellement (...) ». Les arbres et arbustes, qu'ils aient poussé spontanément ou qu'ils aient été plantés, paraissent bien concernés par cet article comme par le suivant, selon lequel « les fruits naturels ou industriels de la terre (...) appartiennent au propriétaire (...) ». Mais surtout, la situation juridique des arbres semble réglée par les articles 551 et 552[513]. Ce dernier, en proclamant que « la propriété du sol emporte la propriété du dessus et du dessous », évoque la célèbre formule que nous avons déjà rencontrée en droit romain selon laquelle le droit du propriétaire s'étend au ciel et aux enfers, ce qui inclut immanquablement l'arbre et ses racines... Cependant, les règles énoncées par ces articles souffrent de nombreuses exceptions légales et jurisprudentielles.

C'est la substance de l'article 187 de la *Coutume de Paris*[514] qui se retrouve dans les articles 552 et 553[515] du Code civil. La filiation de ce

---

[512] P. BROUILLAUD, *Des limites du droit de propriété en hauteur et en profondeur*, Bordeaux, thèse droit, 1926, p.1.

[513] Sur l'article 552 du Code civil, son origine historique, sa genèse et son appréciation critique, on se reportera à l'ouvrage de J.-P. MARTY, *La dissociation juridique de l'immeuble*, *op.cit.*, pp.64-118.

[514] Cf. ci-dessus section I, §1.

dernier se manifeste par l'importance accordée aux constructions, particulièrement dans la deuxième phrase : « toutes constructions, plantations et ouvrages sur un terrain ou dans l'intérieur, sont présumés faits par le propriétaire à ses frais et lui appartenir si le contraire n'est prouvé ; sans préjudice de la propriété qu'un tiers pourrait avoir acquise ou pourrait acquérir par prescription, soit d'un souterrain sous le bâtiment d'autrui, soit de toute autre partie du bâtiment ». Reprenant la présomption simple de la Coutume de Paris et en mentionnant de façon explicite les plantations, l'article 553 autorise la propriété « arboraire » mais en en faisant une exception à la règle, voire une situation accidentelle. C'est ce qui ressort des termes mêmes de l'exposé des motifs fait par Portalis dans la séance du corps législatif du 17 janvier 1804[516] : « Après avoir averti les propriétaires de l'étendue et des limites naturelles de leurs droits, on s'est occupé des hypothèses dans lesquelles la propriété foncière ou immobilière peut accidentellement s'accroître ». L'orateur du gouvernement poursuivait en disant : « Il en est qui ont voulu établir une sorte de société entre le planteur et le propriétaire foncier, attendu que d'une part les plantes sont alimentées par le fonds et que d'autre part elles ont par elles-mêmes un prix, une valeur qui ont été fournis par tout autre que celui à qui le fonds appartenait. Il faut, a-t-on dit, faire un partage raisonnable entre les parties intéressées. Cette opinion est celle de Grotius et de quelques autres publicistes. Grotius a été réfuté par Puffendorf. Ce dernier a fait sentir avec raison tous les inconvénients qu'il y aurait à établir une société forcée entre des hommes qui n'ont pas voulu être associés. Il a prouvé qu'il serait impossible de conserver l'égalité entre les parties intéressées, dans le partage des produits d'une telle société. Il a observé qu'il serait dangereux d'asservir ainsi une propriété foncière à l'insu et contre le gré du propriétaire, et que d'ailleurs chacun étant maître par le droit de faire cesser toute possession indivise, et de séparer ses intérêts de ceux d'autrui, il n'y avait aucun motif raisonnable d'imposer au propriétaire d'un fonds une servitude insolite, et aussi contraire au droit naturel qu'au droit civil.

A travers les différens systèmes des auteurs, nous sommes remontés au droit romain, qui décide qu'en général tout doit céder au sol qui est immobile ; et qu'en conséquence, dans la nécessité de prononcer entre le propriétaire du sol et l'auteur de la plantation, qui ne peuvent demeurer en communion, malgré eux, pour le même objet, le propriétaire du sol doit avoir

---

[515] Sur l'art.553, cf. A. GOUSSARD, *De la règle que la propriété du sol emporte la propriété du dessus et du dessous et de ses modifications*, Paris, thèse droit, 1868.

[516] *Code Civil des Français* suivi de l'exposé des motifs sur chaque loi, présenté par les orateurs du gouvernement ; des rapports faits au tribunat au nom de la commission de législation ; des opinions émises dans le cours de la discussion ; des discours prononcés au corps législatif par les orateurs du tribunat ; et d'une table analytique et raisonnée des matières tant du Code que des discours, Firmin Didot, t.IV, Paris, an XII-1804, pp.39-40 et J.-G. LOCRE, *Législation civile, commerciale et criminelle ou commentaire et complément des codes français*, t.IV, Bruxelles, 1836, pp.80-81.

de préférence et obtenir la propriété des choses qui ont été accidentellement réunies à son fonds. La loi romaine ne balance pas entre entre le propriétaire foncier et le tiers imprudent qui s'est permis avec plus ou moins de bonne foi, une sorte d'incursion dans la propriété d'autrui. Dans le projet de loi, nous sommes partis du principe que toutes les plantations faites dans un fonds sont censées faites par le propriétaire de ce fonds et à ses frais, si le contraire n'est prouvé ».

Le dispositif de la présomption simple a été mis en évidence dans le rapport du tribun Faure du 21 janvier 1804[517] : « Les arbres plantés sur un terrain sont présumés l'avoir été aux frais du propriétaire du sol : celui-ci est également présumé propriétaire des arbres. Cette présomption est de droit, et dispense le maître du fonds de prouver d'une autre matière que les arbres lui appartiennent. Quelqu'un lui en conteste-t-il la propriété, c'est à lui qui réclame de justifier sa réclamation ».

Le texte du futur article 553 n'a pas suscité d'ailleurs beaucoup de contestations. Le projet de la commission du gouvernement présenté le 24 thermidor an VIII était déjà très proche de la rédaction définitive[518]. Le Tribunal de Cassation ne proposa aucune modification au texte gouvernemental[519]. Les différentes étapes d'élaboration de l'article 553 qui portait le numéro 547[520] lors de la discussion au Conseil d'Etat, ont montré qu'il a été l'objet de peu de débats. Au cours de la séance du Conseil d'Etat le 20 octobre 1803, le texte du futur article 553 a été adopté tel quel[521]. Le 8 novembre 1803, la section de législation du Tribunat a proposé une modification de détail qui ne concernait en rien les plantations[522]. Devant le corps législatif le 27 janvier 1804, le tribun Grenier est passé très rapidement sur l'article 553 qui n'en fut pas moins voté le même jour et promulgué le 6 février 1804[523].

---

517 J.-G. LOCRE, *Législation civile, commerciale et criminelle, op.cit.*, t.IV, p.85, point 12 du sommaire analytique : « présomption que les arbres plantés et les constructions élevées sur un terrain, l'ont été par le propriétaire ; comment cette présomption peut être détruite ».

518 « Toutes les constructions, plantations et ouvrages faits sur le sol ou dans son intérieur, sont présumés faits par le propriétaire à ses frais, et lui appartenir, si le contraire n'est prouvé. Néanmoins, un tiers peut acquérir par la seule possession, lorsqu'elle est suffisante pour opérer la prescription, la propriété d'une cave ou autre souterrain sous le bâtiment d'autrui, ou la propriété d'une certaine partie de ce bâtiment » (P.-A. Fenet, *Recueil complet des travaux préparatoires du Code civil*, réimp. de l'éd. de 1827, Osnabrück, Otto Zeller, 1968, t.2, p.103).

519 P.-A. FENET, *ibid*, p.539.

520 P.-A. FENET, *op.cit.*, t.11, p.79.

521 Selon J.-G. LOCRÉ (*Procès-Verbaux du Conseil d'Etat contenant la discussion du projet de Code civil*, t.3, an XII (1803), Paris, Imprimerie de la République, an XII (1803 v.s.), p.88 et 94), le texte de l'article 547 a été examiné par le Conseil d'Etat dans la séance du 20 vendémiaire an XII et son adoption le 27 vendémiaire an XII (20 octobre 1803) en même temps que les deux articles suivants, sans aucune remarque.

522 P.-A. FENET, *op.cit.*, t.11, p.99.

523 P.-A. FENET, *op.cit.*, t.11, pp.161-165.

Ce peu d'intérêt, pour ne pas dire cette indifférence, se retrouvera dans les cours de droit civil du XIXème siècle. Demolombe s'est borné à dire[524] : « D'après le droit civil romain, la présomption consacrée par notre article 553 était absolue ; et on n'admettait pas qu'un autre que le propriétaire du sol, pût avoir la propriété de la superficie. Mais nous avons vu que le Prêteur avait, à cet égard, modifié la rigueur des anciens principes ». L'exception prévue par l'article 553 relevait donc, selon lui, du droit prétorien. Quant à Aubry et Rau[525], ils n'ont consacré à l'article 553 qu'une simple note relative à la présomption établie par la première phrase du texte. Ainsi, il n'est pas étonnant que la jurisprudence du XIXème siècle n'ait évolué qu'avec circonspection vers une reconnaissance de la propriété « arboraire ».

L'évolution de la jurisprudence

C'est pourtant sur la base de cet article 553 à défaut de tout autre, que s'est maintenue et même développée au XIXème siècle, « la propriété non exclusive » comme l'a expliqué Anne-Marie Patault dans son article déjà cité[526]. En effet, d'après le résumé qu'en donne l'auteur lui-même, le Code civil n'a pas affirmé expressément le caractère exclusif de la propriété foncière, et durant la première moitié du XIXème siècle, la Cour de Cassation, s'appuyant sur le silence de la loi, a perpétué la propriété « cisaillée » (Boutaric) de l'ancien droit « qu'elle organise sur la base de l'indivision. Ce fondement soumet les propriétés partiaires au partage forcé de l'article 815 du Code Civil. Dans la deuxième moitié du XIXème siècle, la haute juridiction, s'appuyant sur l'article 533 (sic, il s'agit d'une erreur typographique, il faut évidemment lire 553) du Code Civil, crée la propriété partiaire moderne, en dissociant juridiquement l'immeuble[527]. La propriété partiaire, qualifiée droit de superficie, acquiert ainsi la perpétuité ».

Les arrêts de principe en matière de propriété « arboraire » datent du XIXème siècle et ont trait à des affaires qui ont pris naissance dans diverses régions de France. Les Cours d'appel et la Cour de Cassation ont d'abord été très réticentes à reconnaître une propriété de l'arbre distincte de la propriété du sol dans la première moitié du XIXème siècle[528]. En particulier dans une

---

[524] *Traité de la distinction des biens ; de la propriété ; de l'usufruit de l'usage et de l'habitation*, 2è éd., Paris, 1861, t.1, p.610.

[525] *Cours de droit civil français d'après la méthode Zachariea*, 4è éd., t.2, Paris, 1869, p.258.

[526] « La propriété non exclusive au XIXème siècle... », *op.cit.* pp.217-237.

[527] L'expression évoque naturellement le titre de la thèse de J.-P. MARTY, *La dissociation juridique de l'immeuble...*, *op.cit.*

[528] Le 25 août 1822, le juge de paix de Lorris (Loiret), ayant reconnu à un justiciable la possession d'arbres sur un terrain dont il n'était pas propriétaire, le tribunal de Montargis réforma son jugement deux ans plus tard et la Cour de Cassation (Req. 8 mai 1836, Dalloz 1836. Jurisprudence Générale, n°400), adopta la même position que le tribunal de Montargis : la possession d'un arbre sans la possession du terrain n'est pas efficace et ne peut constituer qu'un acte de simple tolérance de caractère précaire; les arbres ne sont que de simples accessoires du fond.

affaire très proche de la propriété « arboraire » de Corse, la juridiction suprême a, dans un arrêt de 1839, cassé une décision de la Cour d'Orléans qui avait reconnu à des particuliers, la possession d'arbres plantés sur des terrains communaux[529].

Un net revirement se dessina au milieu du XIXème siècle. Reprenant à son compte une position adoptée depuis longtemps par des juges du fond, en différents points de l'hexagone[530], la Cour de Cassation a fini par reconnaître le 18 mai 1858[531], que l'article 553 du Code Civil – comme le texte le stipulait du reste clairement – s'appliquait bien aux plantations et ainsi qu'aux arbres. « La propriété des arbres bien que séparée de celle du sol ne perd pas son caractère immobilier (…) ; il est donc possible que la propriété des arbres (...) appartienne à d'autres que le propriétaire du sol (...) et cette propriété peut être acquise par prescription à défaut de titre ». Cet arrêt cassait une décision du tribunal de Douai, relative à des arbres sur un chemin public ; trois ans après, la juridiction suprême conserva une position identique à propos d'arbres plantés sur des terrains privés[532].

La Cour de Cassation abandonna donc sa tendance précédente à considérer que l'arbre sur un sol appartenant à un autre propriétaire, n'était qu'un meuble ou qu'il y avait copropriété – « propriété promiscue » pour employer une expression du XIXème siècle – entre le propriétaire de l'arbre et celui du sol. Désormais l'arbre, dès lors qu'il n'était pas vendu pour être abattu, constituait un immeuble distinct du sol sur lequel il était. Cela impliquait des conséquences juridiques multiples, relatives à la possession et à la prescription acquisitive : propriété superficiaire[533], la propriété « arboraire » était comme toutes les propriétés, un droit perpétuel et ne s'éteignait pas par non-usage[534]. On pourrait envisager d'autres conséquences telles que la suite par hypothèque par exemple même si elle a été peu utilisée par la pratique, ou la prescription acquisitive.

---

[529] Cass. Civ. 11 juin 1839, Dalloz, Jurisprudence Générale, n°419. Dans le même sens, un autre arrêt de la Cour de Cassation du 5 juillet 1848 (Sirey 1848. I. 697) cassant un arrêt de la Cour de Lyon du 7 août 1844.

[530] Juge de paix de Lorris (25 août 1822) déjà cité, Cour Royale de Nancy (16 août 1832 Sirey 1834. I.720), Cour Royale de Caen (Sirey 1826. II. 114), arrêt de la Cour d'Orléans de 1839 déjà mentionné, jugement du tribunal civil de Boulogne-sur-mer du 23 décembre 1856 (Sirey 1856. II. 513), arrêt de la Cour de Montpellier du 15 décembre 1858 (Sirey 1860. II. 494).

[531] Sirey 1858. I. 661 et Dalloz 1859. I. 218. Confirmé pour des arbres plantés sur des chemins par Cass. civ. 7 novembre 1860 (Dalloz 1861.I.43), 1er décembre 1874 (Dalloz 1875. I. 333) et 21 novembre 1877 (Dalloz 1878. I. 301), et sur des rues ou places publiques par Cass. civ. 8 novembre 1880 (Dalloz 1881. I. 28).

[532] Arrêt de rejet de la Chambre des Requêtes du 23 décembre 1861 (Sirey 1862. I. 181).

[533] Bien que la Cour de Cassation ait quelques réticences à employer ce terme dans le cas des arbres comme le fait remarquer J.-P. MARTY (*La dissociation de l'immeuble…*, *op.cit.*, p.220).

[534] Arrêt très souvent cité (L. Trotabas, *op.cit.*p.63; D. PERNEY, *op.cit.*, p.121-127 et A.-M. PATAULT, *op.cit.*, p.234) de la Cour d'Appel de Besançon du 12 décembre 1864 (Sirey 1865. II. 197 et Dalloz 1865. II. 1), Cass. Req.5 novembre 1866 (Dalloz 1867. I. 32).

Par la suite, plusieurs autres arrêts ont jalonné une jurisprudence constante favorable à la propriété « arboraire » tant sur le domaine public que la propriété foncière privée. On remarque toutefois que la grande majorité de ces décisions remontent au XIXème siècle et émanent de juridictions du Nord et de l'Est : Lille, Douai, Besançon, Boulogne, Montbéliard[535]... Au XXème siècle, on ne trouve plus beaucoup de jugements et d'arrêts dans lesquels il est question de propriété « arboraire » à titre principal[536].

Parmi les décisions les plus récentes, rappelons celle du tribunal de Bastia du 25 janvier 1994 citée ci-dessus[537] qui reconnaissait la propriété « arboraire » comme « une coutume locale et traditionnelle en Corse » et dont un attendu déclarait « qu'en l'état de la dissociation, entre la propriété arboraire et la propriété immobilière » des parcelles concernées, les actes de possession qui consistaient en l'exploitation des châtaigniers par leurs propriétaires « arboraires », ne pouvaient « être regardés comme accomplis en qualité de propriétaires indivis du sol ».

Plus récemment encore, la Cour de Cassation a rendu le 23 mai 2012 un arrêt relatif à une propriété des arbres distincte de celle du sol sous la dénomination locale de « droit de crû et à croître », consistant en une propriété d'arbres situés sur un fond appartenant à un tiers, assortie d'une libre exploitation du bois. En l'espèce, la Cour suprême a rejeté un pourvoi formé contre un arrêt de la Cour d'appel de Lyon du 16 décembre 2010 qui reconnaissait au titulaire de ce « droit de crû et à croître » la propriété des arbres alors que les propriétaires des parcelles complantées soutenaient qu'il ne s'agissait que d'un droit réel sur la chose d'autrui qui se perdait par non-usage trentenaire. Ce pourvoi a été rejeté mais la Cour de Cassation n'a pas fondé ce rejet sur la reconnaissance que ce « droit de crû et à croître » était une propriété superfiaire. Elle s'est bornée à constater que « la prérogative concédée sur la parcelle litigieuse était perpétuelle » et donc « ne pouvait s'éteindre par le non-usage trentenaire ». Cette décision a été contestée par la doctrine[538]. Ce contrat « de crû et à croître » fondant ce droit perpétuel pourrait être rapproché du bail à complant mais ce dernier serait dans ce cas translatif de propriété. En faisant droit aux exploitants des arbres en ne leur reconnaissant qu'un droit réel perpétuel issu d'un contrat, la Cour de Cassation n'a pas seulement opéré une régression dans sa propre jurisprudence relative à la propriété « arboraire », admise comme propriété superficiaire depuis plus d'un siècle et demi, mais elle a en quelque sorte

---

535 Cassation, civ., 1er déc.1874 (Recueil périodique Dalloz 1875, Ière part., p.333), 21 nov.1877 (Recueil périodique Dalloz 1878, Ière part., p.301) et 8 nov.1880 (Recueil périodique Dalloz 1881, Ière part., p.28).

536 Cour d'appel de Pau 12 novembre 1930 (Dalloz, 1933.II.132 note Monsarrat, et encore s'agissait-il d'arbres sur des chemins vicinaux).

537 Titre Ier, chapitre 1er, section 2, §2.

538 F. DANOS, « Perpétuité, droits réels sur la chose d'autrui et droit de superficie », *Defrénois*, n°21, 15 novembre 2012, pp.1067-1073.

transgressé un principe du droit français depuis la Révolution : l'interdiction de la perpétuité des droits réels démembrés de la propriété qui était une caractéristique de la féodalité...

Cette attitude de la juridiction suprême est toutefois symptomatique de la position de la propriété « arboraire » dans le droit français au XXIème siècle : une situation que l'on serait enclin à qualifier de semi-clandestine. Plutôt que de reconnaître l'existence de cette propriété superficiaire, la Cour de Cassation fait diversion en se retranchant sur le terrain contractuel...

Nous avons vu que l'Italie, sans être favorable à la propriété « arboraire », avait une position plus claire sur cette institution. En parcourant l'environnement européen et méditerranéen de la France et de l'Italie, nous verrons que se sont manifestées au fil des siècles dans ces pays des attitudes diverses allant de la reconnaissance voire de la promotion de cette institution, à sa prohibition.

TITRE IIIe

La propriété « arboraire » dans d'autres pays du pourtour de la Méditerranée et du continent européen

Les droits de l'Espagne, du Maghreb, de la Grèce, de l'Europe centrale et des pays germaniques constituent le deuxième cercle de l'environnement juridique de la propriété « arboraire » corse. Bien que l'histoire politique ait eu probablement très peu d'influence sur la propriété « arboraire », il n'est pas inutile de rappeler le lien qui existe entre la Corse et l'Espagne depuis la fin du XIIIème siècle. Erigée en royaume avec la Sardaigne et inféodée au Roi d'Aragon par Boniface VIII en 1297, la Corse a conservé de cet épisode des traces durables bien que symboliques[539]. La relation avec l'Espagne s'est aussi perpétuée grâce aux franciscains corses qui ont étudié et même enseigné dans les universités espagnoles[540], et à cette unité du monde méditerranéen célébrée par Fernand Braudel qui a évidemment généré des similitudes entre les institutions des pays riverains.

C'est ainsi que la Grèce et le bassin oriental de la Méditerranée comme le Maghreb composent une partie du contexte des institutions corses sans qu'il soit nécessaire d'évoquer les comptoirs grecs, phéniciens et carthaginois de l'Antiquité, l'éphémère invasion byzantine au VIème siècle, les incursions sarrasines du IXème au XIème siècle ou les razzias barbaresques du Moyen Age à l'époque moderne… Quant à l'influence germanique en Corse, elle est aussi limitée qu'en Sardaigne si l'on s'en tient à l'étude des courants d'invasions puisqu'elle se borne à une courte conquête vandale au Vème siècle et à quelques raids des Lombards au VIème.

Dès l'Antiquité et pendant le Moyen Age, la propriété « arboraire » est attestée dans le monde méditerranéen où elle s'est maintenue et peut-être même étendue sous différentes formes juridiques, aussi bien en pays chrétien

---

[539] Le blason à tête de maure de la *Reconquista* et la mention du Royaume de Corse conservée dans la titulature en grand (*titulo grande*) des rois d'Espagne aujourd'hui encore.

[540] Le père Mariani, recteur de l'Université de Corte créée par Pascal Paoli en 1765 et qui y enseigna notamment le droit canon et le droit naturel, était docteur de l'Université d'Alcala de Henares.

qu'en pays musulman. Elle est présente non seulement sur la rive Sud et le bassin oriental de la Méditerranée, mais également plus au Nord, en Europe centrale, balkanique et germanique. C'est au demeurant, une idée souvent reprise que l'origine de la propriété « arboraire » serait germanique. Peut-être simplement d'ailleurs par le jeu d'une approche simpliste de l'histoire du droit européen, en la réduisant à deux grands courants qui se seraient opposés au fil des siècles, le romain et le germanique. La propriété « arboraire » n'étant pas conforme à l'esprit du droit romain ne pouvait donc qu'être germanique…

Même si ces théories sont contestables, elles méritent que nous nous éloignions de la Méditerranée pour inclure les pays germaniques dans notre enquête. Mais après cette incursion septentrionale, c'est forcément par la Grèce, pays de l'olivier, que nous devions achever l'étude du deuxième cercle de l'environnement juridique de la propriété « arboraire » en Corse.

CHAPITRE I

La propriété « arboraire » en Espagne

La propriété « arboraire » est assurément présente dans la péninsule ibérique de l'Antiquité à nos jours. Utilisée sous l'Empire romain, l'institution a été conservée et peut-être confortée lors des invasions germaniques et musulmanes. Quoi qu'il en soit, elle a été connue au Moyen Age dans plusieurs régions tant sous la forme d'une distinction pérenne de l'arbre et du sol que de modalités voisines, proches du bail à complant français. Elle s'est maintenue à l'époque moderne et contemporaine.

SECTION I. LA PROPRIÉTÉ « ARBORAIRE » DU HAUT MOYEN AGE AU CODE CIVIL DE 1889

Survivance de la pratique romaine, l'institution a résisté aux invasions germaniques et musulmanes et a peut-être même été favorisée par elles. Elle s'est poursuivie au Moyen Age et à l'époque moderne et a été tolérée dans son principe par le Code civil de 1889.

§ 1. La propriété « arboraire » en Espagne au Moyen Age et à l'époque moderne

Alors qu'elle n'est mentionnée ni par le Bréviaire d'Alaric ni par le Code d'Euric[541] qui étaient les plus romanisés des lois barbares, ni par les compilations des époques suivantes[542], l'institution est cependant restée présente et a traversé les quinze siècles qui séparent la fin de l'Antiquité de l'époque contemporaine.

---

541 « Code d'Euric » et le « Bréviaire d'Alaric » et A. D'ORES, *El codigo de Eurico*, Rome-Madrid, 1960, et *lex romana wisigothorum* édité par HAENEL, Berlin-Leipzig, 1849, réimprimé Scientia a Aalen.

542 Code d'Alphonse X le Sage, *Nueva Recopilaciòn* de Bartolome de Atinza en 1567 et Loi agraire générale rédigée par Gaspard Melchior de Jovelanos, publiée en 1795 sous le roi Charles III.

Présence de l'institution

A l'époque des invasions germaniques, la propriété « arboraire », parmi d'autres propriétés superficiaires, aurait été toujours présente pour avoir été introduite comme une modalité de gestion de l'*ager publicus*[543]. Malgré son absence des textes juridiques wisigothiques, son maintien durant le Haut Moyen Age peut être présumé puisqu'elle est attestée en Catalogne aux XIIème et XIIIème siècles.

En effet, l'existence dans cette région d'une véritable propriété de l'arbre distincte de celle du sol est indéniable[544]. Elle pouvait prendre la forme de la concession d'un fief roturier composé d'un ou plusieurs arbres plantés sur un sol, qui appartenait au concédant ou à un tiers. Autre modalité possible : le ou les arbres constituaient un franc-alleu tandis que la terre dans laquelle ils étaient plantés, était un fief ou un autre alleu. Conséquence logique de ce statut juridique distinct, le propriétaire de l'arbre pouvait être autorisé à le transplanter.

Faiblesse de la documentation

Dans les développements qui précèdent, nous n'avons pas pu cacher la faiblesse d'une documentation qui reflète la difficulté souvent rencontrée dans cette étude de trouver des traces écrites d'une institution qui relève plutôt d'accords verbaux et d'usages populaires. Il est néanmoins possible de retenir qu'une propriété des arbres distincte de celle du sol existait en Espagne au Moyen Age, qu'elle pouvait se situer à l'intérieur ou à l'extérieur du système féodal, qu'elle était généralement utilisée pour la mise en valeur de terres incultes et qu'elle paraissait conditionnée par l'autorisation ou tout au moins l'acceptation initiale du propriétaire du sol.

A t-elle disparu dans les territoires ibériques soumis à la domination musulmane ? On peut répondre par analogie avec ce qui s'est passé lors des invasions arabes au Maghreb où nous verrons qu'elle s'est maintenue. L'occupation arabe pourrait même avoir quelque relation avec la propriété « arboraire » dans certaines régions de la péninsule ibérique. C'est ainsi que la propriété et même la copropriété des arbres distincte de celle du sol était une pratique ancienne et courante dans les trois vallées isolées d'Estrémadure, las Jurdes, dont le peuplement aurait été constitué de

---

543 C'est l'opinion du professeur Guerrero Martin de l'Université d'Almeria dont il nous avait fait part dans une lettre du 22 juillet 1998. Selon lui, les Romains concédaient l'exploitation des territoires conquis « moyennant le paiement d'une redevance et en établissant une séparation entre la propriété de ce que l'on avait bâti, semé, planté (qui appartenaient au colon) et celle du sol qui appartenaient au peuple romain ».

544 J.-A. BRUTAILS, *Etudes sur la condition sociale des populations rurales du Roussillon au Moyen Age*, Slatkine-Megariotis Reprints Genève, 1975, Réimp. de l'édition de Paris, 1891, p. 88, note 5 qui donne des exemples de propriété féodale et allodiale d'oliviers distincte du sol aux XIIème et XIIIème siècles en Roussillon, c'est-à-dire dans la Catalogne du Nord, expression utilisée aujourd'hui par les Catalans et encore plus justifiée au Moyen Age.

Morisques réfugiés lors de la *Reconquista*[545]. Mais on peut toutefois se demander si la propriété « arboraire » est liée à l'origine ethnique de la population ou tout simplement à sa grande pauvreté et plus encore à son isolement qui fait de cette micro région un conservatoire d'archaïsmes. On peut même envisager que le développement de l'institution coutumière a été la conséquence du fait que les Jurdanos n'étaient pas propriétaires des meilleures terres de leurs vallées qui, jusqu'à l'époque contemporaine, appartenaient aux gens de la ville voisine, La Alberca.

Quoi qu'il en soit, comme en Afrique du Nord, l'Andalousie musulmane a utilisé largement le contrat de *mugharasa*[546], institution distincte mais voisine de la propriété « arboraire » qui sera présentée plus loin précisément dans les développements consacrés au Maghreb. Soulignons cependant dès à présent la raison d'être de cette institution : la mise en valeur de terres incultes par l'arboriculture. C'est entre autres l'objectif de la propriété « arboraire » que l'on retrouvera plus avant dans le Moyen Age, après la *Reconquista*, lorsque l'Eglise s'en servira pour l'exploitation de ses terres notamment en montagne[547].

§ 2. La propriété « arboraire » dans le Code civil de 1889

L'institution était encore bien présente dans la péninsule lors de la publication du Code civil espagnol du 24 juillet 1889. Cependant, elle n'y faisait pas l'objet de développements explicites. L'article 359 dudit code, toujours en vigueur, ressemble beaucoup à l'article 553 du Code civil français : « Tous les ouvrages, semis et plantations sont présumés réalisés par le propriétaire et à ses frais à moins que ne soit prouvé le contraire »[548].

Cette présomption simple qui permettait clairement la dissociation juridique du sol et des végétaux a été adoptée par les rédacteurs du Code civil de 1889 parce qu'elle correspondait à la réalité de la propriété foncière en Espagne à la fin du XIXème siècle : la règle « *superficies solo cedit* » était le principe mais il existait encore en dépit des siècles d'influence renouvelée du droit romain, de nombreuses exceptions. Celles-ci concernaient des régions restées en marge de l'histoire comme ces vallées de las Jurdes déjà évoquées dont la situation intéressa Miguel de Unamuno[549].

---

545 « Des documents nombreux et variés établissent que, au temps de la Reconquête, les vallées de las Jurdes, si profondes et si reculées ont dû servir de refuge au reste des armées morisques et, comme il était resté, sans doute, quelques-uns des vaincus dans le pays, après le départ de l'armée victorieuse, ces vaincus se mêlèrent aux gens du pays et peuplèrent ensuite la région », cité par M. LEGENDRE, *Las Jurdes, étude de géographie humaine*, Bordeaux, thèse, 1927, p.101.

546 Sur cette utilisation de la *mûgharsa*, cf. V. LAGARDÈRE, *Campagnes et paysans d'Al-Andalus, VIII-XVème siècles*, Paris, Maisonneuve et Larose, 1993, p.148 s.

547 C'est ce que nous a écrit le professeur Guerrero Martin déjà cité (cf. note 542).

548 Art.359 : « *Todas las obras, siembras y plantaciones se presumen hechas por el proprietario y a su costa, mientras no se pruebe lo contrario* ».

549 M. LEGENDRE, *Las Jurdes*, *op.cit.*, p.XVII-XVIII et 280.

Comme en Corse, on trouvait des arbres fruitiers, principalement châtaigniers et oliviers, appartenant à d'autres que les propriétaires du sol et même partagés entre plusieurs familles[550]. Aujourd'hui, la propriété superficiaire relative aux végétaux survit donc en Espagne et n'y doit comme en France son existence juridique que parce que le principe selon lequel la propriété du sol emporte celle du dessus, n'est qu'une présomption simple. Alors que le droit de superficie relatif aux constructions se développe et s'organise en Espagne comme ailleurs, l'évolution de celui qui concerne les végétaux tend à la restriction[551].

Plus loin, dans ce même Code civil espagnol, l'article 1656 consacrait onze alinéas[552] à une institution connue en Catalogne sous le nom de

---

[550] M. LEGENDRE, *Las Jurdes*, *op.cit.*, p.280-281. La lecture de cette thèse fait apparaître de nombreuses analogies entre las Jurdes et la Corse dans les premières décennies du XXème siècle (la documentation de cette thèse a été constituée entre 1910 et 1922). Citons dans le désordre une économie autarcique, une absence de numéraire (signalée en Corse par la commission Delanney en 1909), les incendies de maquis… Une citation de M. de Unamuno est à ce titre particulièrement éclairante : « Sur tous ces versants abrupts (..) il y avait de grandes taches de brûlure ; on brûle pour que la bruyère pousse ses rejets avec plus de vitalité, mais ils brûlent aussi les pinèdes, ils s'acharnent contre elles. C'est-à-dire quand elles appartiennent à la communauté, quand c'est la municipalité qui les a plantées, non quand elles sont aux particuliers. Il intervient bien là le sentiment du pasteur de chèvres, ennemi farouche des arbres ; mais il y a aussi la guerre à la propriété communale (…) ».

[551] Plusieurs pays d'Amérique latine reconnaissent le droit de superficie pour les constructions mais la législation la plus récente est plus réticente à l'égard de la propriété distincte des plantations qui lorsqu'elle est admise ne l'est qu'avec restriction. Par exemple, en Argentine, la loi du 14 novembre 2001 consacre après de longs débats pour la première fois dans ce pays, le droit réel de superficie pour les constructions et le limite pour les plantations à un droit de superficie « forestal » qui concerne exclusivement les opérations de forestation et les activités de sylviculture.

[552] Art.1656 : « *El contrato en cuya virtud el dueño del suelo cede su uso para plantar vinas por el tiempo que vivieren las primeras cepas, pagàndole el cesionario una renta o pension anual en frutos o en dinero, se regirà por las reglas siguientes :*

1° Se tendrà por extinguido a los cincuenta años de la concession, cuando en està no se hubiese fijado expresamente otro plazo.

2° Tambien quedara extinguido por muerte de las primeras cepas, o por quedar infructiferas las dos terceras partes de las plantadas.

3° El cesionario o colono puede hacer renuevos y mugrones durante el tiempo del contrato.

4° No pierde su caracter este contrato por la facultad de hacer otras plantaciones en el terreno concedido, siempre que sea su principal objeto la plantaciòn de viñas.

5° El cesionario puede transmitir libremente su derecho a titulo oneroso o gratuito, pero sin que pueda dividirse el uso de la finca, a no consentirlo expresamente su dueño.

6° En las enajenaciones a titulo oneroso, el cedente y el cesionario tendràn reciprocamente los derechos de tanteo y de retracto, conforme a lo prevenido para la enfiteusis, y con la obligaciòn de darse el aviso previo que se ordena en el articulo 1.637.

7° El colono o cesionario puede dimitir o devolver la finca al cedente cuando le convenga, abonando los deterioros causados por su culpa.

8° El cesionario no tendrà derecho a las mejoras que existan en la finca al tiempo de la extinciòn del contrato, siempre que sean necesarias o hechas en cumplimiento de lo pactado. En cuanto a las ùtiles y voluntarias, tampoco tendrà derecho a su abono, a no haberlas ejecutado con consentimiento por escrito del dueno del terrano, obligàndose a abonarlas. En este caso se abonaràn dichas mejoras por el valor que tengan al devolver la finca.

« *rabassa morta*[553] », souvent associée par nos informateurs à la propriété « arboraire » proprement dite[554]. Elle fut au cœur de mouvements sociaux à la fin du XIXème et dans les premières décennies du XXème siècle : la rébellion des « rabassaires »[555] qui dura plus d'un quart de siècle et ne se termina qu'en 1924.

SECTION II. LE MAINTIEN DE LA PROPRIÉTÉ « ARBORAIRE » À L'ÉPOQUE CONTEMPORAINE

Selon le professeur Guerrero Martin[556], la propriété des arbres indépendante de celle du sol est « une institution historique (« *una figura històrica* ») encore en vigueur dans le milieu rural et qui consiste à exercer sur le sol deux droits de propriété différents, l'un se rapportant au droit de semer, faire paître, entreposer les récoltes et les instruments de travail et l'autre, concernant la propriété des arbres. Ainsi, il arrive fréquemment que des oliviers appartiennent à des propriétaires différents, lesquels de plein droit cultivent le sol ou font paître leur bétail ». Pour cet universitaire, l'origine de l'institution était à rechercher dans les pratiques du droit successoral des pays pauvres selon lesquelles le père de famille répartissait le patrimoine de la façon qui lui paraissait la plus opportune. Remarquons au passage que, comme en Corse et dans d'autres contrées évoquées précédemment, il est encore question de la coexistence de l'éleveur et de l'arboriculteur et du partage d'ascendants comme l'une des causes de la propagation de la propriété « arboraire ».

Parmi les facteurs du maintien de cette institution coutumière, jugée à tort ou à raison comme archaïsante, nous trouvons donc mêlés la volonté de mettre en valeur des terres marginales, la pauvreté et l'individualisme. A ce titre, les Jurdanos (ou Hurdanos) plusieurs fois évoqués étaient exemplaires. Miguel de Unamuno insistait sur leur caractère « radicalement fondamentalement » individualiste. En fait, comme le disait Maurice Legendre[557], « la propriété communale est maltraitée à Las Jurdes plus que

---

9° El cedente podrà hacer uso de la accion de desahucio por cumplimiento del termino del contrato.
10° Cuando despuès de terminado el plazo de los cincuenta años o el fijado expresamente por los interesados, continuare el cesionario en el uso y aprovechamiento de la finca por consentimiento tàcito del cedente, no podrà aquél ser desahuciado sin el aviso previo que éste deberà darle con un año de antelacion para la conclusion de contrato ».

[553] Ce droit qui ne concerne que la plantation de vignes tire son nom de ce qu'en principe, il s'éteint à la mort de la première souche c'est-à-dire des premiers ceps comme l'indique le deuxièmement de l'article 1656 ci-dessus.

[554] C'est aussi ce qu'ont fait deux enseignants chercheurs de l'Université de Perpignan, qui nous ont obligeamment renseignée sur ce point : Pierre-Luc Abramson, professeur d'espagnol et Charles Vilar, maître de conférences de droit privé.

[555] Du terme catalan *rabasser* qui désigne le bénéficiaire du droit en question.

[556] Lettre du 22 juillet 1998 déjà citée.

[557] *Las Jurdes, ibid.*

dans la plupart des autres pays où elle subsiste parce que le Jurdano faute d'horizon, faute d'éducation, faute d'encadrement social, ne comprend pas le bénéfice que l'individu peut tirer des avantages de la collectivité ; il ne voit, au contraire, le bénéfice de l'individu que comme antagonique des avantages de la collectivité. (...) Dans ces conditions, la propriété est très divisée, l'individualisme étant renforcé par la pauvreté ». Le même auteur citait un article paru dans un journal en 1922[558], selon lequel « la misère est si grande, que dans quelques villages, les trois ou quatre châtaigniers qu'il y a appartiennent à plusieurs familles et, quand meurt le Jurdano, il assigne à chacun de ses enfants une branche de l'arbre, établissant non un c*odominium* sur l'arbre, mais un droit de propriété sur chacune de ses parties ; car le Jurdano est essentiellement individualiste et il ne comprend le communisme que dans le cadre du régime familial ». Dans ce pays où la terre exceptionnellement ingrate ne prend de valeur qu'au prix du travail acharné du planteur ou de l'éleveur, la distinction entre les différentes catégories de biens meubles et immeubles n'a plus grande importance. Cette confusion se manifeste sur le plan sémantique : le terme *hacienda* désigne en effet dans ce pays, aussi bien une propriété foncière qu'un cheptel qui peut se réduire à un petit âne que se partageront quatre familles, chacune ayant une patte de l'*hacienda* (« *una pata de hacienda* »). Dans ce contexte, distinguer la propriété de l'arbre et celle du sol et même celle de chacune des branches d'un arbre n'est pas choquant.

Ainsi, au XXème siècle, la propriété « arboraire » proprement dite existe encore dans plusieurs régions d'Espagne et en particulier dans l'Estrémadure sous le nom de *derecho de vuelo*, ce qui peut se traduire mot à mot de façon trompeuse par droit de vol ou de survol. Pour éviter une confusion fâcheuse, on préfèrera la périphrase « droit sur l'espace au-dessus ». Il s'agit en fait d'une variante de propriété superficiaire. Au XXIème siècle, le *derecho de vuelo* fait l'objet d'un chapitre du Code civil de Catalogne[559], mais il ne concerne plus les végétaux mais seulement les contructions. Mais une institution catalane déjà citée, la *rabassa morta*, précédemment évoquée subsiste encore aujourd'hui.

§ 1. Le *derecho de vuelo* en Estrémadure au XXème siècle

Dans l'Estrémadure et notamment dans la province de Caceres, la propriété « arboraire » se manifeste par la séparation juridique

[558] *Correspondencia de España* du 27 juin 1922, texte signé par Pedro Antonio Baquerizo.

[559] Chapitre VII du livre V du *Codi civil catalan* relatif aux droits réels issu de la loi 5/2006 du 5 mai 2006 entrée en vigueur le 1er juillet suivant. Cf. C. MOLL DE ALBA LACUVE, « El derecho de superficie y el derecho de vuelo en el Codigo civil de Cataluna », *Anales* (*Centro para la Investigacion y Desarollo del Derecho Registral e Immobiliario y Mercantil*), n°2005-2008, pp.137-142.

caractéristique de l'arbre et du sol. Ses modalités sont précisément établies et elle bénéficie même d'une terminologie spécifique.

Une terminologie spécifique

Des droits distincts sont exercés par des titulaires différents sur certains fonds ruraux. D'une part, le droit du *suelo*, c'est-à-dire la propriété du sol, d'autre part, le droit du *vuelo*, la propriété de l'arbre ou de la plante. L'expression *derecho de vuelo* est utilisée pour désigner une propriété « arboraire » en Estrémadure et dans d'autres régions[560]. Elle regroupe deux droits de propriété indépendants et deux possibilités d'exploitation différentes. Selon Alejo Leal Garcia[561], alors que l'un est un droit autonome et exclusif sur l'arbre ou sur une plantation arbustive, l'autre porte sur le sol qui fait l'objet d'un autre mode d'exploitation. C'est bien le schéma que nous avons déjà rencontré dans les chapitres précédents. De même que pour la qualité des protagonistes puisque cette institution qui dans le passé était surtout utilisée pour l'exploitation du domaine de l'Etat et des communes est au XXème siècle fréquemment adoptée par des particuliers. Comme le fait remarquer le même auteur, la distinction du *vuelo* et du *suelo* est en somme relative puisqu'en fait les deux propriétaires exploitent le sol. Ce que l'on désigne par *derecho de suelo* n'est finalement qu'un droit sur ce qui est dans la terre ou à ras de terre, et le *derecho de vuelo* est un droit sur l'arbre ou l'arbuste qui émerge au-dessus du sol.

Des expressions particulières plus explicites vont permettre de distinguer l'utilisation de l'institution selon le lieu d'exploitation ou le type d'arbres. Ainsi, autour de Caceres, le principal objet de la séparation du *vuelo* et du *suelo* concerne les *montes*. On entend sous cette dénomination, tous les terrains recouverts de bois quelles que soient la hauteur des arbres ou leur essence, qu'il s'agisse de plantes cultivées ou sauvages, d'olivaies ou de vergers.

L'expression *derecho de apostar* ou *apostonar*[562] désigne la propriété d'un bois de petite hauteur, distincte de celle du propriétaire du fonds, sous condition d'entretenir les jeunes arbres et de débroussailler afin de favoriser leur croissance et de constituer une futaie. Celui qui *aposta* se voit reconnaître tous les droits du propriétaire des arbres sur le produit de l'*apostamiento* et sur le sol qui se trouve sous les arbres. Le droit d'*apostar* est donc essentiellement une institution qui permet à un propriétaire foncier, lequel peut être une personne morale de droit public, de valoriser une forêt, en autorisant son exploitation par celui qui aura accepté de la soigner.

---

560 A. SOTO BISQUERT, « El derecho de vuelo », *R.C.D.I.*, 1971.

561 « Modalidades de la propriedad immobiliaria en la provincia de Càceres » in *Boledino del Instituto de reforma agraria*, Madrid, 1934, p.6.

562 P. MARTINEZ PARDO, « El derecho de apostar o apostonar », in *Revista de derecho privado*, 1922, p.271 s.

Dans le cas de l'*arbolado frutal*, il s'agit d'une autre variante dans laquelle la séparation juridique entre *vuelo* et *suelo* concerne des arbres fruitiers et spécialement des oliviers. Il n'est plus question de droit d'*apostar* même si le titulaire du droit bénéficie de l'accroissement de la masse arbustive, tant en raison de la croissance des arbres que de leur multiplication par germinaison, repousse ou autrement. Le profit du titulaire du droit ne provient pas comme pour l'*apostar* de la coupe du bois, mais des fruits récoltés. Dans l'*arbolado frutal*, les plants issus des rejets ou germinaisons sont considérés finalement comme accessoires des arbres originellement possédés. Alors que dans le droit d'*apostar* ou d'*apostonar*, les jeunes arbres que l'on a cultivés et dont la coupe constituera l'*apostamiento*, sont considérés chacun comme une entité isolée. La conséquence est qu'alors que le droit d'*apostar* aboutit à une propriété de l'arbre limitée dans le temps, parce qu'elle se termine au moment de l'abatage, dans le cas de l'*arbolado frutal*, la propriété « arboraire » peut être perpétuelle.

Les modalités et la nature de ce droit

Ainsi, comme le souligne Alejo Leal Garcia[563], le *derecho de vuelo* porte soit sur un ou plusieurs arbres, voire même sur une fraction qui peut se réduire à quelques branches[564], soit sur une masse arbustive. Dans le premier cas, lorsqu'il porte sur l'arbre, deux situations sont encore à distinguer : dans l'une, le droit recouvre une appropriation temporaire, limitée par la vie des arbres objets du droit, qui sont identifiés et individualisés; dans l'autre, un droit théoriquement perpétuel parce qu'assorti de la possibilité de renouveler les plants.

La conséquence de la dichotomie juridique du *vuelo* et du *suelo* est que d'une part, le titulaire du droit de *vuelo* peut exercer tous les droits du propriétaire aussi bien les actes de disposition que d'usage et de jouissance sur les arbres et arbustes. Conformément aux usages agricoles et forestiers du pays, il peut notamment les couper, les tailler, en récolter les fruits, effectuer tout travail d'entretien et veiller à la santé des arbres. Pour cela, il dispose d'un droit de passage sur le fonds, pour lui-même comme pour ses employés, les animaux de charge et de trait participant aux opérations et les outils nécessaires. Il peut travailler la terre autour du pied des arbres. Il peut utiliser les fruits tombés, notamment en amenant des troupeaux, d'ailleurs autorisés à s'abreuver sur le fonds. Il peut même édifier des palissades et des enclos pour parquer ces animaux. Il peut encore faire du charbon de bois sur le fonds. D'autre part, le titulaire du droit de *suelo* peut exercer tous les droits du propriétaire foncier et accomplir tout acte de disposition sur l'herbe, les pâturages, les semis et cultures annuelles. Il peut également

---

563 *Op.cit.*, p.8.

564 M. LEGENDRE, *Las Jurdes*, *op.cit.*, pp.280-281.

exiger du titulaire du droit de *vuelo*, une indemnité pour les dommages que pourraient causer ses animaux aux cultures et prairies. Ces dommages et intérêts éventuellement payés par le propriétaire du *vuelo* à celui du *suelo* sont traditionnellement appelés *granillos* ou *granillera*.

Alejo Leal Garcia constate que finalement la seule chose qui appartienne en commun aux deux protagonistes, c'est la terre dont ils profitent ensemble sans qu'aucun ne soit exclu par l'autre, sauf cas exceptionnel. La séparation des droits peut durer indéfiniment ou se terminer avec l'arbre. Ce qui amène notre auteur à conclure que ce droit ne peut absolument pas être assimilé, comme cela a été fait par certains, à un usufruit ou une servitude personnelle, ne serait-ce que parce que la durée du droit de *vuelo* est déterminée par rapport à l'objet et non au sujet du droit[565].

La qualification juridique du droit de *vuelo* a provoqué en effet des controverses dans la doctrine et la jurisprudence[566]. Les uns, y voyant une simple servitude grevant la propriété du fonds, les autres, une propriété partiaire ou promiscue, ou une juxtaposition de propriété distincte ou une propriété divisée ou un droit de superficie voire une copropriété... Pour Garcia[567], qui observe dans les premières décennies du XXème siècle une augmentation du nombre des cas de séparation du *vuelo* et du *suelo*, certains peuvent s'analyser comme une juxtaposition de propriétés distinctes et d'autres, comme une propriété divisée.

Nous retrouvons donc bien ici autour de ce droit de *vuelo*, les discussions, analyses et prises de position qu'a suscité la propriété « arboraire » en France et en Italie. De même, retrouvons-nous dans la péninsule ibérique sous le nom de *rabassa morta*, une variété de bail à complant, souvent rapprochée de la propriété « arboraire ».

§ 2. La *Rabassa Morta* catalane

La dénomination typiquement catalane de *rabassa morta* désigne une institution d'origine coutumière bien connue[568]. Elle consiste dans la cession d'une parcelle par le propriétaire foncier en vue de la plantation d'une vigne, contre le paiement d'une redevance en argent ou en nature. La relation juridique entre le propriétaire foncier et le *rabassaire* se termine avec la mort

---

565 A. L. GARCIA, *ibid* : « *Es de advertir que si la separaciòn de aprovechamientos ha de ser por tiempo indefinido para que constituya una modalidad de la propriedad y no una simple forma de esplotacion, ni un usufructo, no siempre es perpetua pues puede darse el caso de que se sepa que el derecho sobre el vuelo ha da desaparecer en un plazo màs o menos largo por destrucciòn del objeto directo sobre que recae. En este caso la temporalidad procede del objeto y no del sujeto a diferencia de lo que ocurre con la servidumbres personales* ».

566 C'est ce qui apparaît à la lecture des travaux déjà cités sur ce droit : P. MARTINEZ PARDO, *op.cit.* ; A L. GARCIA, *op.cit.* ; F. MAROI, *op.cit.* et A. SOTO BISQUERT, *op.cit.*.

567 *Op.cit.*, p.14.

568 Sur cette institution du droit catalan, cf. L. PUIG I FERRIOL, E. ROCA I TRIAS, *Institutions del dret civil de Catalunya*, Barcelone, Bosch éd., 1984, p.231 à 238.

des premiers ceps plantés ou au terme d'une période que le Code civil a fixé à cinquante ans maximum. Elle existe également de l'autre côté de la frontière franco-espagnole, en « Catalogne Nord », dans quatre communes des Pyrénées Orientales[569]. Son intitulé qui signifie mot à mot « souche morte » est traduit par « souche perdue » du côté français de la frontière, où ce contrat relève notamment des articles du Code rural et de la pêche maritime relatifs au bail à complant[570]. Nous avons vu précédemment que l'article 1656 du Code civil espagnol lui était consacré, ce qui la fait entrer dans l'ordonnancement juridique de l'ensemble de l'Espagne. Elle a été réincorporée dans le droit catalan par une mention expresse de la *Compilaciò* du droit régional catalan[571].

L'article 1656–1 du Code civil espagnol définit la *rabassa morta* comme une cession de l'usage du terrain par le *dueño del suelo*, le propriétaire du sol. Ce terme de *dueño* aux relents féodaux ne doit pas être entendu restrictivement : l'usage du sol pourra être cédé au *rabasser*, aussi bien par le propriétaire que par l'usufruitier ou l'emphytéote. Dans ces derniers cas cependant, la *rabassa morta* prendra fin en même temps que l'usufruit ou l'emphytéose. Une jurisprudence constante reconnaît même au détenteur fiduciaire[572], la possibilité de céder une parcelle par contrat à *rabassa morta.*

La cession du terrain peut s'effectuer par acte entre vifs ou par testament, et le droit de *rabassa morta* lui-même peut se transmettre par vente, échange, donation ou encore héréditairement par testament, codicille ou succession ab intestat. En cas d'aliénation à titre onéreux, du terrain ou du droit de *rabassa morta*, le propriétaire du sol et le *rabasser* disposent réciproquement d'un droit de préemption et de retrait qui impose une notification du projet de vente[573]. Le Code civil espagnol traitant de la *rabassa morta* dans une section relative aux « contrats analogues à l'emphytéose », elle ne peut comme celle-ci, être établie que par acte authentique[574]. Toutefois en Catalogne, la *rabassa morta* peut être acquise par usucapion. En revanche en France, les contrats sont aussi bien notariés

---

569 Il s'agit de Banyuls, Cerbère, Collioure et Port-Vendres, c'est-à-dire la micro-région qui produit le fameux vin doux de Banyuls. Cf. *Jurisclasseur de droit rural*, fasc.430. Renseignement d'ailleurs confirmé par Charles Vilar de l'Université de Perpignan.

570 Cf. ci-dessus, deuxième partie, chapitre III, section I, §2 et section II, §1.

571 En application de l'article 12 du Code civil de 1889, les droits civils régionaux (*derechos civiles forales*) et notamment celui de Catalogne, l'emportent sur le code, lequel n'a qu'une valeur subsidiaire. De nouvelles compilations ont été prévues qui n'ont été achevées que dans la deuxième moitié du XXème siècle. Selon le statut d'autonomie de la Généralité de Catalogne du 18 décembre 1979, le droit civil catalan et le contentieux en découlant font partie des compétences exclusives (art.9). L'agriculture et l'élevage font partie des compétences économiques (art.12).

572 L. PUIG I FERRIOL, E. ROCA I TRIAS, *op.cit.*, p.233, où sont citées des sentences du 3 novembre 1869 et du 19 mai 1952.

573 Code civil espagnol, art.1656-6 et sentence du 12 février 1959, citée par L. PUIG I FERRIOL et E. ROCA I TRIAS, *ibid*, p.235.

574 Cf. sentence du 31 janvier 1969, citée par L. PUIG I FERRIOL et E. ROCA I TRIAS, p.238.

que sous seing privé en raison de l'hésitation qui se perpétue sur la nature juridique de ce droit que nous examinerons ultérieurement.

Quant à ses effets, la *rabassa morta* a toutes les caractéristiques d'un contrat synallagmatique. D'un côté, le propriétaire du sol doit en assurer l'usage (*cede su uso*) au *rabasser*, qui pour sa part, doit planter des vignes. Néanmoins, l'article 1656-4 précise que la faculté de faire d'autres plantations ne disqualifie pas le contrat, pourvu que l'objet principal soit la plantation de vignes. Il doit surtout s'acquitter d'un loyer ou d'une redevance annuelle en fruit ou en argent (*una renta o pensiòn anual en frutos o en dinero*). Dans les Pyrénées Orientales, la redevance traditionnelle était initialement d'un cinquième de la récolte mais elle n'est plus désormais que d'un septième. Le propriétaire du sol ne peut quant à lui, exercer les prérogatives afférentes à sa qualité que pour autant qu'elles ne portent pas atteinte au droit généralement considéré comme réel du *rabasser*.

Originellement, on l'a vu, la durée du droit de *rabassa morta* était liée à la vie des premiers ceps de vigne plantés mais plusieurs règles viennent interférer sur ce principe. L'article 1656-1 stipule que la concession sera éteinte au bout de cinquante ans à moins qu'il n'ait été prévu au contrat une durée inférieure. Aux termes du contrat, l'article 1656-9 permet au concédant d'expulser le *rabasser*. En revanche, conformément à la tradition catalane, l'article 1656-3 prévoit que le concessionnaire ou colon, c'est-à-dire le *rabasser*, peut assurer le renouvellement des plants pendant la durée du contrat[575]. Il peut également selon l'article 1656-7, mettre fin au contrat à sa convenance et rendre le sol à son propriétaire à condition toutefois d'indemniser les dommages éventuellement occasionnés à la propriété par sa faute. Par ailleurs, nous avons déjà vu que dans certains cas particuliers, tels que la concession par un usufruitier, un emphytéote ou un héritier fiduciaire, le droit de *rabassa morta* prenait fin en même temps que le droit du concédant. En revanche et en application de l'article 1656-10 qui établit une présomption simple de renouvellement tacite, un nouveau contrat de *rabassa morta* pourra prendre la suite du premier[576].

A l'extinction du contrat, le *rabasser* ne peut prétendre à aucune indemnité pour les améliorations apportées à la propriété lorsqu'elles constituent des impenses nécessaires ou qu'elles découlent de l'exécution du contrat. Il en est de même lorsqu'il s'agit d'impenses utiles à moins qu'elles n'aient été effectuées avec l'accord écrit du propriétaire du sol.

Tout ce qui vient d'être exposé sur le droit de *rabassa morta*, ses origines, sa concession, sa transmission, ses effets, son extinction, permet de comprendre les hésitations qui se sont manifestées quant à la nature de ce droit de part et d'autre de la frontière franco-espagnole : droit personnel ou démembrement de la propriété ? En réalité, même si le *rabasser* bénéficie

---

[575] Cf. sentence du 31 janvier 1969 déjà citée.

[576] Sur ce point, cf. sentence de *l'Audiència Territorial* de Barcelone du 2 juin 1970, citée par L. PUIG I FERRIOL et E. ROCA I TRIAS, p.236.

certainement d'un droit réel et qu'en France, le deuxième alinéa de l'article L.441-8 du Code rural et de la pêche maritime applicable au contrat de souche perdue mentionne la possibilité d'une translation de propriété au profit du complanteur, l'institution peut être rangée tant en Catalogne espagnole que française, dans des catégories connues : en France, le bail à complant dont nous avons parlé plus haut, et en Espagne, les contrats emphytéotiques. En effet, l'article 1656 s'insère dans le titre des baux (*De los censos*) et dans une section relative aux contrats analogues à l'emphytéose (*De los foros y otros contratos anàlogos al de enfiteusis*). Dans la doctrine juridique catalane de référence, il ne fait pas de doute que la *rabassa morta* est un contrat emphytéotique. D'ailleurs, l'article 320 de la compilation du droit catalan de 1984 et l'actuel Code civil de Catalogne qui reprennent l'article 1656 du Code civil espagnol se trouve sous la rubrique « emphytéose ». Dans le cadre du droit fiscal français en revanche, se manifestent des hésitations pour assimiler le contrat de souche perdue aux baux ruraux à long terme jouissant d'une exonération de 75% des droits de succession, considérant que l'on est plus proche d'un démembrement de propriété que d'un bail. Inversement, une partie de la doctrine espagnole tire cette institution vers les droits personnels et les contrats de louage, usant d'arguments sémantiques tels que l'utilisation par l'article 1656, du terme *colono* (que l'on peut traduire par fermier) pour désigner le *rabasser*.

Quoi qu'il en soit, le fait que le contrat de *rabassa morta* soit limité dans le temps et qu'à l'extinction du contrat, le propriétaire du sol récupère les pieds de vigne et toutes les améliorations issues du travail du *rabasser*, nous éloigne déjà largement de la propriété « arboraire » véritable, surtout que celle-ci implique une coexistence de deux utilisateurs du sol qui manque dans le cas de la *rabassa morta*. C'est pourquoi il faut conclure que cette institution est bien distincte et différente de la propriété « arboraire » proprement dite qui fait l'objet de notre étude. Elle ne méritait d'être décrite que pour montrer cette différence et parce qu'elle fait partie de ces institutions habituellement citées par les informateurs lorsque l'on enquête sur l'existence d'une propriété « arboraire ». Elle ressemble à la *mugharasa* déjà évoquée et dont il sera question dans le chapitre suivant.

Chapitre II

La propriété « arboraire » au Maghreb et au Machreq

La propriété « arboraire » proprement dite et les institutions du type bail à complant qu'on lui associe le plus souvent sont attestées en Afrique du Nord et au Proche-Orient dès l'Antiquité. Elles se sont maintenues au Moyen Age avant comme après l'islamisation de ces pays, à tel point que l'on peut parler d'une tradition d'accession à la propriété par le travail. Celui qui a planté un arbre et qui l'a entretenu, en est propriétaire, comme tout créateur d'un objet par son travail. Cependant, on ne peut éviter de poser le problème de la compatibilité de ces institutions avec le droit musulman. En tous cas, il n'y a pas de doute qu'elles persistent de nos jours dans les trois pays du Maghreb.

Section I. La propriété « arboraire » sur les rives méridionales et orientales de la Méditerranée et l'islam

En raison de l'aridité, de la proximité du désert et des tempêtes de sable, il s'est toujours posé dans ces pays, le problème de la mise en valeur agricole et particulièrement, la promotion de l'arboriculture : celle du palmier, de l'olivier ou d'autres essences. Rappelons que la vente emphytéotique, institution dont l'étymologie implique l'idée de plantation[577], ce qui la rapproche de la propriété « arboraire », a été utilisée sous Auguste pour la mise en valeur des terres confisquées en Egypte.

Des institutions proches de l'emphytéose procédant du mécanisme du bail à complant ont pu être répertoriées dans ces pays avant l'islam, dès la plus haute Antiquité. De nombreux siècles plus tard lorsque ces pays ont été islamisés, leur compatibilité avec le droit musulman a été facilement acceptée, dans la mesure où elle contribuait à la transformation de « terres mortes » non productives en « terres vivantes ». Paradoxalement, il n'en a pas été vraiment de même de la propriété « arboraire » proprement dite.

---

[577] J.-P. LÉVY, *Cours d'histoire des institutions privées, la propriété, les biens*, *op.cit.*, p.118.

§ 1. La propriété « arboraire » avant l'islam

Le Code d'Hammurabi, l'une des plus anciennes codifications du monde, a révélé l'existence en Mésopotamie 1800 ans avant notre ère, de contrats proches du bail à complant sans que l'on n'ait pu constater une véritable propriété « arboraire ». Celle-ci n'a pas été non plus signalée en Egypte pharaonique des siècles précédents et suivants. En revanche, l'Egypte hellénistique et romaine nous a laissé des traces assez nettes bien que contestées par certains auteurs, de l'institution qui nous occupe. Mais, c'est à la fin de l'Antiquité dans le Maghreb, que l'on a noté une réelle présence de la propriété « arboraire » grâce à la découverte des « Tablettes Albertini »[578].

Le Code d'Hammurabi

Plusieurs paragraphes du Code d'Hammurabi régissaient les rapports du propriétaire d'une parcelle de terrain et d'un arboriculteur : « Si quelqu'un a cédé un terrain à un arboriculteur pour y planter un verger et que l'arboriculteur a planté ce verger et l'a fait prospérer pendant quatre ans, la cinquième année, le propriétaire du verger et l'arboriculteur partageront à égalité, mais c'est le propriétaire qui choisira la part qu'il veut prendre » (§60) ; « Si l'arboriculteur n'a pas achevé de planter le terrain et en a laissé une partie en friche, cette friche sera incluse dans sa part » (§61) ; « S'il n'a pas planté en verger le terrain qui lui a été concédé, s'il l'a laissé en état de guéret, l'arboriculteur devra au propriétaire, ce qu'aurait rapporté le terrain pour les années durant lesquelles il a été négligé, calculé par référence à ce qu'a rapporté le verger voisin ; en outre, il travaillera le terrain comme il convient et le restituera à son propriétaire » (§62) ; « S'il l'a laissé en friche, il travaillera le terrain comme il se doit et le restituera au propriétaire ; de plus, il paiera dix *gure* d'orge par *bur* pour chaque année écoulée » (§63)[579].

Comme on le voit, il ne s'agit pas de propriété « arboraire » mais d'une concession *ad plantandum*, institution en apparence voisine, qu'un juriste se doit de distinguer soigneusement de celle qui nous occupe et qui ne paraît pas avoir laissé plus de trace en Egypte pharaonique.

L'Egypte ancienne

Ni les classiques de l'histoire du droit et de l'anthropologie de l'Egypte ancienne[580], ni la littérature plus récente sur les institutions de l'époque

---

[578] *Tablettes Albertini, actes privés de l'époque vandale (fin du Vème siècle)*, éditées et commentées par C. COURTOIS, L. LESCHI, P.-J. MINICONI, C. PERRAT, C. SAUMAGNE, Publications du Gouvernement Général de l'Algérie, Paris, éditions Arts et métiers graphiques, 1952, 2 vol..

[579] *Code d'Hammurabi* (traduction française), Bagdad, Dar el Ma'mun, 1987, XVI, § 60 à 63, pp.19-20.

[580] J. PIRENNE, *Histoire des institutions et du droit privé de l'ancienne Egypte*, 3 tomes, Bruxelles, 1932-1935 et A. MORET et G. DAVY, *Des clans aux empires*, coll. Evolution de l'humanité, Paris, 1923.

pharaonique, ne semblent apporter d'exemple clair de propriété « arboraire ». En revanche, Fulvio Maroi[581] pensait avoir trouvé dans l'Egypte hellénistique et romaine, des exemples non équivoques de propriété « arboraire ». Selon lui, il n'était pas exceptionnel de la rencontrer dans les papyrus de l'Egypte ptolémaïque et des premiers siècles de notre ère, aussi bien à l'occasion d'actes de vente que de documents fiscaux. Il citait ainsi une vente d'acacias en 135 après J.C. Mais Camillo Giardina[582] contestait cet exemple en alléguant les lacunes du document qui ne permettaient pas de tirer de conclusion avec certitude. Le même auteur était d'ailleurs encore plus critique l'égard d'un autre exemple donné dans la même note par Fulvio Maroi. En effet, ce dernier soutenait qu'un papyrus égyptien de 104 avant J.C., traitait de ceps de vigne et d'arbres fruitiers distincts du sol. Sa position était fondée sur le fait que contrairement à une traduction donnée par l'éditeur allemand du document Mitteis, il n'y était pas question de vignobles et d'arbres fruitiers mais bien de plants de vignes et d'arbres fruitiers. Le terme *αμπελοζ* écrivait Maroi, signifie vigne au sens de cep ou de plant et non au sens de vignoble. Son contradicteur Camillo Giardina objectait que le papyrus en question, ne parlait pas de *αμπελοζ* mais de *αμπελωγα* qui signifie bien vigne au sens de vignoble, ce qui enlève tout fondement à l'affirmation de l'existence d'une propriété « arboraire » dans ce texte. Pourtant, un ou deux siècles plus tard à peine, nous allons retrouver au Maghreb, mention de la propriété « arboraire » dans des inscriptions célèbres.

Les inscriptions d'Henchir Mettich, de Souk-el-Khmis, d'Aïn-el-Djemela et d'Aïn Ouassel

Ces inscriptions célèbres chez les romanistes et les historiens du droit qui ont été étudiées par les auteurs les plus prestigieux[583], concernaient les domaines impériaux situés sur les territoires algériens et tunisiens[584]. Elles dataient de la fin du deuxième et du début du troisième siècle de notre ère[585] et reproduisaient probablement un ancien règlement des domaines impériaux remontant à Trajan.

---

[581] *La proprietà degli alberi separata da quella del fondo, op cit.*, p.354.

[582] *La cosi detta proprietà degli alberi..., op.cit.*, p.139.

[583] Sur l'inscription de Souk-el-Khmis, près de Carthage, cf. A. ESMEIN, « Les colons du Saltus Burunitanus », in *Mélanges d'histoire du droit et de critiques*, Paris, 1886 et J. CARCOPINO, « L'inscription d'Aïn-el-Djemala. Contribution à l'histoire des saltus africains et du colonat partiaire », in Mélanges de l'école française de Rome,1906, 26, pp.365-481 et « La tenure romaine » dans *Recueil de la Sté Jean Bodin*, vol. III, Bruxelles, 1938, p.126 ; J.-B. MISPOULET, « L'inscription d'Aïn-el-Djemala », *NRH*, 1907, p.4 et plusieurs cours de doctorat : R. Monier, R. Aubenas, *op.cit.*, pp.18-19.

[584] On trouvera leur texte dans P.-F. GIRARD, *Textes de droit romain*, 6è éd., 1937.

[585] L'inscription d'Henchir Mettich est datée des années 116-117, celle d'Aïn-el-Djemala, de 117 à 138, celle de Souk-el-Khmis, des années 180-183 et celle d'Aïn Ouassel, de 198 à 212.

Reprenant des dispositions bien connues de la *Lex Manciana* sur la mise en valeur des terres vierges, ces inscriptions sont généralement citées dans des ouvrages relatifs au droit romain. Jérôme Carcopino et ses disciples[586] affirment que ces dispositions étaient appliquées ailleurs qu'en Afrique et donc sur les territoires européens de l'Empire romain. En l'absence de preuves suffisantes et malgré le prestige de cet auteur, il convient de se rallier à l'opinion opposée, selon laquelle la *Lex Manciana* « n'est pas une mesure prise d'abord en Italie puis transposée en Afrique ». Elle est « exclusivement, spécifiquement africaine »[587].

Ces tablettes faisaient état d'un droit réel portant uniquement sur les plantations d'arbres fruitiers (inscription d'Aïn-el-Djemala). Ce droit issu de la *Lex Manciana* intéressait exclusivement les *subsiciva* c'est-à-dire des terres marginales demeurées incultes à la périphérie du domaine. Le droit du planteur de l'arbre était qualifié dans l'inscription d'Henchir Mettich d'*usus proprius*. Il était même décliné comme un droit d'*habere, tenere, possidere, uti, frui* (avoir, tenir, posséder, user et jouir) pour soi-même et ses héritiers *in perpetuum*. Il était aliénable entre vifs sans aucune restriction. Le planteur ou le *cultor* devait cependant une redevance au *dominus* ou au *conductor*[588] dont il dépendait. Elle s'élevait à un tiers des fruits récoltés[589]. Il était prévu une exemption pendant les premières années qui suivaient la plantation durant lesquelles les arbres et arbustes n'étaient pas productifs[590].

Autrement dit, pour une redevance relativement modique, le planteur bénéficiait d'un droit très fort[591] qui lui assurait en quelque sorte, la propriété de ce capital que formaient les arbres plantés et entretenus grâce à son travail. L'objectif était de satisfaire aux vœux de l'empereur de mettre en valeur les terres en friche et les terres vierges à la périphérie des domaines. Si ses origines et ses auteurs restent obscurs, la *lex Manciana* était sans aucun doute une disposition qui avaient pour objectif le peuplement et la revitalisation des grands domaines impériaux d'Afrique, fut-ce au prix d'une contradiction avec l'esprit même du droit romain classique, en empruntant aux pratiques locales. Trois siècles plus tard, ces objectifs et ces pratiques

---

586 J. CARCOPINO, « La tenure romaine », *op.cit.*, p.126 et s.

587 J. - N. LAMBERT, « Les Tablettes Albertini », *Revue Africaine*, Alger, n°434 et 435, 1953, p.207.

588 Le sol faisait probablement partie de l'*ager publicus* et s'agissant de fonds provinciaux, n'était pas susceptible de *dominium* malgré l'utilisation du terme *dominus*. On sait que les inscriptions utilisaient pour qualifier l'appropriation foncière, des périphrases telles que *jus proprium* (Henchir Mettich), *jus possidendi ac fruendi heredique suo relinquendi* (Aïn Ouassel).

589 Quotité que l'on retrouve à l'époque contemporaine dans les contrats de *mûgharsa* dont il sera question plus loin.

590 Dans l'inscription d'Henchir Mettich, cinq ans pour les figuiers, les vignes et les oliviers greffés et dix ans pour les oliviers plantés. Dans l'inscription d'Aïn Ouassel, dix ans pour les oliviers plantés comme pour les greffés. Cf. J. - N. LAMBERT, *op.cit.*, p.210.

591 Il bénéficiait même d'une garantie en cas d'éviction, grâce à une *stipulatio poenae*, c'est-à-dire par le paiement du double du prix. J.- N. LAMBERT, *op.cit.*, p.222.

existent toujours et l'on trouve encore en Afrique du Nord, la preuve d'une distinction encore plus nette entre l'appropriation de l'arbre et celle du sol.

Les « Tablettes Albertini »

La découverte en 1928 dans les confins algéro-tunisiens[592], de ces tablettes datant du Vème siècle de notre ère par le célèbre historien Eugène Albertini, et leur publication au début des années 50, devaient permettre à l'historien du droit Jacques-Numa Lambert[593], d'y signaler l'existence d'une propriété « arboraire », dans un article généralement cité par ceux qui évoquent cette institution en Corse[594].

Ces tablettes qui regroupaient plusieurs dizaines d'actes juridiques, dont vingt-sept ventes, témoignaient du succès des cultures manciennes et de leur progression trois siècles plus tard. Tandis que la *Lex Hadriana* avait voulu favoriser les cultures céréalières sur les terres laissées en friche dans les domaines, ce furent les droits des arboriculteurs à la périphérie qui se fortifièrent jusqu'à l'établissement d'une véritable propriété « arboraire ». Le souci des pauvres arboriculteurs de se ménager des moyens d'existence durables et transmissibles à leur postérité et de s'assurer une relative indépendance économique, l'emporta sur les impératifs du ravitaillement de Rome.

Les formes juridiques que révélaient ces tablettes comme la *Lex Manciana* qu'elles prolongeaient, ont probablement prospéré parce qu'elles étaient conformes aux coutumes indigènes anciennes ou à des pratiques importées avant ou même après la conquête romaine. En effet, on peut envisager que l'institution a pu immigrer en Afrique du Nord via la « Grande Grèce », c'est-à-dire l'Italie du Sud et la proche Sicile, en provenance de la Méditerranée orientale et de la Grèce, particulièrement des îles de la mer Egée où l'institution est très anciennement enracinée, comme nous le verrons dans le chapitre suivant.

L'olivier, le figuier et la vigne sont souvent réputés comme importés en Afrique du Nord par les Phéniciens, fondateurs de Carthage. On peut y ajouter d'autres indices. Par exemple, le fait que les planteurs devaient donner au propriétaire du sol un tiers des fruits, rappelle le colonat partiaire qui était largement utilisé à Carthage et qui l'était encore récemment dans tout le Maghreb. Précisons toutefois qu'il ne s'agit pas ici d'un loyer mais

---

592 A une soixantaine de kilomètres de Gafsa (Tunisie) et à une centaine au sud de Tebessa (Algérie).

593 « Les Tablettes Albertini », *op.cit.*, p.196 à 225, spécialement p.205 et s.

594 R. AUBENAS, *Cours d'histoire du droit privé des anciens pays de droit écrit, XIIIè-XVIII siècles*, tome IV « autour de la propriété foncière », *op.cit.*, p.21; C. SPINOSI, *Le droit des gens mariés en Corse du XVIème au XVIIIème siècle*, *op.cit.*, p.95; P. LAMOTTE, *op.cit.*, p.61, mentionne les « Tablettes Albertini » en citant C. SPINOSI ; P. EMMANUELLI, *Recherches sur la Terra di Comune…op.cit.* et J.-Y. COPPOLANI, « Un élément exemplaire… », *op.cit.*.

plutôt d'un impôt, le sol faisant partie des domaines impériaux et le planteur n'étant pas un locataire mais un véritable propriétaire de l'arbre.

Il ne faut pas oublier pour autant que les anthropologues ont observé que la distinction de l'arbre et du sol était présente d'un bout à l'autre du continent africain, comme nous l'avons déjà mentionné dès l'introduction de cet ouvrage. Certes, on peut objecter que l'origine locale africaine de la propriété « arboraire » des « Tablettes Albertini » ne repose que sur des extrapolations au sens le plus courant du terme, à partir de l'observation des mœurs de l'époque contemporaine. Elle n'en reste pas moins une hypothèse que l'on ne peut négliger.

Comme l'ajoutait Jacques-Numa Lambert[595], la grande révélation des Tablettes que n'ont d'ailleurs pas nettement aperçue ceux qui en ont préparé l'édition, était que « l'objet de la vente n'y est pas en réalité une ou plusieurs parcelles d'un *fundus* qui appartient exclusivement à Fl. Geminius (*sub dominio Fl. Gemini*), lequel reste étranger à la vente mais bel et bien des plantations (*culturae*) des arbres fruitiers dont sont complantées ces parcelles et qui appartiennent à d'autres personnes ». Les dimensions de la parcelle n'étaient jamais données. Seuls étaient relevés dans les actes, le nombre et la nature des arbres qu'elle contenait.

Les cultivateurs, à qui il était permis d'effectuer ces transactions sur des arbres qu'ils avaient plantés ou seulement soignés, avaient un droit réel, *jus proprius*, véritable propriété. Et comme toute propriété, elle était perpétuelle, aliénable et héréditaire. Quant au propriétaire du sol, il n'était pas complètement identifié bien que son nom apparût dans les actes et il était étranger aux transactions. S'agissait-il d'un grand propriétaire autochtone, d'un patriarche représentant d'un groupement familial étendu, d'un dignitaire de l'Empire romain ?... Il est même permis de se demander s'il était mort ou vivant au moment de l'acte...

Les actes ont été apparemment rédigés en se servant de formulaires antérieurs, probablement destinés à l'administration des domaines impériaux. Comme en Corse[596], il s'agissait d'encourager le défrichement de terres incultes, forestières, marécageuses ou au contraire trop arides. On retrouve les dispositions de la *Lex Manciana* et notamment les redevances payées en fruits. Mais alors que sous Trajan, n'était conféré aux planteurs qu'un droit restrictivement défini dans une partie très mutilée de l'inscription d'Henchir Mettich[597], les Tablettes Albertini reflétaient une situation juridique plus solide et plus claire.

---

595 *Op.cit.*, p.205.

596 P. LAMOTTE, *op.cit.*, p.60 : « Le terrain dans lequel sont plantés ces arbres est le plus souvent impropre à la culture ».

597 « Droit qu'ils étaient autorisés à transmettre par testament à leurs enfants légitimes peut-être à engager (*jus fiduciae* ?) qui paraît se ramener à un monopole d'exploitation maintenu pendant un certain temps (*jus colendi*) et dont la déchéance survenait *sine querela*, après une certaine procédure au cas d'interruption de la culture pendant deux ans ». J.- N. LAMBERT, *op.cit.*, pp.208-209.

Ces Tablettes fournissent donc des clichés de la propriété « arboraire » dans le Maghreb à l'époque des invasions vandales. Elles montrent que depuis le Haut Empire, la propriété « arboraire » s'est probablement renforcée et étendue. Mais à peine plus d'un siècle et demi après qu'ont été gravées les Tablettes, l'Afrique du Nord était conquise par les Arabes et son islamisation commençait. A partir de ce moment-là, devait forcément se poser le problème de la compatibilité de cette forme d'appropriation avec le droit musulman.

§ 2. La compatibilité de l'institution avec le droit musulman

Au début de l'islam au VIIème siècle de notre ère, « la propriété immobilière était fort peu développée »[598]. Pour le Coran qui a gardé l'empreinte de la mentalité de la société nomade où dominaient activités pastorales et commerciales au sein de laquelle il a été rédigé, la terre en elle-même était peu importante et elle n'était valorisée que par le travail du cultivateur. Dans le verset 14 de la sourate III, *La Famille de Imran*, qui énumère les biens convoités par les hommes, « les terres cultivées » sont citées en dernière position après les femmes, les enfants, l'or, l'argent, les chevaux et le bétail. Le droit des biens en général n'est d'ailleurs pas celui auquel la *charia* accorde le plus d'intérêt. C'est même une rubrique souvent absente des manuels de droit musulman[599].

L'un des fondements essentiels de la propriété dans la jurisprudence musulmane est la mainmise (*istisla'*) sur les biens vacants (*mubah*), en raison du principe proclamé par le Prophète que « quiconque prend une chose que personne n'a prise avant lui en devient le propriétaire »[600]. Les biens qualifiés de vacants peuvent être meubles, c'est le cas des animaux sauvages, des trésors, des minerais et des trois biens que les musulmans possèdent en commun selon le Prophète, l'eau, le feu et l'herbe. Cette dernière se définit comme une plante sans tige ce qui la distingue clairement des arbres, lesquels sont catalogués parmi les biens immobiliers au même titre que les terres mortes. La mainmise est le fait de s'emparer d'une chose : par exemple, ramasser du bois, cueillir les fruits d'un arbre... Les quatre écoles juridiques sunnites, hanafite, malikite, chafi'ite et hanbalite,

---

[598] R. CHARLES, *Le droit musulman*, Paris, PUF, Que Sais-Je ? n°702, 1972, p.66.

[599] Par exemple, Y. LINANT DE BELLEFONDS, *Traité de droit musulman comparé*, 3 vol., Paris – La Haye, Mouton, 1965-1973 ; H. DE WEIL, *Le droit musulman. Nature et évolution*, C.H.E.A.M., 2è éd., Paris, 1993 ; F.-P. BLANC, *Le droit musulman*, Paris, Dalloz, 1995 ; A. CHEHATA, *Droit musulman*, Paris, Dalloz, 1970 et F.-J. PANSIER et K. GUELLATY, *Le droit musulman*, Paris, PUF, Que Sais-Je ? n°702, 2000.

[600] M.-F. AL AHKAM, « Des fondements de la propriété dans la jurisprudence musulmane, la mainmise sur les biens vacants », in *Biens communs, patrimoines collectifs et gestion communautaire dans les sociétés musulmanes, Revue des mondes musulmans de la Méditerranée*, Aix-en-Provence, Edisud, 1997, pp.25-41.

s'entendent généralement sur le principe selon lequel l'intention n'est pas nécessaire pour qu'il y ait appropriation.

La conception musulmane du droit de propriété rappelle celle de la féodalité occidentale systématisée par Saint Thomas d'Aquin : Allah détient le domaine éminent (*mulk*) sur la terre. Les hommes, chacun à leur niveau, ne sont que ses successeurs (*hulafa*), en l'occurrence ses tenanciers. Cela nous éloigne de la conception unitaire romaine classique de la propriété qui, nous l'avons vu, tolérait mal la propriété « arboraire ». Est-ce à dire que la propriété des arbres distincte de celle du sol est plus compatible avec l'esprit du droit musulman qu'avec celui du droit romain ? La réponse doit être nuancée et d'ailleurs en la matière, une influence du droit romain sur le droit musulman n'est pas à exclure[601].

Les distinctions fondamentales du droit musulman de la propriété foncière

Elles s'attachent plus au sujet du droit qu'à l'objet et aux rapports à la religion plus qu'à l'utilité économique, même si l'une des premières distinctions est celle des terres mortes et des terres vivantes. La terre morte est celle qui est en friche. Celui qui la vivifie en acquiert la propriété, en application d'un principe édicté par le Prophète[602]. Le Code foncier de l'Empire ottoman, *Majalla*, du 21 avril 1858 (7 ramadan 1274), appliqué dans plusieurs pays du Machreq, systématisant les catégories du droit musulman, énumérait cinq sortes de terres : les terres faisant l'objet d'une appropriation assortie de titres (*mulk* en turc), les terres en usufruit concédées par l'Etat (*miri*), les terres appartenant à des institutions religieuses (*vakif*), les terres laissées à la jouissance des villageois (*metruk*) et enfin, les terres mortes (*mevat*), c'est-à-dire les terres incultes. L'essentiel des éléments de cette classification se retrouve dans les pays arabo-musulmans, du Maghreb au Machreq, les vocables turcs étant évidemment remplacés par des termes arabes[603].

Quant au droit de propriété, les *'ulema* répertorient trois formes de propriété : la propriété *melk*, la propriété *kharaj* et celle des biens *habus* ou

601 A propos de l'influence du droit romain sur le droit musulman, cf. L. MILLIOT et F.-P. BLANC, *Introduction à l'étude du droit musulman*, Paris, 2è éd., Dalloz, 2001, p.604-606 (n°820-821) et J. LADJILI-MOUCHETTE, *Histoire juridique de la Méditerranée, droit romain, droit musulman*, Tunis, Publications scientifiques tunisiennes, 1990.

602 Selon H. BLEUCHOT, dans son cours d'*anthropologie du droit musulman*, *op.cit.*, p.54, « la vivification consiste à clôturer, amener de l'eau, enlever les pierres, arracher les buissons, etc. ». Selon l'opinion dominante, la permission du souverain est nécessaire pour vivifier des terres en bordure des terres habitées (on retrouve là les *subsiciva* des inscriptions et tablettes dont il a été question dans le paragraphe précédent). La terre vivifiée prend le statut de la terre avoisinante (terre de *haraj* ou terre de '*uchr*). Quiconque creuse un puits dans une terre morte acquiert la propriété d'un carré (dit *harîm*) de 25 coudées de côté tout autour du puits ; de 50 coudées s'il s'agit d'un vieux puits restauré.

603 L. MILLIOT, *Introduction à l'étude du droit musulman*, Paris, Dalloz, 2ème édition, 2001.

waqf auxquelles il faut ajouter le domaine de l'Etat, le *mahzen*. La propriété *melk* est le droit de propriété le plus absolu que connaisse le droit musulman. C'est un droit réservé aux seuls musulmans et qui en ce sens, est à rapprocher du *dominium ex jure quiritium* réservé aux seuls citoyens romains et qui n'existait que sur les fonds italiques et les territoires assimilés tels que Beyrouth notamment. La propriété *melk* porte aussi bien sur les meubles que sur les immeubles, dont nous avons déjà dit que la distinction n'était pas fondamentale. Le propriétaire *melk* exerce son droit dans toute sa plénitude avec cependant une limitation de l'abusus en raison du domaine éminent d'Allah[604]. Il a la propriété du sol et de « l'air » c'est-à-dire du dessus. Il peut vendre le droit de bâtir (droit de *'ulû*) ainsi que la colonne d'air au-dessus de son fonds (droit de *hâwa*) sans aliéner le fonds lui-même.

Ainsi le droit musulman connaît-il ce démembrement de la propriété qu'est le droit de superficie. Toutefois, une distinction est faite entre la plantation et la construction. La distinction de la propriété de cette dernière avec celle du sol est expressément autorisée alors que l'on décèle plus qu'une réticence à l'égard de la séparation de l'arbre et du fonds.

C'est de la redevance exigible, le *haraj*, que la deuxième catégorie de propriété foncière tire son appellation. Il s'agit d'une propriété tributaire, inférieure tolérée en pays d'islam, un peu comme l'était la propriété pérégrine dans l'Empire romain. C'est celle des vaincus, non musulmans épargnés au moment de la conquête, et des populations converties[605] qui doivent verser un tribut à la communauté des croyants, la *umma*. C'est notamment la propriété accordée aux Gens du Livre (juifs, chrétiens et Sabéens).

La troisième catégorie de propriété foncière est celle des biens *waqf* appelés *habus* au Maghreb. Il s'agit de fondations pieuses au profit d'une mosquée, d'une université coranique, d'un établissement hospitalier, etc... Ces biens sont grevés au profit de l'établissement ou de l'œuvre bénéficiaires d'une servitude prédiale comparable à l'usufruit. Ce type de propriété perdure encore de nos jours dans de nombreux pays musulmans, du Maghreb (précisément au Maroc) et du Machreq. Encouragés dès l'époque omeyyade, ils jouissent d'une exemption fiscale. Ils sont imprescriptibles et inaliénables comme l'étaient les biens de l'Eglise catholique, dits de mainmorte ou ceux des monastères bouddhiques de la Chine médiévale. Comme dans le cas de ces derniers, et d'ailleurs dans celui d'autres institutions similaires, les *waqf* ou *habus* ont été parfois détournés de leurs objectifs. C'est ainsi que dans le Machreq, à l'époque de l'Empire ottoman,

---

[604] Le propriétaire *melk* ne doit s'acquitter en principe que de l'impôt coranique, soit une aumône obligatoire (*zakat*) s'élevant à 10% des récoltes pour les cultures à sec et 5 % pour les culutures irriguées. En fait, il est généralement assujetti à une contribution qui s'en rapproche, dont le tarif est unformément de 10% des récoltes, appelé en français dîme et en arabe, *'uchr*. Les terres sur lesquelles porte la propriété *melk* sont d'ailleurs appelées « terres de *'uchr* » c'est-à-dire terres de dîme.

[605] Dès le califat d'Omar II (717-720), les convertis à l'islam restèrent soumis au *haraj*.

de grandes familles syriennes, libanaises ou autres les ont utilisés comme un moyen de mettre des biens à l'abri d'éventuelles expropriations ou spoliations, et surtout, comme un subterfuge pour échapper au fisc.

La quatrième et dernière catégorie de propriété est celle de l'Etat, le *mahzen*, terme qui en français a donné le mot « magasin », et qui désignait à l'origine, le coffre des impôts puis le Trésor et enfin le pouvoir central. Au Maroc, le *mahzen* dans cette acception de domaine immobilier de l'Etat apparaît à l'époque almohade au XIIème siècle. Le juriste français est tenté de l'assimiler aux domaines public et privé de l'Etat. En réalité, le concept de *mahzen* est plus diffus et n'a pas de correspondance exacte dans notre droit. Les califes, sultans et autres souverains des pays musulmans sont titulaires d'un domaine éminent sur l'ensemble des biens fonciers, qu'il s'agisse de propriété de *haraj* ou de propriété *milk*. Les biens soumis à ce droit de type féodal au bénéfice du souverain ne font pas partie du *mahzen*. Celui-ci ne comprend que les biens immobiliers qui ne font pas l'objet d'une autre appropriation et qui par conséquent, appartiennent à la *umma* tout entière : les terres mortes, c'est-à-dire celles qui ne sont pas cultivées (on dirait en français, vaines et vagues), les fleuves et autres grandes étendues d'eau, etc.

Ainsi, l'approche musulmane du droit de propriété ne s'oppose pas à priori à une distinction entre l'appropriation de l'arbre et celle du sol. Les principes fondamentaux du droit musulman des biens n'aboutissent pas forcément à la prohibition de la propriété « arboraire », sauf à considérer que dans la mesure où le Prophète a proclamé que celui qui vivifie la terre, en devient propriétaire, ce principe laisse peu de place à la propriété « arboraire » : celui qui plante un arbre devient ipso facto propriétaire du sol. On peut y voir là une inversion de l'adage « *superficies solo cedit* », l'arbre emportant la propriété du sol.

Néanmoins, le droit de superficie existe en droit musulman puisque le propriétaire *melk* peut aliéner le droit de construire sur son sol sans aliéner pour autant celui-ci. Puisqu'il est possible de concevoir la distinction de la propriété du sol avec celle du dessus, ne pourrait-il pas en être de même pour les plantations ? Or, la *sari'a* paraît comporter une interdiction de la propriété « arboraire ».

L'interdiction ambiguë de la propriété « arboraire » dans le droit musulman

En effet, parmi les nombreux *hadit*-s que compte la *Sunna*, il en est au moins un qui peut être interprété clairement comme opposé à la propriété « arboraire », ou du moins à sa pérennité[606]. Mais son existence est reconnue

[606] Cité par M. ABDELGAWAD, *La propriété des terres en Islam*, Le Caire, Imp. mondiale, 1971, p.185 et signalé par A. EDDAHBI, *Les biens publics en droit marocain*, Casablanca, Impr. Afrique-Orient, 1991, p.27.

dans le *fiqh*. On sait que la *sari'a* est une source du droit supérieure au *fiqh* et pourtant, l'institution se maintient depuis des siècles dans les pays musulmans.

Un différend opposait deux particuliers : l'un possédait des palmiers situés à l'intérieur d'un jardin appartenant à l'autre. Le propriétaire du jardin reprochait au propriétaire des palmiers de le déranger en venant dans le jardin, souvent accompagné des gens de sa famille. Le Prophète saisi du litige ordonna d'abord au propriétaire des palmiers de les vendre au propriétaire du terrain. Le propriétaire des palmiers refusa. Alors, le Prophète lui commanda de les couper, ce que refusa encore le propriétaire des arbres. Le Prophète lui enjoint dans ces conditions d'en faire donation à son adversaire, mais il refusa une nouvelle fois. Finalement, le Prophète trancha cette affaire de manière définitive et irrévocable en ordonnant d'arracher les palmiers.

En premier lieu, on peut tirer de ce *hadit* que la propriété des arbres distincte de celle du sol existait à l'époque du Prophète et qu'elle était donc pour lui, parfaitement concevable. Pourtant, le Prophète apparaît dans ce *hadit* comme hostile à l'institution. A la lumière de ce qui a été dit plus haut, il aurait pu considérer que les palmiers vivifiaient la terre plus que ne le faisaient les cultures horticoles pratiquées par le propriétaire du jardin, et par conséquent, intimer à celui-ci l'ordre de vendre son jardin au propriétaire des palmiers. Cela serait allé dans le sens d'une logique du droit musulman signalée plus haut. En préconisant une série de solutions toutes défavorables au propriétaire des palmiers et en tranchant définitivement à son détriment, le Prophète a signifié que cette propriété était à ses yeux anormale et qu'elle ne pouvait être maintenue.

L'une des codifications les plus connues du *fiqh*, celle de Sidi Khalîl, admet de façon plus qu'implicite la possibilité qu'un arbre appartienne à quelqu'un d'autre que le propriétaire du sol : l'article 1208 situé dans une section consacrée aux servitudes légales édicte que « le sol d'un dattier ou autre arbre fruitier, appartenant à un autre propriétaire que celui de la surface, est grevé des servitudes d'usage pour l'utilité dudit arbre »[607]. Au-delà de la reconnaissance de la possibilité de distinction de la propriété d'un arbre d'avec celle de la terre dans laquelle il est enraciné, cet article peut suggérer que la propriété « arboraire » est en relation avec la vivification des terres mortes. Cette remarque est induite par la constatation que la section dans laquelle s'insère cet article appartient au chapitre premier sur les modes ordinaires d'acquisition du titre XXI relatif aux terres mortes. Cela nous conduit à nous attarder sur une institution voisine de la propriété « arboraire » dont la raison d'être est la mise en valeur de terres en friche par la plantation de vignes ou d'arbres fruitiers, et donc la vivification des terres

---

[607] KHALÎL, *Code musulman*, traduction N. Seignette, nlle édition, Paris, 1911, réédité par Alger-livres éditions, 2011 sous le titre *Le Code musulman de Sidi Khelîl*, p.382.

mortes : le bail à complant et ses variantes. Mais là encore, nous verrons que le droit musulman n'a pas une position claire et uniforme.

Les hésitations relatives au bail à complant

Le contrat de bail à complant, que nous étudierons plus loin sous ses noms en arabe et berbère de *mugharasa* et *tam'arsit*, trop souvent confondu avec la propriété « arboraire », est comme elle et sans aucun doute, bien antérieur à l'islam puisqu'il existait en Chaldée au troisième millénaire avant notre ère[608]. C'est peut-être ce qui explique que le droit musulman a eu aussi à son égard une attitude ambiguë. Moyen de vivifier et fructifier les terres mortes[609], il apparaît à priori comme conforme à l'esprit du droit musulman de la propriété. C'est en tous cas ce qu'affirment plusieurs auteurs[610]. Que ce contrat trouve son fondement dans les sources religieuses du droit musulman semble facile à démontrer puisque « laisser la terre inculte, c'est dédaigner l'œuvre de Dieu, c'est perdre le bien. Quand le propriétaire du sol n'a pas les ressources nécessaires pour le mettre en valeur, lorsqu'il en est empêché par une cause quelconque, il est bon qu'il charge un tiers de ce soin et, comme toute peine mérite salaire, il est convenu que le preneur reçoive quelque chose, numéraire, objet mobilier, portion de la terre fécondée par lui, à titre de rémunération. Ce concept est d'autant plus rationnel que la vivification de la terre morte est un mode d'acquérir la propriété indépendamment de toute convention »[611].

Or, en dépit de ce raisonnement et bien que l'institution soit depuis très longtemps largement répandue en terre d'islam, force est de constater que « les docteurs musulmans paraissent même pour la plupart non pas ignorer ce contrat mais ne pas vouloir en parler[612] ». Ainsi, dans son *Code*, Khalîl ne le mentionne que pour l'interdire lorsqu'il se combine avec le bail à colonage partiaire[613]. Averroès lui-même, s'il a consacré une dizaine de pages au bail à complant, n'en a eu qu'une conception très restrictive

---

608 A. LATRON, « La vie rurale en Syrie et au Liban », *mémoires de l'Institut Français de Damas*, 1936, p.65, note 1.

609 J. ABRIBAT, « Du *habous*, du bail à complant et du bail à défrichement », *Revue algérienne et tunisienne de législation et de jurisprudence,* 1934, p.122.

610 Notamment E. ZEYS, *Traité élémentaire de droit musulman algérien*, t.II, Alger, 1886, p.125 et L. MILLIOT, *op.cit.*, p.668 et s, etc.

611 E. ZEYS, *ibid.* Sur ce point, cf. notamment F. EL MOULDI, *Le contrat de mougharaça*, mémoire de DEA de droit privé, Faculté de droit et des sciences politiques et économiques de Tunis, 1985 (multigraphié), p.7.

612 G. RECTENWALD, Note sous le jugement du tribunal de Sousse du 9 février 1922, *Revue Algérienne et tunisienne de législation et de jurisprudence*, nov.-déc.1922, p.284. Signalé par F. EL MOULDI, *op.cit.*, p.8.

613 KHALÎL, *Code musulman, op.cit.* article 1053 : « On ne peut contracter d'avance un bail partiaire à charge par le preneur de planter les arbres ; ni donner à bail partiaire des arbres âgés de moins de cinq ans, ou qui ne se trouveraient pas en plein rapport dans l'année du bail » et selon l'article suivant, « le bail entaché de vice sera annulé s'il n'ya pas eu commencement d'exécution ». Cf. sur ce point, E. ZEYS, *ibid.*

puisqu'il n'envisageait aucunement de transfert de propriété[614]. Par ailleurs, les docteurs du rite hanafite considèrent que le contrat de *mugharasa* est nul lorsqu'il stipule la cession de la propriété en faveur du planteur[615]. Cette prohibition est généralement justifiée par référence à un soi-disant principe coranique sans que l'on ne trouve pourtant aucune mention d'une sourate le consacrant.

Une position globalement nuancée

En réalité, la religion musulmane dont découle l'essentiel des sources du droit paraît s'opposer à la propriété « arboraire » proprement dite comme aux institutions voisines comme le bail à complant en raison de leur caractère aléatoire. En effet, celui qui acquiert la propriété d'un arbre pour l'avoir planté ou greffé, comme le complanteur, ne bénéficiera des arbres que pour autant qu'ils auront prospéré... Aussi, peut-on dans une première approche, résumer la position du droit musulman à l'égard de la propriété « arboraire » en disant qu'il lui est hostile. Certes, il ne l'ignore pas mais il l'appréhende négativement comme une anomalie embarrassante. Son attitude peut être comparée à celle du droit civil italien contemporain issu du Code de 1942, qui reconnaît le droit de superficie tout en distinguant nettement les plantations et les constructions. La séparation de ces dernières d'avec le sol est permise et organisée tandis que celle des plantations avec la terre qui les supporte est en principe interdite ou du moins ne doit pas perdurer. Malgré cela, cette hostilité du droit musulman n'aboutit pas à une prohibition de l'institution qui reste bien présente encore à ce jour, dans les pays de la rive sud de la Méditerranée.

Le droit malikite, dominant dans le Maghreb, accepte une forme de propriété « arboraire » tout à fait caractéristique. Il institue en effet une donation de l'usufruit de certains végétaux particulièrement des palmiers et d'autres arbres fruitiers. L'acte de donation de même que la plante qui en est l'objet, sont désignés par le terme *ariyyah*. Lors de ce type de transaction peut-être déjà pratiqué avant à la conquête musulmane, il était consenti au donateur, la possibilité de vendre au donataire ou à un tiers, « l'origine » c'est-à-dire la plante même qui produisait les fruits donnés[616].

---

614 IBN ROCHD (Averroès), *Bidayet el Moudjtahid* (Le livre des échanges), traduction de A. Laimeche, Alger, 1940, p.226 et s, cité par F. EL MOULDI, *op.cit.*, p.8.

615 Selon M. BEN MAHMOUD, « Le contrat de mogharsa dans les rites malékite et hanéfite », note traduite par Khairallah, *Journal des tribunaux tunisiens*, 1904, p.232 et s, signalé par F. EL MOULDI, *ibid* : « Il y a unanimité entre les imams du rite, si bien qu'on ne rapporte d'eux aucune opinion contraire. On justifie la nullité du contrat par ce fait que la stipulation de la propriété a porté sur ce qu'il n'est le fruit du travail du preneur, c'est-à-dire la terre ».

616 M. AT-TALIBIN, *Manuel de jurisprudence musulmane selon le rite de Châfy*, trad. Di Van den Berg, Batavia, 1882, vol.I, p.396.

Une institution antéislamique relevant des sources profanes du droit des pays musulmans

La propriété « arboraire » relève donc du *fiqh* et d'une casuistique que reflètent les ouvrages juridiques appelés en arabe, *Koutoub An-nawazil al-fiqhiya*[617]. Ce sont surtout les sources profanes du droit des pays arabo-musulmans qui organisent et régissent des formes de propriété « arboraire ». C'est dans la jurisprudence des tribunaux, l' *'amal* et dans la coutume, l' *'urf*, dont les règles ont parfois été reprises et définies par les codifications de l'époque contemporaine, que nous trouvons les institutions qui nous intéressent. Ce qui peut amener à penser qu'il s'agit d'une institution antéislamique qui s'est maintenue après la conquête arabe et avec laquelle le droit musulman a dû composer. Un *hadit* selon lequel lorsqu'il existe un « usage indigène », il a force de loi[618] et la géographie de l'institution aujourd'hui, confortent cette hypothèse.

SECTION II. LA PROPRIÉTÉ « ARBORAIRE » DANS LE MAGHREB ET LE MACHREQ CONTEMPORAINS

La propriété « arboraire » à proprement parler, c'est-à-dire la propriété de l'arbre distincte de celle du sol sans limitation de durée, est effective dans le Maghreb à l'époque contemporaine comme elle l'était à la fin de l'Antiquité. On peut conjecturer sans risque qu'elle a subsisté tout au long des siècles à travers le Moyen Age et l'époque moderne. Le contenu juridique de l'institution, ses caractéristiques, ses modalités n'ont guère changé, régis qu'ils étaient par des règles coutumières parfois prises en compte par le droit colonial ou postérieur à la décolonisation.

Néanmoins, cette propriété des arbres n'est pas répandue uniformément dans tout le Maghreb. Il sera aussi intéressant d'en délimiter le champ géographique que d'en décrire les formes juridiques. Pour ce faire, il nous faut utiliser aussi bien des sources écrites essentiellement livresques, que des renseignements obtenus par questionnaires et interviews. Mais comme tous nos informateurs n'ont pas manqué d'évoquer la *mûgharsa*, cet équivalent du bail à complant dont il a déjà été question, nous lui consacrerons des développements particuliers comme pour la *Rabassa morta* dans le chapitre précédent.

§ 1. La propriété « arboraire » proprement dite

La propriété des arbres ou même de quelques branches, distincte de celle du sol est encore courante au XXème siècle en Afrique du Nord. L'accession

---

617 Que l'on peut traduire par « Livre des questions juridiques ».

618 Cité par Y. LINANT DE BELLEFONDS, « Un problème de sociologie juridique. Les terres « communes » en pays d'Islam », *Studia Islamica*, X, Paris, Maisonneuve et Larose, 1959, p.112.

à la propriété de tout ou partie de l'arbre peut avoir des origines très diverses. Elle peut résulter d'actes de vente, d'échanges ou donations, de successions ou de partages, et en amont, de l'autorisation expresse légale ou coutumière donnée par un particulier ou une collectivité propriétaire du sol, de planter ou greffer des arbres. Cette dernière possibilité paraît d'ailleurs avoir été répandue aux XIXème et XXème siècles, au Maghreb comme au Machreq. L'article 1245 du Code civil ottoman n'établissait-il pas que celui qui greffe un arbre devient propriétaire des bourgeons, des pousses issues de la greffe et des fruits[619] ?... Cependant, le Code syro-libanais de 1933 devait par la suite refuser de reconnaître une propriété distincte du sol et des arbres, et pour notre part, nous nous bornerons à la propriété « arboraire » dans les trois anciennes colonies françaises d'Afrique du Nord sur lesquelles notre documentation a été plus substantielle.

En Tunisie

De nombreuses régions sont concernées : spécialement au Sud, les oasis, à l'Ouest, les zones montagneuses proches de la frontière algérienne[620] et à l'Est, l'île de Djerba. Notons au passage qu'il s'agit principalement de contrées périphériques, propices à la conservation d'archaïsmes, comme le sont généralement les îles, les montagnes et les confins.

A la fin du XIXème siècle, au début de la période de protectorat français, l'institution était suffisamment répandue en Tunisie pour être prise en compte par la loi foncière du 1er juillet 1885. Celle-ci fut effectivement le premier des textes concernant l'outre-mer[621] à établir un droit de superficie qui jusqu'à la décolonisation, a été utilisé par le Tribunal immobilier pour fixer la propriété « arboraire », en inscrivant un droit de superficie dont la durée était limitée par celle des arbres[622]. Ce droit de superficie a été très tôt l'objet d'une méfiance qui trouvait probablement son origine dans l'esprit de la Révolution française et du Code Napoléon, hostiles au démembrement de propriété, et peut-être aussi dans celui du droit musulman.

Le *Code des droits réels* tunisien du 12 février 1965 mentionne dans son article 12, le droit de superficie parmi les droits réels immobiliers mais en interdit la constitution dans son article 191. L'article 18 de ce Code des droits réels établit que la propriété du sol emporte, « sauf disposition légale ou conventionnelle contraire », la propriété du dessus et du dessous. L'article 34 que l'on peut rapprocher au demeurant de l'article 553 du Code civil

---

619 C. MAURIN, « Quelques contrats de métayage en Afrique du nord et Syrie (contribution à l'étude de l'évolution actuelle du monde rural) », *Institut des Belles Lettres Arabes*, Tunis, 1945, p.168 et 186.

620 J.-A. MARTY, *Les territoires du sud tunisien et leurs ressources arbustives*, thèse droit, Alger, 1944.

621 V. GASSE, *Les régimes fonciers africains et malgache, op.cit.*, p.184.

622 Tribunal mixte de Tunisie, 23/4/1912, *Revue algérienne, tunisienne et marocaine de législation et de jurisprudence*, Alger, Librairie Cartonnel, 1912, 2, 387. Cité par V. GASSE, *op.cit.*, p.185.

français, est libellé en ces termes : « Toutes constructions, plantations ou ouvrages, effectués à la surface d'un fonds ou dans le sol, sont présumés avoir été faits par le propriétaire à ses frais et lui appartenir, si le contraire n'est prouvé ». La propriété n'est donc là encore contrariée que par une présomption simple.

Désormais, aux termes des articles 34 à 37 du Code des droits réels, il n'est plus possible même en matière d'accession, de dissocier la propriété du sol de celle du bien qui se trouve dessus. Ainsi, ont été abrogés pour l'avenir, lors de la promulgation du code de 1965, les droits de *'ulu* et de *hâwa* que nous avons décrits plus haut et qui rappelons-le, désignaient respectivement, la propriété superficiaire d'une construction et celle de l'air. Depuis lors, il ne peut être créé de nouvelle propriété « arboraire » en Tunisie. Il existe même un doute quant à la légalité des coutumes locales reconnaissant la propriété « arboraire », telle que celle de Djerba, puisqu'il est communément admis que la coutume et l'usage ne peuvent prévaloir contre la loi lorsqu'elle est explicite.

Comme celui d'autres pays déjà étudiés, le droit tunisien est donc dorénavant très réticent à l'égard du démembrement de la propriété foncière que constitue le droit de superficie. Sa tendance évidente est de faire cesser cette situation juridique. Elle se traduit notamment par l'extension du droit de préemption prévue par l'article 104 du Code des droits réels, au superficiaire pour l'acquisition du sol et au propriétaire de ce dernier pour l'acquisition de la superficie.

Malgré les facteurs tendant à favoriser la réunion des propriétés du sol et de l'arbre, il est encore fait mention de cas de propriété « arboraire » dans des affaires jugées par des juridictions de différents niveaux au cours des dernières décennies du XXème siècle[623]. Soit qu'il s'agisse de la reconnaissance d'une situation juridique préexistante, soit que les juges admettent une dissociation de la propriété du sol et celle du dessus par voie conventionnelle en vertu de l'article 18 du Code des droits réels.

Un arrêt de la Cour d'appel de Tunis du 9 janvier 1986 s'est prononcé sur un litige lié à la reconnaissance d'une propriété « arboraire » dans la région de Béja, au Nord-Ouest du pays. En l'espèce, une femme avait vendu par acte du 16 avril 1963, une part de terrain qu'elle avait obtenu lors d'un partage successoral, le 3 octobre 1959. Lors de ce partage, les héritiers étaient convenus de laisser les oliviers qui se trouvaient sur les terrains partagés, en état d'indivision. Ils avaient donc clairement distingué la propriété des arbres qui restaient en indivision, de celle du terrain qui était loti. Cette indivision des arbres s'est prolongée jusqu'au 28 mars 1977, date à laquelle les oliviers eux aussi ont été partagés par acte authentique. La femme qui avait vendu le terrain en 1963, a participé au partage des oliviers

---

623 M. J. Mtimet haut magistrat à Tunis aurait signalé au Doyen Ben Hammed de l'Université de Tunis III El Manar qu'il avait rencontré au cours de sa carrière, plusieurs cas de propriété « arboraire » dans des procès concernant notamment l'île de Djerba.

en 1977. En 1963, elle n'était évidemment pas titulaire d'un droit de propriété exclusif sur les soixante-treize oliviers situés sur la parcelle vendue et ne pouvait ainsi transmettre à ses acheteurs, défendeurs en instance, plus de droits qu'elle n'en avait.

Il est à remarquer que dans la région de Béja où ce litige a pris naissance, comme partout où la propriété « arboraire » est signalée en Tunisie, l'institution est assez fréquente pour que l'on considère que les contrats de vente sur les terrains agricoles, portent uniquement sur le sol ; les arbres ou plantations se trouvant sur le terrain vendu ne sont inclus dans le contrat qu'à la condition qu'une clause expresse stipule que la vente porte sur le tout[624].

Dans les régions où cette propriété est notifiée, les arbres qui en sont l'objet sont de différentes essences, mais les palmiers dattiers et les oliviers sont très largement majoritaires. Les amandiers, figuiers, pistachiers voire d'autres arbres fruitiers sont parfois cités. Les informateurs soulignent qu'il n'est pas rare qu'un même arbre soit partagé entre plusieurs propriétaires, en fait, plusieurs familles[625]. Cette remarque est, somme toute, transposable dans les autres pays d'Afrique du Nord.

En Algérie

En Algérie, les coutumes immémoriales des Berbères de Kabylie, toujours en vigueur au XXème siècle, reconnaissent la propriété des arbres, presque exclusivement des oliviers, séparée de celle du sol[626]. En effet, bien que souscrivant au principe selon lequel le sol emporte la propriété du dessus et du dessous, le droit berbère admet que les arbres puissent être distincts du sol sur lequel ils sont plantés. La propriété immobilière indépendante du sol est justement désignée par le terme spécifique d'*abandu*[627]. Les arbres eux-mêmes, objet de la propriété « arboraire » sont qualifiés d'*abandu*.

Le propriétaire ou les copropriétaires de l'arbre puisque là encore les branches peuvent être partagées, ou les coindivisaires de l'arbre, ont le droit si l'arbre disparaît pour quelque raison que ce soit (maladie, vieillesse, incendie, catastrophe naturelle, malveillance, destruction en temps de guerre, voire abattage volontaire par ses propriétaires), de le remplacer deux fois par

---

[624] Cela m'a été signalé par un ancien condisciple tunisien F. Dridi docteur en droit que je remercie.

[625] Cf. par exemple J. GUEYDAN in *L'Intermédiaire des chercheurs et curieux*, n°540, déc.1996, col.1274 : « J'ai vu un palmier dans le sud tunisien (et il y en a sûrement d'autres ailleurs) qui était la propriété indivise de deux familles, trois frères possédant chacun le tiers de la moitié et d'autres frères, cousins des premiers, se partageant l'autre moitié. Ces copropriétaires indivis du palmier ne se considéraient pas comme propriétaires du sol, qui était à leurs yeux sans maître ou terre commune ».

[626] J.- N. LAMBERT, « Les Tablettes Albertini », *op.cit.*, p.213 et F. MAROI, *op.cit.*, p.351 ; L'actualité de la propriété « arboraire » en Kabylie nous a été confirmée par plusieurs universitaires algériens.

[627] A. HANOTEAU et A. LETOURNEUX, *La Kabylie et les coutumes kabyles*, Paris, A. Challamel, 1893, réimp. par Atout Kabylie-Europe, Paris, 1998, tome 2, pp.230, 448 et 449.

un plant de même essence sauf stipulation contraire. Cette possibilité de remplacement de l'arbre que nous n'avons trouvée que dans certains pays riverains de la Méditerranée est d'ailleurs, il faut le noter, la marque d'une propriété « arboraire » d'une exceptionnelle vigueur. Les propriétaires de l'arbre peuvent même s'approprier les surgeons et rejetons qui poussent autour du tronc[628]. Toutefois, les usages de certaines tribus leur imposent de les enlever dès qu'ils sont en état d'être transplantés ou interdisent de les laisser pousser.

Le propriétaire du sol a le droit de cultiver jusqu'au pied de l'arbre, il n'y a pas de périmètre de protection mais il doit veiller à ne pas endommager le tronc, les racines et les rejets. Il doit naturellement laisser le propriétaire « arboraire » faire sa récolte et il a en outre l'obligation lorsqu'il veut labourer, de prévenir le propriétaire de l'arbre afin qu'il recueille les fruits au sol. Cependant, si ce dernier reste inactif après avoir été dûment informé, le labourage pourra avoir lieu sans que le propriétaire de l'arbre ne puisse plus rien prétendre.

Une institution coutumière kabyle a pu multiplier les cas de propriété « arboraire ». C'est l'*alek'em-en-tamr'arsith.* Cela peut se traduire par contrat de greffage des plantations et rappelle une pratique que nous avons déjà rencontrée en Italie au Moyen Age. Le propriétaire d'un terrain où se trouvent des oliviers sauvages[629] les fait greffer par une personne connue pour ses compétences en la matière et lui abandonne un tiers des oliviers dont la greffe a réussi. Son appellation kabyle qui comporte le terme *tamr'arsith* désigne le bail à complant dont nous parlerons au paragraphe suivant. Elle est du reste quelquefois présentée comme une simple variante de la *tam'arsit*[630]. A l'évidence, malgré cet indice sémantique, il s'agit d'une institution bien distincte. En effet, alors que la *tam'arsit* et la *mughârasa* et tous les baux à complant ont pour finalité sauf exception, le partage à terme de la terre complantée entre le propriétaire initial du sol et le planteur, mettant ainsi fin à la propriété « arboraire », l'*alek'em-en-tamr'arsith* aboutit le plus souvent à une distinction définitive et non provisoire de la propriété de l'arbre et celle du sol. C'est en cela que l'*alek'em-en-tamr'arsith* est pourvoyeur d'une véritable propriété « arboraire », dans la mesure où la pérennité de la distinction des propriétés du sol et de l'arbre paraît en être un critère essentiel.

L'*alek'em-en-tamr'arsith*, à moins de subtiles précautions, est en contravention avec le droit musulman pour une raison qui a été évoquée dans la section précédente : c'est un contrat aléatoire puisque la rémunération du

---

628 A. HANOTEAU et A. LETOURNEUX, *La Kabylie et les coutumes kabyles*, *op.cit.*, p.230 : *dans un carré de seize mètres autour du tronc.*

629 Comme en Italie et en Corse, il existe un terme particulier pour désigner l'olivier sauvage en Kabylie : l'*ihachchadhen.*

630 Pour A. HANOTEAU et A. LETOURNEUX, *op.cit.*, t.2, p.449, « il n'est pas besoin de signaler les rapports qui existent entre la *thamr'arsith* et l'*alek'em*, qui n'en est, pour ainsi dire, qu'un mode particulier ».

greffeur varie en fonction du nombre de greffes réussies. Il est difficile de tourner la difficulté juridique puisqu'un nombre d'arbres forfaitaires est extrêmement difficile à déterminer. En dépit de cette opposition du droit musulman, l'*alek'em-en-tamr'arsith* était largement répandu en Kabylie encore à la fin du XIXème siècle et n'est que lentement tombé en désuétude au cours du XXème. Quant aux propriétés « arboraires » qui en sont résultées, compte tenu de la longévité des oliviers, elles peuvent survivre encore longtemps... Elles s'ajoutent à celles qui ont une autre origine juridique telle que ventes, donations, legs, partages, etc... La dissociation de l'arbre et du sol peut en effet provenir de mutations les plus diverses, à titre gratuit ou onéreux, entre vifs ou à cause de mort, comme dans d'autres pays méditerranéens.

Au Maroc

A priori, le droit du Maroc du XXème siècle devrait être encore plus défavorable à la propriété « arboraire » que celui de la Tunisie et de l'Algérie. En effet, à la différence des deux pays voisins où le droit français a été appliqué à l'époque coloniale au moins à titre complémentaire et supplétif, dans le royaume chérifien, même au temps du Protectorat, c'est au droit musulman dont nous avons souligné l'hostilité à la propriété « arboraire », que l'on s'est référé pour pallier les lacunes ou les ambiguïtés en matière de législation foncière[631]. Cependant, le *dahir* du 2 juin 1915 *fixant la législation applicable aux immeubles immatriculés* qui régissait la propriété foncière avant et après la décolonisation[632], énoncait dans son article 16, une règle qui n'est pas sans rappeler l'article 553 du Code Napoléon : « Toutes les constructions, plantations et ouvrages sur un terrain ou dans l'intérieur sont présumés faits par le propriétaire à ses frais et lui appartenir si le contraire n'est pas prouvé ».

Ce même texte organisait dans son titre VII, la superficie définie par l'article 97 comme un droit réel immobilier qui consistait dans le fait de posséder des bâtiments, ouvrages ou plantations sur un fonds appartenant à autrui. L'article 98 conférait au superficiaire, la faculté d'aliéner son droit, de l'hypothéquer et de le grever de servitudes. Ce droit s'éteignait selon l'article 99 par la confusion c'est-à-dire la réunion des droits sur le sol et la superficie ou par la destruction du fonds.

Dans la pratique, le droit de superficie peut ne s'étendre qu'à certains arbres isolés qui se trouvent sur une parcelle. C'est ainsi par exemple qu'un

---

[631] Art.106 du *Dahir* du 12/8/1913 sur l'immatriculation et la publicité des droits réels sur les immeubles immatriculés. Cité par V. GASSE, *op.cit.*, p.179.

[632] Il a été modifié et complété à plusieurs reprises : 1923, 1931, 1932, 1936, ..., 1959, etc. Cf. P.-L. RIVIÈRE, *Précis de législation marocaine*, t.II, Caen, Impr. Ozanne et Cie, 1946, pp.234-242.

jugement du tribunal de Marrakech du 31 mars 1954[633] faisait état d'un droit de superficie constitué de quatre oliviers, deux figuiers et cinq palmiers.

Le droit de superficie peut aussi bien porter sur des terres immatriculées que sur des terres collectives[634] possédées par des tribus ou des fractions de tribus dont les assemblées, les *jama'a* –s, répartissaient les parcelles périodiquement entre les chefs de famille. On pourrait s'en étonner dans la mesure où cette répartition périodique et la nature juridique de ces terres collectives paraissent peu compatibles avec l'existence d'une dissociation entre l'arbre et le sol. Selon Louis Milliot[635], ces terres collectives sont des terres mortes et en conséquence conformément au droit musulman, celui qui les vivifie par la plantation d'un arbre devrait en devenir propriétaire sans qu'il y ait distinction entre l'arbre et le sol…

Quoi qu'il en soit, la propriété « arboraire » n'en est pas moins présente aujourd'hui dans tout le Maroc, avec une prédilection pour les zones berbères, sans que l'on puisse pour autant, établir une coïncidence entre cet usage juridique et le peuplement. Les terres sur lesquelles sont plantés les arbres faisant l'objet d'une propriété distincte, sont des parcelles privatives ou communes, appartenant à des particuliers ou à des collectivités publiques.

Les arbres faisant l'objet de cette forme de propriété sont principalement les oliviers et les palmiers dattiers. Toutes sortes d'arbres peuvent être concernées, spécialement ceux qui portent des fruits, c'est ainsi que dans le Nord du pays, il s'agit souvent d'amandiers. Mais il peut être question d'arbustes et d'autres plantes, puisqu'il nous a été rapporté un cas portant sur des figuiers de barbarie dans la région d'El-Jadida.

Nos informateurs[636] nous ont indiqué de nombreux cas de propriété « arboraire » dans diverses régions. Les localisations qui nous ont été signalées se situent au nord du pays, dans le Rif, à l'Ouest dans la plaine de la Chaouia, près de Casablanca, dans la plaine de Doukkala, au nord de Safi et à Khmisset, dans le Moyen-Atlas. D'après des informateurs universitaires, l'institution se rencontre « essentiellement dans les régions de montagnes et les oasis ». Nos informateurs la considèrent comme une institution coutumière traditionnelle toujours vivante, suffisamment intégrée pour que les conflits soient limités et se règlent le plus souvent à l'amiable. Cela expliquerait le faible nombre de jugements et arrêts y faisant allusion dans le passé comme aujourd'hui. On nous a assuré que les actes mêmes ne revêtaient pas toujours un caractère officiel, les ventes et échanges pouvant se faire par acte sous seing privé voire oralement.

---

633 Cité par P. DECROUX, *Droit privé marocain*, vol.3, *le droit foncier marocain*, Rabat, éd. La Porte, 1972, p.337.

634 Sur les terres collectives, cf. P.-L. Rivière, *op.cit.*, pp.210-214 et 262-272.

635 *Les terres collectives de tribu*, Leroux, 1922, p.91.

636 Je remercie Mme R. Bousta-Saigh, professeur à l'Université de Marrakech et Mlles K. Essalhi et N. Kdimir, étudiantes, sans oublier M. M. Sderi et K. Tahiri, avocats, et A. Kazi, mécanicien d'avion.

Quant à l'intérêt qu'il y aurait à préserver cette institution, les opinions divergent : pour un avocat, il s'agit d'un « héritage du passé » qu'il convient de protéger, pour l'un de ses confrères, « c'est une coutume comme une autre » tant qu'elle n'entraîne pas de conflit. Les deux avocats estiment qu'elle soulève rarement des problèmes mais ce n'est pas l'avis d'une troisième personne, mécanicien d'avion, selon laquelle, l'absence d'actes écrits attise des querelles entre les propriétaires du sol et ceux qui se prétendent propriétaires des arbres.

Cependant, il est évident que la propriété « arboraire » a commencé à être en voie d'extinction en raison des procédures d'immatriculation des terres et de l'absence de mentions au cadastre. L'institution du bail à complant immanquablement associée à la propriété « arboraire » par les informateurs tombe également en désuétude.

§ 2. La *mughârasa* et la *tam'arsit*

Ce contrat, appelé *mughârasa* [637] en pays arabe et *tam'arsit* chez les Berbères, dont la compatibilité avec le droit musulman a suscité des débats que nous avons évoqués, est distinct et pourtant le plus souvent rapproché de la propriété « arboraire ». Equivalent du bail à complant, il a été très largement utilisé et répandu dans les pays arabo-musulmans, mais il est, comme en Europe, moins usité de nos jours. Prévu et réglementé par des codifications du XIXème et du XXème siècle et reconnu par la jurisprudence, ses modalités et variantes ne bénéficient aujourd'hui que d'un intérêt très limité de la doctrine[638].

L'utilisation largement répandue du contrat

Très probablement antérieure à l'islam comme nous l'avons déjà dit, la présence de cette institution est avérée depuis longtemps et encore actuellement dans les pays arabo-musulmans du Machreq et du Maghreb, depuis l'Iraq et la Syrie jusqu'aux côtes de l'Atlantique.

Un auteur français écrivait à la fin du XIXème siècle[639] : « La forêt d'oliviers de la Tunisie s'est formée grâce au *mrharça ;* (...) Nous devons conserver avec soin le contrat de *mrharça* ; il est appelé à jouer le plus grand

---

637 On trouve dans les textes en français plusieurs variantes de la transcription de ce terme arabe : *mrharça, mgharsa, mogharça, moughâraça.* Cette dernière transcription est consacrée par le Code tunisien des obligations et contrats de 1906. C'est donc cette orthographe que nous avons retenue.

638 Selon F. EL MOULDI, *op.cit.*, p.5, « ce désintérêt est d'autant plus inexplicable que la mougharaça est depuis longtemps pratiquée en Tunisie et l'est bel et bien encore aujourd'hui. Témoin la jurisprudence sur la question puisqu'on a dénombré, rien que durant la dernière décennie, plus d'une cinquantaine d'arrêts de la Cour de Cassation, publiés sur la mougharaça ».

639 J. SAURIN, *La constitution de la propriété et les contrats de culture indigènes en Tunisie*, Paris, 1897, p.42 et s, signalé par F. EL MOULDI, *op.cit.*

rôle dans la mise en valeur de la Tunisie centrale (...) ». Quelques années plus tard au début du XXème, un autre vantait les avantages de cette institution : « (...) séduit par la simplicité de ce contrat (...), nous avons tous, ou presque tous, pris comme base pour la création de nos propriétés, la *mogharsa* indigène »[640].

En effet, très utilisée durant la colonisation[641] dans la région de Tunis, le Cap Bon, le Sahel, la *mugharasa* s'est révélée très adaptée à la mise en valeur des grandes propriétés foncières. Elle permettait une association capital/travail commode pour le colon français souvent absentéiste et assez avantageuse pour le *fellah* tunisien[642].

C'est d'ailleurs dans le Code tunisien des Obligations et des Contrats de 1906[643] que l'on peut lire les textes réglementaires les plus élaborés sur cette institution.

Les modalités du contrat

En effet, dans le livre II, section « des sociétés agricoles », la subdivision B du paragraphe 2 est intitulée « de la société à complant (*mougharca*) ». Elle comprend les articles 1416 à 1426[644].

---

640 A. CHATEL, *Etude sur les contrats de mgharsa et de moussakat dans les coutumes sfaxiennes*, Sfax, 1910, pp.1-2.

641 Selon P. Bourde (Rapport adressé au Résident Général de France à Tunis portant sur les cultures fruitières et en particulier sur la culture de l'olivier dans le centre de la Tunisie, Journal Officiel tunisien, 1893, p.257) cité par F. EL MOULDI, *op.cit.*, p.3, « la plupart des olivettes de Sfax ont été plantées à moitié par un propriétaire et un ouvrier liés entre eux par un contrat de *m'rharça* ».

642 « *De l'association du capital et du travail, l'une des plus belles et des plus spectaculaires réalisations en Tunisie, est la forêt d'oliviers. Sur vingt trois millions de pieds d'oliviers que compte la Tunisie, près des deux tiers ont été complantés grâce au contrat de mogharça* » (Tahar Lakhdar, « De l'économie juridique de la mogharça », *Revue tunisienne de droit*, 1954, p.16).

643 Décret du 15 décembre 1906, Journal officiel tunisien du 15 décembre 1906, p.1083.

644 Art. 1416 : « Lorsque la société a pour objet des arbres à fruits ou autres plantes de rapport et qu'une des parties, dite colon, se charge de planter et de soigner dans le terrain fourni par le maître, moyennant une part indivise du sol et des arbres lorsqu'ils auront un âge déterminé ou lorsqu'ils seront en rapport, le contrat s'appelle moughâraça (complant).
Le contrat de *mogharsa* sera reçu par acte authentique ».
Art.1417 : « Le complant peut avoir pour objet plusieurs exploitations différentes, en stipulant des parts différentes dans chacune selon la qualité des terres et la nature des plantations ».
Art.1418 : « Dans la société à complant, la durée du contrat est déterminée par l'époque à laquelle les arbres peuvent commencer à être en rapport ; on ne peut stipuler une durée inférieure à ce délai ».
Art.1419 : « Le colon est tenu de fournir les plantes, les instruments et les animaux, de faire tous les travaux nécessaires pour amender la terre, pour féconder et soigner les arbres ».
Art.1420 : « Le colon peut céder son contrat, à moins qu'il n'ait été stipulé expressément qu'il doit l'exécuter personnellement. Il peut constituer un nantissement sur sa part indivise, dans les conditions déterminées au titre des hypothèques ».
Art.1421 : « Dès que les arbres sont en rapport ou ont atteint l'âge convenu, le sol et les arbres appartiennent par indivis au maître du sol et au colon, dans la proportion établie par le contrat

La codification tunisienne reflète les règles qui régissent l'institution dans les autres pays arabo-musulmans. On retrouve dans la *mûgharsa* comme dans la *tam'arsit*, le schéma bien connu et déjà rencontré dans les chapitres précédents relatifs à la France et à l'Espagne, du bail à complant.

Il s'agit donc d'une institution plus élaborée que le contrat de défrichement (*mukasra*) ou celui de mise en valeur (*muzara'a*). Toutefois, son principe reste des plus simples. D'un côté, le propriétaire du sol et de l'autre, un agriculteur, le *mugharasi*, qui s'engage à planter des arbres fruitiers sur la parcelle que le propriétaire veut mettre en valeur. Par arbre, on entend un végétal à tige ligneuse et non une plante annuelle. Il s'agit le plus souvent d'oliviers, mais ce peut être également des palmiers, des figuiers, des mûriers, des vignes et même d'autres essences telles que grenadiers, abricotiers et autres agrumes[645]. La durée du contrat est fonction de la durée de croissance et de vie des arbres qu'il a été convenu de planter.

Le bailleur se borne en général à faire l'apport de la terre. La loi en revanche, impose au *mugharasi* la fourniture des plants et le travail de défrichement, de plantation et d'entretien, notamment fumure et irrigation. C'est encore lui qui doit supporter seul, les risques encourus jusqu'à la

---

ou par la coutume, à défaut de stipulation à cet égard ; chacune des parties peut dès lors, demander le partage ».

Art.1422 : « Si les plantations périssent, en totalité, par cas fortuit ou force majeure, après avoir atteint l'âge convenu, le colon aura droit de partager le sol dans les proportions établies au contrat ; si elles périssent avant cette époque, le colon n'aura droit à rien ».

Art.1423 : « Si les arbres plantés par le colon n'ont pas pris, s'ils n'ont pris qu'en partie, ou s'ils sont morts avant d'être parvenus à leur complète croissance, le colon ne peut demander aucun partage du sol et le contrat est résolu sans aucune indemnité, de part ni d'autre.

Si les plantations faites par le colon ont pris seulement dans une partie déterminée de l'exploitation, le colon ne pourra demander le partage que dans cette partie ».

Art.1424 : « Les dispositions relatives à la société à champart (*mouçakate*) s'appliquent à la société à complant dans la mesure où elles peuvent recevoir application à ce contrat ».

Art.1425 : « La société à complant est nulle comme telle :

1) S'il est stipulé que le cultivateur fera une partie des travaux d'exploitation ;

2) Lorsqu'il est stipulé que le cultivateur percevra seul les produits d'une partie déterminée du fonds qui fait l'objet de l'exploitation ou prélèvera une certaine quantité de produits avant tout partage ;

3) Ou que le cultivateur ou le colon fourniront une certaine somme en valeurs ou en effets mobiliers ;

4) Lorsque le terme du contrat est trop court pour que le colon puisse percevoir les fruits de la plantation ou de la récolte qui fait l'objet du contrat ;

5) Lorsque le contrat a pour objet des arbres dont les fruits sont déjà mûrs, ou des récoltes prêtes à être moissonnées ;

6) Lorsque la part du colon est établie d'avance en une quotité fixée déterminée par nombre, poids ou mesure ».

Art.1426 : « Dans les cas de nullité énumérés à l'article précédent, le colon aura droit à salaire qui sera établi sur la base des salaires de même nature. Il n'aura droit à aucun salaire s'il n'a pas travaillé ».

645 H. SETHOM, *Les fellahs de la presqu'île du Cap Bon (Tunisie), étude de géographie sociale régionale*, publications de l'Université de Tunis, Faculté des lettres et sciences humaines, 1977, p.30.

production des fruits. Parfois, le bailleur accepte d'avancer les frais de base tels qu'achat de plants, gros travaux d'irrigation, etc. Cela a été le cas dans la première moitié du XXème siècle en Tunisie, lorsqu'en raison de la dépréciation de la culture d'oliviers à la suite de la crise de 1929 et de l'attraction d'autres activités, il a été plus difficile de trouver des *mugharasi*-s.

Au moment où la plantation devient productive, le bailleur et le *mugharasi* deviennent copropriétaires, suivant une quotité déterminée par le contrat. Celle-ci est très variable. Elle s'échelonne pour le *mugharasi* selon les régions et les époques, entre un tiers et un septième des arbres seuls ou de la production ou de la terre et des arbres réunis[646].

Le propriétaire initial du sol et le *mughârasi* sont alors dans la situation de copropriétaires indivis de la terre complantée, ils partagent frais, risques et récoltes. Au bout d'un certain nombre d'années fixées par le contrat, et conformément à la coutume qui tient elle-même compte du type d'arbres[647], chacun des cocontractants pourra demander à ce qu'ait lieu un partage en vue de mettre fin à cette indivision. Le plus souvent, le contrat précise quand doit se faire le partage de l'immeuble, quels sont les droits de chaque partie en cas de décès de l'une d'elle, la possibilité pour les héritiers, de poursuivre l'exécution du contrat, et surtout quelles sont les modalités du partage.

En effet, c'est selon les stipulations relatives au partage que l'on peut distinguer une forme « supérieure », une forme « inférieure » et même une forme « intermédiaire » de la *mughârasa*[648]. La différence entre elles se situe essentiellement dans les modalités du partage entre le bailleur et le *mougharsi* aux termes de leur association.

Les différentes formes du contrat

Dans la forme « supérieure », fréquente en Afrique du Nord dans la première moitié du XXème siècle et qui a progressé en Syrie et au Liban à l'époque du Mandat, le partage porte non seulement sur les arbres mais également sur le sol. Dans la forme « inférieure », le partage ne porte que sur les arbres seuls, dont la propriété après le partage sera distincte de celle du sol. Une forme « intermédiaire » se rencontre parfois en Tunisie et en

---

646 En Syrie et en Kabylie, d'anciens contrats ou arrangements verbaux limitaient au septième, au sixième et au quart maximum des arbres la part du *mugharasi*. Au XXème siècle, dans l'entre-deux guerres, la concurrence de l'arachide d'Afrique noire ayant fait baisser considérablement la valeur des olivettes d'Afrique du nord, la part laissée au *mougharsi* atteindra un tiers du sol et des arbres.

647 A titre d'exemple, en Syrie dans les premières décennies du XXème siècle, selon C. MAURIN, *ibid*, p.168, la plantation serait partagée après trois à cinq ans pour les mûriers, quatre à six ans pour la vigne, sept à huit ans pour le figuier, dix à douze ans pour l'olivier. Ces délais, qui sont déterminés par la nature, sont évidemment les mêmes en Afrique du Nord.

648 C. MAURIN, *Quelques contrats de métayage en Afrique du nord et Syrie*, *op.cit.*, pp.167-170 et 186, note 16 et F. EL MOULDI, *op.cit.*, pp.16-17.

Kabylie : une fois que les arbres ont terminé leur croissance et parviennent à leur plein rendement, le *mugharasi* ne se voit reconnaître qu'un simple droit de créance sur la production des arbres et du sol selon un quota prévu par le contrat.

Ceci dit, nous ne nous attarderons que sur les formes « supérieure » et « inférieure » pour insister sur le fait que la première favorise le développement de la propriété foncière individuelle et que la seconde est créatrice de propriétés « arboraires » stricto sensu.

Forme « supérieure » et propriété foncière individuelle

Il faut d'abord rappeler qu'elle est la plus conforme au droit musulman. C'est elle qui a été retenue dans les codifications du XXème siècle, telles que le code foncier syro-libanais de 1933 qui n'accepte pas de distinguer la propriété du sol et celle des arbres. Ou déjà de manière plus explicite, le Code tunisien des Obligations et des Contrats de 1906 évoqué plus haut dans son article 1421.

La terre est mise à disposition du *mughârasi* par le bailleur. Ce dernier peut être soit un gros propriétaire foncier, simple particulier ou la *jami'a des habus*[649] soit une collectivité tribale. Le contrat est passé sous l'impulsion et le contrôle des pouvoirs publics[650]. Dans le premier cas, à l'issue du partage final prévu par le contrat ou la législation, le domaine foncier du bailleur sera divisé et la conséquence sera la multiplication de petites propriétés constituées de parcelles arborées. Tandis que dans le deuxième cas, il ne s'agira ni plus ni moins que du passage d'une appropriation collective de la terre, à la propriété individuelle. Conformément à une observation couramment faite par les anthropologues du droit, la culture des arbres, parce qu'elle implique un travail de longue durée pouvant atteindre ou même dépasser l'intervalle entre deux générations, est un vecteur de la propriété foncière individuelle. La propriété des arbres emporte donc celle de la totalité du sol de la parcelle, et cette attraction que l'on peut qualifier de naturelle, a la faveur des autorités parce qu'elle paraît en adéquation avec les impératifs de rationalisation et de modernisation de l'agriculture. Cette forme de *mugharasa* a d'ailleurs été utilisée dans le Maghreb et particulièrement en Tunisie par les autorités coloniales françaises pour la promotion de la propriété foncière individuelle au sein de la population « indigène ».

La forme « supérieure » de la *mugharasa* offre même l'avantage de permettre une transition progressive, en douceur, liée à la mise en valeur du

---

649 Organisation associative qui gère et contrôle tous les types de *habus*, qu'ils soient privés, maraboutiques ou publics, mais plus particulièrement ces derniers.

650 P. BARDIN, « Les terres collectives et le paysannat indigène dans le Sud de la Tunisie », in *La France méditerranéenne et africaine*, 1938, fasc.II et H. HOUSSET, *Le statut des terres collectives et la fixation des indigènes au sol en Tunisie*, Paris, 1939, signalés par C. Maurin, *op.cit.*, p.186, note 17.

sol, comme le montrent des exemples de contrats aussi bien en Syrie dans la région de Lattaquié qu'en Tunisie, dans celle de Sfax[651].

En Syrie, dans les premières décennies du XXème siècle, le bailleur ne fournit que la terre, tous les autres frais sont à la charge du *mugharasi* en vertu de règles relevant de l' *'urf*, c'est-à-dire de coutumes entérinées par le droit musulman. Durant l'association de trois à douze ans, les fruits seront partagés par moitié comme dans un contrat ordinaire de métayage (*musakat*). En revanche, le *mugharasi* pourra pratiquer des cultures annuelles, notamment des céréales, des légumes[652] sous les arbres et entre les arbres. Le produit de ces cultures intercalaires lui reviendra entièrement à moins que le bailleur n'ait assumé les frais de cette culture tels que semences, engrais, irrigation. A l'échéance, la terre et les arbres seront partagés, le bailleur conservera selon le cas, les deux tiers ou même les trois quarts.

En Tunisie, dans les années qui précèdent la deuxième guerre mondiale, dans les olivettes de la région de Sfax, la position du bailleur sera moins avantageuse et l'économie du contrat, légèrement plus complexe. Afin de trouver preneur malgré la crise oléicole, le bailleur qui est généralement un colon français à la tête d'un grand domaine, accepte de faire l'avance des frais de base tels qu'irrigation, achat de plants, etc... Ne résidant pas toujours sur place et n'étant pas forcément compétent pour gérer une vaste exploitation agricole répartie entre de nombreux *mugharasi*-s autochtones, il fait appel aux services d'un gérant. C'est à ce gérant associé aux bénéfices et aux pertes que sera faite l'avance des frais de mise en culture. C'est lui qui répartit le terrain en lots lesquels sont attribués au *mugharasi*. Pendant la période de croissance des oliviers, depuis leur plantation jusqu'à ce qu'ils aient une vingtaine d'années, on utilise le sol entre les arbres pour des cultures céréalières, essentiellement blé et orge ou maraîchères si l'irrigation le permet. Au-delà de la vingtième année, les oliviers désormais adultes et à plein rendement exigent la totalité du sol. La durée de l'association retenue par ces contrats est donc de vingt ans alors qu'en d'autres lieux et à d'autres époques, elle se réduit à une douzaine d'années. Au cours de la période d'association, toutes les productions, olives, huile, blé, orge, légumes, etc., sont partagés à raison d'un quart pour le bailleur, un quart pour le gérant, et une moitié pour tous les *mugharasi*-s. Cette dernière moitié est évidemment répartie elle-même au prorata des différents lots, qui du reste, sont souvent d'égal rendement sinon d'égale superficie. A l'échéance du délai de vingt ans, le partage du sol ainsi que des arbres qui y sont plantés, se fera selon une clé de répartition identique. Progressivement, en deux décennies, les « indigènes » pauvres recrutés par le gérant seront passés de la situation de quasi-prolétaires à celle de métayers puis de petits propriétaires fonciers. A

[651] C. MAURIN, *op.cit*, pp.169-170.

[652] Principalement, pommes de terre, fèves, pois chiches, ail, oignons, piments, tomates, courges, etc. Sur les avantages et inconvénients des cultures intercalaires du point de vue agronomique, cf. L. DEGRULLY, *L'olivier*, Montpellier, 1907, Nîmes, rééd.C. Lacour, 1999, pp.107-111.

aucun moment, n'existe une propriété « arboraire », puisque jamais la propriété du sol n'est séparée dans ce processus, de la propriété des arbres. Il n'en est pas de même dans la forme dite « inférieure ».

Forme « inférieure » et propriété « arboraire »

Bien qu'elle soit en principe en contravention avec le droit musulman, elle se rencontre somme toute, dans le Machreq et dans le Maghreb. Elle est encore attestée au XXème siècle, dans certaines localités syriennes, en Kabylie et dans l'Ouest de l'Algérie autour de Tlemcen et au Nord Est du Maroc.

On retrouve comme dans la forme « supérieure », une période d'association entre le propriétaire du sol et le *mughârasi*. Elle correspond au délai de croissance des arbres et varie selon leur essence comme nous l'avons vu : de trois ans pour des mûriers à douze ans et plus pour des oliviers. Pendant cette période d'association, le fonctionnement de la *mughârasa* ou de la *tam'arsit* ressemble à celui du métayage. Au-delà du terme imposé par le contrat ou la coutume, un partage aura lieu entre le bailleur et les *mughârasi*-s mais il ne portera que sur les seuls arbres. Ainsi, le bailleur se verra attribuer des arbres plantés sur son sol tandis que le *mugharasi* obtiendra la propriété d'arbres qu'il a plantés sur un sol dont le bailleur garde la propriété. En conséquence, ce partage aboutit à la création d'une propriété « arboraire » stricto sensu. L'ancien *mughârasi* après le partage, ne sera plus un métayer mais le propriétaire des arbres c'est-à-dire qu'il exercera sur eux un droit réel immobilier. La durée de ce droit de propriété est limitée par la vie de l'arbre puisque l'arbre ne pourra pas être remplacé, quelle que soit la cause de sa disparition (abattage, incendie, maladie, tempête, etc.). C'est pour cela que les auteurs insistent sur la précarité de la propriété attribuée au *mughârasi* au moment du partage et qu'ils qualifient cette forme d'« inférieure ».

Pour notre part, nous retiendrons surtout la relation étroite entre cette forme de bail à complant et la propriété « arboraire » à proprement parler, qui explique en partie la confusion couramment faite entre les deux institutions que l'on retrouve ailleurs et notamment en Europe centrale et orientale.

CHAPITRE III

La propriété « arboraire » en Europe centrale et orientale

Avec l'Europe centrale et orientale, nous abordons le dernier arc du second cercle de l'environnement juridique de la propriété « arboraire » corse qui est au centre de notre étude. Ce n'est pas seulement pour compléter notre enquête concentrique. Ce chapitre nous amène en Grèce, dans les Balkans et dans les pays germaniques. Nous ne pouvions pas terminer notre étude sans une incursion dans ces pays.

En effet, la Grèce et les pays germaniques ont été les plus souvent cités par les auteurs dans les hypothèses envisagées quant à l'origine de ce démembrement de la propriété immobilière qu'est la propriété « arboraire ». Malgré la distance qui sépare les côtes et les îles grecques des forêts germaniques, les deux pistes ne sont pas contradictoires. La propriété « arboraire » corse peut tenir à la fois de la Grèce et des pays germaniques. Héritière de celle que connaissait déjà la Grèce antique, elle peut l'être grâce à la communauté culturelle méditerranéenne et à la migration des institutions d'origine grecque dans tout l'Empire romain. Influencée par le courant germanique, elle peut l'avoir été directement à l'occasion des invasions du Haut Moyen Age et surtout indirectement, au travers des droits italiens au cours des quelques sept siècles d'acculturation juridique qu'ont été pour la Corse, les périodes pisane et génoise.

SECTION I. LA PROPRIÉTÉ « ARBORAIRE » DANS LES BALKANS ET EN GRÈCE

Comme nous avons eu l'occasion de le rappeler plus haut, la Grèce est le berceau de l'emphytéose[653]. Elle est peut-être aussi celui de la propriété « arboraire ». Les deux institutions pourtant bien distinctes, ont plusieurs

---

[653] Cf. ci-dessus, titre II, chap. I, section 1, § 2 et titre III, chap. II, section 1, § 1 et J.-P. LEVY, *op.cit.*, pp.118-119 et P. OURLIAC et J. DE MALAFOSSE, *Histoire du droit privé, les biens*, *op.cit.*, p.74.

points communs : droits réels, objectif de plantations pour la mise en valeur de terres incultes…

Quoi qu'il en soit, l'existence de la propriété des arbres séparée de celle du sol est attestée à l'époque contemporaine en Grèce et dans les Balkans et en Roumanie notamment. La présence de l'institution en Grèce antique avant la domination romaine est bien connue des hellénistes. Elle est encore signalée dans l'Empire byzantin.

§ 1. La propriété « arboraire » en Grèce antique et l'Empire byzantin

Plusieurs documents témoignent de la présence de la propriété « arboraire » dans les différentes périodes de l'Antiquité puis au Moyen Age, tant en Grèce même, que dans d'autres territoires inclus dans l'Empire byzantin. Cette institution a-t-elle joué un rôle dans le passage de la propriété collective tribale à la propriété individuelle ? Il est difficile de le dire. En effet, s'il est certain que la propriété foncière est individuelle à Athènes « vers l'époque de Périclès ou de Démosthène »[654], il n'est pas sûr que l'accession de l'individu à la propriété par le travail que favorise la plantation d'arbres ait joué un rôle déterminant dans la mesure où c'était les esclaves qui cultivaient la terre. Cependant, l'arboriculture est la manifestation durable d'une occupation du sol et elle a pu contribuer à l'évolution de la propriété collective, tribale et familiale vers une forme individuelle exclusive.

En tout cas, la propriété « arboraire » n'a pas disparu avec l'avènement de la propriété foncière individuelle et de nombreux exemples jalonnent son existence au cours des siècles. Le plus connu est celui du plaidoyer de Lysias, *Pro sacra olea* par lequel nous commencerons.

Les oliviers sacrés d'Athènes

La notoriété du plaidoyer de Lysias[655] dans lequel il est clairement question d'oliviers dont la propriété est distincte de celle du sol, a probablement incité à considérer la Grèce comme le berceau de la propriété « arboraire ». Pourtant, rien ne le prouve et dans ce domaine comme dans beaucoup d'autres, le droit grec pourrait ne refléter qu'une idée égyptienne[656]. Quoi qu'il en soit, les oliviers étaient à Athènes l'objet d'une étroite surveillance des autorités. Le propriétaire foncier ne pouvait disposer

---

[654] L. BEAUCHET, *Histoire du droit privé de la République athénienne, III, le droit de propriété*, Paris, 1897, rééd. Rodopi, Amsterdam, 1969, pp.59-65.

[655] LYSIAS, *Sur l'olivier*. Traduction française publiée avec des notices et des notes par L. Bodin, in *Extraits des Orateurs Attiques*, Paris, Hachette, 1978, pp.1-12.

[656] Sur la thèse controversée d'une civilisation grecque essentiellement composée d'emprunts à l'Egypte, cf. M. BERNAL, *Black Athena, les racines afro-asiatiques de la civilation classique*, Paris, PUF, 1996.

librement des oliviers qui poussaient sur sa terre. Parmi ces derniers, certains (*ιδιαι ελααι*) lui appartenaient en propre mais il ne pouvait en arracher plus de deux par an sous peine d'amende.

D'autres, bien que plantés dans des propriétés privées, faisaient partie du domaine public et étaient dédiés à la déesse Athéna. On les appelait « oliviers sacrés » (*μοριαι*) et ils étaient identifiés par une marque officielle. L'arrachage de ces arbres de Pallas était un crime imprescriptible, assimilé à l'impiété, puni de l'exil et de la confiscation des biens et même de la peine capitale. Celui qui s'en rendait coupable pouvait être poursuivi par tout citoyen devant l'Aréopage.

La cueillette de leurs fruits était affermée au profit de l'Etat et l'Aréopage mandatait annuellement des inspecteurs spécialement chargés de s'assurer qu'ils étaient convenablement soignés. Toute plantation était interdite dans un périmètre de protection autour de leurs pieds afin de ne pas gêner leur développement. Des mesures particulières étaient prévues pour les oliviers brûlés en cas de guerre ou d'incendie accidentel pour ménager les possibilités de repousse. Le tronc calciné devait être entouré d'une palissade -*σηχοζ* -terme qui finit par désigner aussi la parcelle délimitée et l'arbre même.

La propriété « arboraire » dans le droit grec antique

Le droit hellénique, et en particulier celui d'Athènes[657] connaissait le principe selon lequel la propriété du sol emporte la propriété du dessus et du dessous. Le propriétaire foncier pouvait donc revendiquer tout ce qui adhérait à la surface de sa terre, et notamment les arbres et plantations. L'adage romain *superficies solo cedit* peut par conséquent être transposé en Grèce, qu'il s'agisse de propriété foncière privée ou du domaine public. C'est ce que montre l'anecdote connue de Condalos relatée par Aristote dans *l'Economique*. Ce préfet du satrape Mausole qui vendait les fruits des arbres dont les branches surplombaient les voies publiques.

Toutefois, le droit grec admettait facilement que la propriété du dessus et celle du dessous soit disjointe. La séparation du sol et des superficies y était si peu exceptionnelle que les contrats de vente stipulaient assez couramment que le vendeur du sol ne se réservait rien « ni arbres, ni vigne, ni cabane »[658]. Un très grand nombre de parchemins[659] et d'inscriptions[660] relatifs à des

---

[657] L. BEAUCHET, *Histoire du droit privé de la République athénienne*, *op.cit.*, pp.50-55.

[658] DARESTE, HAUSSOULIER et REINACH cités par L. BEAUCHET, *op.cit.*, p.55 note 1.

[659] Par exemple, un parchemin grec retrouvé en Syrie publié par Cumont sous le titre « Le plus ancien parchemin grec » in *Revue de philologie*, 1924, p.97 et suivantes, signalé par F. MAROI, *op.cit.*, p.353.

[660] Par exemple une inscription relevée en Carie contenait un fragment de contrat de vente dans lequel un citoyen d'Olymos avait vendu à Apollon plusieurs parcelles de terre « avec les vignes existantes ». Cette mention a été reprise par d'autres inscriptions du même endroit pour des ventes faites à Apollon ou à d'autres divinités telles qu'Artémis. Il n'y était pas

ventes et des donations de terrains confirment la possibilité d'une distinction entre la propriété du sol et celle des arbres et arbustes qui y sont plantés, puisqu'il comporte des mentions telles que « avec tous les arbres », « avec tous les arbres fruitiers »... Il en est de même de papyrus grecs retrouvés en Egypte[661]. Un fragment de la loi des Locriens du Vème siècle avant notre ère[662] attribue à des citadins mariés qui acceptaient de s'établir en des lieux déterminés de la montagne sur des pâturages afin d'y fonder des villages, la jouissance du sol ; il y était spécifié que leur serait réservée la pleine propriété des plantations (vigne, oliviers...) et qu'il n'aurait à craindre aucune confiscation.

En définitive, la propriété « arboraire » était une institution banale dans le droit grec[663]. Nous la retrouvons encore à la fin de l'Antiquité et au Moyen Age dans le droit byzantin.

La propriété « arboraire » dans l'Empire byzantin

Héritier de la tradition juridique grecque, régi en principe par les compilations justiniennes dont nous avons vu dans le chapitre relatif au droit romain qu'elles toléraient la propriété superficiaire, les nombreuses provinces de l'Empire byzantin ne pouvaient pas manquer d'offrir des exemples de propriété « arboraire ».

Louis Bréhier comptait cette forme d'appropriation parmi d'autres démembrements de la propriété foncière dans les termes suivants[664] : « (...) un habitant trouve t-il un terrain propre à l'établissement d'un atelier ou d'un moulin, il peut en disposer s'il n'y a nulle opposition. Mais, si la communauté (...) revendique cet endroit comme un bien commun après un vote qui doit être unanime, elle permettra au constructeur d'exploiter son établissement mais en sera copropriétaire avec lui. Un autre plante un arbre dans un endroit non partagé et l'entretient. S'il y a partage et si le sort assigne le lot à un autre, c'est au planteur de l'arbre qu'il est assigné. Mais si le paysan dépossédé du lot crie à l'injustice, on donne un autre lot au propriétaire de l'arbre ». Nous devinons là une fois de plus, cette fonction de compromis de la propriété « arboraire ».

Louis Bréhier ne faisait pas référence ici à quelques pratiques anecdotiques ou à des usages locaux particuliers mais au fameux code rural,

---

uniquement question de vignes d'ailleurs, d'autres plantations étaient évoquées notamment celles de figuiers.

661 F. MAROI, *op.cit*, p.354.

662 Publiée par U. VON WILAMOWITZ, « Ein Siedelungsgesetz aus West-Lokris » in *Sitzungsb. der Preuss. Akad. der Wissensch*, 1927, p.7 et suivantes et E. CUQ, *Manuel de droit romain*, Paris, 1928, p.917 signalé par F. MAROI, *La proprietà degli alberi... ibid*, p.353.

663 Son existence ne fait aucun doute pour Guiraud cité par L. BEAUCHET, *op.cit.*, p.55 note 2.

664 *Le monde byzantin, la civilisation byzantine*, coll. L'évolution de l'humanité, Paris, Albin Michel, 1950 et 1970, pp.150-151 et notes 823 et 824, p.505.

Nomos georgikos[665], que l'Empereur Léon III l'Isaurien avait édicté dans le cadre de la réorganisation juridique de l'Empire au VIIIème siècle. Or, son interprétation différait sensiblement de celle de Fulvio Maroi lequel nous donnait la sienne, sous la forme d'une traduction littérale en regard du texte grec[666]. Selon celle-ci, lorsque le lot sur lequel l'arbre était planté était attribué à un autre, ce dernier n'avait aucun droit sur l'arbre qui restait la propriété du planteur. Il n'y avait aucune ambiguïté, c'était l'arbre lui-même qui restait assigné à son planteur et non comme l'insinuait la formulation de Louis Bréhier, l'ensemble du lot. Mais surtout, si l'attributaire du lot se plaignait d'avoir été traité injustement, on ne donnait pas un autre lot au propriétaire de l'arbre, mais un arbre équivalent, le premier étant alors incorporé dans le lot tiré au sort. La différence entre les deux versions est importante pour évaluer la place qui était faite à cette époque à la propriété « arboraire » et même sa légitimité.

Effectivement, dans l'interprétation de Louis Bréhier, la distinction de la propriété privative de l'arbre et de celle du sol n'est pas considérée comme une norme définitive et intangible. Si la propriété distincte de l'arbre ne soulève aucune difficulté sur des communaux non partagés, elle semble moins acceptable sur des terres faisant l'objet d'appropriation privative, au point que si le sort n'attribuait pas au propriétaire de l'arbre, le lot sur lequel ledit arbre est planté, il semblerait qu'il lui soit tout de même attribué, de façon à ce que soient joints les droits sur le sol et le végétal. Si celui à qui le sort a attribué le lot conteste, le planteur de l'arbre reçoit un autre lot, ce qui confirmerait encore l'hostilité de ce droit à la séparation de l'arbre et du sol puisque dans ce cas, elle disparaîtrait sur le lot attribué par le sort et le planteur aurait en compensation une autre parcelle sur laquelle il pourrait planter des arbres sans qu'il y ait distinction des droits sur la terre et le végétal. La traduction de Fulvio Maroi témoignait d'une attitude radicalement différente dans la mesure où la propriété « arboraire » était favorisée dans les deux cas qu'il y ait eu ou non, contestation.

Un examen d'ensemble des dispositions du *Nomos georgikos* conduit à une vision plus nuancée de la position de ces lois agraires quant aux plantations sur le terrain d'autrui. Les deux premiers articles étaient en effet conformes à la règle *superficies solo cedit*. Celui qui laboure ou sème le champ d'autrui n'a aucun droit à la récolte. L'article 17 précisait que celui qui essartait le terrain d'un autre ferait les fruits siens pendant trois ans et devrait rendre la terre à son propriétaire[667]. C'est comme l'écrivait Jean de

---

[665] *νομς γεωργιχοζ*. J. DE MALAFOSSE, « Les lois agraires à l'époque byzantine, tradition et exégèse », in *Recueil de l'Académie de Législation de Toulouse*, 1949, 75 p.

[666] F. MAROI, *la proprietà degli alberi* (...), *op.cit.*, p.356 : Εαν δενδρν ανατραφη υπὸ εν τὸπψ αμεριστψ χαι μετα ταυτα μερισμου γενομενου ελαχεν ειζ μεροζ αλλου, μη εχετω την εξουσιαυ δενδρου, αλλ'σ αναθρεψαζ αυτὸ εχετω μονὸζ ει δε χαταβοα σ του τὸπου χυριοζ, στι αδιχειται υπερ τουτου ετερον δοτω δενδρον τψ αναθρεφαμενφ χαι εχετω αντὸ αβλαβεζ.

[667] J. DE MALAFOSSE, « Les lois agraires... », *op.cit.*, pp.47-48.

Malafosse, « une première atteinte à la règle générale, car il semble difficile d'admettre que le travail ait eu lieu du consentement du propriétaire ». Il ajoutait par ailleurs, que « la compensation accordée dans ce cas serait bien faible et irait à l'encontre de la politique agraire la plus élémentaire alors que les dispositions du *Nomos georgikos* témoignent au contraire d'un souci constant de favoriser l'agriculture en protégeant la condition de l'exploitant. Il est probable que c'est justement pour cette raison, que l'article 21 s'écarte, lui, très nettement du principe classique romain. Dans le cas où un agriculteur construit ou plante une vigne sur le terrain d'autrui, le propriétaire n'a que le droit de réclamer un emplacement identique. Ce n'est qu'en cas de refus du constructeur qu'il pourra reprendre son fonds et y détruire le travail effectué. Pareille mesure, remarquons-le, n'est nullement en contradiction avec les dispositions précédentes ; celles-ci sont bien des applications de la règle superficies solo cedit, mais ce principe n'est émis nulle part ».

Il apparaît ainsi que la différence provient de ce que dans l'article 17, il n'était question que d'un simple défrichement, alors que dans l'article 21, le travail accompli sur le sol d'autrui étant beaucoup plus important, l'application automatique du principe général a pu être considérée comme inadaptée et même injuste, d'autant que « la durée nécessitée par les travaux laisse supposer enfin que le propriétaire est absent ou négligent et que dans les deux cas, le sol n'est pas cultivé ». Selon Jean de Malafosse, les manuscrits « restent muets sur ces considérations » jusqu'au XIIème siècle. Par la suite, les scolies tentaient par une casuistique et l'introduction à partir du XIVème siècle de la distinction entre le planteur de bonne foi et celui qui ne l'est pas, de concilier les dispositions romaines avec les exceptions mais dans un parti pris restrictif.

Ainsi, on retiendra du droit byzantin que tout en restant attaché au principe romain *superficies solo cedit*, il admettait avec une subtilité qui le caractérise, des exceptions qui ont permis à la propriété « arboraire » d'exister légalement, au-delà d'une simple tolérance. Ces lois agraires, reprises dans l'*Hexabiblos* du juriste Constantin Harménopoulos au XIVème siècle, se sont maintenues bien après la chute de Constantinople, en Grèce et dans les Balkans.

§ 2. La propriété « arboraire » en Grèce et dans les Balkans à l'époque moderne et contemporaine

Les règles du code de Léon III l'Isaurien ont été reprises ou directement utilisées dans plusieurs pays à l'époque moderne, et la propriété « arboraire » est attestée en Grèce au XXème siècle.

Le maintien des dispositions du *Nomos georgikos* à l'époque moderne

On les retrouve avec de très légères variantes dans la *Cartea Romaneasca de Invâtatura* par laquelle en 1646, Basile le Loup introduisait le *Nomos georgikos* dans la principauté de Moldavie. Pour se persuader de la proximité des textes, il suffit de lire la traduction de son article 69 : « Si un homme soigne un arbre dans un terrain indivis et le fait grandir jusqu'à ce qu'il soit en pleine production, s'il arrive ensuite qu'on partage le terrain et que l'arbre échoie à un autre homme, celui-ci n'aura aucun droit sur l'arbre, qui continuera à appartenir à celui qui l'aura soigné. Mais si le nouveau propriétaire ne peut tolérer pareille chose, il donnera au premier un autre arbre dans un autre terrain »[668].

Le texte même de Léon III l'Isaurien devait bénéficier d'une belle longévité et l'article qui nous occupe est reproduit dans un texte en grec moderne de 1744, ce qui a suscité chez un auteur roumain[669], les développements suivants : « Un des habitants du village plante un arbre dans un terrain qui n'a pas encore été divisé comme terrain de culture. Vient un partage qui, en faisant passer ce terrain de la catégorie de terre commune dans la catégorie de terre appropriée pour la culture des plantes, le fait échoir dans une part possédée par un autre colon que celui qui l'a planté. Selon les principes du droit l'arbre attenant par ses racines au sol devrait appartenir au propriétaire du sol, mais à condition qu'il le fût. Mais ne l'étant pas, le possesseur du terrain auquel l'arbre est échu, n'étant qu'un simple colon probablement, ne devient pas maître de l'arbre. L'arbre continue à appartenir à celui qui l'a planté. Le possesseur du terrain, s'il veut éteindre les droits du planteur sur l'arbre, n'a que la ressource de lui offrir un autre arbre à sa place. Cette règle offrait entre autres l'avantage, qu'elle allait au devant de l'esprit animant la législation des Empereurs isauriens, d'encourager à tout prix la culture de la terre : elle offrait l'avantage, disons-nous, de rendre maîtres de toutes plantations, ceux qui les avaient faites. Il est très possible de supposer que, dans une propriété colonaire, les colons sans plus attendre un partage du maître, souvent absent, aient planté arbres et vignes sur un terrain commun, en obéissant de fait à des règles tacitement établies entre eux. C'est justement pour encourager pareilles plantations, pour établir pareilles règles tacites que ces dispositions ont dû intervenir ».

On peut se demander si cette institution procédait essentiellement d'un objectif gouvernemental de développement de l'arboriculture ou s'il n'était pas simplement une codification restrictive de pratiques séculaires. Quoi qu'il en soit, la propriété « arboraire » est toujours vivace en Grèce au XXème siècle.

---

668 Traduction de S. G. LONGINESCO et A. PATROGNET, *Legi vechi Romanesti si Itzvoarele lor (Anciennes lois roumaines et leurs sources)*, vol.I, *Code de la Moldavie depuis l'époque de Basile Loupoul*, Bucarest, Göbl, 1912.

669 D.C. ARION, *Le νòμοζ γεωργιχòζ et le régime de la terre dans l'ancien droit roumain jusqu'à la réforme de Constantin Mavrocordat*, Paris, 1929, p.105 et s.

La propriété « arboraire » en Grèce au XXème siècle

Elle a été reconnue officiellement dans les îles de la mer Egée sous autorité italienne, par un décret du 1er septembre 1929[670]. Dans un rapport au gouverneur, le magistrat chef du bureau foncier suggérait qu'il était nécessaire d'officialiser et de maintenir dans ces îles (Rhodes et les îles de l'Egée) cette coutume de vendre, donner, léguer ou posséder, des arbres, spécialement des oliviers, virtuellement (« *idealmente* ») distincts du terrain sur lequel ils poussent, de telle manière que le terrain soit à un propriétaire ou à un concessionnaire et l'arbre, à un autre propriétaire ou à plusieurs. Il signalait également que les arbres et le terrain étaient enregistrés séparément au cadastre.

Ainsi la propriété « arboraire » était-elle confirmée en Grèce de façon continue sur une période de plus de vingt-cinq siècles. Il n'est donc pas étonnant que l'on ait pu émettre l'idée que cette institution, comme d'autres démembrements de la propriété, était née dans le monde hellénique et se serait répandue dans l'Empire romain après la conquête de la Grèce[671]. Une aussi longue présence de cette forme d'appropriation ne peut être alléguée pour les pays germaniques, souvent présentés comme une origine possible de la propriété « arboraire ».

SECTION II. LA PROPRIÉTÉ « ARBORAIRE » DANS LA TRADITION JURIDIQUE GERMANIQUE

On prête généralement aux anciens Germains, des tendances collectivistes et une conception imprécise de la propriété immobilière[672]. Ces caractéristiques propices à une distinction de l'appropriation des végétaux et de celle du sol, qui n'a d'ailleurs que peu de valeur pour des populations nomades, ne devaient pas manquer d'inspirer l'hypothèse d'une origine germanique de la propriété « arboraire » à laquelle ont souscrit des auteurs italiens[673] et allemands[674].

---

670 Décret contenant les *norme per l'accertamento e la conservazione dei diritti immobiliari nelle isole italiane egee*. Il concerne principalement de l'île de Rhodes que l'Italie occupa à partir de 1912 et ne rendit à la Grèce qu'en 1947. Son article 9 cite les arbres parmi les biens immobiliers et l'article suivant précise que *sono da intestare a parte, come arboratura, le piantagioni non appartenenti allo stesso proprietario del terreno sul quale si elevano od aventi natura giuridica diversa da questo*. Texte signalé par F. MAROI, *op.cit.*, p.369.

671 Entre autres DI TUCCI et BESTA cités par F. MAROI, *op.cit.*, pp.360-361.

672 J.-P. LEVY, *Cours d'histoire des institutions privées. La propriété – les biens*, *op.cit.*, p.124 : « Le courant germanique devait se transformer après les invasions, mais non sans laisser des traces. Il comportait un certain collectivisme de village et un certain collectivisme familial. (…). Les Germains n'avaient aucune notion claire de la propriété en général et surtout de la propriété individuelle et exclusive, sauf en matière de meuble ».

673 En particulier, SCHUPFER, *Il diritto privato dei popoli germanici*, *op.cit*, II, p.103 et s. ; V. SIMONCELLI signalés par F. MAROI, *op.cit.*, p.357 et C. Giardina, *op.cit.*, p.141 ; R. DI TUCCI, « Di alcune accessioni e di alcune forme della proprietà immobiliare nel M.E »., in

§ 1. L'hypothèse de l'origine germanique de l'institution

Cette hypothèse serait celle d'une migration de l'institution d'Est en Ouest et du Nord au Sud, de la Germanie vers l'Italie, l'ancienne Gaule et la péninsule ibérique, et concomitamment et plus probablement, à partir des grandes invasions. La propriété « arboraire » aurait donc été liée au système germanique d'appropriation collective des terres, antérieur au Moyen Age, qui a subsisté jusqu'à l'époque moderne, de la Scandinavie jusqu'à la Suisse, autour des institutions de la *marke* et de l'*allemend* ou *allmend*[675].

Cependant, les indices de l'existence d'une propriété des arbres distincte de celle du sol dans ce système collectiviste, ne sont pas très nombreux et restent d'ordre anecdotique. On ne peut par conséquent pas avancer avec certitude que dans le système germanique, la distinction de l'arbre et du sol ait été systématique ou encore qu'elle ait été une composante importante et caractéristique du dispositif. En revanche, on peut affirmer que le droit germanique, en raison du nomadisme originel, accordait moins d'importance à la terre que le droit romain, que le travail, celui de l'agriculteur ou de l'arboriculteur, était un fondement de la propriété plus évident que l'accession[676]. Et finalement, c'est l'inexistence d'un principe tel que *superificies solo cedit*, et plus généralement l'absence de règles systématiques et l'imprécision du droit foncier germanique, qui permettent de soutenir la possibilité d'une propriété « arboraire ».

Mais les auteurs italiens et allemands évoqués plus haut, ont pris la peine d'invoquer une argumentation plus minutieuse, s'appuyant sur des textes et des documents de la pratique[677]. L'argument textuel le plus solide paraît avoir été une interprétation du chapitre 354 de l'Edit de Rotharis. En effet, sous le titre *De campo alieno arato*, ce célèbre texte lombard contemporain des invasions disposait que celui qui avait labouré et semé un champ sachant que ce n'était pas le sien, c'est-à-dire de mauvaise foi, perdait son travail et

---

Studi econ. giur. dell'Univ. di Cagliari, XV, 1925, p.5 et s. ; E. BESTA, *I diritti sulle cose nella storia del diritto italiano*, Padoue, 1933, p.145.

674 SCHROEDER-KÜNNBERG et STOBBE signalés par F. Maroi, *op.cit.*, p.357.

675Cf. l'ouvrage classique d'E. DE LAVELEYE, *De la propriété et de ses formes primitives*, Paris, 4è éd., 1891, p.78 à 233 et notamment p.173, où il était question d'un édit du duc de Wurtemberg de 1714, décrétant « que l'arbre de tout bourgeois (planté sur des terres comprises dans des *allmenden*) deviendrait propriété communale après sa mort et celle de sa veuve », et d'un règlement de la commune suisse de Baar (canton de Berne) en vigueur à la même époque, selon lequel tout bourgeois devait planter sur l'*allmend* douze arbres à la naissance de chaque enfant; à sa majorité, ce dernier se voyait attribuer ces arbres et avait l'obligation d'en prendre soin.

676 LONCAO, « L'accessione e il principio del lavoro nell'antico diritto germanico », in *Rivista italiana sociologica*, 1908, cité par F. MAROI, *op.cit.*, p.357, note 26.

677 C. GIARDINA, *op.cit.*, pp.141-59.

les fruits[678]. A contrario, le planteur de bonne foi pouvait conserver le résultat et les fruits de son travail, donc éventuellement un arbre et ses fruits.

En fait, on peut remarquer aisément que le texte de l'Edit de Rotharis ne concluait pas forcément à une propriété « arboraire », qui impliquait une séparation durable de la propriété du végétal et de celle du sol. Ce chapitre 354 signifiait plus probablement que le planteur de bonne foi faisait les fruits, siens, c'est-à-dire ceux de la récolte qui suivait immédiatement le moment où il aurait eu connaissance de son erreur, et il aurait été indemnisé pour son travail. S'il avait été de mauvaise foi, il aurait dû rendre la totalité des végétaux et des fruits même déjà récoltés, au propriétaire et même payer une composition pécuniaire. C'est en outre ce qui ressort des chapitres suivants[679].

Ainsi, l'interprétation la plus plausible de l'Edit de Rotharis aboutissait-elle à une position du droit lombard très proche du droit romain de l'accession, tel qu'il était formulé par exemple dans les *Institutes*[680].

Quant aux exemples de la pratique signalés par les promoteurs de la thèse d'une origine germanique de la propriété « arboraire », Camillo Giardina n'a

---

678 « *Si quis campum alienum araverit, sciens non suum, aut sementem spargere presumpscrit, perdat opera et frugis, et ille qui campum suum conprobaverit ; habeat fruges* ».

679 Edit de Rotharis, chapitre **355** : « *De campo exarato. Si quis exaraverit campum alienum seminatum et suum non potuerit provare, aliud tantum fruges, quod destavit, proprio domino reddat, et pro inlecita presumptionem componat solidos sex* » et chapitre **356** : « *De prato secato aut exarato. Si quis pratum alienum segaverit aut exaraverit, et fenum reddat, et pro inlecita presumptionem componat solido sex* ».

680 *Institutes* **II, 1, 32** : « *Qua ratione autem plantae, quae terrae coalescunt, solo cedunt, eadem ratione frumenta quoque, quae sata sunt, solo cedere intelliguntur. Caeterum sicut is qui in alieno solo aedificavit, si ab eo dominus petat aedificium, defendi potest par exceptionem doli mali secundum ea quae diximus : ita ejusdem exceptionis auxilio tutus esse potest is qui alienum fundum sua impensa bona fide consevit* ». Ce que M. Hulot (Rondonneau, Paris, 1806) traduisait de la façon suivante : « De même que les plantes qui ont pris racine dans une terre en deviennent l'accessoire, de même aussi les blés sont l'accessoire du sol sur lequel ils sont semés. Cependant, comme nous avons dit que que celui qui avait bâti sur le terrain d'autrui pouvoit opposer au maître qui revendiquoit l'édifice l'exception tirée de sa mauvaise foi, celui qui a ensemencé de bonne foi le champ d'autrui avec son grain peut aussi opposer la même exception ». *Institutes*, **II, 1, 35** : « *Si quis à non domino, quem dominum esse crediderit, bona fide fundum emerit, vel ex donatione, aliave qualibet justa causa aequé bona fide acceperit : naturali ratione placuit fructus, quos percepit, ejus esse pro cultura et cura. Et ideò si posteà dominus supervenerit, et fundum vindicet, de fructibus ab eo consumptis agere non potest. Ei verò qui alienum fundum sciens possederit, non idem concessum est : itaque cum fundo etiam fructus, licèt consumpti sint, cogitur restituere* » dont M. Hulot donne la traduction suivante : « Si quelqu'un a acheté de bonne foi un fonds d'un particulier qu'il en croyoit propriétaire, et qui ne l'étoit pas, ou s'il l'a reçu de ce particulier à titre de donation ou à quelqu'autre titre juste, et qu'il soit également de bonne foi, il a paru conforme à l'équité naturelle que les fruits qu'il en retireroit fussent à lui pour le récompenser de ses soins et de sa culture. Ainsi, dans le cas où le véritable propriétaire se présenteroit par la suite et réclameroit son fonds, il n'auroit point d'action pour se faire rendre les fruits consommés par le possesseur de bonne foi. Celui qui possède le fonds d'autrui avec connoissance qu'il ne lui appartient pas ne jouit pas du même avantage : ainsi il est obligé de rendre avec le fonds les fruits, même ceux qu'il a consommés ».

pas eu de mal à prouver que loin de confirmer leur interprétation du chapitre 354 de l'Edit de Rotharis, il démontrait de façon éclatante, la persistance pendant le Haut Moyen Age, de l'institution romaine de l'accession et que le travail accompli sur le terrain d'autrui même de bonne foi, ne donne aucun droit au cultivateur et profite par le biais de l'accession, au propriétaire du sol[681].

De plus, il est à noter que dans les documents relatifs à la propriété « arboraire » dont nous avons pris connaissance dans les différents pays, l'existence de l'institution n'est jamais subordonnée à la bonne foi du planteur. Comme l'imposait la disposition du code de Rotharis. Tout au plus, le propriétaire « arboraire » doit-il à l'origine avoir été autorisé à planter sur un sol qui ne lui appartient pas, par le propriétaire ou par une coutume ou encore par une disposition statutaire. D'ailleurs, la propriété « arboraire » est, on l'a vu, largement diffusée dans des régions qui n'ont jamais subi la présence des Lombards. Il y a même des régions où leur influence n'a pu être qu'extrêmement faible, mais où la propriété « arboraire » a été très développée.

En outre, on ne trouve aucun signalement explicite de propriété « arboraire » dans d'autres textes germaniques de l'époque des invasions. Les lois des Francs, en particulier la loi salique, comme celle des Wisigoths et des Burgondes, n'en comporte aucune.

Il n'en reste pas moins que la tradition juridique germanique, même si elle ne peut pas être présentée avec certitude comme la matrice de la propriété « arboraire », a été plus conciliante que la tradition romaine, et a de ce fait, facilité en Europe centrale et occidentale, voire dans certaines régions d'Europe orientale, la coexistence du principe romain d'accession et l'existence de propriété superficiaire notamment « arboraire ». Cette ambiguïté bienveillante à l'égard de la propriété « arboraire » a laissé des traces dans la législation des pays germaniques à l'époque moderne et contemporaine.

§ 2. La législation des pays germaniques à l'époque moderne et contemporaine

Les traces de ce courant germanique n'apparaissent que de manière très inégale dans les codes allemands édictés depuis le XVIIIème siècle. Le Code prussien de 1794, l'*Allgemeines Landrecht*, définit le droit de superficie comme celui d'avoir des édifices et des arbres sur le sol d'autrui et de pouvoir en disposer librement comme propriétaire. De même le Code autrichien de 1811[682], encore en vigueur en Autriche et qui a été appliqué jusqu'aux premières décennies du XXème siècle sur les territoires dépendant

[681] C. GIARDINA, *op.cit.*, pp.145-155.

[682] *Allgemeines Bürgerliches Gesetzbuch* (ABGB), § 1125 et 1147. Toutefois le même code consacre le principe *superficies solo cedit* dans ses paragraphes 417-421.

de l'Empire austro-hongrois jusqu'en Italie et dans les Balkans, autorise la propriété de plantations distincte de celle du sol. Il organise un droit de superficie pouvant porter sur des constructions, plantations, etc. comme une forme de propriété divisée, proche de l'emphytéose et des baux perpétuels. Il attribue selon un schéma féodal, le domaine direct au propriétaire concédant et au superficiaire, le domaine utile. Ce dernier n'a aucun droit sur le sol et le sous-sol, mais l'entière jouissance et disposition de la construction ou plantation. Il peut l'utiliser, la grever de servitudes, l'hypothéquer et la transmettre à des héritiers sous réserve du paiement d'un canon. La destruction ou la disparition de la construction ou des plantations n'entraîne pas l'extinction du droit lui-même. Ainsi l'arbre mort ou abattu pourra être remplacé. En revanche, la loi belge du 10 janvier 1824 sur le droit de superficie, reprenant d'ailleurs la législation hollandaise sur ce point, le limite dans le temps et cela, aussi bien pour les constructions que les plantations[683]. Cependant, le Code civil belge prévoit de la même manière que l'article 553 du code français, que les plantations appartiennent au propriétaire du sol sauf preuve contraire.

Plus nettement encore, le *Bürgerliches Gesetzbuch*, entré en vigueur en 1900, adhère au principe romain de l'accession *superficies solo cedit*[684]. S'il laisse la possibilité au propriétaire de céder le droit de construire sur son terrain, *erbaurecht*, droit transmissible qui s'éteindra lors de la disparition de l'édifice, il n'admet pas le droit de superficie pour les plantations. Il reprend en cela une position qui était déjà celle du Code bavarois de 1756 ou d'autres codes allemands tels que celui de Saxe par exemple.

Le Code fédéral suisse du 10 décembre 1907 se situe lui aussi dans cette tradition en consacrant la règle *superficies solo cedit*, atténuée par la formule « sous réserve des restrictions légales »[685]. Celles-ci ne permettent pas de distinction du sol et de la superficie pendant une durée illimitée. Pour y mettre fin, le principe peut être renversé c'est-à-dire que le sol peut céder à la superficie, et par-là éventuellement, la propriété du sol à celle de l'arbre[686]. Les constructions et autres ouvrages établis sur ou sous une parcelle peuvent avoir un autre propriétaire que celui du sol mais seulement

---

683 D'une part, il ne peut être prévu pour une durée de plus de cinquante ans mais il est renouvelable (art.4). D'autre part, le droit s'éteint par confusion, destruction du fonds et prescription trentenaire.

684 Cf. BGB, § 946 (*Erwerb von Erzeugnissen und sonstigen Bestanteilen einer Sache*).

685 Art.667, al.1 : « La propriété du sol emporte celle du dessus et du dessous, dans toute la hauteur et la profondeur utiles à son exercice » ; al.2 : « Elle comprend, sous réserve des restrictions légales, les constructions, plantations et sources ». Voir aussi art.642, al.1 : « Le propriétaire d'une chose l'est de tout ce qui en fait partie intégrante » ; et 671, al.1.

686 Art.673 : « Si la valeur des constructions excède évidemment celle du fonds, la partie qui est de bonne foi peut demander que la propriété du tout soit attribuée au propriétaire des matériaux, contre paiement d'une indemnité équitable » ; et 678, al.1 : « Si quelqu'un a mis dans son fonds des plantes appartenant à autrui ou ses propres plantes dans le fonds d'un tiers, les intéressés ont les mêmes droits et obligations que dans le cas de constructions élevées avec des matériaux étrangers ou de constructions mobilières ».

sous forme de servitudes inscrites et non de propriétés superficiaires[687]. Quant à la propriété « arboraire », elle est explicitement interdite par l'article 678, alinéa 2 : « Il est interdit de constituer un droit de superficie sur des plantes ou des forêts »[688].

Ainsi, les codes les plus représentatifs du courant germanique à l'époque contemporaine sont majoritairement restrictifs à l'égard de la propriété « arboraire » et reprennent comme le code italien de 1942, l'attitude du droit romain caractérisée par le principe *superficies solo cedit* mais acceptant plus facilement d'y déroger pour les constructions que pour les plantations et donc pour les arbres.

---

687 Art.675, al.1 : « Les constructions et autres ouvrages établis au-dessus ou au-dessous d'un fonds, ou unis avec lui de quelque autre manière durable, peuvent avoir un propriétaire distinct, à la condition d'être inscrits comme servitudes au registre foncier »

688 Sur ce point, F. FORNI, *La superficie delle piantagioni*, Lugano, 1946, p.110 s.

Conclusion

Au terme de cette enquête sur la propriété « arboraire » en Corse et dans les pays environnants en suivant un parcours dessinant deux cercles concentriques et remontant bien plus haut que le millénaire, nous nous hasarderons à nous prononcer sur les origines de l'institution insulaire, son cheminement jusqu'en Corse, ses raisons d'être, ce qu'elle est et n'est pas, son état aujourd'hui et enfin ce qui peut être préconisé pour l'avenir.

Les origines de la propriété « arboraire » corse

Tout au long de notre recherche, plusieurs pistes nous ont été suggérées. Une origine germanique liée aux invasions du même nom, mais la Corse comme la Sardaigne n'a subi ces invasions que de façon beaucoup plus limitée que d'autres régions de l'Europe occidentale, où l'institution qui nous occupe ne s'est pourtant pas développée. Une origine maghrébine inspirée par la similitude de certains usages constatés notamment en Kabylie. Cette piste a sans doute bénéficié de la corrélation qu'ont pu établir les nombreux Corses qui ont habité l'Afrique du Nord et elle était plausible en raison de l'invasion arabo-musulmane de la Corse durant quelques décennies du Haut Moyen Age, sans parler des contacts séculaires.

Il était inutile de chercher si loin. La propriété « arboraire » corse n'est à l'évidence qu'une manifestation régionale de la propriété « arboraire » dont l'existence est attestée en Italie entière. Les indices de cette relation sont nombreux : nous avons constaté la similitude des usages, de l'utilisation de l'institution, des arbres et des sols concernés…

Comme d'autres institutions venues d'Italie et qui ont été assimilées par les Corses au point d'apparaître comme spécifiquement insulaires et même identitaires pour employer un terme à la mode, les manifestations de la propriété « arboraire » corse sont décalées dans le temps par rapport à celles de l'Italie. Elle n'y est clairement attestée qu'au Bas Moyen Age et ce n'est qu'au XVIème siècle, qu'elle est mentionnée incidemment dans les statuts de Porto-Vecchio. Elle y figure, non pas dans le cadre d'une codification d'usages locaux comme dans plusieurs statuts médiévaux italiens, mais dans le cadre de mesures incitatives octroyées par les autorités génoises. Cette observation, jointe au fait que la propriété « arboraire » corse est plus tardive que celle du continent et même des îles italiennes, constitue un argument suffisant pour soutenir l'hypothèse d'une migration de l'institution depuis l'Italie vers la Corse. Tout cela n'est d'ailleurs pas étonnant puisque la Corse moins peuplée que le continent italien ou les autres îles, où la terre était abondante, où l'arboriculture a été tardive, n'a éprouvé d'intérêt pour l'institution qu'après les régions italiennes où elle était répandue dès le Haut Moyen Age.

Une fois de plus, finalement, une institution exemplaire du particularisme juridique corse n'est qu'une des nombreuses manifestations de l'italianité de l'île. On aurait pu y penser et la piste italienne aurait dû être l'une des premières envisagées, ne fut-ce qu'en raison de la proximité et de l'important développement de l'institution dans ce pays. Pourtant, pour des raisons difficiles à élucider, volonté d'occulter le passé italien de la Corse, omission révélatrice d'une acculturation ou simple ignorance, elle n'est aucunement évoquée ni par les auteurs qui ont parlé de la propriété « arboraire » corse, ni par les nombreux informateurs sollicités dans le cadre de cette étude.

L'origine italienne de la propriété « arboraire » corse peut être d'autant plus affirmée que le droit français s'est borné en la matière à une tolérance hostile et n'a eu que peu d'effet dans l'île. En particulier, les textes de l'Ancien Régime, de la Révolution et de l'Empire relatifs à la propriété des arbres sur le bord des routes n'ont pas eu d'application en Corse.

En indiquant que la propriété « arboraire » corse est une institution essentiellement italienne, on ne dévoile que son origine directe et immédiate. Avant son développement dans la péninsule et les îles italiennes des premiers siècles du Moyen Age à l'époque contemporaine, l'institution avait déjà cheminé.

Le cheminement de l'institution

Le foyer initial de l'institution pour l'Europe et pour tout le pourtour de la Méditerranée, paraît être la Grèce. L'institution y a été amplement confirmée à l'époque historique, et ses caractéristiques, notamment la sacralisation des oliviers, font penser qu'elle remonte à une époque reculée où religion et droit se confondaient. Comme l'emphytéose avec laquelle elle a d'autres points communs, la propriété « arboraire » s'est répandue dans l'Empire romain à la faveur de la conquête de la Grèce.

Paradoxalement, c'est l'extension et l'unité de l'Empire romain qui ont répandu cette forme de propriété en Europe et sur tout le pourtour de la Méditerranée, malgré l'opposition du droit romain classique à son égard. Parfois commode pour la gestion de l'*ager publicus* et facilitée par certaines pratiques fiscales, l'institution s'est propagée en Orient et en Occident, de la Syrie à l'Espagne. Très adaptée à la mise en valeur des domaines impériaux, les *Tablettes Albertini* l'attestent en Afrique du Nord au bas Empire. Malgré cette large utilisation, l'institution qui nous occupe est restée dans le domaine de la pratique et du droit romain vulgaire, d'où l'affirmation d'une origine *romano-volgare* avancée par des auteurs italiens. En dépit de la création prétorienne de droits de superficie, le droit savant, quant à lui, a toujours montré une réticence envers les plantations, qu'il n'avait pas à l'égard des constructions.

Après la chute de l'Empire romain, l'institution s'est maintenue en divers points de son territoire. C'est à ce moment que devrait se situer l'influence germanique par laquelle des auteurs italiens expliquent l'existence de cette institution contraire à l'esprit du droit romain. En fait, nous l'avons vu, force était d'admettre que dans bien des cas, la présence de la propriété « arboraire » était inversement proportionnelle à celle des invasions germaniques dans la région considérée. Est-ce à dire que ce courant germanique n'a joué aucun rôle ? S'il n'est pas responsable de l'apparition de l'institution, il a cependant facilité son développement. La conception germanique de la propriété divisée qui s'épanouira avec la féodalité a sûrement adouci l'hostilité du contexte juridique romain. Mais paradoxalement de nos jours, tout en organisant le droit de superficie, les codes germaniques et en particulier le BGB, interdisent la propriété « arboraire » en reprenant à leur compte, la vieille distinction romaine entre construction et plantation.

Quant à une origine maghrébine de la propriété « arboraire » en Corse, elle doit être entièrement réfutée. Les similitudes que l'on a pu relever ne proviennent que d'une origine commune et du fait que confrontée à des circonstances analogues, les comportements des populations rurales méditerranéennes peuvent être identiques. Force est de reconnaître cependant que la propriété « arboraire » au Maghreb et au Machreq, n'est qu'une coutume antéislamique qui a subsisté malgré l'opposition du droit musulman dans les régions de résistance traditionnelle à la culture arabe telles que la Kabylie.

Le cheminement de l'institution est difficile à suivre à l'époque contemporaine parce que confrontée aux systèmes juridiques des Etats modernes, la propriété « arboraire » a pu disparaître. Dans certains cas parce qu'elle a été interdite, dans d'autres, parce que les propriétés du sol et de l'arbre ont été réunies, en diverses occasions telles que la constitution de cadastres ou le partage de terres communes. Elle a pu également se fondre dans des institutions voisines telles que le bail à complant. Ainsi, la propriété « arboraire » proprement dite ne subsiste plus que dans les zones qui sont traditionnellement des conservatoires d'archaïsmes : les îles (Corse, Sardaigne, Djerba, Rhodes), les montagnes (Rif) et confins… Même dans ces régions, cette institution tombe aujourd'hui en désuétude parce que ses anciennes raisons d'être n'existent plus et que l'on n'a pas conçu qu'elle pouvait avoir de nouvelles fonctions.

Raisons d'être et fonctions de l'institution

La propriété « arboraire » a souvent assumé en Afrique comme en Corse ou ailleurs en Europe, un rôle de transition entre l'appropriation collective des terres et la propriété foncière privée familiale ou individuelle. Mais elle n'est pas qu'une institution charnière, elle a une fonction sociale et économique.

Elle permet une meilleure répartition des moyens d'existence dans une société pauvre. Sa relation avec la pauvreté se perçoit aussi bien en Corse qu'en Estrémadure, dans les Pouilles ou en Kabylie. Elle permet au père de léguer à chacun de ses descendants, une part du maigre patrimoine familial et même faire une aumône pour le repos de son âme, sans ruiner l'exploitation familiale.

Elle est un des moyens juridiques de mettre en valeur des terres marginales par l'arboriculture, d'assurer le reboisement, de lutter contre la désertification, d'atténuer les antagonismes entre bergers et agriculteurs qui ne se sont estompés en Corse qu'à la fin du XIXème siècle et parfois même de mieux utiliser le sol en alliant les arbres à des cultures intercalaires. Pour certaines de ces fonctions économiques, écologiques et sociales, la propriété « arboraire » rejoint des institutions voisines dont elle doit être distinguée en déterminant soigneusement ce qu'elle est et n'est pas.

Ce qu'elle est et ce qu'elle n'est pas

La propriété « arboraire » proprement dite ne doit pas être assimilée au domaine congéable breton comme le font de temps à autre ceux qui sont trop prompts à nier les particularismes insulaires. Elle ne doit pas être confondue non plus avec le bail à complant. Ce dernier peut aboutir in fine à la création de propriétés « arboraires » si le propriétaire foncier et le colon se partagent les arbres et non les superficies de terres complantées. Mais c'est là une variante que nous n'avons rencontrée qu'en Kabylie (*tam'arsit*) et qui est considérée comme une forme inférieure de la *mughârasa*.

La propriété « arboraire » est bien distincte en France de ces deux institutions voisines et si l'on avait besoin d'une preuve supplémentaire de cette différence, il suffit de rappeler que les dispositions actuellement insérées dans le nouveau code rural et qui régissent le domaine congéable et le bail à complant, ne concernent en rien la propriété « arboraire » corse.

Inutile de préciser que la propriété « arboraire » ne peut être considérée comme un droit personnel : c'est un droit réel puisque partout où nous l'avons repérée, elle est une véritable propriété avec tous ses attributs et les arbres objets de ce droit sont toujours susceptibles d'être hypothéqués.

En dépit des hésitations de certains auteurs, ce n'est en aucun cas un *jus in re aliena* : ni en Corse, ni ailleurs, elle n'est un droit d'usage ni d'usufruit, ni une servitude. C'est une propriété superficiaire même si les juridictions françaises évitent d'utiliser ce terme à son égard. C'est naturellement une propriété immobilière issue de la « dissociation de l'immeuble ».

C'est une propriété dont la caractéristique est d'avoir pour objet un arbre planté sur un sol appartenant à un autre propriétaire. Le sol peut être privé ou communal, l'arbre est toujours la propriété d'une personne physique ou morale ou d'un groupe de personnes. Nous n'avons trouvé en Europe et sur le pourtour de la Méditerranée, aucun cas d'arbres qui soient propriété commune sur des terres privées. Toutes sortes d'arbres sont concernées, mais il s'agit généralement d'arbres fructifères parmi lesquels les oliviers et les châtaigniers sont très largement majoritaires sur l'ensemble des pays que nous avons étudiés. Des oliveraies et châtaigneraies qui sont malheureusement délaissées de nos jours ont été constituées grâce à cette institution.

Son état aujourd'hui et les perspectives d'avenir

Dans un XXème siècle productiviste, la propriété « arboraire » a été un peu partout perçue comme une institution archaïsante et gênante. Elle a été prohibée dans plusieurs pays, et là où elle est tolérée, on l'abandonne le plus souvent à sa désuétude, ignorée ou méprisée qu'elle est par la population comme par la plupart des professionnels intéressés. Mais au début de ce troisième millénaire avec l'engouement identitaire et les soucis environnementaux, la propriété « arboraire » pourrait encore rendre service. Certaines de ses anciennes fonctions ont disparu mais d'autres se font jour.

C'est pour cela que l'avenir de cette institution mérite d'être ménagé. Cela implique en premier lieu que la propriété « arboraire » ne soit pas interdite sur le territoire français comme elle l'est dans certains pays. Les exemples allemands ou suisses ne sont pas transposables dans nos contrées puisqu'ils émanent de pays dans lesquels cette forme d'appropriation n'existait pas. L'expérience italienne doit servir de mise en garde contre une mesure d'interdiction de cette institution pour l'avenir car non seulement cette mesure prive l'Italie d'une institution qui pourrait avoir encore quelque intérêt mais en plus les dispositions prises n'ont pas atteint leur objectif. Après deux textes législatifs d'interdiction, l'article 956 du Code civil de 1942 et la loi de 1971, les propriétés « arboraires » existant antérieurement subsistent et la jurisprudence admet que de nouvelles peuvent même être créées.

Il aurait été plus efficace de faciliter en l'organisant légalement, la réunion de la propriété du végétal et du sol comme cela a été fait pour les *bandites* du comté de Nice par la loi de 1963 qui peut servir de modèle à cet égard. Il aurait été encore plus judicieux de combiner un dispositif partiellement inspiré par cette loi française pour mettre fin à la dissociation de l'immeuble issue de la propriété « arboraire » chaque fois que l'un des protagonistes le souhaiterait, et une réglementation de l'institution supprimant les ambiguïtés, éliminant les bizarreries gênantes telles que le fractionnement de la propriété branche par branche comme l'ont fait récemment les juges italiens, et protégeant les intérêts de chacun. Ce second volet ne ferait que donner à la propriété « arboraire » un statut que le code rural français a accordé depuis longtemps à des institutions voisines comme le domaine congéable ou le bail à complant.

C'est une loi alliant ces deux objectifs qui peut être préconisée pour la Corse. Elle pourrait faire l'objet d'une proposition de l'Assemblée de Corse dans le cadre du statut actuel de la collectivité territoriale ou des nouvelles dispositions qui s'annoncent. Un troisième volet pourrait d'ailleurs être ajouté afin de promouvoir la propriété « arboraire » en tant que moyen d'accès au foncier pour de jeunes arboriculteurs, de reboisement et de lutte contre les incendies et la désertification.

ANNEXES

Relatives au titre I (Corse)

I. Liste des communes selon la numérotation INSEE, et carte permettant de les identifier par leur numéro (c.f. F. CASTA, *Paroisses et communes de France, Corse,* Paris, CNRS, 1993).

CORSE DU SUD	HAUTE-CORSE
001 Afa	002 Aghione
004 Ajaccio	003 Aïti
006 Alata	005 Alando
008 Albitreccia	007 Albertacce
011 Altagène	009 Aleria
014 Ambiegna	010 Algajola
017 Appietto	012 Altiani
018 Arbellara	013 Alzi
019 Arbori	015 Ampriani
021 Argiusta-Moriccio	016 Antisanti
022 Arro	020 Aregno
024 Aullène	023 Asco
026 Azzana	025 Avapessa
027 Azzilone-Ampassa	029 Barbaggio
028 Balogna	030 Barrettali
031 Bastelica	033 Bastia
032 Bastelicaccia	034 Belgodère
035 Belvedère-Campomoro	036 Bigorno
038 Bilia	037 Biguglia
040 Bocognano	039 Bisinchi
041 Bonifacio	042 Borgo
048 Calcatoggio	043 Brando
056 Campo	046 Cagnano
060 Cannelle	047 Calacuccia
061 Carbini	049 Calenzana
062 Carbuccia	050 Calvi
064 Cardo-Torgia	051 Cambia
065 Cargese	052 Campana
066 Cargiaca	053 Campi
070 Casaglione	054 Campile
071 Casalabriva	055 Campitello
085 Cauro	057 Canale-di-Verde
090 Coggia	058 Canari
091 Cognocoli-Montichi	059 Canavaggia
092 Conca	063 Carcheto-Brustico

094 Corrano	067 Carpineto
098 Coti-Chiavari	068 Carticasi
099 Cozzano	069 Casabianca
100 Cristinacce	072 Casalta
103 Cuttoli-Cortichiato	073 Casamaccioli
104 Eccica-Suarella	074 Casanova
108 Evisa	075 Casevecchie
114 Figari	077 Castellare-di-Casinca
115 Foce	078 Castellare-di-Mercurio
117 Forciolo	079 Castello-di-Rostino
118 Fozzano	080 Castifao
119 Frasseto	081 Castiglione
127 Giuncheto	082 Castineta
128 Granace	083 Castirla
129 Grossa	084 Cateri
130 Grosseto-Prugna	086 Centuri
131 Guagno	087 Cervione
132 Guarguale	088 Chiatra
133 Guitera-les-Bains	089 Ciamanacce
139 Lecci	093 Corbara
141 Letia	095 Corscia
142 Levie	096 Corte
144 Lopigna	097 Costa
146 Loreto-di-Tallano	101 Croce
154 Marignana	102 Crocicchia
160 Moca-Croce	106 Erone
163 Monaccia d'Aullène	107 Ersa
174 Murzo	109 Farinole
181 Ocana	110 Favalleto
186 Olivese	111 Felce
189 Olmeto	112 Feliceto
191 Olmiccia	113 Ficaja
197 Osani	116 Focicchia
198 Ota	120 Furiani
200 Palneca	121 Galeria
203 Partinello	122 Gavignano
204 Pastricciola	123 Ghisonaccia
209 Peri	124 Ghisoni
211 Petreto-Bicchisano	125 Giocatoggio
212 Piana	126 Giuncaggio

215 Pianotolli-Caldarello	134 L'Ile Rousse
228 Pietrosella	135 Isolaccio-di-Fiumorbo
232 Pila-Canale	136 Lama
247 Porto-Vecchio	137 Lano
249 Propriano	138 Lavatoggio
253 Quasquara	140 Lento
254 Quenza	143 Linguizzetta
258 Renno	145 Loreto-di-Casinca
259 Rezza	147 Lozzi
262 Rosazia	148 Lucciana
266 Salice	149 Lugo-di-Nazza
268 Sampolo	150 Lumio
269 Sari-Solenzara	152 Luri
270 Sari d'Orcino	153 Manso
271 Sarrola-Carcopino	155 Matra
272 Sartene	156 Mausoleo
276 Serra-di-Ferro	157 Mazzola
278 Serra-di-Scopamène	159 Meria
279 Serriera	161 Moïta
282 Soccia	162 Moltifao
284 Sollacaro	164 Monaccia d'Orezza
285 Sorbollano	165 Moncale
288 Sotta	166 Monte
295 Sant'Andrea d'Orcino	167 Montegrosso
300 San Gavino-di-Carbini	168 Monticello
308 Ste Lucie-di-Tallano	169 Morosaglia
310 Ste Marie Figaniella	170 Morsiglia
312 Ste Marie Sicche	171 Muracciole
322 Tasso	172 Murato
323 Tavaco	173 Muro
324 Tavera	175 Nessa
326 Tolla	176 Nocario
330 Ucciani	177 Noceta
331 Urbalacone	178 Nonza
336 Valle-di-Mezzana	179 Novale
345 Vero	180 Novella
348 Vico	182 Occhiatana
349 Viggianello	183 Ogliastro
351 Villanova	184 Olcani
357 Zerubia	185 Oletta

358 Zevaco	187 Olmeta-di-Capocorso
359 Zicavo	188 Olmeta-di-Tuda
360 Zigliara	190 Olmi-Capella
362 Zonza	192 Olmo
363 Zoza	193 Omessa
	194 Ortale
	195 Ortiporio
	196 Orto
	199 Palasca
	201 Pancheraccia
	202 Parata
	205 Patrimonio
	206 Penta-Acquatella
	207 Penta-di-Casinca
	208 Perelli
	210 Pero-Casevecchie
	213 Pianello
	214 Piano
	216 Piazzali
	217 Piazzole
	218 Piedicorte-di-Gaggio
	219 Piedicroce
	220 Piedigriggio
	221Piedipartino
	222 Pie d'Orezza
	223 Pietralba
	224 Pietracorbara
	225 Pietra-di-Verde
	226 Pietraserena
	227 Pietricaggio
	229 Pietroso
	230 Pieve
	231 Pigna
	233 Pino
	234 Piobetta
	235 Pioggiola
	236 Poggio-di-Nazza
	238 Poggio-di-Venaco
	239 Poggio d'Oletta
	240 Poggiolo

	241 Poggio-Marinaccio
	242 Poggio-Mezzana
	243 Polveroso
	244 Popolasca
	245 Porri
	246 La Porta
	248 Prato-di-Giovellina
	250 Prunelli-di-Casacconi
	251 Prunelli-di-Fiumorbo
	252 Pruno
	255 Quercitello
	256 Rapaggio
	257 Rapale
	260 Riventosa
	261 Rogliano
	263 Rospigliani
	264 Rusio
	265 Rutali
	267 Saliceto
	273 Scata
	274 Scolca
	275 Sermano
	277 Serra-di-Fiumorbo
	280 Silvareccio
	281 Sisco
	283 Solaro
	286 Sorbo-Ocagnano
	287 Sorio
	289 Soveria
	290 Speloncato
	291 Stazzona
	292 Sant'Andrea-di-Bozio
	293 Sant'Andrea-di-Cotone
	296 Sant'Antonino
	297 San Damiano
	298 Saint-Florent
	299 San Gavino d'Ampugnani
	301 San Gavino-di-Tenda
	302 San Giovanni-di-Moriani
	303 San Giuliano

	304 San Lorenzo
	305 San Martino-di-Lota
	306 Ste Lucie-di-Mercurio
	307 Ste Lucie-di-Moriani
	309 Sta Maria-di-Lota
	311 Sta Maria Poggio
	313 San Nicolao
	314 Sto Pietro-di-Tenda
	315 Sto Pietro-di-Venaco
	316 Sta Reparata-di-Balagna
	317 Sta Reparata-di-Moriani
	318 Taglio-Isolaccio
	319 Talasani
	320 Tallone
	321 Tarrano
	327 Tomino
	328 Tox
	329 Tralonca
	332 Urtaca
	333 Vallecalle
	334 Valle d'Alesani
	335 Valle-di- Campoloro
	337 Valle-di-Rostino
	338 Valle d'Orezza
	339 Vallica
	340 Velone-Orneto
	341 Venaco
	342 Ventiseri
	343 Venzolasca
	344 Verdèse
	346 Vescovato
	347 Vezzani
	350 Vignale
	352 Ville-di-Paraso
	353 Ville-di-Pietrabugno
	354 Vivario
	355 Volpajola
	356 Zalana
	361 Zilia
	364 Zuani

	365 San Gavino-di-Fiumorbo
	366 Chisà

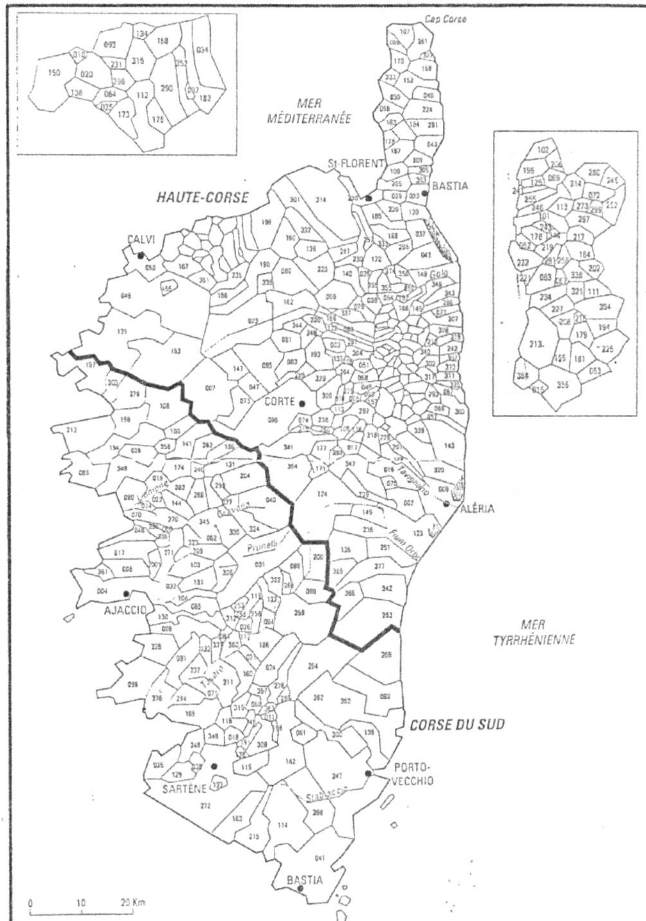

Cap Corse
MER
MÉDITERRANÉE
St-FLORENT
BASTIA
HAUTE-CORSE
CALVI
CORTE
Golo
Tavignano
ALÉRIA
Fium Orbo
Prunelli
AJACCIO
MER
TYRRHÉNIENNE
CORSE DU SUD
PORTO-
VECCHIO
SARTÈNE
BASTIA
0
10
20 Km

II. Tableau des communes où l'existence de la propriété « arboraire » à la fin du XXème siècle est attestée selon les réponses des mairies.

CORSE DU SUD	HAUTE-CORSE
001 Afa	002 Aghione
006 Alata	009 Aleria
035 Belvédère-Campomoro	010 Algajola
038 Bilia	013 Alzi
060 Cannelle	016 Antisanti
061 Carbini	020 Aregno
071 Casalabriva	023 Asco
108 Evisa	025 Avapessa
114 Figari	029 Barbaggio
115 Foce	033 Bastia
118 Fozzano	037 Biguglia
128 Granace	043 Brando
129 Grossa	046 Cagnano
139 Lecci	049 Calenzana
160 Moca-Croce	050 Calvi
189 Olmeto	052 Campana
228 Pietrosella	067 Carpineto
258 Renno	069 Casabianca
271 Sarrola-Carcopino	077 Castellare-di-Casinca
272 Sartène	087 Cervioni
288 Sotta	088 Chiatra-di-Verde
	101 Croce
	113 Ficaja
	120 Furiani
	124 Ghisoni
	134 L'Ile Rousse
	148 Lucciana
	150 Lumio
	152 Luri
	155 Matra
	161 Moïta
	164 Monaccia d'Orezza
	170 Morsiglia
	176 Nocario
	183 Ogliastro
	188 Olmeta-di-Tuda

	202 Parata
	207 Penta-di-Casinca
	214 Piano
	217 Piazzole
	220 Piedigriggio
	222 Pie d'Orezza
	226 Pietraserena
	227 Pietricaggio
	250 Prunelli-di-Casacconi
	252 Pruno
	256 Rapaggio
	260 Riventosa
	261 Rogliano
	274 Scolca
	283 Solaro
	298 Saint-Florent
	304 San Lorenzo
	316 Sta Reparata-di-Balagna
	317 Sta Reparata-di-Moriani
	318 Taglio-Isolaccio
	329 Tralonca
	335 Valle-di-Campoloro
	353 Ville-di-Pietrabugno
	364 Zuani
	366 Chisà

III. Tableau des communes où la propriété « arboraire » serait inexistante à la fin du XXème siècle selon les réponses des mairies.

CORSE DU SUD	HAUTE-CORSE
008 Albitreccia	003 Aïti
011 Altagène	005 Alando
017 Appietto	009 Aleria
021 Argiusta-Moriccio	015 Ampriani
024 Aullène	030 Barrettali
026 Azzana	055 Campitello
028 Balogna	054 Campile
031 Bastelica	058 Canari
040 Bocognano	073 Casamaccioli
056 Campo	078 Castellare-di-Mercurio
062 Carbuccia	079 Castello-di-Rostino
085 Cauro	080 Castifao
091 Cognocoli-Montichi	095 Corscia
100 Cristinacce	096 Corte
103 Cuttoli-Cortichiato	105 Erbajolo
104 Eccica-Suarella	107 Ersa
119 Frasseto	111 Felce
131 Guagno	112 Feliceto
141 Letia	121 Galeria
146 Loreto-di-Tallano	122 Gavignano
154 Marignana	123 Ghisonaccia
Mela-di-Tallano	126 Giuncaggio
197 Osani	137 Lano
198 Ota	138 Lavatoggio
211 Petreto-Bicchisano	157 Mazzola
212 Piana	162 Moltifao
232 Pila-Canale	166 Monte
247 Porto-Vecchio	168 Monticello
253 Quasquara	172 Murato
254 Quenza	177 Noceta
266 Salice	178 Nonza
268 Sampolo	180 Novella
270 Sari d'Orcino	185 Oletta
278 Serra-di-Scopamène	187 Olmeta-di-Capocorso
279 Serriera	193 Omessa
284 Sollacaro	194 Ortale

295 Sant'Andrea d'Orcino	199 Palasca
312 Ste Marie Sicche	213 Pianello
323 Tavaco	218 Piedicorte-di-Gaggio
326 Tolla	229 Pietroso
336 Valle-di-Mezzana	235 Pioggiola
345 Vero	238 Poggio-di-Venaco
348 Vico	242 Poggio-Mezzana
349 Viggianello	243 Polveroso
359 Zicavo	245 Porri
	248 Prato-di-Giovellina
	251 Prunelli-di-Fiumorbo
	257 Rapale
	275 Sermano
	277 Serra-di-Fiumorbo
	287 Sorio
	292 Sant'Andrea-di-Bozio
	327 Tomino
	328 Tox
	332 Urtaca
	337 Valle-di-Rostino
	343 Venzolasca
	347 Vezzani
	350 Vignale
	354 Vivario

IV. Tableau des communes où l'existence de la propriété « arboraire » est constatée sur les terrains communaux, sur les terrains privés, sur les terrains communaux et privés, établi en utilisant l'ensemble de la documentation relative à l'époque moderne et contemporaine.

Cas de propriété « arboraire »

sur terrains communaux

CORSE DU SUD	HAUTE-CORSE
011 Altagène	080 Castifao
100 Cristinacce	095 Corscia
103 Cuttoli-Cortichiato	096 Corte
154 Marignana	107 Ersa
198 Ota	123 Ghisonaccia
204 Pastricciola	162 Moltifao
211 Petreto-Bicchisano	172 Murato
212 Piana	194 Ortale
253 Quasquara	277 Serra-di-Fiumorbo
258 Renno	328 Tox
270 Sari d'Orcino	354 Vivario
279 Serriera	
348 Vico	

sur terrains privés

008 Albitreccia	015 Ampriani
017 Appietto	030 Barrettali
021 Argiusta-Moriccio	058 Canari
024 Aullène	079 Castello-di-Rostino
041 Bonifacio	105 Erbajolo
056 Campo	111 Felce
062 Carbuccia	122 Gavignano
066 Cargiaca	126 Giuncaggio
085 Cauro	138 Lavatoggio
146 Loreto-di-Tallano	157 Mazzola
197 Osani	166 Monte
232 Pila-Canale	168 Monticello
247 Porto-Vecchio	178 Nonza
268 Sampolo	187 Olmeta-di-Capocorso
278 Serra-di-Scopamène	199 Palasca
284 Sollacaro	213 Pianello
326 Tolla	218 Piedicorte-di-Gaggio
336 Valle-di-Mezzana	243 Polveroso
345 Vero	245 Porri

349 Viggianello	248 Prato-di-Giovellina
	251 Prunelli-di-Fiumorbo
	257 Rapale
	275 Sermano
	287 Sorio
	327 Tomino
	332 Urtaca
	337 Valle-di-Rostino
	343 Venzolasca
	350 Vignale

sur terrains privés et communaux

026 Azzana	005 Alando
028 Balogna	054 Campile
040 Bocognano	073 Casamaccioli
104 Eccica-Suarella	078 Castellare-di-Mercurio
117 Forciolo	112 Feliceto
118 Fozzano	121 Galeria
119 Frasseto	177 Noceta
141 Letia	185 Oletta
197 Osani	193 Omessa
254 Quenza	235 Pioggiola
266 Salice	229 Pietroso
295 Sant'Andrea d'Orcino	238 Poggio-di-Venaco
312 Ste Marie Sicche	292 Sant'Andrea-di-Bozio
	347 Vezzani
	361 Zilia

sur terrains appartenant à d'autres collectivités publiques

Mela-di-Tallano	

sur terrains appartenant à des conseils de fabrique

	157 Mazzola

V. Tableau des différentes essences d'arbres, objets de la propriété « arboraire » établi en utilisant l'ensemble de la documentation relative à l'époque moderne et contemporaine.

Essences concernées (tous documents confondus)

Oliviers, châtaigniers

CORSE DU SUD	HAUTE-CORSE
021 Argiusta-Moriccio	005 Alando
028 Balogna	030 Barrettali
031 Bastelica	049 Calenzana
040 Bocognano	O54 Campile
056 Campo	058 Canari
062 Carbuccia	O79 Castello-di-Rostino
066 Cargiaca	109 Farinole
085 Cauro	112 Feliceto
104 Eccica-Suarella	121 Galeria
130 Grosseto	122 Gavignano
174 Murzo	126 Giuncaggio
212 Piana	162 Moltifao
247 Porto-Vecchio	166 Monte
254 Quenza	177 Noceta
270 Sari d'Orcino	187 Olmeta-di-Capocorso
271 Sarrola-Carcopino	193 Omessa
279 Serriera	218 Piedicorte-di-Gaggio
295 Sant'Andre d'Orcino	229 Pietroso
312 Ste Marie Sicche	242 Poggio-Mezzana
345 Vero	243 Polveroso
	246 La Porta
	248 Prato-di-Giovellina
	251 Prunelli-di-Fiumorbo
	287 Sorio
	304 San Lorenzo
	319 Talasani
	328 Tox
	341 Venaco
	343 Venzolasca
	347 Vezzani
	350 Vignale

Oliviers

017 Appietto	015 Ampriani
146 Loreto-di-Tallano	034 Belgodère
197 Osani	105 Erbajolo
232 Pila-Canale	112 Feliceto
284 Sollacaro	126 Giuncaggio
349 Viggianello	138 Lavatoggio
	168 Monticello
	180 Novella
	185 Oletta
	199 Palasca
	245 Porri
	257 Rapale
	290 Speloncato
	332 Urtaca
	352 Ville-di-Paraso
	361 Zilia

Châtaigniers

008 Albitreccia	059 Canavaggia
011 Altagene	073 Casamaccioli
019 Arbori	078 Castellare-di-Mercurio
024 Aullene	080 Castifao
026 Azzana	082 Castineta
028 Balogna	095 Corscia
040 Bocognano	096 Corte
100 Cristinacce	111 Felce
103 Cuttoli-Cortichiato	123 Ghisonaccia
119 Frasseto	137 Lano
129 Grossa	157 Mazzola
131 Guagno	172 Murato
141 Letia	178 Nonza
154 Marignana	185 Oletta
Mela-di-Tallano	194 Ortale
198 Ota	Pastoreccia
204 Pastricciola	213 Pianello
211 Petreto-Bicchisano	235 Pioggiola
253 Quasquara	238 Poggio-di-Venaco

258 Renno	275 Sermano
268 Sampolo	290 Speloncato
272 Sartène	292 Sant'Andrea-di-Bozio
278 Serra-di-Scopamène	327 Tomino
322 Tasso	350 Vignale
324 Tavera	352 Ville-di-Paraso
326 Tolla	354 Vivario
330 Ucciani	
336 Valle-di-Mezzana	
348 Vico	

Essences diverses

028 Balogna	005 Alando
040 Bocognano	034 Belgodère
056 Campo	058 Canari
085 Cauro	059 Canavaggia
100 Cristinacce	068 Carticasi
104 Eccica-Suarella	073 Casamaccioli
119 Frasseto	079 Castello-di-Rostino
130 Grosseto	080 Castifao
141 Letia	107 Ersa
142 Levie	109 Farinole
197 Osani	112 Feliceto
212 Piana	137 Lano
247 Porto-Vecchio	157 Mazzola
253 Quasquara	162 Moltifao
254 Quenza	166 Monte
266 Salice	187 Olmeta-di-Capocorso
270 Sari d'Orcino	193 Omessa
271 Sarrola-Carcopino	213 Pianello
295 Sant'Andrea d'Orcino	218 Piedicorte-di-Gaggio
326 Tolla	229 Pietroso
	235 Pioggiola
	238 Poggio-di-Venaco
	242 Poggio-Mezzana
	243 Polveroso
	275 Sermano
	277 Serra-di-Fiumorbo
	290 Speloncato

	292 Sant'Andrea-di-Bozio
	337 Valle-di-Rostino
	343 Venzolasca
	347 Vezzani
	352 Ville-di-Paraso

VI. Etat des propriétaires possédant des châtaigniers sur les terres de Pastricciola (1826).

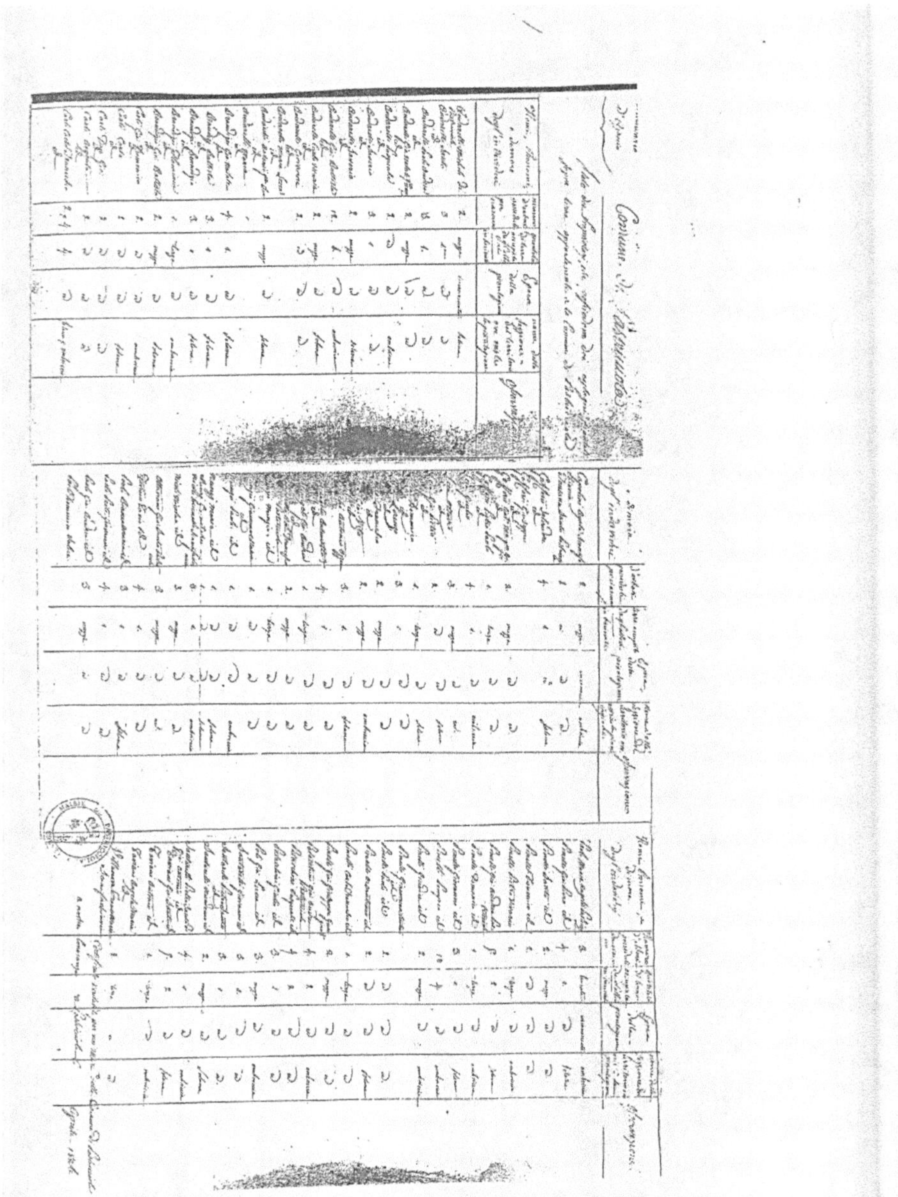

Etat des biens communaux de Ville-di-Paraso (1858).

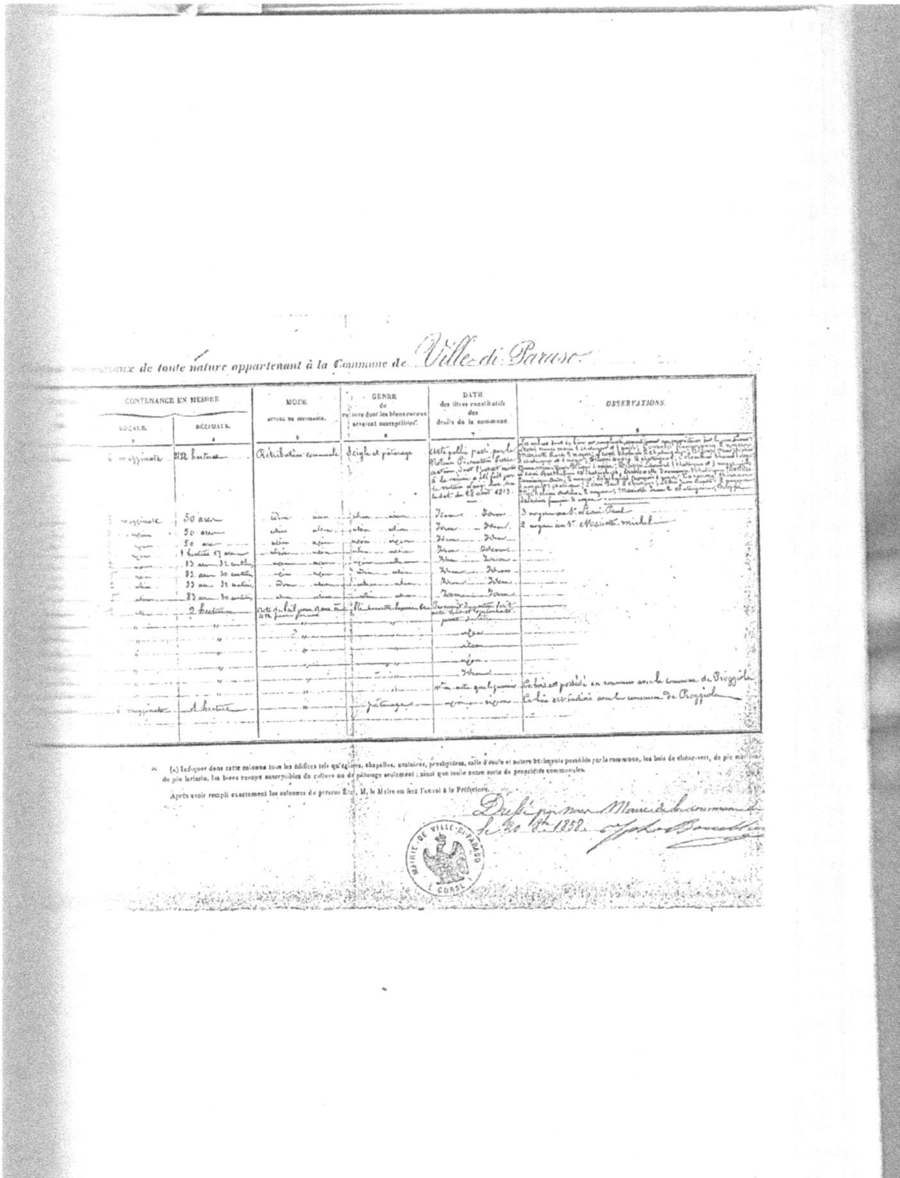

[illegible]aux de toute nature appartenant à la Commune de Ville-di-Paraso.

CONTENANCE EN MESURE LOCALE (2)	CONTENANCE EN MESURE DÉCIMALE (4)	MODE ACTUEL DE JOUISSANCE (5)	GENRE de culture dont les biens ruraux seraient susceptibles (6)	DATE des titres constitutifs des droits de la commune (7)	OBSERVATIONS (8)
mezzinate	412 hectares	Rétribution communale	Seigle et pâturage	Acte public passé par le Notaire [illegible] [illegible]	[illegible]
mezzinate	50 ares	idem idem	idem idem	Idem Idem	3 noyers [illegible]
idem	50 ares	idem idem	idem idem	Idem Idem	2 noyers [illegible] Marcotti Michel
idem	50 ares	idem idem	idem idem	Idem Idem	
idem	1 hectare 17 ares	idem idem	idem idem	Idem Idem	
idem	13 ares 32 centiares	idem idem	idem idem	Idem Idem	
idem	83 ares 30 centiares	idem idem	idem idem	Idem Idem	
idem	33 ares 32 centiares	idem idem	idem idem	Idem Idem	
idem	83 ares 30 centiares	idem idem	idem idem	Idem Idem	
idem	2 hectares	[illegible]	[illegible]	[illegible]	
"	"	"		idem	
"	"	"		idem	
"	"	"		idem	
"	"	"		idem	
"	"	"		[illegible]	Le bois est possédé en commun avec la commune de Pioggiola
"	"	"		[illegible]	Ce bois est indivis avec la commune de Pioggiola
mezzinate	1 hectare	"	pâturage	idem idem	

(a) Indiquer dans cette colonne tous les édifices tels qu'églises, chapelles, oratoires, presbytères, salle d'école et autres bâtiments possédés par la commune, les bois de chêne-vert, de pin maritime, de pin laricio, les biens ruraux susceptibles de culture ou de pâturage seulement ; ainsi que toute autre sorte de propriétés communales.

Après avoir rempli exactement les colonnes du présent État, M. le Maire en fera l'envoi à la Préfecture.

Dressé par nous Maire de la commune le 20 8bre 1858 [illegible]

MAIRIE DE VILLE-DI-PARASO (CORSE)

Acte sous seing privé par lequel la veuve Viola Coppolani achète un olivier (Zilia, 1896).

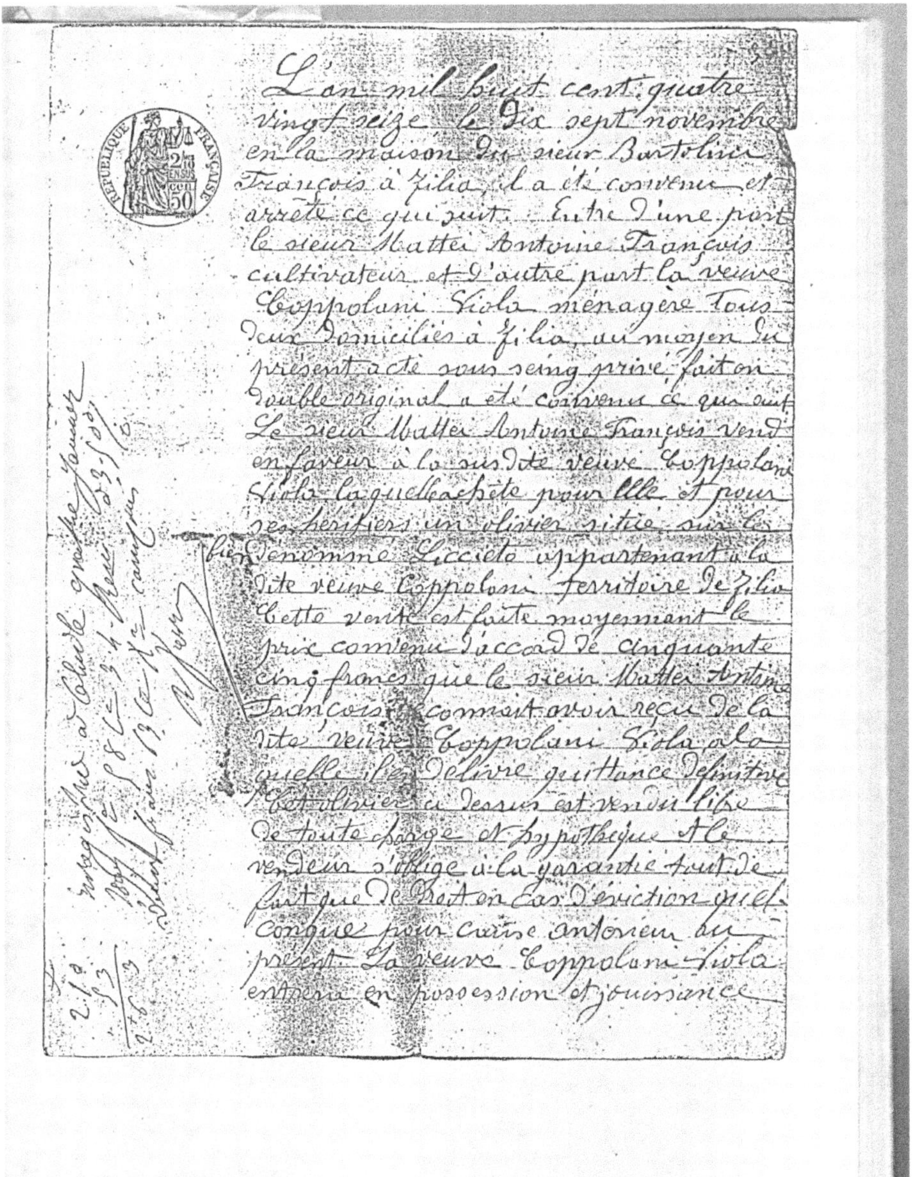

L'an mil huit cent quatre
vingt seize le Dix sept novembre
en la maison du sieur Bartolini
François à Zilia, il a été convenu et
arrêté ce qui suit. Entre d'une part
le sieur Mattei Antoine François
cultivateur et d'autre part la veuve
Coppolani Viola ménagère tous
deux domiciliés à Zilia, au moyen du
présent acte sous seing privé fait en
double original a été convenu ce qui suit
Le sieur Mattei Antoine François vend
en faveur à la susdite veuve Coppolani
Viola laquelle achète pour elle et pour
ses héritiers un olivier situé sur le
bien dénommé Liccieto appartenant à la
dite veuve Coppolani territoire de Zilia
Cette vente est faite moyennant le
prix convenu d'accord de cinquante
cinq francs que le sieur Mattei Antoine
François reconnait avoir reçu de la
dite veuve Coppolani Viola à la
quelle il en délivre quittance définitive
Cet olivier ci dessus est vendu libre
de toute charge et hypothèque. Le
vendeur s'oblige à la garantie tant de
fait que de droit en cas d'éviction quel-
conque pour cause antérieure au
présent. La veuve Coppolani Viola
entrera en possession et jouissance

Jugement du 25 janvier 1994 du Tribunal de Grande Instance de Bastia.

COPIE

COUR D'APPEL DE BASTIA

TRIBUNAL DE GRANDE INSTANCE DE BASTIA
PREMIERE CHAMBRE CIVILE

JMC
ROLE : 9200143
JUGEMENT : 28
AU FOND

JUGEMENT DU 25 JANVIER 1994

COMPOSITION DU TRIBUNAL :

PRESIDENT : Monsieur Pierre D'HERVE

JUGES : Madame Jeanne-Marie CHIAVERINI
Monsieur Michel HUBER

GREFFIER : Madame Anne-Marie POLI

DEBATS : à l'audience publique du 7 décembre 1993

JUGEMENT : prononcé publiquement, par décision contradictoire et en premier ressort par Monsieur d'HERVE, Président.

GROSSE DELIVREE
A MAITRE SCP DONATI
LE 25-01-1994

COPIES DELIVREES
AUX AVOCATS
LE 25.01.1994

NOMS DES PARTIES :

DEMANDEURS :

Madame **MORACCHINI Paulette épouse BEAUMONT**, née le 19 janvier 1919 à VENTISERI (Haute-Corse), de nationalité française, retraitée, demeurant 2 rue Alfred de Vigny à 06000 NICE,
Madame **MORACCHINI Eugénie Lucie épouse CORTILLIER**, née le 1er mai 1921 à VENTISERI (Haute-Corse), de nationalité française, retraitée, demeurant immeuble l'Oustau, rue du R.I.C.M. à 13100 AIX EN PROVENCE,
Monsieur **MORACCHINI Eugène Frédéric**, né le 6 septembre 1923 à VENTISERI (Haute-Corse), de nationalité française, retraitée, demeurant immeuble l'Oustau, rue du R.I.C.M. à 13100 AIX EN PROVENCE,
Madame **MORACCHINI Toussainte Suzette épouse PAOLI**, née le 23 septembre 1928 à VENTISERI (Haute-Corse), demeurant à 20240 ABBAZIA,
Madame **MORACCHINI Eugénie Simone**, née le 17 août 1931 à à CHISA (Haute-Corse) de nationalité française, sans profession, demeurant à 20240 CHISA,

Monsieur **MORACCHINI André Paul**, né le 28 novembre 1935 à CHISA (Haute-Corse), de nationalité française, directeur d'école, demeurant Fontaine des Calanques, route des sanguinaires à 20000 AJACCIO,
Monsieur MORACCHINI Pierre, né le 24 décembre 1937 à CHISA (Haute-Corse), de nationalité française, demeurant 1, boulevard Perrier à 13009 MARSEILLE,
représentés par **Maître Charles SANTONI**, avocat au Barreau de BASTIA,

DEFENDEUR :

Monsieur GALINIER Michel, demeurant Les Hauts de Toga, route du Fort de Tog, ville di Peitrabugno à 20200 BASTIA,
représenté par la **SCP SANTINI-DONATI-FERRANDINI-TOMASI**, avocats au Barreau de BASTIA,

FAITS, PROCEDURE ET PRETENTIONS DES PARTIES :

Antoine Félix MORACCHINI est décédé, laissant pour lui succéder six enfants dont trois à la descendance connue : Simon Jean, Dominique Félix et Paul Joseph.

Simon Jean est décédé, laissant pour lui succéder son fils Emile ; celui-ci est décédé, laissant notamment pour lui succéder sa fille Mariette, décédée sans descendant et son fils Simon Jean lequel est décédé, laissant pour lui succéder son fils Daniel et sa fille Angèle.

La descendance de Dominique Félix s'est éteinte.

Paul Joseph MORACCHINI est décédé à VINTISERI (Haute-Corse), le 6 décembre 1902, laissant pour lui succéder ses trois fils Antoine Félix, Sébastien et Fabien.

Antoine Félix est décédé, laissant notamment pour lui succéder sa fille Marie Toussainte dite Santa épouse CAPPIA, laquelle est décédée, laissant pour lui succéder ses cinq enfants Joseph, Dominique, Alphonse, Raymond et Blanche CAPPIA. Raymond est décédé, laissant pour lui succéder ses deux filles Marie-Françoise et Valérie.

Sébastien est décédé, laissant pour lui succéder sa fille Marie épouse MORACCHINI et son fils Pierre Paul. Marie MORACCHINI épouse MORACCHINI est décédée, laissant pour lui succéder ses cinq enfants Madeleine, Georges, Charlotte, Paul et Modeste. Pierre-Paul MORACCHINI est décédé, laissant pour lui succéder ses sept enfants Paulette MORACCHINI épouse BEAUMONT, Eugènie Lucie MORACCHINI épouse CORTILLIER, Eugène MORACCHINI, Toussainte MORACCHINI épouse PAOLI, Eugènie Simone MORACCHINI, André MORACCHINI et Pierre MORACCHINI.

Fabien est décédé, laissant pour lui succéder des héritiers qui ne figurent pas dans la présente instance.

Par acte authentique passé le 3 juin 1988, devant Paulin SANTONI, notaire associé à PRUNELLI DI FIUMORBO, les consorts CAPPIA, héritiers de feue Marie Toussainte MORACCHINI épouse CAPPIA et les consorts MORACCHINI, héritiers de feu Simon Jean, fils de feu Emile MORACCHINI ont vendu à Michel GALINIER trois parcelles de terre, sises sur le territoire de la commune de CHISA (Haute-Corse), lieudit "Chisa" et cadastrées section E numéros 383, 384 et 385.

Par acte d'huissier du 18 décembre 1991 Paulette MORACCHINI épouse BEAUMONT, Eugènie Lucie MORACCHINI épouse CORTILLIER, Eugène MORACCHINI, Toussainte MORACCHINI épouse PAOLI, Eugènie Simone MORACCHINI, André MORACCHINI et Pierre MORACCHINI ont assigné Michel GALINIER en revendication de droits indivis eet annulation de la vente passée le 3 juin 1988, en demandant que celui-ci soit condamné à démolir la clôture qu'il a posée sur ces parcelles et à les délaisser.

Ils exposent qu'ils sont propriétaires indivis des parcelles vendues et que l'attestation de propriété dressée par le notaire, dans laquelle il est noté que les consorts CAPPIA sont propriétaires de ces parcelles pour les avoir reçues dans la succession de leur arrière grand-père feu Paul Joseph qui a laissé pour héritier son fils unique Antoine Félix est erronée, qu'en effet l'hoirie de feu Paul Joseph était composée, outre d'Antoine Félix, de Fabien et de leur grand-père Sébastien.

Ils soutiennent que ladite vente n'a pu conférer à l'acquéreur, Michel GALINIER, que des droits indivis et sollicitent l'annulation du contrat.

Ils font valoir qu'il résulte de l'acte authentique du 3 juin 1988 dont les mentions ne peuvent être contestées que par inscription de faux, que les parcelles vendues font partie de la succession de feu Paul Joseph MORACCHINI, leur ancêtre commun, laquelle n'a pas été partagée, que les procédures antérieures qui les ont opposés à Mariette MORACCHINI, descendante de feu Simon Jean, frère de l'ancêtre commun ne démontrent pas l'existence d'un partage verbal et qu'ils se sont eux-mêmes toujours comportés en propriétaires indivis, complantant notamment les parcelles litigieuses.

Ils réclament la somme de 6000 F en application de l'article 700 du nouveau code de procédure civile.

Michel GALINIER reconnaît l'inexactitude de la mention figurant dans l'attestation immobilière et aux termes de laquelle feu Paul Joseph MORACCHINI aurait laissé pour héritier son fils unique Antoine Félix, auteur des consorts CAPPIA.

Il expose que la succession de feu Antoine Félix MORACCHI, auteur commun, a été partagée verbalement entre ses héritiers depuis plus de cent ans, que les héritiers de feu Sébastien n'ayant aucun droit sur les parcelles en cause, la mention litigieuse a été portée pour faciliter la rédaction de l'acte de notoriété.

Il soutient que les parcelles E 383 et E 384 ont toujours été en possession des héritiers de feu Emile, fils de feu Simon Jean, que, par suite d'échanges et de morcellements l'actuelle parcelle E 385, attribuée pour partie à l'origine aux héritiers de feu Antoine Félix, fils de feu Paul Joseph et pour le reste aux héritiers de feu Sébastien, est actuellement indivise entre les premiers et les héritiers de feu Emile.

Il fait valoir que l'existence du partage verbal de la succession de l'auteur commun feu Antoine Félix MORACCHINI est corroborée d'une part par les aveux faits dans la procédure qui a antérieurement opposé les actuels demandeurs à Mariette MORACCHINI, fille de feu Emile au sujet de l'échange d'une partie de la parcelle E 385, attribuée aux premiers contre une partie de la parcelle E 381, d'autre part par les attestations versées aux débats et enfin par l'attitude d'André MORACCHINI, demandeur qui s'était plaint au procureur de la République, en son nom personnel et au nom de ses cohéritiers, en qualité de copropriétaires des seuls arbres plantés sur les parcelles litigieuses.

Il conclut au déboutement des demandeurs et réclame la somme de 20000 F en application de l'article 700 du nouveau code de procédure civile.

L'instruction de l'affaire a été close par ordonnance du 16 septembre 1993.

MOTIFS DE LA DECISION :

Attendu que l'acte authentique fait foi jusqu'à inscription de faux des faits que l'officier public y a énoncés comme les ayant accomplis lui-même ou comme s'étant passés en sa présence, dans l'exercice de ses fonctions ; mais que la preuve contraire est admise contre des énonciations des parties ou des tiers sans qu'il soit nécessaire de recourir à la procédure d'inscription de faux ;

Attendu que Michel GALINIER a acquis les parcelles E 383, 384 et 385 par acte authentique du 3 juin 1988, lequel renvoie quant à l'origine de propriété à deux attestations immobilières établies le même jour par le notaire, sur la déclaration de deux témoins ; que ne s'agissant pas de faits personnellement constatés par l'officier public, la preuve contraire peut être rapportée ; que le moyen tiré de l'article 1319 du code civil doit donc être écarté ;

Attendu que les parcelles litigieuses appartenaient à l'origine, soit au début du XIX° siècle, à l'auteur commun des parties feu Antoine Félix MORACCHINI dont deux branches d'héritiers sont en cause dans la procédure, celle de son fils Simon Jean et celle de son fils Paul Joseph ; qu'il est établi que, contrairement à ce qui est mentionné dans l'acte de notoriété, feu Paul Joseph a laissé pour lui succéder son fils Antoine Félix, auteur du défendeur, son fils Sébastien, auteur des demandeurs et son fils Fabien dont les hoirs ne sont pas en cause ; que l'attestation immobilière est donc entaché d'une erreur ; mais que l'incidence de celle-ci est discutée ;

Attendu que les demandeurs soutiennent que la succession de feu Paul Joseph n'a pas été liquidée et que les parcelles vendues à Michel GALINIER font partie de l'indivision ; qu'aucun acte de partage n'est produit par le défendeur ; mais que le partage amiable qui ne requiert aucune condition de forme peut être purement verbal ; que la preuve obéit alors au droit commun de la preuve des actes juridiques, laquelle n'est recevable par tous moyens que dans les cas où existe un commencement de preuve par écrit, sauf impossibilité morale de passer un écrit ; que s'agissant en l'espèce d'un partage de succession entre frères, les fils de feu Antoine Félix auteur commun, puis les fils de feu Paul Joseph, auteurs des parties, intervenu en Corse, à une époque où le partage verbal était traditionnel, la rédaction d'un écrit ne pouvait être exigée ; que tout mode de preuve doit donc être admis ;

Attendu que diverses instances ont opposé de 1964 à 1976 Mariette MORACCHINI, descendante de feu Emile et de feu Simon Jean à André et Eugène Frédéric MORACCHINI, demandeurs actuels ; que le 17 novembre 1964, Angèle GUIDICELLI veuve Pierre Paul MORACCHINI, leur mère avait déclaré dans un constat d'huissier que les héritiers de feu Emile étaient propriétaires de la parcelle E 383 ; que, dans leurs conclusions signifiées dans ces procédures, eux-mêmes ont notamment reconnu que "la parcelle litigieuse (E 383), appartenait à l'origine au père de la demanderesse", feu Emile et qu'à la suite d'un échange, contre une bande de terrain à l'est de la parcelle E 385, ils étaient devenus propriétaires d'une partie de cette parcelle ; que ces déclarations faites à un huissier de justice et au cours d'une instance précédente n'ont pas le caractère d'aveux judiciaires mais qu'elles constituent des présomptions ;

Attendu, en outre, qu'il ressort de l'ensemble des attestations produites et notamment de celles qui émanent des héritiers de feue Marie fille, fille de feu Sébastien, que les parcelles E 383 et E 384 "ont toujours été en possession des héritiers de feu Emile MORACCHINI" et que la partie de la parcelle E 385 appartenant aux demandeurs, héritiers de feu Pierre Paul a été échangée contre une partie de la parcelle E 381 appartenant aux héritiers de feu Emile ; qu'en l'absence de partage verbal, les héritiers de feue Marie auraient, comme leurs cousins germains demandeurs à l'instance, des droit indivis à faire valoir sur les parcelles litigieuses ; que la véracité de leurs déclarations ne peut donc être mise en doute ;

Attendu, encore, que le 14 novembre 1990, André MORACCHINI "agissant en son nom personnel et en sa qualité de cohéritier" de feu Pierre Paul a déclaré à l'huissier qu'il avait requis pour établir un constat, que Michel GALINIER était "propriétaire d'un terrain cadastré n° 383, 384, 385" sur lequel se trouvaient des arbres dont il était lui-même copropriétaire ; que le 24 novembre 1990, en les mêmes qualités, dans une plainte au procureur de la République, il a reproché au défendeur d'avoir coupé un châtaignier, sis sur une parcelle que ce dernier avait "récemment acquise", alors qu'il ne pouvait ignorer "qu'en acquérant la parcelle il ne pouvait avoir acquis ledit châtaignier", appartenant aux héritiers de feu Pierre Paul "suivant une coutume locale et traditionnelle en Corse qui, lors des partages, attribuait par système de compensation le sol et les arbres producteurs de fruits implantés sur le sol à des héritiers différents ; qu'André MORACCHINI a ainsi reconnu l'existence d'un partage verbal dans lequel, suivant la coutume, lui-même et ses cohéritiers ont reçu la propriété arboraire tandis que la propriété du sol a été dévolue aux auteurs des vendeurs des parcelles litigieuses ;

Attendu que les demandeurs soutiennent qu'ils ont toujours eu la possession des parcelles vendues ; qu'il ressort des attestations par eux produites qu'ils ont exploité les arbres .complantant ces fonds ; mais qu'en l'état de la dissociation entre le propriété arboraire et la propriété immobilière desdites parcelles, ces actes de possession ne peuvent être regardés comme accomplis en qualité de propriétaires indivis du sol ;

Attendu qu'il résulte de tout ce qui précède que la succession de feu Antoine Félix MORACCHINI et de celle de son fils feu Paul Joseph ont été partagées verbalement entre leurs héritiers respectifs; que les demandeurs ne sont titulaires d'aucun droit indivis sur les parcelles E 383, 384 et 385 ; que l'inexactitude entachant l'attestation immobilière dressée par Paulin SANTONI, notaire et, partant, l'origine de propriété des biens mentionnée dans l'acte authentique du 3 juin 1988 n'a pas d'incidence sur la validité de la vente ; qu'en conséquence la demande en revendication de droits indivis ne peut être accueillie ;

Attendu qu'il serait inéquitable de laisser à la charge de Michel GALINIER les sommes par lui exposées et non comprises dans les dépens ; qu'il convient de lui allouer, compte tenu de la complexité de l'affaire et des recherches qu'il a dû effectuer, la somme de 10000 F en application de l'article 700 du nouveau code de procédure civile ;

PAR CES MOTIFS

LE TRIBUNAL :

Déboute Paulette MORACCHINI épouse BEAUMONT, Eugènie Lucie MORACCHINI épouse CORTILLIER, Eugène MORACCHINI, Toussainte MORACCHINI épouse PAOLI, Eugènie Simone MORACCHINI, André MORACCHINI et Pierre MORACCHINI de leur demande,

Les condamne à payer à Michel GALINIER la somme de DIX MILLE FRANCS (10000 F) au titre des frais irrépétibles,

Les condamne aux dépens.

LE GREFFIER **LE PRESIDENT**

Délibération du conseil municipal de Sisco (2000).

DÉLIBÉRATIONS DU CONSEIL MUNICIPAL

L'an deux mil et le vingt et un septembre à 20 h 30, le conseil municipal de la commune, régulièrement convoqué, c'est réuni au nombre prescrit par la loi dans le lieu habituel de ses séances, sous la présidence de Mr VIVONI Ange Pierre, Maire.

<u>PRESENTS :</u> VIVONI A P - RUTILY E - DAMIANI S - VAIRET J - NUNZI G - TOZZA ALLARI N - DOMINICI E - ALESANDRI M -

<u>ABSENTS :</u> MOTRONI M TH - CICCOLI M - FELCE E -

<u>ABSENTS AYANT DONNE POUVOIR :</u> TOMASINI Serge à RUTILY Emile

Madame VAIRET Julienne a été élue secrétaire de séance

<u>OBJET : MISE A DISPOSITION DE PARCELLES COMMUNALES A MR GIULIANI JEAN MAURICE</u>

Le Maire expose au conseil municipal que Mr GIULIANI éleveur de caprins à Sisco, sollicite des terrains communaux pour le parcours de ses bêtes.
Ouï l'exposé du Maire et après en avoir délibéré, le conseil municipal décide :

* de mettre à disposition de Mr GIULIANI Jean Maurice à titre gratuit les terrains communaux ci dessous, afin de développer l'élevage de moyenne montagne dans cette île, et d'aider de vrais exploitations agricoles.

- section D N° 335	1 ha 96 a 26 ca
- section D N° 365	12 ha 52 a 32 ca
- section D N° 366	12 ha 86 a 96 ca
- section C N° 21	21 ha 68 a 00 ca

Par contre, si un incendie parcourait ces parcelles en hiver comme en été, cette mise a disposition deviendrait caduque.
La chasse est autorisée sur ces terrains communaux et ils ne pourront être en aucun cas clôturés.
Si un litige surviendrait entre Mr GIULIANI Jean Maurice et la commune de Sisco, cette affaire sera réglée devant le Tribunal Administratif.

Cette mise à disposition est valable 7ans à compter du 1er octobre 2000 et renouvelable par tacite reconduction.

Ainsi fait et délibéré les jour, mois et an que dessus et ont signé au registre les membres présents.

Pour Serge Tomasini

Relatives au titre II

Loi « sur la licitation des étangs dans le département de l'Ain relative aux droits d'assec et d'évolage » (21 juillet 1856).

N° 3855. — *Loi sur la licitation des Étangs situés dans le département de l'Ain.*

Du 21 Juillet 1856.

NAPOLÉON, par la grâce de Dieu et la volonté nationale, EMPEREUR DES FRANÇAIS, à tous présents et à venir, SALUT.

AVONS SANCTIONNÉ et SANCTIONNONS, PROMULGUÉ et PROMULGUONS ce qui suit :

LOI.

Extrait du procès-verbal du Corps législatif.

LE CORPS LÉGISLATIF A ADOPTÉ LE PROJET DE LOI dont la teneur suit :

TITRE Ier.

DU DROIT DE RACHAT ET DE LA LICITATION.

ART. 1er. Dans le département de l'Ain, les droits d'abreuvage, brouillage, naizage et champéage, appartenant à d'autres qu'aux propriétaires de l'évolage ou de l'assec des étangs, sont rachetables moyennant des indemnités qui sont réglées de gré à gré, ou, en cas de contestation, par les tribunaux.

2. La licitation des étangs situés dans le département de l'Ain dont l'évolage et l'assec n'appartiennent pas à un seul propriétaire ne peut être poursuivie qu'en se conformant aux dispositions de la présente loi.

3. Lorsqu'en exécution de la loi du 11 septembre 1792, le desséchement d'un étang appartenant à plusieurs propriétaires est ordonné, ces propriétaires doivent, dans les trois mois du jour où l'arrêté a été affiché, déclarer qu'ils se soumettent aux conditions prescrites pour le desséchement en rapportant le consentement de tous les intéressés, ou provoquer la licitation.

Faute par eux d'avoir fait cette déclaration ou commencé la procédure de licitation dans ledit délai, la licitation est provoquée et poursuivie à la requête du préfet.

En cas de retard ou de négligence de la part des colicitants, la subrogation est prononcée en faveur du préfet, sur le cahier des charges, par le juge-commissaire de la licitation.

En cas d'inexécution du desséchement dans les conditions prescrites, la déchéance peut être prononcée par arrêté du préfet. S'il y a contestation, il est statué par le conseil de préfecture,

sauf recours au Conseil d'état. La licitation est suivie, dans ce cas, à la requête du préfet.

4. L'arrêté du préfet ordonnant le desséchement, et fixant le délai dans lequel il doit être opéré, reste affiché pendant quinze jours, tant à la principale porte de l'église qu'à celle de la mairie de la commune dans laquelle l'étang est situé; il est publié à son de trompe ou de caisse, à l'issue de la messe paroissiale, les deux dimanches qui suivent l'apposition de l'affiche; il est, en outre, inséré dans le journal des annonces judiciaires de l'arrondissement, et, s'il n'y en a pas, dans celui du chef-lieu du département.

Les publications et affiches sont constatées, sans frais, par un certificat du maire; l'insertion est constatée par un exemplaire de la feuille portant la signature de l'imprimeur dûment légalisée.

5. A l'expiration du délai de trois mois, le préfet transmet au procureur impérial près le tribunal de première instance dans le ressort duquel l'étang est situé, l'arrêté ordonnant le desséchement et les pièces constatant l'accomplissement des formalités ci-dessus.

Dans les trois jours, et sur la production de ces pièces, le procureur impérial requiert, et le tribunal ordonne la licitation de l'étang. Le jugement commet un juge-commissaire de la licitation et de ses suites, et nomme un ou trois experts chargés, 1° de préparer le cahier des charges de l'adjudication; 2° de rechercher tous les ayants droits, la nature, la quotité des droits de chacun, et d'en donner l'estimation.

Lorsque la licitation est provoquée par les copropriétaires, ces formalités sont remplies à la diligence du poursuivant, et sur simple requête présentée au tribunal.

Le jugement par extrait est rendu public dans les formes prescrites en l'article 4; il n'est susceptible d'opposition ou d'appel qu'autant que le droit de propriété invoqué par le demandeur est contesté.

TITRE II.

DE LA PRÉPARATION DU CAHIER DES CHARGES, ET DU JUGEMENT QUI PRONONCE L'ADJUDICATION.

6. Un extrait du jugement est notifié, à la requête du poursuivant, 1° aux experts; 2° à tous les ayants droit, en la per-

sonne ou au domicile du maire ou des maires de la situation de l'étang.

Cette notification contient la mention expresse qu'elle vaut sommation à tous les intéressés de se faire connaître et de produire leurs titres entre les mains des experts ou au greffe du tribunal dans le délai d'un mois.

La notification est, en outre, affichée tant à la principale porte de l'église qu'à celle de la mairie; il est fait mention, dans l'acte, de l'accomplissement de cette formalité.

7. Les experts prêtent, devant le juge-commissaire, serment de bien et fidèlement remplir la mission qui leur est confiée.

8. Ils déposent au greffe du tribunal un premier rapport, présentant les bases et le projet du cahier des charges de l'adjudication.

Le cahier des charges contient, 1° la désignation de l'étang, sa contenance, avec deux au moins de ses tenants et aboutissants; 2° l'établissement de la propriété; 3° l'obligation imposée à l'adjudicataire de procéder au dessèchement, dans le délai et sous les conditions fixés par l'arrêté du préfet; 4° la mention que la propriété est transférée à l'adjudicataire libre de tous droits d'usage et de toutes servitudes autres que celles dérivant de la situation des lieux ou établies par la loi, et sauf les droits d'abreuvage et de lavoir qui seraient réservés par l'arrêté du préfet sur les cours d'eau rendus à leur état naturel; 5° l'estimation et la mise à prix; 6° la mention que tous les frais de poursuite sont imputés et prélevés par privilége sur le prix de la vente.

9. Le rapport ne peut être expédié ni signifié.

Avis du dépôt du cahier des charges est publié, dans la forme prescrite par l'article 4 ci-dessus, à la diligence du greffier.

Cet avis fait mention que tous intéressés doivent, dans le mois qui suit ces publications, prendre communication du rapport et du projet de cahier des charges sans déplacement, et qu'ils peuvent aussi, mais avec l'assistance d'un avoué, faire telles observations et réquisitions qu'ils jugeront convenables, sur un procès-verbal dressé à cet effet au greffe du tribunal.

Le mois expiré, le tribunal, après avoir entendu le juge-commissaire et le ministère public, statue sur le rapport, sur le

cahier des charges, et, s'il y a lieu, sur les demandes formées par les intéressés.

Le jugement n'est pas signifié; il ne peut être frappé ni d'opposition ni d'appel.

10. Dans la huitaine de ce jugement, des placards annonçant la vente de l'étang sont, à la requête, poursuite et diligence du préfet, affichés

1° A la porte de la mairie et à la principale porte de l'église de la commune ou des communes de la situation;

2° Au lieu où se tient le principal marché, et, à défaut de marché dans la commune, au lieu le plus fréquenté et au marché le plus voisin;

3° A la porte extérieure du tribunal devant lequel il est procédé à la vente, et sur les places principales de la ville où siége ce tribunal.

L'huissier constate, par un procès-verbal rédigé sur un exemplaire du placard, l'apposition faite aux endroits déterminés par la loi, sans les détailler.

Les placards énonceront: 1° les jugements qui ont ordonné la vente et prononcé sur le cahier des charges; 2° les noms, professions et domiciles des propriétaires; 3° la désignation de l'étang, telle qu'elle a été insérée dans le cahier des charges; 4° la mise à prix; 5° les jour, lieu et heure de l'adjudication, ainsi que l'indication du tribunal où elle a lieu.

Copie de ces placards est insérée au journal des annonces judiciaires de l'arrondissement, et, s'il n'y en a pas, dans celui du chef-lieu du département.

Il est justifié de ces publications et insertions comme il est dit en l'article 4.

11. Le délai entre l'accomplissement de ces formalités et l'adjudication est de quinze jours au moins, et de trente jours au plus.

12. Avant de procéder à l'adjudication, le tribunal vérifie si toutes les formalités prescrites par la présente loi ont été remplies. Si l'une ou plusieurs de ces formalités n'ont pas été remplies, le tribunal ordonne, même d'office, qu'il y soit procédé dans le plus bref délai. Les frais de la procédure irrégulière sont employés en frais d'adjudication, ou mis, s'il y a lieu, à la charge de l'officier ministériel.

13. Si, au jour indiqué par l'adjudication, la mise à prix n'est pas couverte, le tribunal, sur simple requête présentée en

20.

la chambre du conseil, soit par le préfet, soit par tout autre intéressé, et après conclusions du procureur impérial, peut ordonner que l'immeuble sera adjugé au-dessous de cette mise à prix.

Le jugement qui prononce la remise fixe de nouveau le jour de l'adjudication, qui ne peut être éloigné de moins de quinze jours. Ce jugement n'est susceptible d'aucun recours.

Dans ce cas, l'adjudication est annoncée huit jours au moins à l'avance par les placards et insertions, comme il est dit en l'article 10.

14. Les actions en résolution, en revendication, et toutes autres actions ne peuvent arrêter la licitation ni en empêcher les effets; le droit des réclamants est transporté sur le prix, et l'immeuble en demeure affranchi.

TITRE III.

DE LA DISTRIBUTION DU PRIX ENTRE LES DIVERS AYANTS DROIT.

15. Les prétendants droit font, entre les mains des experts ou au greffe du tribunal, les productions et déclarations prévues par l'article 6, dans le délai fixé par cet article. Les experts donnent leur avis sur l'existence, la nature et l'étendue des droits réclamés, en fixent la valeur proportionnelle, et proposent les bases de la répartition du prix.

Leur rapport est déposé au greffe du tribunal dans la huitaine du jugement d'adjudication. Il n'est ni expédié, ni signifié.

Avis du dépôt est publié par les soins du greffier, dans les formes et délais prescrits par l'article 4.

16. L'homologation du rapport est poursuivie à la requête de la partie la plus diligente. A cet effet, à l'expiration du délai de quinzaine qui suit les publications et insertions de l'avis du dépôt, l'avoué poursuivant fera sommation, par acte d'avoué à avoué, de prendre communication du rapport et de contredire, s'il y a lieu, dans le délai d'un mois. Les contredits seront consignés en un procès-verbal ouvert à la suite du rapport.

Les frais de productions tardives seront supportés par ceux qui les ont faites.

Le mois expiré, si le rapport n'est pas contesté, il sera homologué par un jugement, qui ne sera ni expédié ni signifié.

En cas de contestations, l'affaire est portée à l'audience sur simple acte d'avoué à avoué.

Sont seuls en cause : le poursuivant, ceux qui ont contredit, et les parties dont les droits sont contestés.

Le jugement est rendu sur le rapport du juge-commissaire et les conclusions du ministère public. Il en est fait mention en marge de la minute du rapport. Le délai pour interjeter appel est de vingt jours à partir de la signification à avoué.

17. Lorsque le jugement a acquis l'autorité de la chose jugée, et dans le mois à partir de la sommation à lui faite par la partie la plus diligente, l'acquéreur est tenu d'accomplir les formalités de la purge à l'égard de tous les créanciers inscrits. La notification, faite conformément à l'article 2183 du Code Napoléon, contient, en outre, un extrait du jugement, indiquant la somme pour laquelle chaque ayant droit est colloqué. Cette notification dispense de la ventilation prescrite par l'article 2192 du même Code.

Dans les vingt jours de cette notification, toute personne est admise à surenchérir.

La surenchère ne peut être au-dessous du dixième du prix principal de l'adjudication, outre les frais. Elle porte sur la totalité du prix de l'étang.

Elle est faite au greffe du tribunal qui a prononcé l'adjudication, avec constitution d'avoué; elle ne peut être rétractée, et doit être dénoncée par le surenchérisseur à l'avoué de l'adjudicataire dans les trois jours.

La dénonciation faite par un simple acte contient avenir pour l'audience qui suit l'expiration de la quinzaine, sans autre procédure. L'annonce du jour de la nouvelle adjudication est publiée de la manière prescrite en l'article 10.

Si le surenchérisseur ne dénonce pas la surenchère dans le délai ci-dessus fixé, tout intéressé ou tout créancier peut le faire dans les trois jours suivants, faute de quoi la surenchère est nulle de plein droit, et sans qu'il soit besoin de faire prononcer la nullité.

18. L'adjudicataire est tenu de commencer les travaux de desséchement dans le délai de quatre mois au plus tard, à partir de l'adjudication, à moins que l'arrêté du préfet ne fixe un délai plus long.

En cas de surenchère, le délai fixé par le préfet pour l'exécution des travaux ne commence à courir que du jour de la nouvelle adjudication.

L'acquéreur sur surenchère est tenu, au delà de son prix, de rembourser à l'adjudicataire les avances qu'il aurait pu faire pour parvenir à l'exécution du desséchement.

Le bénéfice de la surenchère est réparti par contribution sur toutes les portions de prix fixées par le jugement de distribution.

19. Les bordereaux d'attribution ne sont délivrés aux ayants droit dans le prix de l'étang qu'à la charge des inscriptions et oppositions existant sur eux, et chacun supporte, sur sa part dans le prix, les frais de notification, de purge et de mainlevée auxquels ont donné lieu les hypothèques dont sa part dans l'immeuble était grevée.

A cet effet, un état des hypothèques inscrites sur l'immeuble, délivré à l'avoué poursuivant sans autres frais que ses déboursés, est et demeure annexé à la minute du rapport. Les sommes revenant aux propriétaires sont distribuées entre leurs créanciers, dans les formes prescrites par le Code de procédure civile pour la contribution et l'ordre.

20. Les bordereaux d'attribution n'excédant pas la somme de cent francs sont délivrés aux colicitants sans autres frais que les déboursés, et la simple remise de ces mêmes bordereaux entre les mains du receveur de la caisse des dépôts opère sa libération et dispense de donner quittance.

TITRE IV.

DISPOSITIONS GÉNÉRALES.

21. Sont déclarés communs à la présente loi les articles 701, 705, 706, 707, 711, 712, 713, 714, 733, 734, 735, 736, 737, 738, 739, 740 et 741 du Code de procédure civile.

22. Le décès ou le changement d'état de l'un des défendeurs ne donnera lieu à aucun délai pour la reprise d'instance.

En cas de décès ou de changement d'état de l'un des demandeurs, l'instance devra être reprise par ceux qui le représentent, dans les huit jours qui suivront la notification du décès ou du changement d'état, sans qu'il soit besoin d'assignation à cette fin.

En cas de décès, démission, interdiction ou destitution de l'un des avoués de la cause, les parties pour lesquelles il occupait sont tenues, dans les huit jours, de constituer un nouvel avoué.

Après l'expiration de ces délais, l'instance suit son cours à la requête de la partie la plus diligente.

23. L'exception prévue par l'article 174 du Code de procédure civile ne peut être invoquée; la défense à l'action en licitation n'emporte pas attribution de qualité.

24. Les causes portées en appel sont instruites et jugées dans les formes et suivant la procédure tracée par les articles précédents pour les tribunaux de première instance.

La poursuite de licitation et tous les incidents sont jugés et taxés comme en matière sommaire, soit en première instance, soit en appel.

25. Le pourvoi en cassation contre le jugement ordonnant la licitation ne peut être formé que pour incompétence, excès de pouvoir ou violation des articles 2 et 3 de la présente loi.

Il est instruit et jugé dans les délais et suivant les formes prescrites par l'article 20 de la loi du 3 mai 1841.

26. Les significations, les jugements rendus dans l'instance en licitation, à l'exception du jugement d'adjudication, et tous les actes faits en exécution de la présente loi, sont enregistrés au droit fixe d'un franc, à moins que le droit ne soit réglé à un taux inférieur par les lois existantes.

Les actes de la procédure en licitation suivie à la requête du préfet sont visés pour timbre et enregistrés en débet, sauf recouvrement par privilége, lors de la distribution du prix de l'adjudication.

27. Un règlement d'administration publique déterminera les mesures nécessaires pour l'exécution de la présente loi, et notamment les formes et les conditions des arrêtés ordonnant le desséchement.

Délibéré en séance publique, à Paris, le 11 Juin 1856.

Le Président,
Signé Comte DE MORNY.

Les Secrétaires,
Signé marquis DE CHAUMONT-QUITRY, TESNIÈRE, ED. DALLOZ.

Extrait du procès-verbal du Sénat.

Le Sénat ne s'oppose pas à la promulgation de la loi qui autorise la licitation des Étangs dans le département de l'Ain.

Loi n°63-645 du 8 juillet 1963 portant suppression des droits dits « de bandite ».

LOIS

LOI n° 63-644 du 8 juillet 1963 modifiant l'article 2 du décret n° 53-161 du 24 février 1953 déterminant les modalités d'application du code de la nationalité française dans les territoires d'outre-mer (1).

L'Assemblée nationale et le Sénat ont adopté,

Le Président de la République promulgue la loi dont la teneur suit :

Article unique. — L'article 2 du décret n° 53-161 du 24 février 1953 déterminant les modalités d'application du code de la nationalité française dans les territoires d'outre-mer est abrogé et remplacé par les dispositions suivantes :

« *Art. 2.* — Toutefois, en Nouvelle-Calédonie, en Polynésie française, dans l'archipel des Comores, en Côte française des Somalis et aux Iles Wallis et Futuna, les articles 23, 24, 25, 44, 45, 47 et 52 du code de la nationalité française ne sont applicables qu'aux personnes dont l'un des parents au moins avait déjà la nationalité française ».

La présente loi sera exécutée comme loi de l'Etat.

Fait à Paris, le 8 juillet 1963.

C. DE GAULLE.

Par le Président de la République :

Le Premier ministre,
GEORGES POMPIDOU.

Le ministre d'Etat chargé des départements et territoires d'outre-mer,
LOUIS JACQUINOT.

Le garde des sceaux, ministre de la justice,
JEAN FOYER.

Le ministre de la santé publique et de la population,
RAYMOND MARCELLIN.

LOI n° 63-645 du 8 juillet 1963 portant suppression des droits dits « de bandite » (2).

L'Assemblée nationale et le Sénat ont adopté,

Le Président de la République promulgue la loi dont la teneur suit :

Art. 1er. — Il est mis fin, dès la publication de la présente loi, aux droits dits « de bandite » exercés dans le département des Alpes-Maritimes, et dont les titulaires ont la faculté de faire paître, à des époques déterminées, leur bétail sur des terr[ains] appartenant à des collectivités publiques ou à des particulier[s].

Art. 2. — Dans un délai de six mois, à compter de la pu[bli]cation de la présente loi, et dans les communes où subsistent [des] droits de bandite, il doit être procédé au recensement [des] parcelles sur lesquelles s'exercent ces droits. A cet effet [il] sera dressé dans chaque commune, sous l'autorité et à la [dili]gence du préfet, un état indiquant, pour chaque parcelle [sou]mise à de tels droits, sa désignation cadastrale, sa superf[icie] exacte, les nom, prénoms et domicile du propriétaire et [du] détenteur du droit, ainsi que le titre dont résulte ce droit.

Art. 3. — Dans un délai de trois mois, à compter de la clôt[ure] de l'état de recensement prévu à l'article précédent, le maire [de] chaque commune intéressée convoquera les titulaires des dr[oits] et les propriétaires des terrains grevés, qui désigneront d[es] représentants de chacune de ces catégories. Cette désignation a [lieu] à la majorité des voix des intéressés de chaque catég[orie] présents à l'assemblée ainsi convoquée.

Art. 4. — Une commission, composée du juge d'instance, pr[ési]dent, et des représentants des intéressés désignés ainsi qu'il [est] dit à l'article 3, proposera une indemnisation amiable aux ti[tu]laires des droits de bandite. Les indemnités ne pourront cou[vrir] que le préjudice actuel, matériel, direct et certain, subi par [les] titulaires des droits de bandite. Il sera tenu compte, notamm[ent,] de la compensation résultant du cumul éventuel, par un mê[me] intéressé, de la qualité de propriétaire et de celle de titul[aire] de droits de bandite.

A défaut d'accord amiable, l'indemnité sera fixée comme [en] matière d'expropriation. A cette fin, le juge sera saisi pa[r la] partie la plus diligente à partir de l'expiration d'un délai [de] trois mois à dater de la constitution de la commission pré[vue] ci-dessus.

Lorsque les droits de bandite n'étaient plus exercés en [fait] à la date de la publication de la présente loi, mais éta[ient] remplis, depuis au moins cinq années consécutives avant la [date] de la publication de la présente loi, par une redevance ve[rsée] à leurs titulaires par les propriétaires des terrains grevés, [les]dits titulaires seront indemnisés par le versement d'une som[me] égale à deux fois la redevance perçue pendant les cinq derni[ères] années.

Art. 5. — Lorsqu'il y aura litige sur le fond du droit ou [sur] la qualité des réclamants, et toutes les fois qu'il s'élèvera [des] difficultés étrangères à la fixation du montant de l'indemn[ité,] celle-ci sera déterminée indépendamment de ces litiges et d[iffi]cultés, sur lesquels les parties seront renvoyées à se pour[voir] devant les juridictions compétentes, et le montant de l'indem[nité] sera déposé à la caisse des dépôts et consignations jusqu'à [ce] qu'il soit définitivement statué sur ces litiges ou difficulté[s].

Art. 6. — Les droits de préférence attachés aux droits r[éels] grevant certains droits de bandite sont reportés sur l'indem[nité] éventuellement allouée ; le terrain est affranchi des droits r[éels] qui le grevaient à la date de la publication de la présente [loi].

Art. 7. — Un règlement d'administration publique, pris su[r le] rapport du garde des sceaux, ministre de la justice, du mini[stre] de l'intérieur et du ministre de l'agriculture, pourra fixer [les] conditions d'application de la présente loi.

La présente loi sera exécutée comme loi de l'Etat.

Fait à Paris, le 8 juillet 1963.

C. DE GAULLE.

Par le Président de la République :

Le Premier ministre,
GEORGES POMPIDOU.

Le garde des sceaux, ministre de la jus[tice],
JEAN FOYER.

Le ministre de l'intérieur,
ROGER FREY.

Le ministre de l'agricul[ture],
EDGARD PISANI.

[Loi] n° 63-644 TRAVAUX PREPARATOIRES (1)

[Sé]nat :

Projet de loi n° 229 (1961-1962) ;
Rapport de M. Paul-Jacques Kalb, au nom de la commission des lois, n° 272 (1961-1962) ;
Discussion et adoption le 19 juillet 1962.

[As]semblée nationale :

Projet de loi, adopté par le Sénat (n° 112) ;
Rapport de M. Feuillard, au nom de la commission des lois (n° 390) ;
Discussion et adoption le 25 juin 1963.

[Lo]i n° 63-645 TRAVAUX PREPARATOIRES (2)

[Sé]nat :

Proposition de loi n° 109 (1961-1962) ;
Rapport de M. Emile Hugues, au nom de la commission des lois, n° 192 (1961-1962) ;
Discussion et adoption le 22 mai 1962.

[As]semblée nationale :

Proposition de loi, adoptée par le Sénat (n° 139) ;
Rapport de M. Palmero, au nom de la commission des lois (n° 139) ;
Discussion et adoption le 16 mai 1963.

[Sé]nat :

Proposition de loi, modifiée par l'Assemblée nationale, n° 95 (1962-1963) ;
Rapport de M. Hugues, au nom de la commission des lois n° 111 (1962-1963) ;
Discussion et adoption le 27 juin 1963.

Annexes relatives au titre III

Arrêt de la Cour d'Appel de Tunis du 9 janvier 1986.

[..]

الفلاحي السيد بلقاسم العياري ومحضر العدل المنفذ السيد مصطفى الوافي المؤرخ في 1959/10/3 وليقدم محامي المستأنف عليهما حجة شراء موكليه لمحل النزاع وقد نفذ هذا الحكم التحضيري وقدم محاميا الطرفين ما طلب منهما وفي جلسة 24 مارس 1983 قررت المحكمة تاخير القضية لجلسة يوم 23 جوان 1983 مع ارجاعها لطور التقارير قصد تكليف الخبير السيد عبد العزيز بلغيث لتشخيص محلي النزاع وهما قطعتا الحفرة والفرجاني وحصر هذين القطعتين المقسمتين بمقتضى قرار لجنة تصفية الاحباس المؤرخ في 7 مارس 1959 وبيان موقع قطعتي النزاع من كامل قطعتي الحفرة والفرجاني المقسمتين بمقتضى القرار المذكور وتحرير تقرير وشائق في الموضوع.

وبعد التذكير قام الخبير المذكور بما انيط بعهدته وقدم تقريرا محررة بتاريخ 27 اوت 1983 صحبة مثال اكد فيه ان وثائق المستأنف ضدهم لا تنطبق على محل التداعي واكد من جهة اخرى في تقريره الملحق والمحرر في 1985/4/23 ان غراسة الزياتين انشاها والد المستأنفين واستمر يتصرف فيهما الى تاريخ نشوب الخلاف بحيث ان لحجة الاتفاق المبرمة بين الطرفين تثبت ذلك من جهة ودون شراء المستأنف عليهما من قطعتي الفرجاني والحفرة فهو لم يكن لديهم ما يثبت ذلك.

المحكمـــــــــــــــة

حيث ارتكز مطلب الاستئناف على طلب الحكم بنقض الحكم الابتدائي والقضاء من جديـــد باستحقاق المستأنفين لثلاثة وسبعين اصل زيتون والزام خصميهما برفع ايديهما عنهـــــــا وتسليمها لهم وتغريمهما لهم بثلاثمائة دينار تعويضا لاتعاب التقاضي وتكاليف الدفاع وحفظ الحق فيما زاد على ذلك.

وحيث اكد الخبير في التقرير الاصلي والتقرير التكميلي ان حجج المستأنف ضدهم لا تنطبق على محل التداعي فلاوجه لهم في استحقاق الارض والتصرف فيها.

وحيث بالاطلاع على عقد البيع المستند اليه المستأنف ضدهما المحرر في 16 افريـــل 1963 الفينا انه بمقتضاه باعت المراة حفصية منابها في زوجها قبل هذا العقد وفي 3 اكتوبر 1959 وتنفيذا للقرار النهائي للجنة تصفية الاحباس وقع التقسيم بين المستحقيـــن وتحييزهم واقتصر ذلك على الاراضي دون الزياتين واتفق جميع المستحقين على ابقاء الزياتين

Traduction d'un formulaire de mûgharasa (G.-H. BOUSQUET, *Précis de droit musulman*, tome II, le droit musulman par les textes, La Maison des Livres, 3è éd., Alger, 1954, p.192-193)

Louange à Dieu.

1° LES PARTIES - Un tel, de telle origine, déclare remettre à un tel.

2° LA CHOSE - Un terrain situé à tel endroit, avoisinant celui d'un tel, de telle origine.

3° LES OBLIGATIONS DU PRENEUR - A charge pour le preneur d'y planter diverses essences d'arbres, de le travailler, de le sarcler, de l'irriguer, s'il est irrigable jusqu'au jour où les dits arbres seront en plein rapport.

4° LE PARTAGE DES FRUITS - Pour alors les fruits de ces arbres être partagés entre les parties à raison d'une juste moitié pour chacune.

Ainsi accepté par le preneur qui s'oblige à effectuer de son mieux les plantations dans les conditions ci-dessus indiquées.

Le présent bail à complant est régulier ; il est conforme à l'usage des musulmans en la matière.

Recours en garantie réservé, le preneur ayant préalablement visité et accepté les lieux comme le veut la loi.

Les parties agissent en connaissance de cause ; elles sont pleinement capables et d'identité connue.

Dont acte ;

5° LA DATE - Le...

Table des annexes

Relatives au titre I (Corse)

_ Liste des communes selon la numérotation INSEE et carte permettant d'identifier les communes par leur numéro (c.f. F. CASTA, *Paroisses et communes de France, Corse,* Paris, CNRS, 1993)

_ Tableau des communes où l'existence de la propriété « arboraire » à la fin du XXème siècle est attestée selon les réponses des mairies

_ Tableau des communes où la propriété « arboraire » serait inexistante selon les réponses des mairies

_ Tableau des communes où l'existence de la propriété « arboraire » est constatée sur les terrains communaux, sur les terrains privés, sur les terrains communaux et privés, établi en utilisant l'ensemble de la documentation relative à l'époque moderne et contemporaine

_ Tableau des différentes essences d'arbres, objets de la propriété « arboraire », établi en utilisant l'ensemble de la documentation relative à l'époque moderne et contemporaine.

_ Etat des propriétaires possédant des châtaigniers sur les terres de Pastricciola (1826)

_ Etat des biens communaux de Ville-di-Paraso (1858)

_ Acte sous seing privé par lequel la veuve Viola Coppolani achète un olivier (Zilia, 1896)

_ Questionnaire adressé aux mairies (1992)

_ Jugement du 25 janvier 1994 du Tribunal de Grande Instance de Bastia

_ Délibération du conseil municipal de Sisco (2000)

Relatives au titre II

_ Loi n°63-645 du 8 juillet 1963 portant suppression des droits dits « de bandite »

_ Loi « sur la licitation des étangs dans le département de l'Ain relative aux droits d'assec et d'évolage (1856).

Relatives au titre III

Table des cartes

SOURCES

ARCHIVES

*Archives Nationales K 1228 projet de Code Civil corse.

*Archives Départementales de Corse du Sud :

- série B : quelques sondages dans les archives du Conseil Supérieur et des juridictions royales - 1768-1790.
- série C (*Atti fatti in visita*; *Civile governatore*) : documents épars tout au long du XVIIIème siècle (1703, 1707, 1709, 1719, 1724, 1727, 1773, 1778, 1779, 1785, 1786, 1789, 1790).
- série II C : quelques sondages dans les registres de l'insinuation.
- série E : divers sondages, 3E archives notariales, 4E archives déposées par les communes contenant les matrices des anciens cadastres du XIXème siècle.
- série K : arrêtés des préfets et des administrateurs généraux; en particulier 4K1 arrêtés Miot.
- série 1L à 5L départements, districts, période anglo-corse, Golo, Liamone
- série M : 6M789 à 794 - Questionnaire adressé par le Préfet aux maires, 46 questions relatives à l'agriculture, aux biens communaux. 6M874 - Questionnnaire adressé par le Préfet aux maires relatif aux productions agricoles, climats, maladies, us et coutumes (uniquement commune de Corscia an XII). 7M5 - Projet de code rural, instructions et correspondance ministérielle. Avis de la commission consultative du département du Liamone (an IX-1812). Projet de loi rurale pour la Corse, rapports, notes, correspondance 1820-1822, projet de nouveau code rural, instructions ministérielles, commissions consultatives 1835. Constatation des usages locaux : correspondance, commissions cantonales. 7M125 - agriculture : châtaigniers, notes et correspondances diverses. 7M141 – Plantation et greffe des oliviers sauvages, taille et culture des oliviers francs 1820-1826. 7M142 - oliviers plantés, transplantés greffés, taillés, cultivés. Demandes de primes, certificats des maires. Décisions des comités 1824-1825. 7M143 - Etat des primes fourni par les comités d'arrondissements, certificats des maires 1827. 7M144 - tableaux synoptiques des arrondissements 1824-1827. 7M145 à 185 primes à l'oléiculture 1911-1940. 14M - Agriculture, forêts et usages locaux.

- série O : 1O3 à 10 – biens communaux indivis appartenant à diverses communes des arrondissements d'Ajaccio et Sartène. 1O11 à 14 - biens communaux (instructions correspondances et délibérations An X-1860 ; contient des listes des propriétaires qui possèdent des châtaigniers sur des terres appartenant à des communes de l'arrondissement d'Ajaccio, de Sartène dressées à la demande du préfet en 1826 ou des listes de propriétaires de divers arbres sur les communaux, annexées aux états de biens appartenant à diverses communes sous le Second Empire). 1015 – police rurale (divers problèmes liés à la suppression de la vaine pâture dans l'arrondissement d'Ajaccio). 1019 – idem pour l'arrondissement de Sartène. 2O001 à 363 – affaires communales par communes (documents sur la gestion des communaux, délibérations, comptabilités ; certaines liasses contiennent elles aussi des listes de propriétaires d'arbres surs les communaux dressées sous la Restauration ou le Second Empire)
- série P : impôt foncier et cadastre.
- série Q biens nationaux. : 2Q14 : état des biens domaniaux, Saint-Florent, Calvi, Bonifacio, 1820. 2Q15
- série U : archives judiciaires, divers sondages ; 3U1/1 à 52 : jugement civil du tribunal de première instance d'Ajaccio an IX 1941). 3U2/13-15 : tribunal de première instance de Sartène, registre des jugements civils, an IX 1806. 3U2/36-72 : tribunal de première instance de Sartène, registre des jugements civils, 1912-1931. 4U3/11-53 - justice de paix de Sartène, registre des jugements civils, 1820-1930. 4U8/1-13 - justice de paix de Sainte-Marie Sicche, jugment civil, an XII-1940. 4U16/2-13 - justice de paix de Vico, jugement civil 1835-1948. 4U 18 / 1-39 - justice de paix de Bocognano, jugement civil 1871-1958. 4U19/1-18 - justice de paix de Porto-Vecchio, jugement civil 1793-1950.

*Archives Départementales de Haute-Corse :
- série E archives notariales, quelques sondages.
- série M 6M 870 à 6M 873 - Questionnaire adressé par le Préfet du Golo aux municipalités, 260 questions relatives à l'agriculture, aux us et aux coutumes.
- série O 1 O 1 et 2 – biens communaux indivis (Filosorma, Galeria, Paratella, Sia). 1 O 7 – biens communaux (instructions, correspondances dans les arrondissements de Bastia et Corte). 1 O 8 – idem arrondissement de Calvi. 2 O 003 à 364 - affaires communales par communes (documents sur la gestion des communaux, délibérations, comptabilités)
- série P matrices cadastrales, quelques sondages (3P 1589 commune de Zilia et 3P 1261 commune d'Olmeta-di-Capocorso).
- série U 2U 1 / 10 : observations du tribunal d'appel du Golo et du Liamone séant à Ajaccio sur le projet de Code civil (18 prairial an IX). 2U 1 / 28-29 - registre des jugements du tribunal d'appel du Golo et du Liamone an IX-1806. 2U 7-132 : arrêt civil de la Cour d'appel d'Ajaccio puis de Bastia 1807-1939. 2U 176 à 238 – cour d'appel arrêt correctionnel 1825-

1956. 3U 1 / 1 à 67 - tribunal de Bastia, registre des jugements civils 1830-1940. 3U 1 / 140-148 et 150 à 207 – tribunal de Bastia, registre des jugements correctionnels an X-1935. 3U 2 / 47-117 - tribunal de première instance de Calvi, registre des jugements civils, an X-1926. 3U 2 / 273 à 339 bis – tribunal de Calvi, registre des jugements correctionnels 1816-1940. 3U 3 / 72-116 - tribunal de première instance de Corte registre des jugements civils an IX-1941. 4U - justice de paix, sondages. 4U 3 / 1-68 – justice de paix de Vescovato, jugement civil an VIII-1956. 4U 21 / 1-134 – justice de paix de Calenzana, jugement civil 1808-1949. 4U 25 / 1-5 justice de paix de Belgodère, jugement civil 1838-1939. 4U 27 / 1 – justice de paix de Corte jugement civil 1851.4U 34 / 1-14 – justice de paix de Prunelli-di-Fiumorbo, jugement civil 1824-1959. 4U 37 / 1-6 – justice de paix de Sermano jugement civil 1860-1955. 4U 38 / 1-18 – justice de paix de Vezzani, jugement civil 1827-1959. 4U 40 / 1-115 - justice de paix de Venaco jugement civil 1826 è 1952.

*Archives Municipales :

- Quelques documents transmis gracieusement par les mairies à l'occasion de réponses aux questionnaires mentionnés ci-dessous.

*Archives Diocésaines d'Ajaccio :

- AA registre n°8 inventaire de divers « documents authentiques » pour les archives de l'évêque (de Sagone), oblations, testaments, fondations, legs, etc... (1664-1729).
- F4 enquête sur l'état des paroisses de Corse effectuée en 1905.
- 5L inventaires.

*Bibliothèque municipale de Bastia, collection de journaux locaux microfilmés

*Archives privées : *Contribution à la codification des usages locaux à adapter aux principaux textes législatifs se référant directement ou indirectement aux usages.*

(Manuscrit de G. Rossi d'Ajaccio conservé par ses descendants)

Enquêtes par questionnaires et lettres

*Enquête faite par Mlles Antoniotti, Essalhi et Kdimir, étudiantes en droit, sur l'existence de la propriété « arboraire » en Afrique du Nord (Lybie, Tunisie et Maroc) et par M. Ciattoni, étudiant en droit, sur son existence dans le canton de Bustanico

*Lettre adressée à M. le professeur Essaïd Taïb, de l'ENA d'Alger

*Lettre adressée à Mme Dahbia Abrouz, responsable du département de langue et de culture amazigh à l'Université de Béjaïa

*Lettre adressée à Mme Claude Brenier-Estrine, responsable du fonds berbère à l'IREMAM d'Aix-en-Provence

*Lettre adressée à M. le Professeur Manuel Pelaez de l'Université de Malaga

*Lettre adressée à M. le Professeur Cristobal Guerrero Martin de l'Université de Malaga

*Lettre adressée à M. le Professeur Don Luis Escandel de l'Université de Valence
*Lettre adressée à Mme le Professeur Rachida Bousta-Saigh de l'Université de Marrakech
*Lettre adressée à M. le Magistrat Jamel Mtimet, directeur des Etudes de l'Institut Supérieur de la Magistrature à Tunis
*Lettre adressée à M. le Professeur P.-L. Abramson de l'Université de Perpignan
*Lettre adressée à M. C. Vilar, Maître de conférence à l'Université de Perpignan
*Lettre adressée à M. A. Martinetti, Président du comité de défense de la Gravona
*Questionnaires envoyés à toutes les mairies de Corse (176 réponses obtenues).
*Questionnaires envoyés aux trente notaires (11 réponses obtenues).
*Questionnaires aux impôts, à l'ONF, au cadastre de Bastia et aux hypothèques.
*Réponses aux questions posées par *L'intermédiaire des chercheurs et curieux* (mensuel de questions et réponses sur tous les sujets), n°540, colonnes 1272 à 1274, Paris, décembre 1996.

SOURCES IMPRIMÉES

- Archives parlementaires, 2ème série, Paris, 1862-1866, 8 tomes.
- Bulletin des lois.
- Bürgerliches Gesetzbuch (1896)
- Cartulaire du monastère de San Venerio del Tino publié par G. Falco sous le titre *Le carte del Monastero di San Venerio del Tino*, Turin 1917-1934 2 vol. et *Le carte del monastero di San Venerio del Tino relative alla Corsica (1080-1500)* par G. Pistarino, in deputazione subalpina di storia patria CLXX, Turin, 1944.
- Code bavarois (1756)
- Code civil espagnol (1889)
- Code civil des Français, suivi de l'exposé des motifs, sur chaque loi, présenté par les Orateurs du gouvernement ; des rapports faits au Tribunat au nom de la Commission de Législation ; des opinions émises dans le cours de la discussion ; des discours prononcés au corps législatif par les Orateurs du Tribunat, T.4, Paris, an XII, 1804.
- Code civil et Code rural français
- Code civil italien (1942)
- Code civil du Royaume d'Italie (1865)
- Code civil du Royaume de Piémont-Sardaigne (1852)
- Code civil suisse ((1907)

- *Codice Civile*, *A cura di fausto izzo*, assorti d'un cédérom contenant les annotations article par article, edizioni giuridiche Simone-Esselibri, Naples, 1999.
- *Codice Civile*, illustrato con i lavori preparatori, disposizioni di attuazione e transitorie e con note di commento a cura di G. Pandolfelli, G. Scarpello, M. Stella Richter, G. Dallari, (..., proprietà, ...), Milan, Giuffrè, 1940-1942.
- Code corse et collection des lois et décrets faisant suite au code corse, 16 vol., Paris (1er volume), Bastia, 1778-1792.
- Dalloz périodique et recueil Sirey.
- Décret du 28 mars 1852 (*Transactions Blondel*).
- Donations faites en Corse à l'abbaye de San Mamiliano de Montecristo, *Bulletin de la Société des Sciences Historiques et Naturelles de la Corse*, fasc.83-84, 1887, p.p.169-228.
- *Enciclopedia del diritto*, Giuffrè Editore, Milan, 1990, rubrique superficie, p.p.1459-1490.
- Fenet P.-A., *Recueil complet des travaux préparatoires du Code civil*, Paris, 1827, 15 volumes.
- *Journal Officiel de la République Française* (lois et décrets), 5 mai 1909 : inventaire des biens de l'Eglise en Corse.
- *Lavori preparatori del Codice civile*, (1939-1941) - Progetto preliminare del libro della proprietà, Publicazione a cura del Ministero di Grazia e Giustizia, Roma, Istituto Poligr. Dello Stato, 1942.
- Locre J.-G., *La législation civile, commerciale et criminelle de la France*, Paris, 1827-1832, 31 volumes (t.4 1836).
- Loi italienne du 11 février 1971, n°11 *Nuova disciplina dell'affitto di fondi rustici.*
- « Libro Rosso » publié par l'abbé Letteron, *Bulletin de la Société des Sciences Historiques et Naturelles de la Corse*, fasc.119-120, 1890, fasc.139-140, 1892 et fasc.167-168, 1894.
- *Le livre des statuts de Bonifacio* édités par M.-C. Delmas-Bartoli, Bastia, 1980.
- « Les statuts de San Colombano » publiés par F. Ettori dans *Etudes Corses*, n°15, 1980.
- « Les statuts civils et criminels de Nonza, Brando, Canari », publiés par l'abbé Letteron dans le *Bulletin de la Société des Sciences Historiques et Naturelles de la Corse*, fasc.48, 1884.
- *Manuel administratif ou recueil par ordre de matières de toutes les dispositions de lois nouvelles et anciennes encore en vigueur jusqu'en germinal an IX* par le citoyen Fleurigeon, Rondonneaud, dépôt des lois, Paris, an IX.
- Merlin M., *Répertoire universel et raisonné de jurisprudence*, Paris, 1827, t.I, rubrique arbres.

- Office de Développement Agricole et Rural de Corse, *Guide d'individualisation des aides – rénovation de la châtaigneraie et de l'oliveraie*, Bastia 2001
- Patin De La Fizelière, « Mémoire sur la province et juridiction de Sartène ou de la Rocca », publié dans *Corse historique*, n°9-10, p.p.57-84.
- « Prattica Manuale » du dottor P. MORATI di Muro, texte revu par M. De Caraffa, IIème partie, *Bulletin de la Société des Sciences Historiques et Naturelles de la Corse*, fasc.70-74, Bastia, 1886, p.p.465-466.
- Procès-verbaux du Conseil d'Etat, 5 volumes.
- Rapport au Ministre de l'agriculture et du commerce sur l'agriculture en Corse par M. Massimi, manuscrit, 1874.
- Recueils des actes administratifs de la préfecture de la Corse.
- *Recueil des usages locaux du canton d'Ajaccio, constatés et mis en oeuvre d'après le rapport de la commission instituée par arrêté préfectoral de juillet 1857*, présidée par Maestroni-Meglia, L. Nyer, rapporteur, Ajaccio, 1858.
- Recueil Isambert.
- *Statuti civili dell'isola di Corsica* colla traduzione francese (traduction par Serval), Bastia, 1769.
- *Statuti civili e criminale di Corsica*, par C.Gregorj.
- « Statuts de Bonifacio », analysés par l'abbé Letteron, *Bulletin de la Société des Sciences Historiques et Naturelles de la Corse*, fasc.29, 1883, p.p, 70-121.
- *Tablettes Albertini, actes privés de l'époque vandale (fin du Vème siècle)*, éditées et commentées par C. Courtois, L. Leschi, P.-J. Miniconi, C. Perrat, C. Saumagne, Publications du Gouvernement Général de l'Algérie, éditions Arts et métiers graphiques, Paris, 1952, 2 vol. : texte VIII, 345 p. et planche XLVIII.

Bibliographie

Ouvrages antérieurs à 1914

ALBERTARIO E., *Il pegno della superficie nel diritto romano e classico e nel diritto giustinianeo*, Pavie, 1911.

AT-TALIBIN M., *Manuel de jurisprudence musulmane selon le rite de Châfy*, trad. Di Van den Berg, Batavia, 1882, vol.I,.

AUBRY C. et RAU C., *Cours de droit civil français*, 4è éd., t.2, Paris, 1869.

BARREAUD E., *Etude sur le droit de superficie en droit romain et en droit français*, thèse droit Rennes, 1889.

BEAUCHET L., *Histoire du droit privé de la République athénienne*, t.III « le droit de propriété », Chevalier-Marescq, Paris, 1897 ; réimp. Rodopi, Amsterdam, 1969.

BENETTINI G., *Sull'ammissibilità in diritto civile italiano di due proprietà distinte e separate del suolo e della superficie*, Foro Italiano, 1907, I, 1088.

BESTA E., *La Sardegna medioevale. Le istituzioni politiche, economiche, giuridiche, sociali*, Palerme, 1909.

BOUTEILLER J., *Somme Rural*, Paris, 1603.

BRISSAUD J., *Cours d'histoire générale du droit français public et privé*, t.2, Paris, 1904.

BRUTAILS J.-A., _ *Notes sur l'économie rurale du Roussillon à la fin de l'Ancien Régime*, Perpignan, 1889 (réimp. éditions Slatkine, 1989).

_ *Etudes sur la condition sociale des populations rurales du Roussillon au Moyen Age*, Slatkine-Megariotis Reprints Genève, 1975, Réimp. de l'édition de Paris, 1891.

CALISSE C., *Storia del diritto italiano*, 2è éd., Florence, 1902.

CHAPELARD R., *Du bail à complant*, thèse droit, Paris, 1900.

CHAPELLE M., *De la servitude de pâturage*, thèse droit, Toulouse, 1898.

CHATEL A., *Etude sur les contrats de mgharsa et de mouçakate dans les coutumes sfaxiennes*, Sfax, 1910.

CHAUVEAU G., *De la superficie en droit romain et en droit français*, thèse droit Paris, 1886.

CHAVERNAC G., *Essai sur les origines du métayage en Provence*, H. Aubertin et G. Rolle, libraires éditeurs, Marseille, 1900.

Code rural ou maximes et règlements concernant les biens de la campagne notamment les fiefs, francs-alleux... les troupeux et les bestiaux, l'exploitation des terres labourables, bois, vignes et prés, Paris, nlle éd. P. Prault, 1772.

COQUILLE G., *Les coustumes du pays et duché de Nivernois avec les annotations et commentaires de l'auteur*, Paris, 4è éd., 1635.

DEGRULLY L., *L'olivier*, Montpellier, 1907, Nîmes, rééd.C. Lacour, 1999.

DE LAVELEYE E., *De la propriété et de ses formes primitives*, Paris, 1891.

DEMOLOMBE, *Cours de code civil*, Paris, 1845.

Dictionnaire pratique de droit sous la direction de G. Griolet et C. Vergé, Paris, Dalloz, 1905, 2 vol.

DOMAT J., *Les loix civiles dans leur ordre naturel*, nlle éd., Paris, 1766.

DURANTON A., *Cours de droit français suivant le Code Civil*, Paris, à partir de 1825.

FENET P.-A., *Recueil complet des travaux préparatoires du Code civil*, Paris, 1827, 15 vol., réimp. Zeller, Osnabrück, 1968.

FERRIERE C.-J. (de), *Dictionnaire de droit et de pratique*, t.1, Paris, 1769.

FONTANA A., *Essai sur le droit privé corse*, Paris, impr. H.Jouve, 1905.

GALETTI J.-A., *Histoire illustrée de la Corse*, Paris, 1863 (réimp. Lafitte reprints, Marseille, 1972).

GOUSSARD A., *De la règle que la propriété du sol emporte la propriété du dessus et du dessous et de ses modifications*, thèse droit, Paris, 1868.

GROTIUS, _ *De iure belli ac pacis libri tres*, Amsterdam, 1712.
_ *Le droit de la guerre et de la paix*, PUF, Paris, 1999.

GUIOT L., *Les forêts et les pâturages du comté de Nice*, Paris, 1875.
_ *Le droit de bandite dans le comté de Nice - histoire, jurisprudence, opportunités de leur extinction*, étude d'économie agricole et pastorale, Nice, 1884.

GUYOT S., *Des droits d'emphytéose et de superficie*, thèse droit Nancy, 1876.

GUIRAUD P. La *propriété foncière en Grèce jusqu'à la conquête romaine*, Paris, 1893.

HANOTEAU A. et LETOURNEUX A., *La Kabylie et les coutumes kabyles*, 2è éd., 3 t., Paris, Challamel Edit., 1893 ; réimp. par Atout Kabylie-Europe, Paris, 1998.

JANSSEN E., *Les bandites et les terciers*, Nice, 1883.

KERALY L., *Etude sur les domaines congéables*, thèse droit, Paris, 1909.

KHALIL, *Code musulman*, traduction N. Seignette, nlle édition, Paris, 1911.

LAGARDE F., *De l'extinction des droits de pâturage*, thèse droit, Toulouse, 1893.

La nouvelle maison rustique ou économie générale de tous les biens de campagne..., t.1, Paris, 1749.

LATTES A., *Studii di diritto statutario. I : Il procedimento sommario o planario negli Statuti. II : Nuovi esempi d'identità statuaria*, Milan, 1887.

LE CARON C., *Le Grand coustumier et pratique du droict civil et canon observé en France ou Somme Rural de Bouteiller*, Paris, 1621.
LEVY-BRUHL L., *Les fonctions mentales dans les sociétés inférieures*, Paris, 1910.
LOCRE J.-G., *Législation civile, commerciale et criminelle ou commentaire et complément des codes français*, t.IV, Bruxelles, 1836, p.80-81.
LONGINESCO S.G. et PATROGNET A.., *Legi vechi Romanesti si Itzvoarele lor (Anciennes lois roumaines et leurs sources*). Vol.I *Code de la Moldavie depuis l'époque de Basile Loupoul*, éd. Göbl, Bucarest, 1912.
LUCCHINI L. (diretto da), *Il digesto italiano, enciclopedia metodica e alfabetica di legislazione, dottrina e giurisprudenza*, vol. XXIII, UTET, Turin, 1912-1916.
MORTREUIL J.-A.-B., *Histoire du droit byzantin ou du droit romain dans l'Empire d'Orient depuis la mort de Justinien jusqu'à la prise de Constantinople en 1453*, Paris, 1843-1846 (réimp. Zeller, 1970).
PERTILE A., *Storia del diritto italiano dalla caduta dell'Impero romano alla codificazione (1896-1903)*, t.IV, réed. Bologna, 1966.
POLI X., *La Corse dans l'Antiquité et le Haut Moyen Age*, Paris, 1907.
POTHIER R.-J., *Oeuvres de Pothier annotées et mises en corrélation avec le Code civil et la législation actuelle*, par M. BUGNET, 1861-1862, 10 vol.
PROUDHON J.-B., *Traité des droits d'usufruit, d'usage, d'habitation et de superficie*, t.8, Dijon, 1827.
REALIER-DUMAS, *Mémoire sur la Corse*, Paris, 1828.
RIGAUD L., *Le droit réel, histoire et théories. Son origine institutionnelle*, Toulouse, 1912.
ROBIQUET F., *Recherches historiques et statistiques sur la Corse*, Paris, Rennes, 1835, réédit. en 1983.
ROUSSEAUD De LACOMBE G. (Du), *Recueil de jurisprudence civile du pays de droit écrit et coutumier*, 5è éd., Paris, 1769.
RUBEN De COUDER, J., *Résumé de répétitions écrites de droit romain*, Paris, 1888.
SAURIN J., *La constitution de la propriété et les contrats de culture indigènes en Tunisie*, Paris, 1887.
SCHUPFER F., _ *Manuale di storia del diritto italiano*, Città di Castello, 1895.
_ *Il diritto privato di popoli germanici*, Città di Castello, 1907.
VALETTE A., *Cours de Code Civil -La propriété*, Paris, 1879.
VALSERRES P.-J., *Manuel de droit rural et d'économie agricole*, Paris, 1846.
VIOLLET P., *Droit civil français*, Paris, 1905.

Ouvrages postérieurs à 1914

ABDELGAWAD M., *La propriété des terres en Islam*, Impr. Mondiale, Le Caire, 1971 (en arabe).

ALBALADEJO M., *Derecho civil*, vol.2 Ed. Boch, 1996.
ALBERTINI E., *L'Empire romain*, PUF, Paris, 1970.
ALBITRECCIA A., *Le plan terrier de la Corse*, thèse lettres, Paris, 1942.
AMADEI A., *Terre et hommes du nord de la Corse au coeur du Moyen-Age*, éd. Scola Corsa, Bastia, 1991.
ANGIONI G., *I pascoli erranti : antropologia del pastore in Sardegna*, Liguori, Naples, 1989.
ANGIONI G. et autres, *Sardegna, La terza*, Bari, 1989.
ARION DINOU C., *Le νομοζ γεωργιχοζ et le régime de la terre dans l'ancien droit roumain jusqu'à la réforme de Constantin Mavrocordat*, Paris, 1929
ASSIER-ANDRIEU L., *Une France coutumière. Enquête sur les usages locaux et leur codification*, Paris, CNRS, 1990, p.24.
Association internationale des sciences juridiques, *Le droit de la terre en Afrique (au sud du Sahara)*, Paris, Maisonneuve et Larose, 1971.
AUBENAS R., _ *Cours d'histoire du droit privé des anciens pays de droit écrit, XIIIè-XVIIIè siècles,* t.I « partie générale, sources, bibliographie, condition des personnes », 2è éd.; t.IV « autour de la propriété foncière », Aix-en-Provence, La Pensée Universitaire, 1955.
_ *Pour l'étude de l'ancien droit corse*, Extrait des Annales de la faculté de droit d'Aix-en-Provence, 1958.
BALBI G., *Il diritto di superficie*, Turin, 1947.
BALLARIN MARCIAL A., *Derecho Agrario*, Madrid, 2 edicion, 1978, pp.63-64.
BART J., *Histoire du droit privé de la chute de l'Empire Romain au XIXème siècle*, Paris, 1998.
BASSANELLI E., *La colonia perpetua « ad meliorandum » nel basso Lazio*, Rome, 1933.
BENACHENHOU A., *Régime des terres et structures agraires au Maghreb*, Alger, éd. pop. de l'armée, 1970.
BERARD L., *Terres et eaux en Dombes*, Lyon, Presses Universitaires, 1982.
BERQUE J., *Structures sociales du Haut-Atlas*, Paris, PUF, 1955
BESTA E., _ *I diritti sulle cose nella storia del diritto italiano*, Padoue, 1933.
_ *Introduzione al diritto comune*, Padoue, 1938.
_ *Fonti del diritto italiano dalla caduta dell'Impero Romano sino ai nostri tempi*, 2è éd., Milan, 1944.
BIONDI B., *La categoria romana delle servitutes*, Milan, 1938.
BLEUCHOT H., *Anthropologie du droit musulman*, cours polycopié DESS Affaires internationales sud Méditerrannée (Université de Corte), DEA de droit musulman (Université de Perpignan) et Magistère de négociations internationales (Université de Provence), 1999.
BLOCH M., *Les caractères originaux de l'histoire rurale française*, Paris, 1931.

BONASSIE P., _ *La Catalogne du milieu du Xè à la fin du XIème siècle*, Association de publication de l'Université de Toulouse le Mirail, 1976.
_ *La Catalogne au tournant de l'an mil : croissance et mutations d'une société*, Paris, Albin Michel, 1990.
BONFANTE P., _ *Corso di diritto romano*, vol.2, Rome, 1926.
_ *Histoire du droit romain*, trad. française Carrèrre et Fournié, 2 vol. Paris, 1928.
BOURJOL M., *Les biens communaux*, Paris, LGDJ, 1989.
BOUSQUET G.-H., _ *Précis de Droit musulman principalement malékite et algérien*, 2 vol., 3è éd., Alger, La Maison des Livres, 1959.
_ *Le droit musulman*, Paris, A. Colin, 1963.
BRAUDEL F., *La Méditerranée et le monde méditerranéen à l'époque de Philippe II*, t.I *La part du milieu* et t.II *Destins collectifs et mouvements d'ensemble*, 9ème édit., Paris, A. Colin, 1990.
BREHIER L., *La civilisation byzantine*, Paris, Albin Michel, 1950 et 1970.
BRUNETON-GOVERNATORI A., *Le pain de bois : ethnohistoire de la châtaigne et du châtaignier*, Nîmes, Eché, 1984, rééd.par Lacour, 1999.
BRUNOT E., *L'exercice de la chefaa et de la préemption devant les juridictions françaises du Maroc*, Tanger, 1955.
BUTTOUD G., *La forêt et l'Etat en Afrique sèche et à Madagascar*, Paris, Karthala, 1995.
CASANOVA A., _ *Identité corse, outillages et révolution française*, édit. du CTHS, juillet 1996.
_ *Arboriculture et société en Méditerranée*, Paris, Le Signet, 1998.
CASIMIR P., *Les bandites de la Turbie*, Monaco, 1919.
CASTA F. (Abbé), *Paroisses et communes de France*, CNRS, Paris, 1993.
CASTAN TOBENAS J., *Derecho civil, espanol, comun y foral*, Madrid, undécima ed., 1975, T.I., vol.I, p.184.
CENDON P. (diretto da), *Commentario al codice civile*, libro terzo della proprieta, UTET, Turin, 1991.
CENCELLI A., *La proprietà collettiva in Italia*, Milan, 1920.
CHARLES R., *Le droit musulman*, ancien QSJ n°702, Paris, PUF, 6è éd., 1982.
CHELHOD J., *Le droit dans la société bédouine. Recherches sur le 'orf ou droit coutumier des Bédouins*, Paris, Librairie Marcel Rivière et Cie, 1971.
CHENON E., _ *Les démembrements de la propriété foncière en France avant et après la Révolution*, 2è éd., Paris, 1923.
_ *Histoire générale du droit français public et privé des origines à 1815*, t.I, 1926, t.II, 1929, Paris.
CIAN-TRABUCCHI, *Commentario breve al codice civile, complemento giurisprudenziale*, Padoue, Cedam ed., 1996 (p.878-881).
CORNIL G., *L'ancien droit romain*, Bruxelles, 1930.
CORVOL A., *L'homme et l'arbre sous l'Ancien Régime*, Paris, Economica, 1984.

CORVOL A. et DUGAS DE LA BOISSONNY C., (sous la dir. de), *Enseigner et apprendre la forêt*, colloque de Nancy (8-10 oct. 1990), Paris, L'Harmattan, 1993.
CORVOL A. et RICHEFORT I., *Nature, environnement et paysages, l'héritage du XVIIIème siècle. Guide de recherche archivistique et bibliographique*, Paris, L'Harmattan, 1995.
D'AMELIO M. (con la collaborazione di A. Azzara), *Nuovo digesto italiano*, UTET, Turin, 1940, p.1212-1225.
DE CASTRO Y BRAVO F., *Derecho civil de Espana*, Madrid, 3è edicion, 1955, p.205.
DECROUX P., *Droit foncier marocain, Droit privé marocain*, vol.3, Rabat, éd. La Porte, 1972.
DEFRANCESCHI J., *Répartition de la propriété foncière en Corse de la fin de l'Ancien Régime au milieu du XIXème siècle*, thèse d'Etat, Ajaccio, Editions Cyrnos et Méditerranée, 2 volumes, 1986.
DE FRANCISI P., *Storia del diritto romano*, 2è éd., Milan, 1943-1944.
Dictionnaire de droit, 2 vol.., 2ème édit., Paris, Dalloz, 1966.
DI TUCCI R., *La proprietà fondiaria in Sardegna dall' alto medioevo ai giorni nostri*, Cagliari, 1928.
DOMENE A., *El derecho de sobre edificaciòn y sub edificaciòn*, Palma de Mallorca, 1983.
DOUBLIER R., *La propriété foncière en A.O.F.*, Saint-Louis, 1952.
DUBY G., *Guerriers et paysans, VIIè-XIIème siècle premier essor de l'économie européenne*, Paris, TEL Gallimard, 1985.
EDDAHBI A., *Les biens publics en droit marocain*, Casablanca, Afrique Orient, 1991.
EMMANUELLI P., *Recherches sur la Terra di Comune, documents sur les aspects de la vie administrative, privée et économique des unités communautaires en Corse aux XVIème, XVIIème, XVIIIème siècles*, thèse droit, Aix, 1958.
Extraits des orateurs attiques, traduction française publiée avec des notices et des notes par L. Bodin, Paris, Hachette, 1978.
FORNI F.-F., *La superficie delle piantagioni*, Lugano, 1946.
FRAZER J., *Le Rameau d'Or*, version française, Paris, réédition R. Laffont, 1983, 4 vol.., particulièrement vol.3 (*l'esprit des blés et des bois*) et vol.4 (*Balder le magnifique*).
FRUHAUF C., *Forêt et société, de la forêt paysanne à la forêt capitaliste en pays de Sault sous l'Ancien régime, (vers 1670-1791)*, Editions du CNRS, 1980.
FUSTEL DE COULANGES N.-D., *Nouvelles recherches sur quelques problèmes d'histoire (...), La propriété chez les Grecs*, Paris, 1923.
GARAUD M., *La Révolution et la propriété foncière*, Histoire générale du droit privé français de 1789 à 1804, t.II, Paris, 1958.

GARCIA GALLOA A., *Manual de historia del derecho español. I : La origen y la evolucion del derecho. II : Metodologia historico-juridica. Antologia de fuentes del derecho español*, Madrid, 1975, 2 vol..
GARNSEY P. et SALLER R., *L'empire romain, économie, société, culture*, Tours, La Découverte, textes à l'appui/série histoire classique, 1994.
GASSE V., *Les régimes fonciers africains et malgache*, Paris, LGDJ, 1971.
GARDET L. *La cité musulmane*, Paris, Vrin, 1969.
GAUDEMET J., _ *Institutions de l'Antiquité*, Paris, Sirey, 1967.
_ *Le droit privé romain*, Paris, A. Colin.
GIARDINA C., *Storia del diritto*, Palerme, 1963, 2 vol..
GIRARD P.-F., *Textes de droit romain*, 6è éd., 1937.
GONZALEZ J., *El derecho real de superficie*, Madrid, 1992.
GUERRERO MARTIN C., *La problemàtica juridica de los immuebles situados en el litoral*, Madrid, Ed. Mc Graw Hill, 1998.
GUITERA P., *Essai sur les statuts civils et criminels de l'île de Corse (1571)*, thèse droit, Paris, 1963.
HALPERIN J.-L., *Histoire du droit privé français depuis 1804*, Paris, PUF, 1996.
HENRY J.-R. et BALIQUE F., *La doctrine coloniale du droit musulman algérien*, Les Cahiers du CRESM n°10, Paris, 1979.
HUMBERT M., *Institutions politiques et sociales de l'Antiquité*, 6è éd., Dalloz, Paris, 1997.
IBLED C., *Le droit de superficie et le droit français*, thèse Paris, 1931.
IBN ISHAQ H., *Il « Muhtasar » o sommario del diritto Malechita*, 2 vol., trad. I. Guidi, Milan, 1919.
IBN ROCHD, *Bidayet el Moudjtahid* (Le livre des échanges), traduction de A. Laimeche, Alger, 1940.
ISNARD H., _ *La vigne en Algérie, étude géographique*, éditions Ophrys, Gap, 1951.
_ *La réorganisation de la propriété rurale dans la Mitidja, ses conséquences sur la vie indigène*, impr. A. Joyeux, Alger, sd.
JANSSE L., *La propriété. Le régime des biens dans les civilisations occidentales*, Paris, 1953.
JEHASSE O., *Corsica classica*, La Marge, Ajaccio, 1986.
JOUFFROY D., *L'histoire de l'olivier et de l'huile d'olive en Corse de la fin du XVIè siècle au début du XXè siècle. Economie-société-aspects culturels*, thèse, Corte, 2013.
JULIEN C.-A., *Histoire de l'Afrique du Nord*, T.I *Des origines à la conquête arabe*, Paris, Payot, 1986.
KAPLAN M., *Les hommes et la terre à Byzance, du VIème au XIème siècle : propriété et exploitation du sol*, thèse Paris, 1987.
KOUBI G., *Propriété et révolution*, textes réunis, Toulouse, CNRS, 1991.
LABARRIERE J., *Le pâturage d'été et d'hiver dans la région de l'ancien comté de Nice; Alpes, Terre de Cour, Bandites*, thèse droit, Paris, PUF, 1922.

LADJILI-MOUCHETTE J., *Histoire juridique de la Méditerranée, droit romain, droit musulman*, Tunis, Publications scientifiques tunisiennes, 1990.
LAGARDERE V., *Campagnes et paysans d'Al-Andalus, VIIIè-XVè s.*, Paris, Maisonneuve et Larose, 1993.
LAHMAR M., *Du mouton à l'olivier, essai sur les mutations de la vie rurale maghrébine*, Tunis, Cérès éditions, 1994.
LAUNAY M., *Paysans algériens, la terre, la vigne et les hommes*, Paris, Seuil, 1963.
LEBONVALLET C., *Monographie de Morsiglia*, Paris, 1958.
LEBRET, MARMY, GERLAUD, MACQUERON, AUBENAS, DAUVILLIER, MURAT, *Propriété et communauté*, Ecully, 1944.
LE BRIS E., LE ROY E., MATHIEU P., *L'appropriation de la terre en Afrique noire, Manuel d'analyse, de décision et de gestion foncières*, Paris, Karthala, 1991.
LECA A., *L'esprit du droit corse d'après le plus ancien code insulaire : les statuts de San Colombano de 1348*, Ajaccio, La Marge, 1990.
LEGENDRE M., *Las jurdes. Etude de géographie humaine*, éd. Feret, Bordeaux, 1927.
LEICHT P.-S., *Il diritto privato preirneriano*, Bologne, 1933.
Le Mémorial des Corses (s/ la dir. de F. Pomponi), Ajaccio, t. 1 et 2, 1982 et t.7, 1999.
LELANOUX M., *Pâtres et paysans de la Sardaigne*, Tours, 1941.
LEPOINTE G., *Droit romain et ancien droit français, les biens*, Paris, Dalloz, 1958.
LESERVOISIER O., *La question foncière en Mauritanie, terres et pouvoirs dans la région du Gorgol*, Paris, L'Harmattan, « Connaissance des hommes », 1994.
LEVY J.-P., _ *Cours d'histoire des institutions privées. La propriété - les biens*, les cours de droit, Paris, 1969.
_ *Histoire de la propriété*, QSJ, n°36, Paris, 1972.
LEVY-BRUHL H., _ *Répétitions écrites de droit romain rédigées d'après le cours*, les cours de droit, Paris, 1930.
_ *Quelques problèmes du très ancien droit romain (essai de solutions sociologiques)*, Paris, Domat-Montchrestien, 1934.
LEVY-BRUHL L., _ *L'âme primitive*, Paris, 1927.
_ *Le surnaturel et la nature dans la mentalité primitive*, Paris, 1931.
LINANT De BELLEFONDS Y., *Traité de droit musulman comparé*, vol.1, Paris, éd. Mouton, 1965.
LOURDJANE A., *Le droit civil algérien*, Paris, L'Harmattan, Paris, t.2 à paraître.
LUC P., *Vie rurale et pratique juridique en Béarn aux XIVè et Xvème siècles*, thèse droit Montpellier, 1943.
MAROUF N., *Terroirs et villages algériens*, Alger, Office des publications universitaires, 1981.

MARTIN O., *Histoire de la coutume de la prévôté et vicomté de Paris*, Paris, 3 vol ;, 1922, 1926 et 1930.

MARTY J.-A., *Les territoires du sud tunisien et leurs ressources arbustives*, thèse droit, Alger, 1944.

MARTY J.-P., *La dissociation juridique de l'immeuble*, thèse droit, Toulouse, 1976.

MAURIN C., *Quelques contrats de métayage en Afrique du Nord et Syrie, (contribution à l'étude de l'évolution actuelle du monde rural*, Revue IBLA (Institut des Belles Lettres Arabes), Tunis, 1945.

MELEZE-MODRZEJEWSKI J., *Droit impérial et traditions locales dans l'Egypte romaine*, éd. Variorum, 1990.

Mesures de l'île, le plan terrier de la Corse 1770-1795, Musée de la Corse, catalogue de l'exposition, Ajaccio, 1997.

MEYER J., *La Noblesse bretonne au XVIII7me siècle*, Paris, EPHE, 1966, t.2.

MILLIOT L. et BLANC F.-P., *Introduction à l'étude du droit musulman*, coll. « les systèmes de droit contemporain », Paris, Sirey, 2è édit, Paris, 1987 et Dalloz, 2001.

MOLEUR B., *Le droit de propriété sur le sol sénégalais, analyse historique du XVIIIème siècle à l'indépendance*, thèse Dijon, 1978.

MONIER R., _ *Petit vocabulaire de droit romain,* 3è édition, Paris, Domat-Montchrestien, 1942.

_ *Manuel élémentaire de droit romain*, t.1, Paris, Domat-Montchrestien, 1947, rééd. Scientia Verlag Aalen, 1977.

_ *Cours de doctorat*, Paris, 1952.

MONIER R., CARDASCIA G. et IMBERT J., *Histoire des institutions et des faits sociaux des origines à l'aube du Moyen-Age*, Paris, 1955.

MORATI M-J. et J.-C., *Quelques aspects de la vie rurale en Corse d'hier*, Casaglione, 1988.

ORIGONE S., *Notai genovesi in Corsica, Calvi, 1370 - Bonifacio, 1386-1386*, Gênes, 1979.

ORSINI L., *Les arrêtés Miot*, La Marge, Ajaccio, 1990.

ORTOLANI M., *Aspects juridiques de la vie communautaire dans le comté de Nice au XVIIIè siècle (un exemple Tende 1699-1792)*, éd. du Cabri, Menton, 1994.

OURLIAC P. et DE MALAFOSSE J., *Histoire du droit privé, les biens*, PUF, Paris, 1961.

OURLIAC P. et GAZANIGA J.-L., *Histoire du droit privé français de l'An Mil au Code civil*, Paris, 1985.

PATAULT A.-M., *Introduction historique au droit des biens*, Paris, 1989.

PERLINGIERI P., (a cura di) *Codice civile annotato con la dottrina e la giurisprudenza*, UTET, Turin, 1980, et Edizioni Scientifiche Italiane-Zanichelli Editore, Naples, 1991 (libro terzo della proprieta).

PERNET F. et LANCLUD G., *Bergers en Corse, essai sur la question pastorale*, Grenoble, 1977.

PERNEY D., *Une institution originale : les droits de bandite*, Travaux de recherches de la faculté de droit et des sciences économiques, fasc.IV, Nice, juin 1978.
PESTEIL P., *Société corse traditionnelle et transition au capitalisme : le cas de la piève de Muriani,* thèse d'ethnologie, Aix-en-Provence, 1986.
PITTE J.-R., *Terres de Castanide, hommes et paysans du châtaignier de l'Antiquité à nos jours*, Paris, Fayard, 1986 (spécialement p.190-194).
PIRENNE J., *Histoire des institutions et du droit privé de l'ancienne Egypte*, Bruxelles, 1932-1935.
PLANIOL M., *Histoire des institutions de la Bretagne*, t.4 *la Bretagne ducale* et t.5 *XVIè siècle*, Association pour la publication du manuscrit de M. Planiol, Mayenne, 1982-1984.
PODEUR J., *Textes berbères des Aït Souab*, collection « Bilingues », Cahors, Edisud/La boîte à documents, sept.1995.
POIRIER A., *L'évolution du complant en France et particulièrement en Loire inférieure*, thèse Rennes, 1941.
POIRIER J., *Ethnologie générale*, Paris, La Pléiade, 1968.
POMPONI F., *Essai sur les notables ruraux*, Aix-en-Provence, La Pensée Universitaire, 1962.
PUIG I FERRIOL L. et ROCA I TRIAS E., *Institutions del dret civil de Catalunya*, Barcelone, Bosch éd., 1984.
RAVIS-GIORDANI G., *Bergers corses, les communautés villageoises du Niolu*, Millau, Edisud, 1983.
RENOUX-ZAGAME M.-F., *Origines théologiques du concept moderne de propriété*, Genève, Droz, 1987, 400 pages.
RENUCCI J., *Corse traditionnelle et Corse nouvelle*, Lyon, Audin imprimeurs, 1974.
ROBERTI, *Svolgimento storico del diritto privato in Italia*, Padoue, 1935.
ROLAND H. et BOYER L., *Locutions latines et adages du droit français contemporain*, II Adages, 2vol., Lyon, L'Hermès, 1979.
ROSSI H., *Les successions testamentaires dans l'ancien droit corse*, thèse droit, Aix, 1960.
ROTA M.-P. et CANCELLIERI J.-A., *De la nature à l'histoire, les forêts de la Corse*, Gênes, Ajaccio, éd. Piazzola, 2001.
ROUVEROUX P., *Le métayage, ce qu'il faut en savoir*, Paris, Librairie agricole de la « Maison Rustique ».
RUEDIN R., *Le droit réel de superficie*, mémoires de la faculté de droit et de sciences économiques de l'Université de Neufchâtel, éd. Ides et Calendes, 1970.
SALIS S., *La proprietà superficiaria*, Padova, 1936.
SANZ JARQUE J.J., *Derecho Agrario. General, Autonomico y Communitario*, Madrid, 1985, vol.I, p.9 -10.
SCHIAPARELLI L., *Codice Diplomatico Longobardo*, vol. I et II, in *Fonti per la Storia d'Italia*, Roma, 1929 et 1933.

SERPENTINI A. L., _ *Les bases du pouvoir dans une ville, propriété, population et gouvernement à Bonifacio au XVIIIème siècle*, t.I, thèse d'histoire, Nice, 1978.
_ *La Coltivatione ; Gênes et la mise en valeur agricole de la Corse au XVIIè siècle*, Albiana, Ajaccio, 1999.
SETHOM H., *Les fellahs de la presqu'île du Cap Bon (Tunisie)*, Publications de l'Université de Tunis, 1977.
SIALELLI J.-B., *La justice en Corse et le tribunal de Corte (1769-1958)*, multigraphié, Corte, 1993.
SIMI P., *Châtaignes et marrons de Corse*, Ministère de l'Agriculture, région Corse, Bastia, 1977.
SOLMI A., *Studi storici sulle istituzioni della Sardegna nel Medio Evo*, Cagliari, 1917, rééd. Cagliari 1974.
SPINOSI C., *Le droit des gens mariés en Corse du XVIè au XVIIIème siècle*, Aix-en-Provence, La Pensée Universitaire, 1956.
STARACE C., *Bibliografia della Corsica*, ISPI, 1943.
Suds et îles de la Méditerranée, Paris, éd. Publisud, 1998.
TORRENTE-SCHLESINGER, *Manuale di diritto privato*, Milan, Giuffrè edit., 1997.
TROTABAS L., *Le droit public dans l'annexion et le respect des droits acquis*, Etudes sur les bandites, le culte et diverses situations particulières au comté de Nice annexé (1860), thèse Paris, édit.« la vie universitaire », 1921.
VERDIER J.-M., DESANTI P. et KARILA J., *Structures foncières et développement rural au Maghreb*, Coll. Travaux et recherches de la Faculté de droit et de sciences économiques, Série Afrique n°4, Paris, PUF, 1969, 165 pages.
VIGNOLI G., *I Territori italofoni non appartenenti alla Republica italiana « agraristica »*, Milan, 1995.
VITALE J., *Monographie d'un village de type agro-pastoral : Bocognano de 1771 à 1818*, mémoire de maîtrise d'histoire, Nice, 1978.
VOLTERA ..., *Bibliografia di diritto agrario romano*, Florence, 1951.
WEIL de H., *Le droit musulman. Nature et évolution*, C.H.E.A.M., 2è éd., Paris, 1993.

Articles et contributions

ABRIBAT J., « Du *habous*, du bail à complant et du bail à défrichement », *Revue algérienne et tunisienne de législation et de jurisprudence*, 1934.
ACCOLA G., « Mutations territoriales de l'Etat et survie des institutions anciennes : la distinction alpes/bandites et l'application de la loi du 8 juillet 1963 », *Actes du colloque Nice au XIXè siècle : mutations institutionnelles et changements de souveraineté*, Centre d'histoire du droit, Nice, 1985, p.191-202.

ALVINO E., « Efficacia del diritto di superficie su piantagioni costituito mediante usucapione sotto il codice abrogato », sous l'arrêt de la Cour de Cassation italienne du 2 octobre 1970, n°1780, in *Giustizia Civile*, 1971, I, p.89.

AMAT-ESCANDELL L., « La codificacion del derecho rural en Espana », in *La codification du droit rural, Actes du 4ème Congrès Mondial des agraristes universitaires*, Tunis, 21-26 oct.1996, imp. officielle de la République tunisienne, t.2, p.481-490.

AUBENAS R., « Pour l'étude de l'ancien droit corse », *Annales de la faculté de droit d'Aix-en-Provence*, n°50, Aix-en-Provence, La pensée universitaire, 1958, p.4-11.

« Biens communs, patrimoines collectifs et gestion communautaire dans les sociétés musulmanes », études sous la responsabilité de S. Denoix, *Revue des mondes musulman et de la Méditerranée*, n°79-80, Aix-en-Provence, Edisud, 1997.

BEN HAMMED R., « Genèse et évolution du droit rural en Tunisie », rapport présenté au colloque de Pise, nov.1990.

BRANDILEONE F., « Note sull'origine di alcune istituzioni giuridiche in Sardegna », in Archivio Storico Italiano, 1902, vol.30.

BRUCE J., « Rapid appraisal of tree and land tenure », FAO, *Community Forestry*, note n°5, 1991.

CANCELLIERI J.-A., _ « Formes rurales de la colonisation génoise en Corse au XIIIème siècle, essai de typologie » in *Mélanges de l'Ecole Française de Rome*, 1981.

_ « Toponymie et topographie de la Corse médiévale : un programme d'enquête pour l'archéologie extensive », *Actes des premières journées universitaires corses de Nice (15-16 mai 1987)*, Nice, 1989, p.73-78.

_ « Toponymie et structures médiévales de l'occupation de l'espace insulaire in *Les temps anciens du peuplement de la Corse, la Balagne II*, sous la dir. De M.-C. Weiss, Université de Corse, 1988, p.177-240.

CARCOPINO J., « La tenure romaine » in *Recueils de la Société Jean Bodin*, Bruxelles, 1938, t.3, p.126 s.

CASANOVA A., _ « Essai d'étude sur la seigneurie banale en Corse », *Etudes Corses*, n°17 à 24, 1958-1959 (particulièrement n°18, p.14-17 et n°23, p.39-54).

_ « Mariage et communauté rurale. L'exemple corse », *Cahiers du CERM*, n°1, Paris, 1965.

_ « Essai sur les classes sociales dans les campagnes corses avant la Révolution. », *Etudes Corses*, n°28, 1987.

_ « Châtaigniers et société en Corse au temps de Bonaparte. », *Etudes Corses*, n°34, 1990.

COPPOLANI J.-Y., _ « Le Code corse », *Recueil de mémoires et travaux de la société d'histoire du droit des anciens pays de droit écrit*, fasc.XII, Université de Montpellier, 1983, p.35-37.

_ « Projet de Code Civil corse établi à Bastia en 1787 », *Bulletin de la Société des Sciences Historiques et Naturelles de la Corse*, fasc.645, 1983, p.125-152.

_ « Un élément exemplaire du maintien de la spécificité du droit corse : l'application de l'article 553 du Code Civil et la propriété « arboraire en Corse », *Papiers de travail*, Università d'Estate, Corti, 1984, p.166-170.

_ « La propriété arboraire en Corse », communication, Séminaire de droit rural sur les cultures pérennes dans les pays méditerranéens, Corte, 1990.

_ « Encore une fois sur la spécificité du droit corse », Actes des deuxièmes journées universitaires corses de Nice (31 mai-1er juin 1991), Université de Nice, 1993, p.137-141.

COPPOLANI J.-Y. et JEAN F., « La preuve de la propriété « arboraire » en Corse » in *La preuve de la propriété immobilière*, Paris, Mare & Martin, 2017, p.71-82.

DANOS F., « Perpétuité, droits réels sur la chose d'autrui et droit de superficie », *Defrénois*, n°21, 15 novembre 2012, p.1067-1073.

DECOURT-HOLLENDER B., « Tutelle sénatoriale et respect des droits et propriétés des communautés et des hommes du Comté de Nice au XVIIIème siècle » in *Propriété individuelle et collective dans les Etats de Savoie*, Actes du colloque international de Turin 9-10 octobre 2009, Nice, Serre éditeur, 2012, p.185-195.

DEFRANCESCHI J., _ « Pasteurs et cultivateurs en Corse au XVIIIème siècle », *Annales historiques de la Révolution française*, n°218, 1974, p.542-556.

_ « La communauté rurale corse à la fin de l'Ancien Régime : recherches sur l'occupation des sols », Collectif, *Pieve e paesi*, CNRS, Marseille, 1978, p.79-103.

DE LEENER P., « Le foncier de l'arbre » in LE BRIS E., LE ROY E., MATHIEU P. (s/la dir.), *L'appropriation de la terre en Afrique noire*, Paris, Karthala, 1991.

DE MALAFOSSE J., « Les lois agraires à l'époque byzantine : tradition et exégèse » in *Recueil de l'Académie de Législation de Toulouse*, 1949, p.48 s.

D'ESTIENNE DE SAINT-JEAN, « Paysan métayer de la basse Provence », *Les ouvriers des deux mondes*, études publiées par la société internationale des études pratiques d'économie sociale, 2è série, t.II, Paris, Libr. Firmin-Didot et Cie, 1890.

DI TUCCI R., _ « Di alcune accessioni e di alcune forme della proprietà immobiliare nel Medio Evo », in *Studi Economico-Giuridici* pubblicatti per cura della facoltà di giurisprudenza della Regia Università di Cagliari, a.XV, Cagliari, p.5 et s.

DOUCOURE M.-B., « Le droit de l'arbre en Afrique Noire », *Etudes Foncières*, n°83, été 1999, p.42-45.

ERA A., « Il diritto agrario nei « Capitula Curiarum » del regno di Sardegna », in *Testi e Documenti per la storia del Diritto agrario in Sardegna*, Sassari, 1938.

ETTORI F., « La mise en valeur agricole de la Corse au XVIIème siècle », *Etudes Corses*, n°9, 1956, p.63-81.

FALCONE G., « Note historique sur la définition législative de la servitude (art.637 Code Napoléon – art.1027 cod.civ.it.) », *Revue historique de droit français et étranger*, 2001, p.13-30.

FERRARA F., « Diritto di macchiatico (affouage) e superficie », *Foro italiano*, 1929, I, 1041.

__ « La superficie delle piantagioni », *Rivista di diritto agrario*, 1941, I, p.113 s et *Scritti giuridici*, III, Milan, 1954, 179 et 150.

GARCIA LEAL A., « Modalidades de la propriedad immobiliaria en la provincia de Càceres », in *Boledino del Instituto de reforma agraria*, n°24, Madrid, 1934.

GATEAU J.-C., « Le parler du Bozio », *Bulletin de la Société des Sciences Historiques et Naturelles de la Corse*, fasc.690-691, 2000, p.5-172.

GAUDEMET J., « Quelques remarques sur le droit naturel à Rome », *Revue internationale des droits de l'Antiquité*, 1952, p.445-467.

GIARDINA C., « La cosiddetta proprietà degli alberi separata da quella del suolo in Italia », in *Storia del diritto*, II, Palerme, 1965, 308 ss, réédition de l'ouvrage publié à Palerme en 1941.

GRAND …, « Le contrat de complant », *Nouvelle Revue Historique de droit français et étranger*, 1916.

JEAN F., « La preuve de la propriété en droit musulman » in *La preuve de la propriété immobilière*, Paris, Mare & Martin, 2017, p. ???????

KNUTEL R., « Arbres errants, îles flottantes, aminaux fugitifs et trésors enfouis », *Revue historique de droit français et étranger*, 1998, p.187-214.

LAKHDAR T., « De l'économie juridique de la mogharça », *Revue tunisienne de droit*, 1954.

LAMBERT J., « Les Tablettes Albertini », *Revue Africaine*, n°434 et 435, Alger, 1953, p.205.

LAMOTTE P., « Modes de jouissance des biens communaux », *Etudes Corses*, n°9, 1956, p.33-62.

_ « Note sur la propriété arboraire en Corse », *Etudes Corses*, n°12, 4°trim.1956, p.60-68.

_ « Restriction du droit de propriété et sauvegarde des intérêts de la collectivité de l'ancienne Corse », *Etudes Corses*, n°15 et 16, 3° et 4° trim.1957, p.68-76.

« L'arbre en Afrique tropicale, la fonction et le signe », *Cahiers ORSTOM*, série sciences humaines, vol.XVII, n°3-4, 1980.

LATRON A., « La vie rurale en Syrie et au Liban », *mémoires de l'Institut Français de Damas*, 1936.

LECA J.-C., « Une communauté villageoise au XIXème siècle : Calenzana », in Collectif *Pieve e paesi*, CNRS, Marseille, 1978, p.105-133.
LENOAN R., « Le déclin du domaine congéable en basse Bretagne », Travaux juridiques et économiques de l'Université de Rennes, X, 1930, p.121-143.
Le Petit Bastiais, 26 février 1936, « Le regroupement de la propriété foncière en Corse ».
Le Petit Bastiais, 22 janvier 1942, « La propriété au XVème siècle ».
LINANT De BELLEFONDS Y., « Un problème de sociologie juridique. Les terres « communes » en pays d'Islam », *Studia Islamica* X, Paris, Maisonneuve et Larose, 1959.
LOT F., « De l'étendue et de la valeur du « caput » fiscal sous le Bas Empire », *Revue Historique de droit français et étranger*, 1925, p.5-60 et 177-192.
MEINCKE J.-P., « Superficies solo cedit », *Zeitschrift der Savigny stifung für Rechtsgeschichte, romanitische Abteilung*, 1971, p.136 s.
MAROI F., _ « La proprietà degli alberi separata da quella del fondo », in *Studia et Documenta Historiae et Iuris*, fasc. II, 1935, r p.349 à 372 imprimé dans *Scritti Giuridici*, I, Milan, 1956, 52 e 65.
_ « Proprietà superficiaria di un bosco », in *Rivista di Diritto Civile*, an. XXIV, 1932, p.607 s.
MARTINEZ PARDO P., « El derecho de apostar o apostonar » *in Revista de derecho privado*, 1922, p.271 s.
MARTINI F.-J. et SCANIGLIA G., « Approche du problème foncier dans la Corse de l'intérieur » in La Corse XVIIIème-XXème : les hommes, les structures et le changement social, Association « passé présent », Cahier n°1, Bastia, 1982.
MARTINI M., « Monographie du « ceppo » de Sisco (1676-1679) », *Bulletin de la Société des Sciences Historiques et Naturelles de la Corse*, fasc.572, 3°trim.1964.
MENAGER L., « Les plus anciens témoignages d'appropriation foncière en Grèce », *droits et cultures* 14, 1987, p.105-128.
MENU B., « Le régime juridique des terres en Egypte pharaonique, Moyen Empire et Nouvel Empire », *Revue Historique de Droit français et étranger*, 1971, p.555-585.
« Montagnes et forêts méditerranéennes », *ICALPE* (centre international pour l'environnement alpin), Cahors, 1992.
MOLL DE ALBA LACUVE C., « El derecho de superficie y el derecho de vuelo en el Codigo civil de Cataluna », *Anales* (*Centro para la Investigacion y Desarollo del Derecho Registral e Immobiliario y Mercantil*), n°2005-2008, p.137-142.
MONIER R., « Cultura manciana et emphytéose », *Studi U.E. Paoli*, Florence, 1956, p.523 s.

MOREAU J.-P., « Bail à ferme », *Juris-Classeurs*, Formule-bail à complant, fasc.600, bail à domaine congéable, fasc.610 (1998)

MOUSSA M. L. F., « La codification du droit rural en Tunisie », *Actes du 4ème Congrès Mondial des agraristes universitaires*, Tunis, 21-26 oct.1996, impr. officielle de la République Tunisienne, t.2, p.587-598.

NAPOLEONE C., RAYMOND V., MORGE D., « Rapport d'étape sur le diagnostic foncier en Corse, propositions de travail », CEMAGREF, janvier 2000.

ONIDA M., « I contrati agrarii sardi », in *Archivio « Vittorio Scialoja » per le consuetudini giuridiche agrarie*, vol.II, fasc.1, 1935.

ORTOLANI M., « Le droit de bandite dans le pays niçois. Etapes d'une réflexion » in *Propriété individuelle et collective dans les Etats de Savoie*, Actes du colloque international de Turin 9-10 octobre 2009, Nice, Serre éditeur, 2012, p.111-130.

OURLIAC P., « Baux ruraux à régime particulier », *Juris-Classeurs*, fasc.62, (1992)

PATAULT A.-M., « La propriété non exclusive au XIXème siècle », *Revue Historique de Droit français et étranger*, 1983, p.217 à 237.

PELISSIER P., « L'arbre en Afrique tropicale. La fonction et le signe », Cahiers ORSTOM, série sciences humaines, vol.XVII, n°3-4, 1980, p.127-130.

PISTARINO G., « Corsica medievale, le terre di San Venerio », *Miscellanea di Storia ligure, in onore di G.Falco*, Gênes, 1962.

POMPONI F., _ « Un siècle d'histoire des biens communaux en Corse dans le delà des monts (1770-1870) », *Etudes Corses*, n°3, 1974 et *Etudes Corses*, n°5, 1975.

_ « Porto-Vecchio au temps de la Révolution française », in « Corse et Sardaigne entre réformisme et révolution », *Etudes Corses*, n°30-31, 1988, p.182-205.

PREVAULT J., « Les usages ruraux dans le Massif-Central », *Les Annales de Clermont-Ferrand*, vol.31, 1995.

PUGLIESE G., « Della superficie », in *Commentario al Codice Civile*, a cura di A. Scialoja e G. Branca, libro III, *della proprietà* (art.810-1172), Bologne - Rome, 1976, p.496 s.

SCALFATI S.P.P., « Les propriétés du monastère de la Gorgona en Corse (XIème et XIIème siècles) », *Etudes Corses*, n°8, 1977, p.p.31-94.

SERAFINI J., « Du sieur Bertrand, des oliviers et de l'huile d'olive en Corse au XVIIIème siècle », *Bulletin de la Société des Sciences Historiques et Naturelles de la Corse*, fasc.679-680-681, 2°, 3° et 4°trim.1997.

SIMI P., « Précis de géographie physique, humaine, économique, régionale de la Corse », collection « Corse d'hier et de demain » de la *Société des Sciences Historiques et Naturelles de la Corse*, n°11, oct.1981.

SIMONCELLI D., « Le coltivazioni arboree nelle pertinenze demaniali », *Rivista degli demani*, 1933, 6.

SIMONCELLI V., _ « Il principio del lavoro come elemento di sviluppo di alcuni istituti giuridici », Rome, 1888 in *Rivista italiana per le scienze giuridiche*, VI, p.74 et s.

_ « Accessione superficie e diritti dei terzi », in *Scritti Giuridici*, II, Rome, 1938, 111 s.

SOLMI A., « Il diritto di superficie nei documenti italiani dell medio-evo », *Rivista di diritto civile*, 1915, VII.

SOTO BISQUERT A., « El derecho de vuelo », *R.C.D.I.*, 1971.

STAHL P.-H., « La Méditerranée, Propriété et structure sociale XIXè-XXème siècles », *Encyclopédie de la Méditerranée*, 1997.

TORRE A., « La châtaigneraie... un facteur du maintien de la vie en montagne », *Isula Verde*, Chambre d'agriculture d'Ajaccio, avril 1992, p.6-7.

TUCCI A., « La proprietà arborea separata », *Rivista di Diritto agrario*, 1949, p.122 s.

VINCIGUERRA S.-J., _ « Les origines de la terre du commun », paru en feuilleton dans *le Petit Bastiais*, janv.-fév.1993.

_ « La vie en Corse au Moyen-Age », paru en feuilleton dans *le Petit Bastiais*, mars-juill.1993.

Mémoires

Agriate, édité par le syndicat mixte Agriate et le Conservatoire de l'Espace Littoral et des rivages lacustres, 1995.

ALBERTINI J.-P., *La vie des communautés de la pieve de Luri (Cap corse)aux XVIIème et XVIIIème siècles*, mémoire de maîtrise d'histoire, Nice, 1972.

BERGIER-FIRROLONI A., *Rapport sur la propriété arboraire en Corse*, travail de recherche de licence en droit, Faculté de droit et de sciences économiques de l'Université de Corse, 1998.

EL MOULDI F., *Le contrat de mougharaça*, mémoire de DEA de droit privé, Tunis, 1985.

FALCUCCI C., *La vie des communautés agraires de la piève de Casinca au XVIIIème siècle*, mémoire de maîtrise d'histoire, Nice, 1971.

GERONIMI J.-F., PENCIOLELLI J.-M., LUCIANI J., *Recueil des usages locaux à caractère agricole du département de la Haute-Corse*, mémoire de DESS, Corte, 1992.

GIACOMONI P.-N., *Le haut Nebbiu dans la seconde moitié du XVIIème siècle, vu à travers les ceppi des notaires*, mémoire de DEA, Corte, 1999.

JEAN F., *La propriété arboraire en Corse, histoire et actualité*, mémoire de DEA, Corte, 1993.

LANFRANCHI M.-P., *La propriété arboraire dans la jurisprudence du tribunal de première instance d'Ajaccio du 15 prairial an XI au 22 janvier 1851*, compte-rendu de recherche, Corte, 1985 (manuscrit).

LEONELLI P.-P., *Société et vie matérielle à Bastelica, XVIIIème - XIXème siècles. La lente transition en Corse*, mémoire de maîtrise d'histoire, Nice, 1982.
MOSCA L., *Des usages juridiques dans la région d'Ajaccio*, mémoire de DEA, Corte, 2000.
PESTEIL P., *Pratiques et perception de l'espace dans la piève de Muriani*, mémoire de maîtrise d'ethnologie, Aix, s.d. .
SPAZZOLA D., *L'oliveraie corse, un potentiel à revaloriser*, Corte, 1994.

TABLE DES MATIÈRES

Structures éditoriales du groupe L'Harmattan

L'Harmattan Italie
Via degli Artisti, 15
10124 Torino
harmattan.italia@gmail.com

L'Harmattan Hongrie
Kossuth l. u. 14-16.
1053 Budapest
harmattan@harmattan.hu

L'Harmattan Sénégal
10 VDN en face Mermoz
BP 45034 Dakar-Fann
senharmattan@gmail.com

L'Harmattan Cameroun
TSINGA/FECAFOOT
BP 11486 Yaoundé
inkoukam@gmail.com

L'Harmattan Burkina Faso
Achille Somé – tengnule@hotmail.fr

L'Harmattan Guinée
Almamya, rue KA 028 OKB Agency
BP 3470 Conakry
harmattanguinee@yahoo.fr

L'Harmattan RDC
185, avenue Nyangwe
Commune de Lingwala – Kinshasa
matangilamusadila@yahoo.fr

L'Harmattan Congo
67, boulevard Denis-Sassou-N'Guesso
BP 2874 Brazzaville
harmattan.congo@yahoo.fr

L'Harmattan Mali
Sirakoro-Meguetana V31
Bamako
syllaka@yahoo.fr

L'Harm'attan Togo
Djidjole – Lomé
Maison Amela
face EPP BATOME
ddamela@aol.com

L'Harmattan Côte d'Ivoire
Résidence Karl – Cité des Arts
Abidjan-Cocody
03 BP 1588 Abidjan
espace_harmattan.ci@hotmail.fr

L'Harmattan Algérie
22, rue Moulay-Mohamed
31000 Oran
info2@harmattan-algerie.com

L'Harmattan Maroc
5, rue Ferrane-Kouicha, Talaâ-Elkbira
Chrableyine, Fès-Médine
30000 Fès
harmattan.maroc@gmail.com

Nos libraires en France

Librairie internationale
16, rue des Écoles – 75005 Paris
librairie.internationale@harmattan.fr
01 40 46 79 11
www.librairieharmattan.com

Lib. sciences humaines & histoire
21, rue des Écoles – 75005 Paris
librairie.sh@harmattan.fr
01 46 34 13 71
www.librairieharmattansh.com

Librairie l'Espace Harmattan
21 bis, rue des Écoles – 75005 Paris
librairie.espace@harmattan.fr
01 43 29 49 42

Lib. Méditerranée & Moyen-Orient
7, rue des Carmes – 75005 Paris
librairie.mediterranee@harmattan.fr
01 43 29 71 15

Librairie Le Lucernaire
53, rue Notre-Dame-des-Champs – 75006 Paris
librairie@lucernaire.fr
01 42 22 67 13

www.ingramcontent.com/pod-product-compliance
Lightning Source LLC
LaVergne TN
LVHW011500061026
849535LV00004BA/1153
* 9 7 8 2 3 4 3 1 6 2 4 7 8 *